ワークブックが受験勉強に役立つ理由

①全13科目のよくでるテーマを厳選

●各科目の重要項目を網羅

　過去5年分の国家試験問題を分析し、科目ごとに出題の可能性が高いよくでるテーマを絞って解説しました。出題基準に沿った出題実績のほか、学習するうえでのアドバイスやポイントもあわせて紹介しています。苦手な科目から取り組んでもよし、得意な科目のさらなる強化にもおすすめです。

②学んだことの理解度をチェック

●科目ごとに実力試しの一問一答を収載

　よくでるテーマを学んだあとは、実力試しの一問一答にチャレンジ！　不正解の問題については、あらためて重要項目にもどって学習しましょう。それを繰り返すことで、国家試験を突破できる実力を養います。

③ビジュアル＆＋αの情報で、知識を強化

●イラストや図表で、ビジュアル的に理解

　解説に加えて、イラストや図表もたくさん収載しています。解説を読んでもわからなかったことはイラストや図表とからめて理解を深めることができます。特に技術系科目（「こころとからだのしくみ」「医療的ケア」「生活支援技術」）は、豊富なイラストから視覚的に知識を獲得できます。

●重要項目の＋α情報で知識をプラス

　受験に向けて理解しておくべき用語の解説や、出題の可能性が高い＋α情報を、各科目の重要項目の側注にまとめました。空きスペースに覚えておきたい情報をどんどん書き加えていけば、自分だけの参考書にカスタマイズすることも可能です。

JN006943

「ワークブック」を活用する

STEP 1
試験の傾向と対策を知る！
まずは科目ごとの出題傾向を知り、効果的に勉強しよう。

過去の出題傾向を分析。重点的に学習するテーマがわかる

傾向と対策
傾向

「認知症の理解」は、認知症ケアを適切に行うため、認知症に関する基本を学習する科目である。国家試験では毎回10問出題されており、認知症の基礎疾患や具体的な症状などの医学的知識を問う問題、BPSD（行動・心理症状）の理解や具体的な対応、介護やコミュニケーションの留意点などを問う問題が頻出である。近年はユマニチュードやバリデーションなどの認知症ケアの理論や方法、認知症に関する施策や諸制度に関する問題などの出題が増えている。

第36回国家試験では、「認知症の医学的・心理的側面の基礎的理解」に関する問題が最も多く、6問出題された。今後も、認知症に関する医学的・心理的側面の知識を問う問題を中心に、認知症ケアの理論や制度に関する出題が続くと思われる。

「認知症の理解」は出題数も多く、広い範囲から出題されるため、時間をかけて丁寧に学習することが必要である。毎回出題の多い「認知症の医学的・心理的側面の基礎的理解」では、認知症の中核症状とBPSDとの違いを理解し、それぞれの種類について整理しておこう。また、認知症の原因となる主な疾患ごとに、症状の特徴や検査の方法、治療の可否などを関連づけて整理しておくことが望ましい。

「認知症に伴う生活への影響と認知症ケア」では、認知症のある人への適切な対応やコミュニケーションの留意点とともに、認知症のある人を理解するための考え方や生活をアセスメントする方法、意思決定支援、認知症ケアの技法なども学習しておく必要がある。

また、認知症の人が地域でその人らしく暮らすためのサポート体制や、認知症の人を介護する家族への支援についても学びを深めておきたい。2024（令和6）年1月に施行の「共生社会の実現を推進するための認知症基本法」のポイントも押さえておこう。

■ 出題基準と出題実績

国家試験の出題基準を表で一覧化

過去5回（第32回〜第36回）の出題実績がわかる

STEP 3
一問一答で知識を定着させる！
覚えた重要項目を「記憶」として定着させるために振り返り。
STEP 2 と繰り返し学習することで、知識を確かなものにしよう。

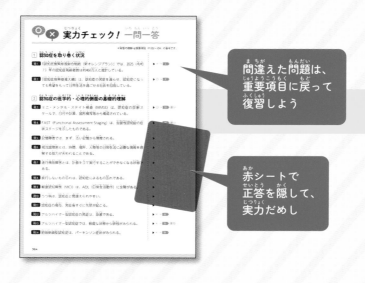

間違えた問題は、重要項目に戻って復習しよう

赤シートで正答を隠して、実力だめし

STEP 2

問題を解いて、自分の得意・不得意を知ろう！

出題実績をふまえ、覚えておきたい重要項目を掲載。
何回も読んでインプットしよう。

押さえておこう！ 重要項目

① 認知症を取り巻く状況

現在の認知症ケアについて、パーソン・センタード・ケアの概念や認知症高齢者の現状について理解を深めておこう。また、制度や施策については、『社会の理解』において学習する内容であるが、基礎知識を事例などで応用できるように理解を深めておく必要がある。

■ 認知症ケア

赤い文字や太文字は試験で問われる重要語句！

出題基準の大項目ごとに学習のポイントを解説

用語の解説やトピックスを側注に配置
（★は用語の解説、☆は＋α情報）

過去５回分の試験の出題実績を収載
（例）34 - 73（発達）
　　　↓
第34回問題73
（発達と老化の理解）

＊問題番号の後の（　）は他科目で出題されたことを示しています

赤シートで隠した重要項目をしっかり記憶に定着させよう

科目略称一覧

尊厳	人間の尊厳と自立
関係	人間関係とコミュニケーション
社会	社会の理解
ここ	こころとからだのしくみ
発達	発達と老化の理解
認知	認知症の理解
障害	障害の理解
医療	医療的ケア
介護	介護の基本
コミ	コミュニケーション技術
生活	生活支援技術
過程	介護過程
総合	総合問題

本書を用いたオススメ勉強法

ここから始める

受験者支持率 No.1！

ワークブック
上・下
科目ごとに
要点をまとめた
受験対策の教科書

本格的な試験勉強を始める前に

スタートブック
介護福祉士国家試験
受験のための入門書

問題にチャレンジ！

過去問解説集
第34回から
第36回試験を
完全解説！

模擬問題集
3回分の模擬問題で
実力をつける

知識定着・基礎固めに！

合格テキスト
出題実績から
試験に必要十分な
知識を網羅

合格ドリル
書き込み式問題でオリジナル
参考書にカスタマイズ

一問一答
ポケットブック
即答力を GET！

重要テーマをビジュアルで理解！

国試ナビ
出題ポイントを
図表やイラストで解説

仕上げはこの2冊！

めざせ！ 10点 UP

忘れない！ 暗記術

よくでる問題
総まとめ

らくらく
暗記マスター

いまの実力を知るために「模擬試験」で
力試し！

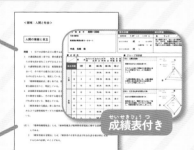

成績表付き

中央法規

介護
福祉士
国家試験

受験ワークブック 上
2025

中央法規介護福祉士受験対策研究会／編集

中央法規

はじめに

　2020（令和2）年以降に拡大した新型コロナウイルス感染症や2024（令和6）年の能登半島地震などで介護にたずさわる人々は大変な思いをされています。このような現場では特に感染予防対策など、感染症に関連するさまざまな知識が求められています。例えば高齢者の「基礎疾患」という言葉を耳にします。ここでは『こころとからだのしくみ』の科目が大いに役に立ちます。感染症の予防で「スタンダードプリコーション」の知識が必要となれば『介護の基本』や『医療的ケア』の科目で身につけることができます。このように受験勉強によって介護の現場での知識が身につくことになるのです。

　2023（令和5）年1月に行われた第35回国家試験からは、新しいカリキュラムに則った問題となりました。

　第36回国家試験では、合格率が82.8％、総得点125点に対し、67点以上を取る必要がありました。これは、競争試験ではなく、介護福祉士としてふさわしい知識や技能をもっているかを判断する試験であるともいえますが、受験生としては、合格基準の60％以上を取れる実力を身につけなければならないということです。

　ここ数年の国家試験の問題をみてみると、介護福祉職以外の専門分野の出題も多く、きわめて難しい問題も多くなってきています。そのため、合格率が高くなったからといって通り一遍の受験勉強では合格が難しいということになります。

　2024年版より、外国人介護人材の増加に伴い、外国人の方も使いやすいようすべての漢字にふりがなをふりました。最初は戸惑われるかもしれませんが、慣れてくるとより理解しやすいことがわかってきます。

　本書は、30年以上の長きにわたって受験生に使用され、信頼と実績を得てきました。そして、学んだことが介護の現場でも役に立つようにという編集方針を貫いており、重要項目、法改正を踏まえた最新のデータを載せ、他書の追随を許さない内容であると自負しています。

　また、科目ごとに過去5年間の出題実績を示していますので、近年の試験で繰り返し問われているところが一目でわかるようになっています。側注の「用語」や「＋α」によっても理解を深めることができます。合格に必要かつ十分な内容が盛り込まれているので、使い終えた時点であなたの力は着実に伸び、合格レベルに達していることでしょう。

　本書を活用することにより、専門的な知識と技術を身につけ、感染症や災害など大変な状況のなかで苦労されている介護の現場で、社会に求められる介護福祉士に近づくことができるように願っています。

中央法規介護福祉士受験対策研究会

目次

介護福祉士国家試験受験ワークブック2025 上

2025（令和7）年1月に実施される第37回筆記試験については、公益財団法人社会福祉振興・試験センターのホームページに「出題基準」が公表される予定ですので、詳しくはそちらをご確認ください。

＜公益財団法人社会福祉振興・試験センター＞

〒150-0002　東京都渋谷区渋谷1丁目5番6号　SEMPOS（センポス）ビル

電話番号：03-3486-7559（国家試験情報専用電話案内）

ホームページアドレス：https://www.sssc.or.jp/

---

1 試験科目と試験時間

（参考）第36回国家試験【筆記試験】の科目、出題数、試験時間

領域		試験科目	出題数	科目群	試験時間
人間と社会	1	人間の尊厳と自立	2	[1]	10:00〜11:40 (100分)
	2	人間関係とコミュニケーション	4	[2]	
	3	社会の理解	12	[3]	
こころとからだのしくみ	4	こころとからだのしくみ	12	[6]	
	5	発達と老化の理解	8	[7]	
	6	認知症の理解	10	[8]	
	7	障害の理解	10	[9]	
医療的ケア	8	医療的ケア	5	[10]	
介護	9	介護の基本	10	[1]	13:35〜15:35 (120分)
	10	コミュニケーション技術	6	[2]	
	11	生活支援技術	26	[4]	
	12	介護過程	8	[5]	
総合問題			12	[11]	
合　計			125	11群	220分

＊総合問題は1事例につき3問の出題

＊科目群については、次のページの「筆記試験の合格基準」を参照

2 合格基準

筆記試験の合格基準

第36回介護福祉士国家試験の筆記試験の合格基準は以下のとおりでした。2つの項目の両方を満たすことが必要となります。

(1) 問題の総得点の60％程度を基準とし、問題の難易度で補正した点数以上の得点の者。

(2) 試験科目の「11科目群」すべてにおいて得点があった者（1群でも「0点」があったら不合格）。

【科目群】

[1] 人間の尊厳と自立、介護の基本　　　[6] こころとからだのしくみ

[2] 人間関係とコミュニケーション、　　[7] 発達と老化の理解

　　コミュニケーション技術　　　　　　[8] 認知症の理解

[3] 社会の理解　　　　　　　　　　　　[9] 障害の理解

[4] 生活支援技術　　　　　　　　　　　[10] 医療的ケア

[5] 介護過程　　　　　　　　　　　　　[11] 総合問題

図1 ▶ 介護福祉士国家試験（筆記試験）の合格ラインと得点率

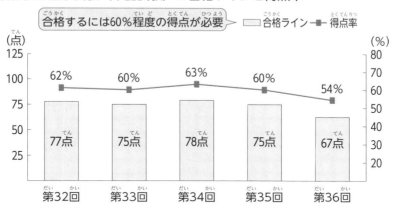

実技試験の合格基準

第36回介護福祉士国家試験の実技試験の合格基準は以下のとおりでした。

　筆記試験の合格者のうち、実技試験の総得点の60％程度を基準とし、課題の難易度で補正した点数以上の得点の者。

　実技試験については、第32回は46.67点、第33回・第34回・第35回・第36回は53.33点が合格点となっていました。

3 受験状況

　介護福祉士国家試験は、1989（平成元）年より年1回実施され、2024（令和6）年までに計36回実施されました。受験者数は、第32回・第33回・第34回は8万人強、第35回は8万人弱、第36回は7万5000人弱となっています。また、合格率は、第32回では69.9％、第33回では71.0％、第34回では72.3％、第35回では84.3％、第36回では82.8％と、高い合格率が続いています（**図2**）。

図2 ▶ 受験者数と合格率の推移

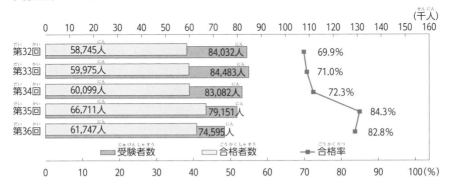

人間の尊厳と自立

傾向と対策

傾向
（けいこう）

　『人間の尊厳と自立』の大項目は、「人間の尊厳と人権・福祉理念」「自立の概念」の２つである。第36回国家試験では２問の出題であった。大項目「人間の尊厳と人権・福祉理念」においては、第33回では、人権や福祉の考え方に影響を与えた人物を問う問題で、リッチモンド、フロイト、マルサス、ヘレン・ケラー、ダーウィンの著作や考え方が出された。第34回では、ミルトン・メイヤロフの『ケアの本質─生きることの意味』の一部の文章から著者を問う問題であった。

　第35回からの新出題基準で中項目に加えられたノーマライゼーションは、『社会の理解』や『障害の理解』でも出題されている。今後も、出題の中心となっていくであろう。次に大項目「自立の概念」においては、第32回では、「利用者の意思を代弁することを表す用語」としてアドボカシーを答えさせる問題が出題され、少し視点が変わったが意図は同じであった。

　この領域では、「人間とは何か」という大きな命題のもとで、生命、人権の歴史といった内容を押さえるとともに、日常的な支援のなかでどのように人間の尊厳を保持していったらよいのかを念頭に学んでいくとよいであろう。

■ 出題基準と出題実績
（しゅつだいきじゅん しゅつだいじっせき）

出題基準		
大項目	中項目	小項目（例示）
1 人間の尊厳と人権・福祉理念	1）人間の尊厳と利用者主体	・人間の多面的理解 ・人間の尊厳 ・利用者主体の考え方、利用者主体の実現
	2）人権・福祉の理念	・人権思想・福祉理念の歴史的変遷 ・人権尊重
	3）ノーマライゼーション	・ノーマライゼーションの考え方、ノーマライゼーションの実現

対策

　『人間の尊厳と自立』は、試験科目としては、非常に勉強しにくい内容であろう。また、出題者の立場からみても問題が作成しづらい分野と思われる。介護福祉職として、社会福祉の理念や理想はどのようなものであるか、それが今日、現場で具体化されるためには、人権を侵害された人々の歴史を理解する必要がある。さらに、そうした人々の福祉の実現のために憲法が規定する理念、それを具体化するためにどのような法律が制定され、どのような政策がとられたのかを理解する必要があろう。このところ介護福祉職の対応といった形の出題が多い。利用者が自立した日常生活を送れるよう支援するにはどうしたらよいか、また、利用者の意向を尊重するにはどうしたらよいかを考えつつ問題を解くとよいであろう。

　さらに、第34回のミルトン・メイヤロフの『ケアの本質―生きることの意味』という著書の思想を問う問題のように、教養的な知識も必要である。文学や新聞などに広く目を通すことによって力を蓄え、人間的に成長していくことも求められる。ただ、実務経験からの受験者にとっては、こうした著作を読む機会は少ないと思われる。できる限り時間を見つけて、読むことも必要であろう。

　また、近年はアドボカシーのような「カタカナ語」の意味を問う問題も多くなったので、適切な訳を理解しておくことも求められている。新聞などに目を通しておくことも必要である。

人間の尊厳と自立

出題実績				
第32回（2020年）	第33回（2021年）	第34回（2022年）	第35回（2023年）	第36回（2024年）
	人権や福祉の考え方に影響を与えた人物【問題1】	『ケアの本質―生きることの意味』の著者【問題1】		

大項目	中項目	小項目（例示）
	4）QOL	・QOLの考え方
2　自立の概念	1）自立の概念	・自立の考え方
	2）尊厳の保持と自立	・自己決定、自己選択 ・意思決定 ・権利擁護、アドボカシー

出題実績				
第32回（2020年）	第33回（2021年）	第34回（2022年）	第35回（2023年）	第36回（2024年）
			利用者の生活の質（QOL）を高めるための介護実践【問題1】	変形性膝関節症と診断されるなど今後の生活に不安を感じるようになった利用者への介護福祉職の対応【問題1】
			網膜色素変性症の利用者の同行援護を担当する介護福祉職の対応【問題2】	介護を必要とする人の自立についての考え方【問題2】
訪問介護利用者の延命治療を選択する意思決定の計画書への迷いに対する訪問介護サービス提供責任者の応答【問題1】「利用者の意思を代弁することを表す用語」の選択【問題2】	胃ろうの造設など利用者の今後の生活をめぐる家族の争論に対する介護福祉職の職業倫理に基づく対応【問題2】	長男の暴力を訴える母親への訪問介護員の対応【問題2】		

人間の尊厳と自立

1 人間の尊厳と人権・福祉理念

　過去の出題をみると、日本国憲法第25条の生存権、老人福祉法や社会福祉法、障害者基本法、障害者総合支援法、障害者差別解消法などの法律の目的や理念について問われている。まず法律の目的や制定の歴史などを中心とした内容を押さえておくことが第一であろう。また、施行前の法律であっても、成立している重要なものについては、なぜその法律が制定されたか、法律の目的や趣旨などの事項を押さえておく必要がある。さらに、社会福祉に関係する重要な法律のおおまかな内容も知っておくとよい。

　次に、新出題基準にはノーマライゼーションやQOLが新たに加えられた。第36回問題49では「1959年法」が『障害の理解』で出題された。基本的な考えをまとめておくとよい。さらに「尊厳」などの基本的用語の定義をきちんと押さえておく必要がある。

■ 人間の尊厳と利用者主体

1 ▶「**人間を理解する**」とは、過去、現在の日常の生活状況と、未来への希望といった志向性を含めた、**生活の営みの歴史**を理解することである。

2 ▶**人間の尊厳**とは、人間が個人として尊重されることを意味する。生活支援の基本的原理であり、「**理念的価値**」である。

3 ▶かつて、自立は専門職の視点からとらえられていたが、近年では、生活支援を利用する人（利用者）にこそ優位性があるとされている。利用者の意思・責任といった**主体性**に基づいてニーズを表明し、生活支援の諸サービスを選定・利用してよりよい生活を営むことを「生活自立」といい、介護福祉職等の支援を「自立支援」という。

4 ▶ **自律生活**とは、**自己決定**に基づいて福祉サービスを利用したり介護や援助を受けたりして生活することをいう。つまり、自立とは、前提としての自律があり、そこから他者からの援助を受けるにしても受けないにしても、自分の行動に責任を負うことを意味する。

5 ▶ 近年、**エンパワメント**★の考え方が障害者の領域でも重視されてきている。これまでのサービス提供は、障害者の**自己決定**や**問題解決能力**を奪うものであり、パワレスの状態であった。それを克服し自らの力を自覚して行動できるよう心理・社会的に支援することが大切であるとするものである。

TEST 32—2
33—122(総合)
35—68(介護)

★エンパワメント
権利の侵害や抑圧された状況にある利用者が自らその状況を克服していく力（パワー）を獲得していくこと。

人権・福祉の理念

6 ▶ **糸賀一雄**は、**知的障害児・者の福祉の理論と実践**により、近江学園やびわこ学園を創設した。その著書『**この子らを世の光に**』は、**知的障害児・者の発達**に着目した思想として注目をあびた。

7 ▶ **フランクル**（Frankl, V. E.）の『**夜と霧**』『**死と愛**』は、ナチスの強制収容所アウシュヴィッツ体験のなかから生まれた著作で、**生命が制限される状況において、いかなる態度をとるか**という価値観について著したものである。

8 ▶ **リッチモンド**（Richmond, M.）は、『**ソーシャル・ケース・ワークとは何か**』をまとめ、現在の社会福祉、介護福祉に影響を及ぼした。

TEST 33—1

9 ▶ **メイヤロフ**（Mayeroff, M.）は、アメリカの哲学者で、『**ケアの本質—生きることの意味**』のなかで「一人の人格をケアするとは、最も深い意味で、その人が成長すること、自己実現することをたすけることである」と述べている。

TEST 33—18(介護)
34—1

10 ▶ **キットウッド**（Kitwood, T.）は、イギリスの心理学者で**パーソン・センタード・ケア**を提唱している。これは、認知症になっても一人ひとりの個別性を尊重し、その人らしく生き生きとした生活ができるようにケアを行うというケアの理念である。

TEST 33—18(介護)

11 ▶ 1776年の**アメリカの独立宣言**、1789年の**フランスの人権宣言**は、自由・平等の原理を宣言したものであり、1919年の**ドイツのワイマール憲法**は、**生存権**（社会権）思想を世界で最初に憲法に掲げたものである。**日本国憲法**は第25条に**生存権**を規定している。

12 ▶ **ワイマール憲法**は、生存権について**表1**のように規定している。

表1 ▶ ワイマール憲法の生存権

条項	内容
第119条	婚姻および母性は国の保護を受ける。
第122条	少年は国の保護を受ける。
第146条第3項	貧しい者の進学は国の保護を受ける。
第151条第1項	経済生活の秩序は、すべての者に人間たるに値する生活を保障することを目的とする正義の原則に適合しなくてはならない。個人の経済的自由は、この限界内で保障される。

13 **世界人権宣言**（1948年）第22条は、「すべて人は、社会の一員として、社会保障を受ける権利を有し、かつ、国家的努力及び国際的協力により、また、各国の組織及び資源に応じて、自己の尊厳と自己の人格の自由な発展とに欠くことのできない経済的、社会的及び文化的権利を実現する権利を有する」と規定し、人間の尊厳と自立の思想を掲げている。

14 高齢者に対する虐待が深刻な状況にあり、高齢者の尊厳の保持にとって虐待を防止することがきわめて重要であることから、2005（平成17）年、**高齢者虐待の防止、高齢者の養護者に対する支援等に関する法律（高齢者虐待防止法）**が制定された。

15 **社会福祉法**第3条は、2000（平成12）年の改正により、**福祉サービスの基本的理念**として、「福祉サービスは、個人の尊厳の保持を旨とし、その内容は、福祉サービスの利用者が心身ともに健やかに育成され、又はその有する能力に応じ自立した日常生活を営むことができるように支援するものとして、良質かつ適切なものでなければならない」と規定された。これは、1998（平成10）年の「社会福祉基礎構造改革について（中間まとめ）」に基づくものである。

16 **介護保険法**第1条の目的では、**2005（平成17）年の改正**により、要介護状態となった高齢者等の**尊厳の保持**が理念として明確に規定された。

17 障害者自立支援法は、2012（平成24）年の改正により、障害者の日常生活及び社会生活を総合的に支援するための法律（障害者総合支援法）と名称が改正された（施行は2013（平成25）年）。第１条は、「障害者及び障害児が**基本的人権**を享有する個人としての**尊厳**にふさわしい日常生活又は社会生活を営むことができるよう、必要な障害福祉サービスに係る給付、地域生活支援事業その他の支援を総合的に行い、もって障害者及び障害児の福祉の増進を図るとともに、障害の有無にかかわらず**国民**が相互に人格と個性を尊重し安心して暮らすことのできる地域社会の実現に寄与することを目的とする」と規定され、**基本的人権の尊重**などが新たに加えられた。

18 **障害者総合支援法**は、2012（平成24）年の改正により、第１条の２として**基本理念**が加えられ、この法律に基づく日常生活・社会生活の支援が、共生社会を実現するために、障害児・者の**社会参加の機会の確保、地域社会における共生**および**社会的障壁の除去**に資するよう、総合的かつ計画的に行われるべき旨が新たに掲げられた。

■ ノーマライゼーション

19 ノーマライゼーションの思想は、**ノーマライゼーションの父**と呼ばれた**バンク-ミケルセン**（Bank-Mikkelsen, N. E.）の人間主義をもとにしたといわれる。その後、デンマークの「**1959年法**」において人間主義をもとにノーマライゼーションの思想が導入された。

 33—18(介護)
36—49(障害)

20 **バンク-ミケルセン**（Bank-Mikkelsen, N. E.）は、**知的障害児・者**のような自分を守ることができない人々の生きる権利など、基本的権利の確立を目指した。

 33—12(社会)
33—122(総合)

21 **スウェーデン**の**ニィリエ**（Nirje, B.）は、**ノーマライゼーションの８つの原理**として、**表2**をあげている。

 32—18(介護)
33—18(介護)
33—88(障害)

22 **ヴォルフェンスベルガー**（Wolfensberger, W.）は、「知的障害者を社会から逸脱★している人として考え、逸脱としてとらえる社会意識のあり方」を問題視した。ノーマライゼーションに代わる考えとして社会的役割の実現を重視し、「価値のある社会的役割の獲得」を目指す**ソーシャルロール・バロリゼーション**を提唱した。

 33—18(介護)

★逸脱
決められた枠からはずれること。規則からはずれた望ましくない行為。

表2 ▶ ノーマライゼーションの8つの原理

① 1日のノーマルなリズム
② 1週間のノーマルなリズム
③ 1年間のノーマルなリズム
④ ライフサイクルでのノーマルな経験
⑤ ノーマルな要求の尊重（個人の尊厳と自己決定権）
⑥ 異性との生活（その文化におけるノーマルな性的関係）
⑦ ノーマルな経済的水準とそれを得る権利
⑧ ノーマルな環境形態水準

23 ▶ ヴォルフェンスベルガー（Wolfensberger, W.）は、知的障害者自身の能力を高めることと、社会に対する知的障害者のイメージを高めるはたらきかけを行い、ノーマライゼーション達成水準の評価項目を用いた**PASS**（後に**PASSING**）という評価の枠組みを提案した。

33—89(障害)

24 ▶ 1981年の**国際障害者年のテーマ**は、**完全参加と平等**である。このテーマは**ノーマライゼーション**の理念に基づくものである。これに先立って1979年、国際障害者年行動計画が決議された。

25 ▶ インテグレーションとは、障害者も非障害者も差別などのない仲間となって、1つにとけあう組織や制度が形成される状態をいう。ノーマライゼーションの理念を具体的に展開していく原則である。

33—122(総合)

26 ▶ インクルージョンは、**障害者の権利に関する条約（障害者権利条約）**で障害者を権利の主体とし、条約の理念を**インクルージョン**としたことに始まる。障害のある子どもたちだけでなく、障害のない子どもたち、高齢者、外国籍の人などにもさまざまなニーズがあり、それらの人々の権利を尊重する社会の実現を理念とする。

33—122(総合)

27 ▶ ノーマライゼーションとインクルージョンの相違点は**表3**のとおりである。

表3 ▶ ノーマライゼーションとインクルージョンの相違点

	ノーマライゼーション	インクルージョン
対象者	障害者	障害児・者、高齢者、ひきこもり、ホームレス、外国籍の人など
活動の場	障害のない人とともに	障害のない人とともに
支援	ほとんど配慮がない	個別の要望への支援を保障する
共生の考え	物理的な環境を重視する	地位や役割、関係性を重視する

■ QOL

28 ▶ QOLは、「生活の質」「人生の質」「生命の質」などと訳される。一般的な考え方は、生活者の**満足感・安定感・幸福感**を規定している諸要因の質をいう。介護福祉士は、福祉用具の活用などの際には、利用者と相談しながら進めることで利用者の**自立的な生活**を拡大し、生活の質を高める必要がある。

 35—1

29 ▶ QOLは、1960年代にアメリカで、社会学などで使われはじめ、1970年代に医療・リハビリテーションの分野、1980年代に社会福祉分野に導入されるようになった。

30 ▶ **介護予防**の分野でも、一人ひとりの生きがいや自己実現のための取り組みを総合的に支援することで、**QOLの向上**を目指す取り組みが行われている。

31 ▶ **ホスピスケア**の分野でも、死にゆく人とその家族の**QOLの向上**を目指し、さまざまな専門職とボランティアがチームを組んで提供するケアが行われ、介護福祉職も参画するようになった。

32 ▶ 近年、リハビリテーション分野では、ADLからQOLという援助の展開が目指されている。また社会福祉分野でも、ADLからQOLという考え方によって自立の考え方や援助目標が変わり、ADLの自立が困難でも**福祉機器の利用**などによって、自分らしい人生を取り戻していくという考え方が示されている。

一問一答 ▶ P.19

② 自立の概念

過去の出題をみると、介護福祉職として利用者の尊厳を守り、自立を支援するにはどうしたらよいかという問題が、事例問題として繰り返し出題されている。第36回では、自立の種類も出題された。特に身体拘束などの具体的事例や介護の倫理などを押さえておく必要がある。虐待や悪質商法など介護分野の権利侵害の状況を、具体的な救済方法も含めてきちんと把握しておくことも求められる。

「尊厳の保持と自立」に関しては、アドボカシー、権利擁護、虐待に関する問題などもよく出題される。『社会の理解』で出題されていた内容も含めてまとめておくとよい。

■ 自立の概念

33 **自立**とは、心身の障害等によって生活支障を生じている人々が日常生活をセルフケアによって営む**生活の自立**だけでなく、心理的に他者への依存から脱却し、自ら意思決定（**自己決定**）し、可能な限り、社会における何らかの役割をもち、活動することである。人間の尊厳は人間の自立を内包しているととらえることができる。

34 自立の前提には、「**自律**」がある。自立を現実的、効果的に達成するには、自分で立てた規範に従って、自分のことは自分でやっていくという精神的自律が求められる。また、精神的な自律と具体的な生活自立は、利用者の人格的態度によって統合され、分けることができない。

35 **自立支援**を「自分でできるようにするための支援」ととらえるのではなく、**サービス**を利用しながら利用者の生活づくりを支えるためにはどうしたらよいのかということを、介護福祉職は常に理解しておく必要がある。

36 自立には、日常生活動作によって生活を維持・継続していくために自分で行える状態としての**身体的自立**、社会的なつながりを回復・維持する**社会的自立**、自分の生活や人生の目標をもち、自らが主体となって物事を進めていく**精神的自立**、経済状況をよりよく安定させる**経済的自立**がある。

36—2

36—2

36—2

37▶ 利用者が意欲をもたない状態での自立支援は、**自立の強要**になりかねない。日々のかかわりのなかで利用者の行動のもととなる動機から生じた欲求が自立への意欲につながり、その積み重ねが、生活全般の意欲を高めていくことになる。

38▶ **自立生活の支援**とは、利用者の**個別性**を尊重し、そのライフスタイルに沿って自分らしく生きることを援助することである。たとえ寝たきりや認知症になってもなお、自分の意思で生活をコントロールできるように援助することが大切である。

39▶ 人は、全介助や認知症であるから「自立していない」ということにはならない。**自立**と依存は二者択一の関係ではない。介護福祉職が介護関係や介護環境をよい状態に変えようとはたらきかけることによって、利用者は、多くの選択肢から自らの行動（**自立**と依存のあり方）を決定できることになる。

■ 尊厳の保持と自立

40▶ **人権**と**基本的人権**は、同じ意味で用いられる。これらは、日本国憲法第3章に規定されている。憲法は、第11条で「国民の基本的人権の永久不可侵性」、第12条で「自由及び権利の保持責任、濫用の禁止、利用責任」、第13条で「個人の尊重」を規定し、基本的人権の享有に関する基本原理を定めている。

41▶ **人権**は、すべての者に共通に存在する普遍性があり、人間であるがゆえに当然に有するものである。人権をもっている者としては、**自然人**がまず考えられるが、日本国憲法の人権規定は、制限的ながらも法人や外国人にもその主体となることが保障されている。

42▶ **日本国憲法第13条**は、「すべて国民は、個人として尊重される。生命、自由及び幸福追求に対する国民の権利については、公共の福祉に反しない限り、立法その他の国政の上で、最大の尊重を必要とする」と規定している。生命、自由、幸福追求は、基本的人権の主要な内容であり、これらは介護の必要性の有無にかかわらずすべての個人に対して尊重されなければならない。

43▶日本国憲法は、基本的人権は公共の福祉に反しない限り認められるとしている。表現の自由に対する規制は学説によって争いがあるが、思想および良心の自由といった内心の自由については、公共の福祉による制限は認められない。一方で、財産権については、相当な補償のもとで公益上の制限が認められる。

34—5（社会）

44▶日本国憲法第25条は、第1項で「すべて国民は、健康で文化的な最低限度の生活を営む権利を有する」とし、第2項で「国は、すべての生活部面について、社会福祉、社会保障及び公衆衛生の向上及び増進に努めなければならない」として生存権を規定している★。

45▶日本国憲法第25条第1項の「健康で文化的な最低限度の生活」は、人間の尊厳に値する生活を意味する。

46▶日本国憲法第25条第2項の「社会福祉」は、国民の生活を豊かにすること、「社会保障」は、国民の生存を公的扶助、社会保険により確保すること、「公衆衛生」は、国民の健康を増進することを意味する。

35—68（介護）

47▶利用者の権利擁護のためには、介護福祉職は、利用者主体の支援姿勢を徹底的に貫く視点が重要である。介護福祉職には、①専門職としての人権意識をもつ、②利用者が人としての権利を有するように支援するとともに、家族・関係者など周囲の人々の権利擁護も担う、③抑圧された意識を解放するなどによって権利侵害に立ち向かう力（エンパワメント）の視点をもつ、④多職種連携によって権利擁護に向けた支援を進める、といった姿勢が求められる。

48▶自己決定とは、個別援助の原則の1つであり、利用者が自らの意思で自らの方向を決定することをいう。自己決定の原則は、その能力の有無や「公共の福祉」に反しない限りといった制限がある。

49▶介護福祉職は、利用者の自己決定を最大限に尊重することを前提に、利用者の自己決定の過程において、介護福祉職として利用者の幸福のために何ができるのかを考えながら支援することが大切である。

50▶利用者は、生活者としての権利を有しており、人間らしい生活を営むことが保障される。それは具体的なサービスの利用において自立生活の実現を可能にする権利であり、高齢や障害など、さまざまな生活上の変化に応じて保障される権利ということもできる。それらの権利は選択と契約によって保障されている。

ぷらすあるふぁ

朝日訴訟は、生活保護法の基準は日本国憲法第25条第1項で規定する健康で文化的な最低限度の生活を維持するに足りないもので生存権の理念に反するとして、1957（昭和32）年から10年あまりにわたって争われた、行政訴訟である。

51 ▶ 利用者の生活環境における**権利侵害**としては、生活環境や生活条件の不適切さや不十分さによって、生活の安全性や快適性が脅かされることがあげられる。虐待の１つである**ネグレクト（介護や養護の放棄、放任）**によって、日常的に生活環境が安全で快適な状態として確保されなくなり、心理的苦痛や健康上の支障をもたらすのもこの例である。

52 ▶ 対人関係によって生じる**権利侵害**としては、虐待が代表的な例である。介護福祉職として、自らが虐待を行わないことは当然であるが、家族などの養護者やほかの介護福祉職の虐待防止についても、意識を高めていく必要がある。

TEST 34—2

53 ▶ **虐待**による**権利侵害**は、介護者の無意識のうちに行われる場合や、家族など養護者の専門的知識が十分でない場合、人間関係が複雑な場合などにも起こり得る。

54 ▶ **権利侵害**は、差別や偏見といった人々の意識や認識によっても行われる。施設の規則だからといって利用者のやり方を受け入れなかったり、本人の意向にかかわらず介護者の都合で介護を行ったりすることなどもその例である。

55 ▶ **権利侵害**は、不適切な法やそれによって行われる施策によって助長されることもある。1996（平成８）年に「らい予防法」が廃止されるまで、ハンセン病患者の強制隔離をうたう法律が存在し、回復者は人間としての尊厳を奪われた。また、**優生保護法**によって子孫を残すことも許されておらず、二重に権利を侵害されていたといえる。

56 ▶ **悪質商法**や高齢者などへの**詐欺**といった悪意による**権利侵害**以外にも、利用者が本来利用できるサービスについて、制度の十分な情報提供が行われていなかったり、相談や支援の体制が十分でない場合がある。そのために、サービスを利用することができずに、**結果として生活上の支障をきたしている場合**も**権利侵害**といえる。

57 ▶ **権利侵害**は、他者への依存を否定的に見る傾向によっても生じる。人には、日常生活動作（ADL）は、自分でできることは自分ですることが望ましいとする**価値観**がある。そのため、他者による介入や他者への依存を否定的にとらえる傾向がある。それが利用者にとって十分な援助が行われないなどの介護にかかわる権利侵害の引き金ともなる。

人間の尊厳と自立

15

58 介護の分野で生じる**権利侵害**は、家族などを含めて**援助者側**が原因となることが多い。これは、利用者の生活上の権利について十分に認識せず、それに対する配慮を怠ることが原因となる。また、援助者の知識や技術の未熟さによって起こる場合もある。この場合には、**援助者への支援**も必要となる。

59 **権利侵害**は、利用者が、自分の希望に沿わないことを我慢したり、傷ついたり、あきらめたりするなど利用者の心理状態が原因となって生じる場合もある。また、援助者は、利用者の権利を侵害していたとしても、それに気づくことができず、それが当たり前の状態になってしまうこともある。利用者の遠慮や慎み深い性格が、権利の侵害を見えなくしてしまうこともあるので注意を要する。

60 介護福祉職として**権利侵害**に対応するには限界もあるため、地域包括支援センターの**社会福祉士**などと連携して対応することが求められる。

32—2
33—122(総合)

61 **アドボカシー**とは、代弁（アドボケート）や権利擁護の意味で用いられる。介護福祉職には、利用者が自己の権利や援助のニーズを表明することが困難な場合には、それを代弁する役割がある。

33—2

62 介護福祉職は、利用者や家族など周囲の人々の権利擁護をともに担っていくことも求められる。利用者本人とその家族の意見が食い違う場合は、利用者本人の権利擁護を中心に据えながらも、**家族全体としての福祉の実現**を加味して援助していく。

33—122(総合)
35—68(介護)

63 介護福祉職は、権利侵害を受けやすい状況にある利用者や家族に対して、抑圧された意識を取り除き、権利侵害を自らが認識して、権利の回復に立ち向かう力量をもつように援助していく。こうした、利用者のもっている力を引き出す**エンパワメントアプローチ**が大切である。

64 利用者は、施設での新しい環境のなかで自分なりの生活の仕方や、ほかの利用者や職員と新たな関係をつくらなければならない。この適応のための努力には大変な困難や精神的なストレスが伴う。介護福祉職は、そのような施設利用者の気持ちを理解し、施設での生活がその人の以前の暮らしや在宅生活に近いものになるように環境を整備し、**生活のしづらさの解消**を支援することが求められる。

65 利用者は、人に見せたくない、知られたくない事柄も、介護者という他人に知らせ、介護や支援を受けなければならないことがある。介護福祉職には、このような矛盾した関係性におかれた状況を深く理解し、細心の配慮をもって支援することが求められる。

66 入浴日には廊下の前で順番を待たされる、食事の前の早い時間から食堂に集められエプロンをつけられる、といった**集団生活を優先させた介護**や、失禁を心配した過剰なおむつの使用、利用者に用事を頼まれても職員の業務を優先するといった**職員の都合を優先させた介護**は行ってはならない。**個人の尊厳**を保持するための個別の支援が大切である。

67 介護保険指定基準において、**身体拘束**は原則として禁止されている。身体拘束となる具体的な行為には、表4のようなものがある。

表4 ▶ 介護保険指定基準において禁止の対象となる具体的な行為

①徘徊しないように、車いすやいす、ベッドに体幹や四肢をひも等で縛る。
②転落しないように、ベッドに体幹や四肢をひも等で縛る。
③自分で降りられないように、ベッドを柵（サイドレール）で囲む。
④点滴、経管栄養等のチューブを抜かないように、四肢をひも等で縛る。
⑤点滴、経管栄養等のチューブを抜かないように、または皮膚をかきむしらないように、手指の機能を制限するミトン型の手袋等をつける。
⑥車いすやいすからずり落ちたり、立ち上がったりしないように、Ｙ字型抑制帯や腰ベルト、車いすテーブルをつける。
⑦立ち上がる能力のある人の立ち上がりを妨げるようないすを使用する。
⑧脱衣やおむつはずしを制限するために、介護衣（つなぎ服）を着せる。
⑨他人への迷惑行為を防ぐために、ベッドなどに体幹や四肢をひも等で縛る。
⑩行動を落ち着かせるために、向精神薬を過剰に服用させる。
⑪自分の意思で開けることのできない居室等に隔離する。

資料：厚生労働省「身体拘束ゼロへの手引き」2001年

68 **やむを得ず身体拘束を行う場合**には、①**切迫性**★、②**非代替性**★、③**一時性**★の３つの要件をすべて満たす必要がある。

69 介護福祉職は利用者に「誰かの役に立っている」「いてくれるだけでうれしい」と伝えることによって、利用者が「必要とされている」などの役割を実感できるようにかかわることも重要である。

★**切迫性**
今にも問題が起こるような状態になること。

★**非代替性**
ほかの物で代わりになることができないこと。

★**一時性**
すこしの間、その時だけ。

17

70 利用者は、援助者とのかかわりによって、さまざまな課題を抱えた現実の生活からより適切な方向に向かおうとする気持ちになり、より人間らしい生活に向かおうとするこころの動きが生じることがある。介護福祉職には、そのような**こころを動かす介護**になるような援助のあり方が問われる。

71 利用者の尊厳を保持し、自立支援を行うために介護福祉士に求められる義務等として、①誠実義務、②信用失墜行為の禁止、③秘密保持義務、④福祉サービス関係者等との連携、⑤資質向上の責務などが**社会福祉士及び介護福祉士法**に規定されている（上巻「介護の基本」 **43** （**表5**）参照）。

一問一答 ▶ P.19

実力チェック！一問一答

※解答の ▶ は重要項目（P. 6〜18）の番号です。

1 人間の尊厳と人権・福祉理念

問1 メイヤロフ（Mayeroff, M.）は、「一人の人格をケアするとは、最も深い意味で、その人が成長すること、自己実現することをたすけることである」と述べている。　　　▶ ○ → 9

問2 キットウッド（Kitwood, T.）は、認知症になっても一人ひとりの個別性を尊重し、その人らしく生き生きとした生活ができるようにケアを行うパーソン・センタード・ケアを提唱している。　　　▶ ○ → 10

問3 社会福祉法第3条は、福祉サービスの基本的理念を規定している。　　　▶ ○ → 15

問4 介護保険法は1997（平成9）年の制定時から、高齢者等の尊厳の保持について規定している。　　　▶ × → 16

問5 障害者の日常生活及び社会生活を総合的に支援するための法律（障害者総合支援法）は、「障害の有無にかかわらず国民が相互に人格と個性を尊重し安心して暮らすことのできる地域社会の実現に寄与すること」を目的としている。　　　▶ ○ → 17

問6 「ノーマライゼーションの8つの原理」は、バンク−ミケルセン（Bank-Mikkelsen, N. E.）によって定義された。　　　▶ × → 21

問7 利用者の生活の質を高めるために、介護福祉職は、利用者に相談するより家族のニーズを優先する。　　　▶ × → 28

2 自立の概念

問8 精神的自立は、生活の目標をもち、自らが主体となって物事を進めていくことである。　　　▶ ○ → 36

問9 介護福祉職は、利用者がたとえ寝たきりや認知症になっても、自分の意思で生活をコントロールできるように援助することが大切である。　　　▶ ○ → 38

人間の尊厳と自立

問10 自立支援において、介護福祉職は環境よりも利用者自身にはたらきかけることが求められる。 ▶ × → 39

問11 人権をもっている者としては、自然人が考えられるが、日本国憲法は、制限的ながらも法人や外国人にも人権を保障している。 ▶ ○ → 41

問12 対人関係によって生じる権利侵害の代表的なものは、虐待である。 ▶ ○ → 52

問13 虐待は、介護者の無意識のうちに行われる場合もある。 ▶ ○ → 53

問14 権利侵害を受けていると思われる利用者がいた場合、介護福祉職は地域包括支援センターに相談する。 ▶ ○ → 60

問15 利用者の意思を代弁することを表す用語としてアドボカシーがある。 ▶ ○ → 61

問16 利用者本人とその家族の意見が食い違う場合、介護福祉職は家族の意見に従ったほうがよい。 ▶ × → 62

問17 エンパワメントアプローチによって、利用者のもっている力を引き出すことができる。 ▶ ○ → 63

問18 介護福祉職は、施設での生活が利用者の以前の暮らしや在宅生活に近いものになるように、生活のしづらさの解消を支援することが求められる。 ▶ ○ → 64

問19 利用者が自分で降りられないように、ベッドを柵（サイドレール）で囲むことは、身体拘束ではない。 ▶ × → 67 （表4）

問20 身体拘束が緊急やむを得ないとして認められる要件として、切迫性、一時性の2つを満たせばよい。 ▶ × → 68

2

介護の基本

傾向と対策

傾向

　『介護の基本』は、介護福祉学の基幹科目である。それゆえに内容はきわめていろいろな分野にわたり、他科目と内容が重複する部分が多い。

　第36回では、「介護を取り巻く状況」「介護福祉士の義務等」「施設利用者の個人情報の保護」「個別性や多様性を踏まえた介護」「ヤングケアラーの悩みに対する介護福祉職の対応」「左片麻痺のある利用者の入浴方法についてのサービス提供責任者の対応」「民生委員の役割」「「洪水・内水氾濫」の図記号が示された施設で警戒レベル3が発令されたときの対応」「介護における感染症対策」「介護福祉士が行う服薬介護」が出題された。これまで繰り返し出題された「介護の基本」の基礎的知識に関するものが多い。

　第36回で出題された「災害種別避難誘導標識に用いる図記号（洪水・内水氾濫の図記号）が示された施設で、警戒レベル3が発令されたときにとるべき行動」については、いつどこで発生するかもしれない災害に対応するために、①「災害種別避難誘導標識に用いる図記号」、②市町村が発令する「避難情報等（警戒レベル）」、③国土交通省・気象庁・都道府県が市町村単位で出す「警戒レベル相当情報（河川水位や雨の情報）」の内容を、それぞれ正しく理解したうえで、適切に対応することが求められる。

　第34回で初めて「ヤングケアラー」が取り上げられ、第36回でも再び「ヤングケアラー」と、第31回でも取り上げられた「ダブルケア」が出題された。現在の介護を取り巻く状況として、「老老介護」などに加え、「ヤングケアラー」や「ダブルケア」の問題が社会に重くのしかかっている現実を理解しておきたい。

　出題傾向として、各問題の五肢択一の解答のなかに、他科目の基礎知識がないと正答できない選択肢がみられる。第36回では、短文事例問題が2問出題された。また、『介護の基本』の基礎知識を問う問題でも、知識を介護場面で具体的にどう活かすかといった応用問題が多く出題された。『介護の基本』は、介護福祉学の基幹科目として、他科目の知識を包括し、基礎知識を介護現場で活用できる能力が求められているといえる。

　「介護福祉を取り巻く状況」や「高齢者の生活」の知識として、「国民生活基礎調査」（厚生労働省）、「高齢社会白書」（内閣府）からの出題が多い。介護福祉士国家試験の出題基準において、法律、政省令等に規定されている事項、厚生労働白書などの公刊物に記載されている事項などからも出題される」と示されているとおりである。

　「防災・減災」に関する問題も出題されている。災害時には災害時要配慮者（高齢者や障害者、子ども等）への福祉支援が重要となる。介護福祉職は、感染症対策を含めた災害時対応について理解しておく必要がある。

2011（平成23）年の「社会福祉士及び介護福祉士法」の改正、2014（平成26）年の「介護保険法」の改正、「地域における医療及び介護の総合的な確保を推進するための関係法律の整備等に関する法律（医療介護総合確保推進法）」の成立、2015（平成27）年の「個人情報の保護に関する法律」の改正、2017（平成29）年の「地域包括ケアシステムの強化のための介護保険法等の一部を改正する法律」の成立、2018（平成30）年の外国人介護人材の受け入れを促進する「出入国管理及び難民認定法」の改正など、ここ数年、介護をめぐる社会情勢は大きく変動している。

また、2020（令和2）年6月に「地域共生社会の実現のための社会福祉法等の一部を改正する法律」が成立し、これを受けて「社会福祉法」「介護保険法」「社会福祉士及び介護福祉士法」の一部が改正された。介護現場に大きな変革をもたらす内容が多い。

日々の介護実践のなかで、まずは日本の介護問題全般を把握する視点をもちたい。そのうえで、さまざまな課題をキャッチするアンテナを張りめぐらす必要がある。

出題への解答は、介護問題の大きな枠組みを理解していれば、かなりの確率で正答を導くことが可能なものが多い。出題は、五肢択一で、「正しいもの」「適切なもの」「最も適切なもの」を選択する形式なので、出題内容の枠組みを理解していると、正答を導きやすい。

しかし、近年の傾向として基礎知識を基に具体的な介護場面での判断を問う問題が増加していることから、知識を学ぶときに日頃の介護実践と結びつけて考える学習方法が求められる。また、他科目の知識がないと正答に結びつかない出題が増えていることから、他科目も合わせた基礎知識を確実に身につける必要がある。

そのほか、国民生活基礎調査（厚生労働省）や、高齢社会白書（内閣府）等の結果は、年度により変動するため、最新の調査内容の概要を理解しておく必要がある。

また、2022（令和4）年12月に厚生労働省は、介護現場等において医行為であるか否かについての判断に疑義が生じることの多い行為であって、原則として医行為でないと考えられるもの等の内容を整理し、都道府県に通知した。この通知内容は、介護現場に大きな影響があると思われるので、正確に理解しておきたい。

介護の基本

■ 出題実績と出題基準

出題基準		
大項目	中項目	小項目（例示）
1 介護福祉の基本となる理念	1）介護福祉を取り巻く状況	・家族機能の変化 ・地域社会の変化 ・介護需要の変化 ・介護福祉の発展 ・介護ニーズの複雑化、多様化 ・介護従事者の多様化
	2）介護福祉の歴史	・日本における介護の歴史 ・介護福祉士の成り立ち
	3）介護福祉の基本理念	・尊厳を支える介護（ノーマライゼーション、QOL） ・自立を支える介護（自立支援、利用者主体）
2 介護福祉士の役割と機能	1）介護福祉士の役割	・社会福祉士及び介護福祉士法（定義、義務、名称独占、登録） ・医師法第17条及び保助看法第31条の解釈（通知）に基づく内容 ・介護福祉士資格取得者の状況
	2）介護福祉士の機能	・介護福祉士の活動の場と役割（地域共生社会、介護予防、災害、人生の最終段階、医療的ケア） ・専門職集団としての役割と機能（職能集団、学術団体）
3 介護福祉士の倫理	1）専門職の倫理	・職業倫理と法令遵守 ・利用者の人権と介護（身体拘束禁止、虐待防止など） ・プライバシーの保護
4 自立に向けた介護	1）介護福祉における自立支援	・自立支援の考え方 ・利用者理解の視点（ICF、エンパワメント、ストレングス） ・意思決定支援
	2）生活意欲と活動	・社会参加（生きがい、役割、趣味、レクリエーションなど） ・アクティビティ ・就労に関する支援

第32回（2020年）	第33回（2021年）	第34回（2022年）	第35回（2023年）	第36回（2024年）
				介護を取り巻く状況【問題64】
介護老人福祉施設に入所した利用者へのノーマライゼーションの考え方を踏まえた生活支援【問題18】	ソーシャルロール・バロリゼーションの提唱者【問題18】	利用者主体【問題18】 自立支援【問題19】	利用者主体の考えに基づいた訪問介護員の対応【問題64】	
			社会福祉士及び介護福祉士法の介護福祉士の責務【問題66】	介護福祉士の義務等【問題65】
			求められる介護福祉士像【問題65】	
介護福祉職の倫理【問題25】	介護施設におけるプライバシーの保護【問題25】	介護福祉士の職業倫理【問題24】 個人情報の安全管理対策【問題25】		施設利用者の個人情報の保護【問題66】
ICFに基づく環境因子と心身機能の関連【問題19】	ICFの環境因子を表す記述【問題19】 自立生活支援・重度化防止のための見守り的援助【問題20】	ICFの参加制約【問題20】	意思決定支援を意識した訪問介護員の対応【問題67】	

介護の基本

25

大項目	中項目	小項目（例示）
	3）介護予防	・介護予防の意義、考え方（栄養、運動、口腔ケアなど） ・介護予防システム
	4）リハビリテーション	・リハビリテーションの意義、考え方 ・生活を通したリハビリテーション
	5）自立と生活支援	・家族、地域との関わり ・生活環境の整備 ・バリアフリー、ユニバーサルデザインの考え方
5 介護を必要とする人の理解	1）生活の個別性と多様性	・生活の個別性と多様性の理解（生活史、価値観、生活習慣、生活様式、生活リズムなど）
	2）高齢者の生活	・高齢者の生活の個別性と多様性の理解 ・生活を支える基盤（経済、制度、健康など） ・生活ニーズ ・家族、地域との関わり ・働くことの意味と地域活動
	3）障害者の生活	・障害者の生活の個別性と多様性の理解 ・生活を支える基盤（経済、制度、健康など） ・生活ニーズ ・家族、地域との関わり ・働くことの意味と地域活動
	4）家族介護者の理解と支援	・家族介護者の現状と課題 ・家族会
6 介護を必要とする人の生活を支えるしくみ	1）介護を必要とする人の生活を支えるしくみ	・地域連携の意義と目的 ・ケアマネジメントの考え方 ・地域包括ケアシステム
	2）介護を必要とする人の生活の場とフォーマルな支援の活用	・生活の拠点（住環境・地域環境） ・介護保険サービスの活用 ・障害福祉サービスの活用

出題実績				
第32回（2020年）	第33回（2021年）	第34回（2022年）	第35回（2023年）	第36回（2024年）
	高齢者のリハビリテーション【問題21】			
			ユニバーサルデザインの考え方を表す用語【問題68】	
	施設利用者の多様な生活に配慮した介護福祉職の対応【問題22】	性同一性障害【問題17】	認知症対応型共同生活介護（グループホーム）入居者への声かけ【問題69】	個別性や多様性を踏まえた介護【問題67】
生活様式の継続を望む認知症のある利用者への訪問介護員の対応【問題20】				
			聴覚障害者マーク【問題70】	
認知症のある利用者の夫に対する訪問介護員の助言【問題17】	「2016年（平成28年）国民生活基礎調査」（厚生労働省）における同居の主な介護者の悩みやストレスの原因【問題17】	ヤングケアラーへの対応【問題21】		ヤングケアラーの悩みに対する介護福祉職の対応【問題68】
認知症対応型共同生活介護（グループホーム）での介護【問題22】	介護医療院の理解【問題23】	フォーマルサービス【問題23】		左片麻痺のある利用者の入浴方法についてのサービス提供責任者の対応【問題69】

大項目	中項目	小項目（例示）
	3）介護を必要とする人の生活の場とインフォーマルな支援の活用	・地域住民・ボランティア等のインフォーマルサポートの機能と役割
7 協働する多職種の役割と機能	1）他の職種の役割と専門性の理解	・福祉職の役割と専門性 ・保健・医療職の役割と専門性 ・栄養・調理職の役割と専門性 ・その他の関連職種
	2）多職種連携の意義と課題	・チームアプローチの意義と目的 ・チームアプローチの具体的展開
8 介護における安全の確保とリスクマネジメント	1）介護における安全の確保	・介護事故と法的責任 ・危険予知と危険回避（観察、正確な技術、予測、分析、対策など） ・介護におけるリスク（ヒヤリハット、住宅内事故、災害、社会的リスクなど） ・リスクマネジメントの意義と目的
	2）事故防止、安全対策	・セーフティマネジメント ・防火・防災・減災対策と訓練 ・緊急連絡システム
	3）感染対策	・感染予防の意義と目的 ・感染予防の基礎知識と技術 ・感染症対策
	4）薬剤の取り扱いに関する基礎知識と連携	・服薬管理の基礎知識 ・薬剤耐性の基礎知識
9 介護従事者の安全	1）介護従事者を守る法制度	・労働基準法と労働安全衛生法 ・労働安全と環境整備（育休・介護休暇） ・労働災害と予防
	2）介護従事者の心身の健康管理	・心の健康管理（ストレスマネジメント、燃え尽き症候群、感情労働） ・身体の健康管理（感染予防と対策、腰痛予防と対策など）

出題実績				
第32回（2020年）	第33回（2021年）	第34回（2022年）	第35回（2023年）	第36回（2024年）
				民生委員の役割【問題70】
訪問介護事業所のサービス提供責任者の役割【問題23】			介護保険施設の専門職の役割【問題71】	
介護の実践における多職種連携【問題24】	サービス担当者会議における利用者の思いに添った介護支援専門員（ケアマネジャー）の提案【問題24】	サービス担当者会議【問題22】	介護の現場におけるチームアプローチ【問題72】	
「平成30年度版高齢社会白書」の「家庭内事故発生割合が最も高い場所（屋内）」【問題21】			危険を回避するための介護福祉職の対応【問題73】	「洪水・内水氾濫」の図記号が示された施設で、警戒レベル3が発令されたときにとるべき行動【問題71】
	ハインリッヒの法則【問題26】			
				介護における感染症対策【問題72】
高齢者介護施設におけるMRSA（メチシリン耐性黄色ブドウ球菌）の保菌者への対応【問題26】				介護福祉士が行う服薬介護【問題73】
		利用者・家族からのハラスメント【問題26】		

1 介護福祉の基本となる理念

ここでは、介護福祉を取り巻く状況、介護福祉の歴史、介護福祉の基本理念について学ぶ。少子高齢化の進行、家族機能の変化と家族介護力の低下、介護の社会化が進むなかで、地域包括ケアシステムや地域共生社会の実現のための取り組みが進められている。介護福祉を取り巻く状況は大きく変動しており、こうした流れを把握しておく必要がある。また、介護福祉の理念の基盤となる尊厳の保持と自立支援については、繰り返し出題されているので、具体的な内容について理解しておきたい。

■ 介護福祉を取り巻く状況

1▶ 日本は1970（昭和45）年に**高齢化社会**（高齢化率7％）に、1994（平成6）年に**高齢社会**（同14％）になり、2007（平成19）年に**超高齢社会**（同21％）となった。一方で、1997（平成9）年に**少子社会★**となり、**少子高齢社会**となった。

2▶ 1970年代に入ると、日本は高度経済成長により人口の都市集中化が進み、そのために家族形態が変化し、いわゆる「核家族」化した。家族形態の小規模化の傾向が進み、**単身世帯**や**高齢者世帯**が増加していくなかで、介護機能を担う家族の人員が少なくなり、必然的に**家族介護力の低下**が進み、家族による介護では十分な対応が困難となった。

3▶ 2022（令和4）年10月現在の「人口推計」によると、日本の**高齢化率**は29.0％となり、4人に1人が高齢者という社会となっている。

★**少子社会**
子どもの数が高齢者人口よりも少なくなった社会。

4 ▶ 1989（平成元）年に福祉関係三審議会＊合同企画分科会は、「今後の社会福祉のあり方について（意見具申）」を提出した。基本的考え方として、①市町村の役割重視、②在宅福祉の充実、③民間福祉サービスの健全育成、④福祉と保健・医療の連携強化・総合化、⑤福祉の担い手の養成と確保、⑥サービスの総合化・効率化を推進するための福祉情報提供体制の整備を具申している。この提言が、福祉関係八法の改正や、介護保険法の理念・しくみにつながっている。

5 ▶ 2022（令和4）年の「国民生活基礎調査」によると、**65歳以上の者のいる世帯**は、全世帯の**50.6%**（2747.4万世帯）である。そのうち**夫婦のみの世帯**（32.1%）と**単独世帯**（31.8%）が、約6割を占めている。次いで**親と未婚の子のみの世帯**（20.1%）となっている。

6 ▶ 2003（平成15）年6月、「2015年の高齢者介護〜高齢者の尊厳を支えるケアの確立に向けて〜」という報告書がまとめられた。高齢者介護の基本理念は、介護保険制度が目指す自立支援と、その根底にある尊厳の保持とされた。

7 ▶ 「**2015年の高齢者介護**〜高齢者の尊厳を支えるケアの確立に向けて〜」では、「高齢者の尊厳を支えるケアの確立」を目標に据え、その確立のために必要なこととして、①**介護予防・リハビリテーションの充実**、②**生活の継続性を維持するための新しいサービス体系の確立**、③**認知症高齢者に対応したケアモデルの確立**、④**サービスの質の確保と向上**の4項目があげられた。

8 ▶ 2011（平成23）年1月に「今後の介護人材養成の在り方に関する検討会」報告書が出された。今後の**キャリアパス★**のあり方や、**実務者研修**（従来の介護職員基礎研修は実務者研修に一本化する）のイメージを示した。また、介護職員に占める介護福祉士の割合の目安を当面**5割以上**にすると提示している。

9 ▶ 2013（平成25）年8月に**社会保障制度改革国民会議報告書**が出され、社会保障制度改革の方向として、超高齢化の進行、家族・地域の変容、非正規労働者の増加など雇用の環境の変化などに対応した「21世紀（2025年）日本モデル」の制度へ改革する必要があることが示された。これに伴い、**医療・介護サービス提供体制の改革**と、**地域包括ケアシステムづくり**を推進していく必要性が提言された。

ぷらすあるふぁ
中央社会福祉審議会、身体障害者福祉審議会、中央児童福祉審議会のことである。

介護の基本

★キャリアパス
キャリア（経験、スキルアップ）のパス（道筋）のこと。組織の給与体系、人事制度、キャリア形成の支援（教育・研修など）などを明確に示したもの。

ぷらすあるふぁ

地域包括ケア圏域については、「おおむね30分以内に駆けつけられる圏域（人口2～3万人が目安）」を理想的な圏域として定義し、具体的には、中学校区を基本とする。

★社会福祉連携推進法人

社会福祉事業に取り組む社会福祉法人や特定非営利活動法人等を社員として災害対応、福祉人材不足の対応など相互の連携・協働を推進するための法人。

ぷらすあるふぁ

経済連携協定（EPA）は、世界貿易機関（WTO）を中心として進められる多国間の貿易自由化のための協定である。介護福祉士候補者の受け入れは、二国間の経済活動の連携強化の観点から行われる。

10 **地域包括ケアシステム★**とは、ニーズに応じた住宅が提供されることを基本に、生活上の安全・安心・健康を確保するために、医療や介護予防のみならず、福祉サービスを含めたさまざまな生活支援サービスが日常生活の場（日常生活圏域）で適切に提供できるような地域での体制と定義される。

11 **地域共生社会の実現のための社会福祉法等の一部を改正する法律**が、2020（令和2）年6月に公布された。①地域住民の複雑化・複合化した支援ニーズに対応する市町村の包括的な支援体制の構築の支援、②地域の特性に応じた認知症施策や介護サービス提供体制の整備等の推進、③医療・介護のデータ基盤の整備の推進、④介護人材確保および業務効率化の取り組みの強化、⑤社会福祉連携推進法人★制度の創設等の措置が講じられ、関連する法律の改正が行われた。

12 これまで団塊の世代が75歳以上となる2025（令和7）年に着目した制度改革が推進されてきたが、**2040（令和22）年**に着目した制度改革が必要とされる。「日本の将来推計人口（令和5年）」によると、2045（令和27）年には日本の人口は1億880万人に減少し、現役世代が少なくなるなか、2043（令和25）年には65歳以上の**高齢者数がピークを迎え**、3953万人になると推計されているからである。

13 2016（平成28）年に厚生労働省は**「我が事・丸ごと地域共生社会実現本部」**において、「地域共生社会」の実現という方針を打ち出した。「地域共生社会」とは、社会保障政策の枠を超えた生活保障政策の全体的な再構築を図るため、すべての世代・すべての生活課題を対象とし、多様な社会福祉施策を一体化した統合的な地域ケアを構築する政策である。

14 2025（令和7）年を見据えた**「地域包括ケアシステム」**は、2040（令和22）年の「地域共生社会」を実現するために不可欠なパーツとしての役割を果たす。「地域共生社会」は、「地域包括ケアシステム」の深化版として位置づけられる（**図1**参照）。

15 **経済連携協定（EPA）★**に基づき、2008（平成20）年度に**インドネシア**、2009（平成21）年度に**フィリピン**、2014（平成26）年度に**ベトナム**からの外国人看護師・介護福祉士候補者の受け入れが実施された。介護福祉士候補者は、訪日後、介護施設で就労・研修（特定活動）を行い、4年目に国家試験を受験できる。**試験合格後は介護業務に従事（特定活動）する限り日本に在留できる★**。

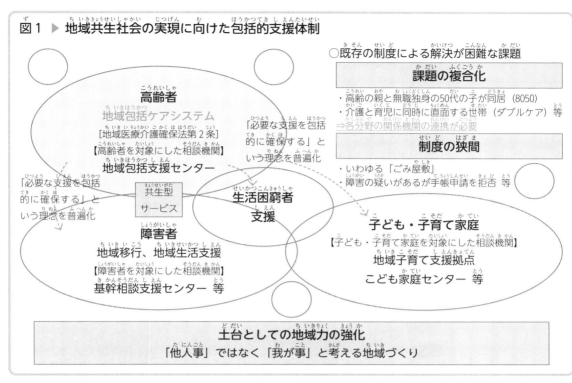

図1 ▶ 地域共生社会の実現に向けた包括的支援体制

○既存の制度による解決が困難な課題

課題の複合化
・高齢の親と無職独身の50代の子が同居（8050）
・介護と育児に同時に直面する世帯（ダブルケア）等
⇒各分野の関係機関の連携が必要

制度の狭間
・いわゆる「ごみ屋敷」
・障害の疑いがあるが手帳申請を拒否 等

高齢者
地域包括ケアシステム
[地域医療介護確保法第2条]
【高齢者を対象にした相談機関】
地域包括支援センター

「必要な支援を包括的に確保する」という理念を普遍化

共生型サービス

「必要な支援を包括的に確保する」という理念を普遍化

生活困窮者支援

障害者
地域移行、地域生活支援
【障害者を対象にした相談機関】
基幹相談支援センター 等

子ども・子育て家庭
【子ども・子育て家庭を対象にした相談機関】
地域子育て支援拠点
こども家庭センター 等

土台としての地域力の強化
「他人事」ではなく「我が事」と考える地域づくり

16 ▶ 外国人介護人材の受け入れについては、経済連携協定（EPA）に加え、**2017（平成29）年**から**外国人技能実習制度**の見直しが図られ、同制度に**介護職種が追加**された。また、在留資格「介護」として、外国人留学生および技能実習生として入国後、介護施設で就労・研修を行ってから国家試験を受験し、合格後は介護業務に従事する限り日本に在留することも可能となった。

17 ▶ 2018（平成30）年には出入国管理及び難民認定法が改正され、「**特定技能1号・特定技能2号**」が創設された。**特定技能1号**の対象職種は、介護を含む12分野で、介護は5年間で最大6万人規模の人材確保を目指す。この制度で外国人が日本に滞在できるのは5年である。外国人技能実習制度と接続すれば、最長10年は日本で働くことが可能となった。

18 ▶ 技能実習制度および特定技能制度のあり方について、政府は見直しを進め、①技能実習制度を発展的に解消し、人手不足分野における人材確保および人材育成を目的とする**育成就労制度を創設する**、②特定技能制度については、適正化を図ったうえで存続する方向で検討が進められている。人材育成のあり方については、基本的に3年間の就労を通じた育成期間において、特定技能1号の技能水準の人材育成を目指す予定である。

+α ぷらすあるふぁ

不合格の場合、滞在延長1年の間に引き続き介護業務に従事し、5年目に国家試験を受験し、合格後は介護業務に従事する限り日本に在留できるが、不合格の場合には帰国することになる。

■ 介護福祉の歴史

19 介護の歴史を概観すると、古代には「律令」による救済が行われ、老人福祉法制定（1963（昭和38）年）頃までは、「**家族介護**」や「**篤志家等による介護**」を中心とし、国の制度における救済はそれを補完するものであった。貧困者救済のために国として、明治期の1874（明治7）年には恤救規則、1929（昭和4）年には、世界大恐慌のもとで救護法が制定された。

20 老人福祉法制定から社会福祉士及び介護福祉士法制定前（1963（昭和38）～1986（昭和61）年）は、家族以外の「**非専門職による介護**」の時期であった。1963（昭和38）年に制定された老人福祉法において、特別養護老人ホーム・養護老人ホーム・軽費老人ホームの設置や家庭奉仕員の派遣事業が法定化され、介護を主な業とする職種（介護福祉職）が登場した。

21 1963（昭和38）年、老人福祉法制定当時の**特別養護老人ホーム**は、「65歳以上の者であって、身体上または精神上著しい欠陥があるために、常時の介護を必要とし、かつ、居宅においてこれを受けることが困難なものを**収容する場**」であった。1972（昭和47）年以降は、「**生活の場**」としてのあり方が課題となり、質的な変化を遂げていった。

22 1963（昭和38）年の老人福祉法制定当時の**養護老人ホーム**は、「65歳以上の者であって、身体上もしくは精神上または環境上の理由および経済的理由により居宅において養護を受けることが困難なものを収容する場」であった。

23 社会福祉士及び介護福祉士法制定から介護保険法施行前（1987（昭和62）～1999（平成11）年）までは、「**専門職による介護**」が確立した時期である。1987（昭和62）年に社会福祉士及び介護福祉士法が制定され、福祉の専門職としての社会福祉士と介護福祉士が誕生した。

24 介護保険法施行（2000（平成12）年）から現在までは、「自立支援としての介護」の時期である。1994（平成6）年の「新たな高齢者介護システムの構築を目指して」という報告書で、介護の基本理念として「高齢者の自立支援」が掲げられた。新しい介護システムの基本理念は、社会福祉政策や介護福祉教育、介護保険制度によって具体的に展開されている。

■ 介護福祉の基本理念

25 ▶ 日本国憲法では、第11条で基本的人権を尊重することが根本的な原理として定められている。また、第13条で幸福追求権、第25条で生存権を規定している。

26 ▶ 介護従事者は、利用者の人権擁護に努めなければならない。基本的人権とは人が人であれば当然もっている普遍的な権利である。憲法の規定する権利のほかに、自分の権利を知ること、意見表明権、自己選択・自己決定権、知る権利、プライバシー権、虐待の絶対禁止等があげられる。

27 ▶ 近年、社会福祉にかかわるさまざまな法律のなかで、「尊厳の保持」の規定が明記されている。2000（平成12）年に改正された社会福祉法では、「福祉サービスは、個人の尊厳の保持を旨とし」と明記された。また、2005（平成17）年に改正された介護保険法においても、その目的に要介護状態となった高齢者等の「尊厳の保持」が明記された。

28 ▶ 2004（平成16）年の「介護サービス従事者の研修体系のあり方について（第一次中間まとめ）」では、尊厳を支えるケアを「介護保険制度の理念である『自立支援』をさらに一歩進めるもの」としている。さらに、尊厳を支えるために行うべきケアとして、**表1**の3項目をあげている。

表1 ▶ 尊厳を支えるために行うべきケア

①利用者のそれまでの生き方を尊重したケア
②心豊かで、自立・自律した暮らしを実現するケア
③穏やかな終末期を支えるケア

29 ▶ **メイヤロフ**（Mayeroff, M.）は、アメリカの哲学者で、『**ケアの本質―生きることの意味**』（1971年）を著し、ケア理論を本格的に取り上げた最初の人であり、その理論はその後のケア理論の起源となっている。

33—18
34— 1（尊厳）

30 ▶ メイヤロフは、「ケアは人間にとって本質的な活動」であり、「相手をケアすること、相手の成長を援助することによって、自分もまた自己実現する結果になる」とし、「**ケアする人とケアされる人の相互関係**」について論じている。

33—18
34— 1（尊厳）

31 ▶ QOLは、「生活の質」「人生の質」「生命の質」などと訳される。一般的な考え方は、生活者の**満足感・安定感・幸福感**を規定している諸要因の質をいう。介護福祉士は利用者の**自立的な生活**を拡大し、生活の質を高める必要がある。

TEST 32—18
33—22

32 ▶ ノーマライゼーションを実現するためには、高齢者や障害者に住み慣れた地域、住み慣れた家で**普通の生活**ができるように支援していくことが必要である。画一的な傾向にある福祉施設においても、個別性を尊重した普通の生活を保障することが求められている。

TEST 32—20
34—18
34—19
35—64
35—67

33 ▶ 利用者の**主体性**を尊重するためには、利用者が**自己決定**できるように支援する。そのためには、十分な情報を提供し、利用者が**選択と決定**を行うことができるようにする必要がある。

一問一答 ▶ P.113

② 介護福祉士の役割と機能

介護福祉士の根拠法となる社会福祉士及び介護福祉士法と専門職能団体である公益社団法人日本介護福祉士会の活動について学ぶ項目であり、介護福祉士の定義・業務、義務規定および違反と罰則、名称独占と業務独占、登録状況、日本介護福祉士会の役割を理解したい。

■ 介護福祉士の役割

34 ▶ 1986（昭和61）年の**国際社会福祉会議**を契機に、福祉人材の**資格制度**が議論されるようになり、1987（昭和62）年2月に**日本学術会議**から、「社会福祉におけるケアワーカー（介護職員）の専門性と資格制度について」の意見が提出された。急速に進む高齢化社会のなかで、家事援助や介護の科学化、社会化の必要性、異なった生活歴をもつ高齢者一人ひとりの状況を踏まえた自立への支援の必要性を主張し、資格制度として、高校卒業後2年の研修期間が必要である等の提言が行われた。

35 ▶ 国際社会福祉会議や日本学術会議の意見を背景に、サービスの倫理と質を担保する専門職の必要性について議論されるようになり、**1987（昭和62）年**に**社会福祉士及び介護福祉士法**が制定された。

36 ▶ 2007（平成19）年の社会福祉士及び介護福祉士法の改正により、**介護福祉士の定義規定**の見直しが行われた。介護福祉士とは、「登録を受け、介護福祉士の名称を用いて、専門的知識及び技術をもって、身体上又は精神上の障害があることにより日常生活を営むのに支障がある者につき心身の状況に応じた介護を行い、並びにその者及びその介護者に対して介護に関する指導を行うことを業とする者をいう」となった。

 36―65

37 ▶ 2011（平成23）年の社会福祉士及び介護福祉士法の改正により、**介護福祉士の定義規定**の見直しが行われた。介護福祉士の業に「喀痰吸引その他のその者が日常生活を営むのに必要な行為であって、医師の指示の下に行われるもの（厚生労働省令で定めるものに限る。）を含む」が加えられた（施行は2016（平成28）年）。

38 ▶ 2011（平成23）年の社会福祉士及び介護福祉士法の改正により、一定の研修を修了した介護福祉士や介護職員がその業務として喀痰吸引等を行うことが可能となった（施行は2012（平成24）年）。介護福祉士が喀痰吸引等を実施するためには、**基本研修**（講義と演習）を修了後、**実地研修★**を修了し、実地研修修了証の交付を受ける必要がある。

 32―110（医療）
36―65

★実地研修
都道府県に登録した登録研修機関や実地研修施設で実施される。

39 ▶ 2017（平成29）年に社会保障審議会福祉部会福祉人材確保専門委員会で、「介護人材に求められる機能の明確化とキャリアパスの実現に向けて」（報告書）がとりまとめられ、2007（平成19）年度に示された「求められる介護福祉士像」を見直し、新たな「**求められる介護福祉士像**」が示された（**表2**）。

 35―65

40 ▶ 見直された「**求められる介護福祉士像**」を踏まえ、2018（平成30）年度に介護福祉士養成課程のカリキュラムが改正され、2019（令和元）年から新カリキュラムに基づいた養成が実施されている。

 35―65

41 ▶ 厚生労働省は、2005（平成17）年に「医師法第17条、歯科医師法第17条及び保健師助産師看護師法第31条の解釈について」を発出した。医行為の範囲の解釈を示し、原則として医行為の範囲外の行為として11項目を列挙した（**表3**参照）。これらの行為は、一定の条件を満たしたうえで、介護職員が行うことができる。

 32―25

42 ▶ 厚生労働省は、2022（令和4）年に「医師法第17条、歯科医師法第17条及び保健師助産師看護師法第31条の解釈について（その2）」を発出した。2005（平成17）年に示した医行為の範囲外の行為（**41** ▶参照）に記載のない行為のうち、介護現場で行うことが認められる医行為外業務を列挙している（**表4**参照）。

表2 ▶ 「求められる介護福祉士像」2018（平成30）年度カリキュラム改正時

①尊厳と自立を支えるケアを実践する
②専門職として自律的に介護過程の展開ができる
③身体的な支援だけでなく、心理的・社会的支援も展開できる
④介護ニーズの複雑化・多様化・高度化に対応し、本人や家族等のエンパワメントを重視した支援ができる
⑤QOL（生活の質）の維持・向上の視点を持って、介護予防からリハビリテーション、看取りまで、対象者の状態の変化に対応できる
⑥地域の中で、施設・在宅にかかわらず、本人が望む生活を支えることができる
⑦関連領域の基本的なことを理解し、多職種協働によるチームケアを実践する
⑧本人や家族、チームに対するコミュニケーションや、的確な記録・記述ができる
⑨制度を理解しつつ、地域や社会のニーズに対応できる
⑩介護職の中で中核的な役割を担う

＋

高い倫理性の保持

資料：社会保障審議会福祉部会福祉人材確保専門委員会「介護人材に求められる機能の明確化とキャリアパスの実現に向けて」2017年

35—66
36—65

43 介護福祉士には、社会福祉士及び介護福祉士法において、**表5**のような義務等が規定されている。

44 介護福祉士に求められる義務のうち、「**誠実義務**」と「**資質向上の責務**」については、**2007（平成19）年の社会福祉士及び介護福祉士法の改正**により新たに規定された。

36—65

45 社会福祉士及び介護福祉士法第2条第2項の定義および第48条第2項の名称の使用制限の規定により、介護福祉士は**名称独占**（有資格者だけがその名称を用いることができる）である。これに対して例えば医師は**名称独占**であると同時に、**業務独占**（有資格者だけがその業務を行うことができる）である。

表3 ▶ 原則として医行為の範囲外の行為

「原則として医行為でないもの」	①水銀体温計や電子体温計により腋下で体温を計測することおよび耳式電子体温計により外耳道で体温を測定すること ②自動血圧測定器により血圧を測定すること ③新生児以外の者であって入院治療の必要がないものに対して、動脈血酸素飽和度を測定するため、パルスオキシメータを装着すること ④軽微な切り傷、擦り傷、やけど等について、専門的な判断や技術を必要としない処置をすること（汚物で汚れたガーゼの交換を含む） ⑤一定の条件を満たしたうえで、皮膚への軟膏の塗布（褥瘡の処置を除く）、皮膚への湿布の貼付、点眼薬の点眼、一包化された内用薬の内服（舌下錠の使用も含む）、肛門からの座薬挿入または鼻腔粘膜への薬剤噴霧を介助すること
その他「原則医行為として規制する必要がないもの」	⑥爪そのものに異常がなく、爪の周囲の皮膚にも化膿や炎症がなく、かつ、糖尿病等の疾患に伴う専門的な管理が必要でない場合に、その爪を爪切りで切ることや爪ヤスリでやすりがけすること ⑦重度の歯周病等がない場合の日常的な口腔内の刷掃・清拭において、歯ブラシや綿棒または巻き綿子などを用いて、歯、口腔粘膜、舌に付着している汚れを取り除き、清潔にすること ⑧耳垢を除去すること（耳垢塞栓の除去を除く） ⑨ストーマ装具のパウチにたまった排泄物を捨てること（肌に接着したパウチの取り替えを除く）※ ⑩自己導尿を補助するため、カテーテルの準備、体位の保持などを行うこと ⑪市販のディスポーザブルグリセリン浣腸器を用いて浣腸すること

※2011（平成23）年、厚生労働省より、ストーマおよびその周辺の状態が安定し専門的な管理が必要とされない場合、パウチの交換は原則として医行為には該当しないとされる通知が出された。

表4 ▶ 介護現場で認められる医行為外業務

項目	在宅介護等の介護現場で行うことが認められる医行為外業務の概要
インスリンの投与の準備・片づけ関係	①指示されたタイミングでの実施の声かけ、見守り、未使用の注射器等の患者への手渡し、使い終わった注射器の片づけ、記録を行うこと ②患者が血糖測定および血糖値の確認を行った後に、当該血糖値が指示されたインスリン注射を実施する血糖値の範囲と合致しているかを確認すること ③患者が準備したインスリン注射器の目盛りが、あらかじめ医師から指示されたインスリンの単位数と合っているかを読み取ること
血糖測定関係	④患者への持続血糖測定器のセンサーの貼付や当該測定器の測定値の読み取りといった、血糖値の確認を行うこと
経管栄養関係	⑤身体へのテープの貼付にあたって専門的な管理を必要としない患者について、すでに留置されている経鼻胃管栄養チューブを留めているテープが外れた場合や、汚染した場合に、明示された貼付位置に再度貼付を行うこと ⑥経管栄養の準備（栄養等を注入する行為を除く）および片づけ（栄養等の注入を停止する行為を除く）を行うこと

喀痰吸引関係	⑦吸引器にたまった汚水の廃棄や吸引器に入れる水の補充、吸引チューブ内を洗浄する目的で使用する水の補充を行うこと
在宅酸素療法関係	⑧酸素マスクや経鼻カニューレを装着しておらず酸素を流入していない状況下で、酸素マスクや経鼻カニューレの装着等の準備や、酸素離脱後の片づけを行うこと。ただし、酸素吸入の開始や停止は医師、看護職員または患者本人が行う ⑨酸素供給装置の加湿瓶の蒸留水を交換する、機器の拭き取りを行う等の機械の使用にかかる環境の整備を行うこと ⑩在宅人工呼吸器を使用している患者の体位変換を行う場合に、医師または看護職員の立会いのもとで、人工呼吸器の位置の変更を行うこと
膀胱留置カテーテル関係	⑪膀胱留置カテーテルの蓄尿バックからの尿廃棄（DIBキャップの開閉を含む）を行うこと ⑫蓄尿バックの尿量および尿の色の確認を行うこと ⑬接続されているチューブを留めているテープが外れた場合に、あらかじめ明示された貼付位置に再度貼付を行うこと ⑭専門的管理が必要ないことを医師または看護職員が確認した場合のみ、膀胱留置カテーテルを挿入している患者の陰部洗浄を行うこと
服薬等介助関係	⑮患者の状態が以下の3条件を満たしていることを医師、歯科医師または看護職員が確認し、免許を有しない者による医薬品の使用の介助ができることを本人または家族等に伝えている場合に、事前に本人または家族等の具体的な依頼に基づき、医師の処方を受け、あらかじめ薬袋等により患者ごとに区分し授与された医薬品について、医師または歯科医師の処方および薬剤師の服薬指導のうえ、看護職員の保健指導・助言を遵守して医薬品の使用を介助すること。具体的には、水虫や爪白癬に罹患した爪への軟膏または外用液の塗布（褥瘡の処置を除く）、吸入薬の吸入および分包された薬剤の内服の介助 (1)患者が入院・入所して治療する必要がなく容態が安定していること (2)副作用の危険性や投薬量の調整等のため、医師または看護職員による連続的な容態の経過観察が必要である場合ではないこと (3)内用薬については誤嚥の可能性など、当該医薬品の使用の方法そのものについて専門的な配慮が必要な場合ではないこと
血圧等測定関係	⑯新生児以外の者であって入院治療の必要ないものに対して、動脈血酸素飽和度を測定するため、パルスオキシメーターを装着し、動脈血酸素飽和度を確認すること ⑰半自動血圧測定器（ポンプ式を含む）を用いて血圧を測定すること
食事介助関係	⑱食事（とろみ食を含む）の介助を行うこと
その他関係	⑲有床義歯（入れ歯）の着脱および洗浄を行うこと

表5 ▶ 「社会福祉士及び介護福祉士法」にみる介護福祉士の義務等

項目	条項	条文
誠実義務	第44条の2	その担当する者が個人の尊厳を保持し、自立した日常生活を営むことができるよう、常にその者の立場に立って、誠実にその業務を行わなければならない。
信用失墜行為の禁止	第45条	介護福祉士の信用を傷つけるような行為をしてはならない。
秘密保持義務	第46条	正当な理由がなく、その業務に関して知り得た人の秘密を漏らしてはならない。介護福祉士でなくなった後においても、同様とする。
連携	第47条第2項	その業務を行うに当たっては、その担当する者に、認知症であること等の心身の状況その他の状況に応じて、福祉サービス等★が総合的かつ適切に提供されるよう、福祉サービス関係者等★との連携を保たなければならない。
資質向上の責務	第47条の2	介護を取り巻く環境の変化による業務の内容の変化に適応するため、介護等に関する知識及び技能の向上に努めなければならない。

★福祉サービス等
「福祉サービス及びこれに関連する保健医療サービスその他のサービス」をいう（第47条第1項）。

★福祉サービス関係者等
「福祉サービスを提供する者又は医師その他の保健医療サービスを提供する者その他の関係者」をいう（第2条第1項）。

46 介護福祉士の義務規定違反に対しては、**表6**のような**罰則規定**がある。

表6 ▶ 介護福祉士の義務規定違反と罰則

義務規定	罰則
秘密保持義務（第46条）	・登録の取り消し、または期間を定めて介護福祉士の名称の使用の停止（第42条第2項） ・1年以下の懲役※または30万円以下の罰金（第50条）
名称の使用制限（第48条）	・30万円以下の罰金（第53条第3号）
信用失墜行為の禁止（第45条）	・登録の取り消し、または期間を定めて介護福祉士の名称の使用の停止（第42条第2項）

※ 「懲役」は2022（令和4）年の改正により「拘禁刑」となる（2025（令和7）年6月1日から施行）。

47 介護福祉士となる資格を有する者が介護福祉士になるには、厚生労働省に備える介護福祉士登録簿に、氏名、生年月日などを登録しなければならない。2024（令和 6）年 3 月末の**介護福祉士の登録者数**は、194万1748人となっている。

48 介護福祉士養成施設の卒業者は、2017（平成29）年 4 月から 5 年間（2021（令和 3）年度卒業者まで）の経過措置つきで、国家試験が義務づけられていたが、2020（令和 2）年の改正により、経過措置を、さらに 5 年間（2026（令和 8）年度卒業者まで）延長することになった。

49 欠格★事由として、**表 7** のいずれかに該当する者は、介護福祉士になることができない。

表 7 ▶ 介護福祉士の欠格事由

①心身の故障により介護福祉士の業務を適正に行うことができない者として厚生労働省令で定めるもの（厚生労働省令：精神の機能の障害により介護福祉士の業務を適正に行うに当たって必要な認知、判断及び意思疎通を適切に行うことができない者とする）★
②禁錮※以上の刑に処せられ、その執行を終わり、または執行を受けることがなくなった日から起算して **2 年を経過しない者**
③この法律の規定その他社会福祉または保健医療に関する法律の規定であって政令で定めるものにより、罰金の刑に処せられ、その執行を終わり、または執行を受けることがなくなった日から起算して **2 年を経過しない者**
④規定により介護福祉士の登録を取り消され、その取消しの日から起算して **2 年を経過しない者**

※ 「禁錮」は2022（令和 4）年の改正により「拘禁刑」となる（2025（令和 7）年 6 月 1 日から施行）。

■ 介護福祉士の機能

● 専門職集団としての役割と機能

50 **公益社団法人日本介護福祉士会**は、1994（平成 6）年に設立された。介護福祉士の職業倫理の向上、介護に関する専門的教育および研究を通して、その専門性を高め、介護福祉士の資質の向上と介護に関する知識・技術の普及を図り、国民の福祉の増進に寄与することを目的としている。介護福祉士の全国的な職能団体である。

51 日本介護福祉士会は、職能団体としての活動として、研修活動事業や、学術研究事業（日本介護学会による学術集会の開催、学会誌の発行など）、広報・普及啓発に関する事業、調査研究に関する事業など幅広い活動を行っている。

52 日本介護福祉士会倫理綱領では、専門職能団体の倫理として、利用者本位・自立支援、専門的サービスの提供、プライバシーの保護、総合的サービスの提供と積極的な連携・協力、利用者ニーズの代弁、地域福祉の推進、後継者の育成を掲げている（ **54** （**表8**）参照）。

一問一答 ▶ P.113

3 介護福祉士の倫理

職業倫理と法令遵守★、利用者の人権と介護、プライバシーの保護について学ぶ項目であり、法令遵守と説明責任、日本介護福祉士会の倫理綱領、身体拘束、個人情報の保護などについて理解したい。また、高齢者虐待と障害者虐待については『社会の理解』にまとめているため、そちらでしっかり押さえておいてほしい。

★遵守
きまりなどを守ること。

■ 専門職の倫理

● 職業倫理と法令遵守

53 専門職は、法令で定められた事項を遵守すること（コンプライアンス）はいうまでもないが、とるべき行動について自らを律し、より社会に貢献し、人間の幸福を追求していく行動規範をもつことが必要である。

54 介護福祉士の職業倫理を定めるものとして、日本介護福祉士会倫理綱領が、1995（平成7）年に宣言された（**表8**参照）。

 34―24

55 介護福祉士は必要な情報を利用者や家族に十分に説明する責任を果たす必要がある（説明責任★）。このことが保障されて初めて、介護福祉士と利用者は対等の関係になることができる。

★説明責任
アカウンタビリティ。

表8 ▶ 日本介護福祉士会倫理綱領

日本介護福祉士会倫理綱領

1995年11月17日宣言

前文
　私たち介護福祉士は、介護福祉ニーズを有するすべての人々が、住み慣れた地域において安心して老いることができ、そして暮らし続けていくことのできる社会の実現を願っています。
　そのため、私たち日本介護福祉士会は、一人ひとりの心豊かな暮らしを支える介護福祉の専門職として、ここに倫理綱領を定め、自らの専門的知識・技術及び倫理的自覚をもって最善の介護福祉サービスの提供に努めます。

(利用者本位、自立支援)
1　介護福祉士はすべての人々の基本的人権を擁護し、一人ひとりの住民が心豊かな暮らしと老後が送れるよう利用者本位の立場から自己決定を最大限尊重し、自立に向けた介護福祉サービスを提供していきます。

(専門的サービスの提供)
2　介護福祉士は、常に専門的知識・技術の研鑽に励むとともに、豊かな感性と的確な判断力を培い、深い洞察力をもって専門的サービスの提供に努めます。
　また、介護福祉士は、介護福祉サービスの質的向上に努め、自己の実施した介護福祉サービスについては、常に専門職としての責任を負います。

(プライバシーの保護)
3　介護福祉士は、プライバシーを保護するため、職務上知り得た個人の情報を守ります。

(総合的サービスの提供と積極的な連携、協力)
4　介護福祉士は、利用者に最適なサービスを総合的に提供していくため、福祉、医療、保健その他関連する業務に従事する者と積極的な連携を図り、協力して行動します。

(利用者ニーズの代弁)
5　介護福祉士は、暮らしを支える視点から利用者の真のニーズを受けとめ、それを代弁していくことも重要な役割であると確認したうえで、考え、行動します。

(地域福祉の推進)
6　介護福祉士は、地域において生じる介護問題を解決していくために、専門職として常に積極的な態度で住民と接し、介護問題に対する深い理解が得られるよう努めるとともに、その介護力の強化に協力していきます。

(後継者の育成)
7　介護福祉士は、すべての人々が将来にわたり安心して質の高い介護を受ける権利を享受できるよう、介護福祉士に関する教育水準の向上と後継者の育成に力を注ぎます。

● 利用者の人権と介護

 32—25

56 ▶ 身体拘束は、行動制限やけがによる身体的弊害や精神的弊害など、大きな事故につながる危険性が高いと考えられている。行動制限をする前に、なぜ転倒しそうになるのか等、心身の状況から分析し、事故に結びつく要因を探り対応していくことが求められる。

57 ▶ 身体拘束は、**緊急やむを得ない場合の要件**として、①**切迫性**、②**非代替性**、③**一時性**の３つの要件をすべて満たした場合をあげている（上巻「人間の尊厳と自立」**68**▶参照）。

58 ▶ 介護保険指定基準に関する通知において、緊急やむを得ず**身体拘束を行う場合**には、その態様および時間、その際の利用者の心身の状況、緊急やむを得なかった理由を**記録しなければならない**とされている。この記録は、施設において**保存し**、行政担当部局の指導監査が行われる際に**提示できるようにしておく**必要がある。

59 ▶ 利用者本人や家族に対して、**身体拘束の内容**や目的、理由、拘束の時間、時間帯、期間等をできる限り**詳細に説明し**、**十分な理解を得る**よう努める。実際に身体拘束を行う時点で、**そのつど必ず個別に説明する**必要がある。

60 ▶ 2018（平成30）年より、介護保険における入居系サービス・入所系サービスについて、身体拘束の適正化を図るための措置として、①**対策検討委員会の開催**（３か月に１回以上）と結果の周知徹底、②**指針の整備**、③**定期的な研修**が義務づけられた。

61 ▶ 2021（令和３）年の介護保険の運営基準の改正で、全介護サービス事業者を対象に、**高齢者の虐待の発生またはその再発を防止**するための**委員会の開催、指針の整備、研修の実施、担当者を定めること**が義務づけられ、**高齢者虐待防止の推進**が図られた（施行は2021（令和３）年４月、2024（令和６）年４月から義務化）。

62 ▶ 2021（令和３）年の介護保険の運営基準の改正で、通所系・短期入所系・多機能系・居住系・施設系の各サービスおよび訪問入浴介護で、**資格をもたずに介護に直接携わる職員**に、「認知症介護基礎研修」の受講が義務づけられた（施行は2021（令和３）年４月、2024（令和６）年４月から義務化）。

● プライバシーの保護

63 ▶ 2003（平成15）年に**個人情報の保護に関する法律（個人情報保護法）**が成立し、2015（平成27）年に改正された★。改正法において「介護関係事業者における個人情報」とされているのは**表9**のようなものである。ここでいう**個人情報**は、生存する個人に関する情報であって、暗号化によって**秘匿化されているか否かを問わない**。

TEST 33—25 36—66

！ ここが変わった
2017（平成29）年から個人情報として「個人識別符号」が明確化された。

表9 ▶ 介護関係事業者における個人情報

①特定の個人を識別することができる情報（氏名、性別、生年月日、映像、画像、音声データ、評価情報、公刊物等によって公にされている情報等に加え、個人の身体、財産、職種、肩書等の属性に関して、事実、判断、評価を表すすべての情報）	ケアプラン、介護計画、提供したサービス内容の記録、事故の状況等の記録　など
②個人識別符号（特定の個人を識別できる文字、番号、記号、符号をいう）	健康保険法に基づく被保険者証や高齢受給者証の記号、番号および保険者番号　など

★要配慮個人情報
人種、信条、社会的身分、病歴、犯罪歴など不当な差別または偏見が生じる可能性のある個人情報のこと。

32—25

34—22

★匿名化
特定の個人を識別できないように情報を加工すること。

33—25
34—24
34—25
36—66

64 ▶ 2015（平成27）年の個人情報保護法の改正により、**要配慮個人情報**★の取得については、原則として本人の同意を得ることが義務化された。

65 ▶ 個人情報は保護されるべきものであるが、**匿名化**★することによって、一定のルールの下に自由に活用することができる。なお、同一事業所内では第三者提供にあたらないため、**匿名化**せずにカンファレンスができる。

66 ▶ **個人情報保護**への対応として、①利用者の個人情報を適切かつ安全に管理し、外部からの不正アクセスや不正使用、紛失、破壊、改ざんおよび漏洩等を予防する対策を講じる、②個人情報を第三者へ提供する場合、利用者から同意があった場合を除き、個人の識別や特定ができない形式に変える、といった取り組みが必要となる。

33—25

67 ▶ 個人情報取扱事業者は、あらかじめ利用者本人の同意を得ないで**利用目的**以外のことで、個人情報を取り扱ってはならない。ただし、**表10**のいずれかに該当する場合は例外となる。

表10 ▶ 個人情報の取り扱いの例外規定

①法令に基づく場合 ②人の生命、身体または財産の保護のために必要がある場合であって、本人の同意を得ることが困難である場合★　など

ぷらすあるふぁ
利用者が急病の際、福祉関係事業者が医師等に状況を説明する場合などが該当する。

68 ▶ 同一事業所内で個人情報を提供する場合は、個人情報を第三者に提供したことにならないので、利用者本人の同意を得ずに個人情報を使用することができる。ただし、同一事業所内であっても、**個人情報が施設職員以外の者の目にふれる場合**には、**第三者提供になるので同意を得る必要がある**＊。

33—25
34—22

69 ▶ 個人情報取扱事業者は、本人から保有する個人データの開示を求められたときは、本人に対し遅滞なく、その保有個人データを開示しなければならない。ただし、開示することにより**表11**のいずれかに該当する場合は、その全部または一部を開示しないことができる。

34—25

表11 ▶ 個人データ開示の例外規定

①本人または第三者の生命、身体、財産その他の権利利益を害するおそれがある場合
②当該個人情報取扱事業者の業務の適正な実施に著しい支障を及ぼすおそれがある場合
③他の法令に違反することとなる場合

ぷらすあるふぁ
実習生は、施設職員ではないため同意が必要となる。

介護の基本

70 ▶ 2021（令和3）年の介護保険の運営基準の改正で、利用者の利便性向上や介護サービス事業者の業務負担軽減の観点から、**運営規程等の重要事項**について、**事業所での掲示**だけでなく、**事業所に閲覧可能な形（ファイル等）で備え置く**ことが可能となった。

34—25

一問一答 ▶ P.113

4 自立に向けた介護

　自立支援、自立と自律、自立生活運動（IL運動）の自立概念、自己決定、インフォームドコンセント、エンパワメント、ストレングス視点、ICIDH、ICFの構成要素間の相互作用、介護予防、リハビリテーションの概念、リハビリテーションの分類などを理解したい。

■ 介護福祉における自立支援

71 ▶ **介護**とは、加齢や障害により日常生活を営むのに支障がある人々が、自立した生活を営み、自己実現が図れるように、対人援助、身体的・社会的・文化的生活援助、生活環境の整備を専門的知識と技術を用いて行う**包括的な日常生活援助**である。

TEST
33—20
34—18
34—19
35—50（障害）

72 ▶ **障害者の自立生活運動（IL運動）**では、**自立**の概念について、「自立生活とは、意思決定あるいは日常生活における**他人への依存を最小限にするため**、自分の納得できる**選択**に基づいて自らの生活を管理すること。これには、身辺処理、地域での日常生活への参加、社会的役割の遂行、**自己決定**、身体的および心理的な他人への依存を最小限にすることなどが含まれる。ここでいう自立とは、一人ひとり個別的に定義しなくてはならない相対的な概念である」と定義している。

TEST
33—20
34—18
35—67

73 ▶ **自立**とは、日常生活を**セルフケア**によって営むだけでなく、心理的に他者への依存から脱却し、自らの意思決定（**自己決定**）をし、可能な限り社会における何らかの役割をもち、活動することである。

TEST
32—17
33—20
34—19
35—67

74 ▶ **自立生活の支援**を行うためには、利用者がどこまで自分でできるかを確かめて、手を出すよりも忍耐強く見守り、**利用者のもっている力を**活用することが大切である。福祉用具等も活用し、介護者は利用者のできない部分のみを手助けする。

TEST
32—2（**尊厳**）

★インフォームドコンセント
「説明に基づく同意」、または「説明に基づく選択」と訳される。

75 ▶ 医療で重視される**インフォームドコンセント**★は、医学的処置や治療に先立って、それを承諾し選択するのに必要な情報を医師から受け、了解したうえで医師とともに治療法などを決定していくことをいう。医療における人権尊重上重要な概念として各国に普及した。介護保険では、随所にこの思想が盛り込まれている。

76 ▶ **エンパワメントアプローチ**とは、利用者のもっている力に着目し、その力を引き出して積極的に利用、援助することをいう。

77 ▶ これまでの**医学モデル**に基づいて利用者の病理や弱さを突きとめて治療を施すあり方を脱却し、**エンパワメントアプローチ**のように、利用者の健康や強さを重視する**強さ志向の視点**（ストレングス・パースペクティブ）の必要性が強調されるようになった。

78 ▶ 1980年にWHO（世界保健機関）によって定められた**ICIDH**（国際障害分類）は、障害を3つの次元で整理した。回復不可能な生物学的状態である**機能障害**（impairments）と、その結果生じた機能面の制約である**能力障害**（disabilities）、さらに能力障害により社会的関係のなかで権利が侵害されているという**社会的不利**（handicaps）が生じるとされた。

79 ▶ ICIDHの3つの次元には明らかな区別があり、**病気／変調→機能障害→能力障害→社会的不利**といった図式が、障害のある人の問題を論じるときの根拠になっていた。この概念は、障害のある人の状態の**マイナス面**を強調することになり、また機能障害があれば必ず能力障害が生じ、それが必ず社会的不利につながる、というような単線で**一方向的**な図式になって、現実にそぐわない面があった。

80 ▶ **ICF**（国際生活機能分類）は、人間の生活機能と障害の分類法として、2001年にWHO総会で採択された。ICFの特徴は、これまでのICIDHがマイナス面を重視する考え方が中心だったのに対して、生活機能という**プラス面**からみるように視点を転換し、さらに**背景因子**★として、**環境因子と個人因子**の観点を加えたことである。

81 ▶ ICF★では、**心身機能・身体構造、活動、参加**といった3つの概念を包摂した**生活機能**というプラス面もマイナス面も含む中立的な概念を用いる。生活機能は、**健康状態**（病気、変調、けがなど）や**背景因子**（環境因子と個人因子）と**相互に作用する**関係にあるとされている（図2参照）。

82 ▶ **ICFの構成要素間の相互作用**（図2参照）では、各要素間は、お互いが網の目のようにからまりダイナミックな**相互関係**が存在するため、1つの要素が変化するとその他の1つまたは複数の要素を変化させる可能性がある。

33—26

介護の基本

★**因子**
ある結果を引き起こすもととなっているもの。

ぷらすあるふぁ
WHOの国際分類では、健康状態（病気（疾病）、変調、傷害など）は主に国際疾病分類第11版（ICD-11）によって分類され、健康状態に関連する生活機能と障害はICFによって分類される。ICD-11とICFとは相互補完的であり、併用するように奨められている。

33—19

32—19
34—20

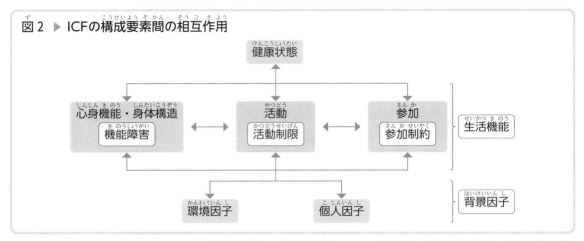

図2 ▶ ICFの構成要素間の相互作用

健康状態

心身機能・身体構造 — 機能障害

活動 — 活動制限

参加 — 参加制約

生活機能

環境因子

個人因子

背景因子

 32—19

 34—20

 32—19
33—19
34—20
36—116(総合)

83 ▶ ICFの構成要素の**心身機能**とは、身体系の生理的機能（心理的機能を含む）である。**身体構造**とは、器官・肢体とその構成部分などの身体の解剖学的部分である。**機能障害（構造障害を含む）**とは、著しい変異や喪失といった心身機能または身体構造上の問題である。

84 ▶ ICFの構成要素の**活動**とは、課題や行為の個人による遂行のことである。**活動制限**とは、個人が活動を行うときに生じる難しさのことである。

85 ▶ ICFの構成要素の**参加**とは、生活・人生場面へのかかわりのことである。**参加制約**とは、個人が何らかの生活・人生場面にかかわるときに経験する難しさのことであり、個人にとって正常な役割を果たすことが制限されたり、妨げられたりすることを意味する。

86 ▶ ICFの**背景因子**のうち、**環境因子**とは、人々が生活し、人生を送っている物的な環境や社会的環境、人々の意識や社会的態度などの環境であり、家族、仲間、就労環境、地域活動、サービス、制度を含む。また、**個人因子**とは、個人の人生や生活の特別な背景をいう。

87 ▶ 障害に対する見方として**医学モデル**と**社会モデル**がある。**医学モデル**は、障害を個人の問題としてとらえ、ICIDHにあるように病気や外傷等の健康状態から生じると考え、専門家による治療やリハビリテーションで対処し、個人の行動変容を目標としてきた。一方、**社会モデル**は、障害は主として社会的環境によってつくられた人権問題や政治的な問題とみなし、障害のある人の社会への完全参加と環境の変更を目標としてきた。

88 ▶ **医学モデル**と**社会モデル**は対照的で、従来対立するモデルとして考えられていたが、ICFでは2つのモデルを統合した生物・心理・社会的アプローチを提案している。

■ 介護予防

89 ▶ **介護予防**は、高齢者が**要介護状態等**となることの予防や**要介護状態等の軽減・悪化の防止**を目的とする。特に、生活機能の低下した高齢者に対しては、リハビリテーションの理念を踏まえて、「心身機能・身体構造」「活動」「参加」のそれぞれの要素にバランスよくはたらきかけることが重要である。

90 ▶ **介護予防**は、単に高齢者の運動機能や栄養状態といった心身機能の改善だけを目指すものではなく、日常生活の活動を高め、家庭や社会への参加を促し、それによって一人ひとりの生きがいや自己実現のための取り組みを支援して、QOLの向上を目指す。

91 ▶ **レクリエーション**は、転倒予防、感染予防、閉じこもり予防など**介護予防**にとって有効である。**介護予防**を目的としたレクリエーションでは、運動機能の向上とともに、日常生活の**活性化**が重要である。

92 ▶ 2014（平成26）年の介護保険法の改正により、介護予防通所介護は地域支援事業に移行し、**運動器の機能向上プログラム**、**口腔機能の向上プログラム**、**栄養改善プログラム**などについては介護予防・生活支援サービス事業として実施されている。

93 ▶ 2021（令和3）年の介護保険の運営基準の改正により、施設系サービスにおいて、入所者ごとの状態に応じて、①**口腔衛生管理**と②**栄養ケア・マネジメント**が基本サービスとして求められるようになった（施行は2021（令和3）年4月、2024（令和6）年4月から義務化）。

■ リハビリテーション

94 ▶ WHOは、1981年に「リハビリテーションは能力低下やその状態を改善し、障害者の社会的統合を達成するためのあらゆる手段を含んでいる」と定義した。**リハビリテーション**は、人間としてふさわしい権利の状態に回復する全人間的復権を目指している。

33―21

 33―21

95 加齢や疾病により**心身の機能低下**が生じた高齢者や障害者では、生活の自立が困難になるとともに、活動性が低下しやすくなる。その結果、さらに心身機能の低下を招くといった悪循環に陥りがちである。そこで残存機能を活用して心身の機能水準を維持・向上させ、心身機能や環境に適した生活を再獲得するリハビリテーションの視点が重要となる。

96 現在では、医学の視点だけではなく、**介護の視点に基づくリハビリテーション**も求められている（**表12**参照）。

表12 ▶ 介護の視点に基づくリハビリテーション

①心身機能面への援助
②日常生活面への援助
③心理・社会面への援助
④生きがいづくりへのはたらきかけ
⑤ネットワークとチームアプローチ　など

97 公益社団法人日本リハビリテーション医学会では、1976（昭和51）年に、ADL（日常生活動作）について定義している。それによると「ADLとは、ひとりの人間が独立して生活するために行う基本的なしかも各人ともに共通に毎日繰り返される一連の身体動作群をいう」とある（**表13**参照）。

98 ADLより広く応用的な活動を、APDL（生活関連動作）あるいはIADL（手段的日常生活動作）と呼ぶ（**表13**参照）。

表13 ▶ ADLとIADL

項目	内容
ADL	身辺処理と移動 例：食事、排泄、更衣、整容、入浴、移動、コミュニケーションなど
IADL （APDL）	社会的役割、生活の目的達成 例：炊事、洗濯、整理整頓、買い物、金銭管理、電話の利用、交通機関の利用　など

99 **リハビリテーション医学**は、身体的な運動機能の障害などの軽減回復を図るものである。これに対し**医学的リハビリテーション**は、リハビリテーション医学を含むより広い概念で、障害のある人々に対応した全人間的復権の医学およびサービスをいい、**急性期、回復期、維持期**の各期でのリハビリテーションが行われる（**図3**参照）。

図3 ▶ 医学的リハビリテーションの段階

| 急性期リハビリテーション | → | 回復期リハビリテーション | → | 維持期（生活期）リハビリテーション |

---

100 ▶ 脳卒中などが発症した場合、医療保険（病院、外来）によって、急性期は、早期離床・早期リハビリテーションによる廃用症候群の予防、回復期は、集中的リハビリテーションによる機能回復・ADL向上を図る。

101 ▶ 維持期は、介護保険（介護老人保健施設、通所リハビリテーション（デイケア）・訪問リハビリテーションなど）によって、リハビリテーション専門職のみならず、各職種によって構成されるチームアプローチによる生活機能の維持・向上、自立生活の推進、介護負担の軽減、QOLの向上を目指す。

102 ▶ リハビリテーションは、医学的リハビリテーション、職業的リハビリテーション、教育的リハビリテーション、社会的リハビリテーションの４つの領域から構成される（**図4** 参照）。

図4 ▶ リハビリテーションの4つの領域

リハビリテーション			
医学的リハビリテーション	職業的リハビリテーション	教育的リハビリテーション	社会的リハビリテーション

---

103 ▶ リハビリテーション関連職種としては、相談・調整職種や治療・訓練職種がある。日常生活能力の回復と自立生活の訓練のための**リハビリテーション専門職**は、リハビリテーション医、理学療法士、作業療法士、言語聴覚士、義肢装具士などがあげられる（**表14**参照）。

表14 ▶ リハビリテーション関連職種

国家資格	医師、看護師、保健師、理学療法士、作業療法士、言語聴覚士、視能訓練士、義肢装具士、精神保健福祉士、社会福祉士、介護福祉士、公認心理師
公的資格	訪問介護員（ホームヘルパー）、介護支援専門員（ケアマネジャー）
民間資格	臨床心理士、健康運動指導士、音楽療法士

104 介護福祉士は、医師、理学療法士、作業療法士による指示・指導によって、関節可動域保持のための他動運動、姿勢の保持と変換、移動訓練などを生活の範囲内で行っていく必要がある。

一問一答 ▶ P.114

5 介護を必要とする人の理解

生活の個別性・多様性、高齢者や障害のある人の生活、家族介護者について学ぶ項目であり、具体的には、ライフサイクル、個別ケア、高齢者世帯の増加、家族関係、高齢者世帯の所得、レクリエーション、身体・知的・精神障害者の現状と介護ニーズ、介護が必要になった原因、要介護者・要支援者の増加と家族介護者の状況、個人および家族と社会の関係などを理解したい。ここ数年は、「国民生活基礎調査」「高齢者対策総合調査」等、調査結果から出題される傾向があるので、高齢者や障害者の生活を理解するうえで必要と思われる厚生労働省の意識調査や実態調査などの結果を概観しておきたい。

■ 生活の個別性と多様性

105 人の一生は、誕生・乳児期・幼児期・児童期・青年期・成人期・老年期・死という経過をたどり、その時期ごとに**発達課題**があるとされる。**発達課題**は、その社会の、その時代の子ども観や人間観、文化によって影響を受けるものであり、**ライフサイクル★**も社会との相互作用で変化するものである。その意味からライフサイクルの個性化が指摘される。

106 人はその生活経験に裏づけられた**習慣**、**文化**、**価値観**をもち、多様である。特に成人以降の場合、それらの価値観や志向は確立されており、環境の変化に対応するのは大変である。介護福祉士はこの個別性を理解し、その人らしく生活できるような個別ケアの実現に努力する必要がある。

★ライフサイクル
誕生から死までの一般的、規則的な変化。

32—20
36—67

54

107 ▶ 個別ケアには、実際的な介護場面での「個別的な介護技術」と、一人ひとりの人生の歴史を踏まえた「個別的な生活支援」という2つの意味が含まれている。

33—22
34—24
36—67

108 ▶ 高齢者の個性の違いは、若い人よりもいっそう大きい。先入観をもたず一人ひとりの個別性を把握していかなければならない。

36—67

109 ▶ LGBT★は、レズビアン（Lesbian：女性の同性愛者）、ゲイ（Gay：男性の同性愛者）、バイセクシャル（Bisexual：両性愛者）、トランスジェンダー（Transgender：生物学的・身体的な性、出生時の戸籍上の性と性自認が一致しない人）の頭文字をとったものである。**LGBT**という言葉は、これら4つのあり方に限らない**性的少数者（セクシャルマイノリティ）**の総称としても用いられることが一般的である。

110 ▶ SOGI（ソジ／ソギ）は、性的指向★と性自認★の頭文字をとったものである。LGBTは、性的少数者を1つのカテゴリーとして括っていることから、さまざまな誤解や偏見を生みやすい。SOGIは、LGBT当事者もそうでない人も同じようにSOGIがあり、両者を少数派と多数派で区別せず、多様な性のあり方を認め合う考え方として受け入れられている。

111 ▶ 厚生労働省は、労働施策総合推進法に基づく「**パワハラ防止指針**」（2020（令和2）年1月15日厚生労働省告示第5号）による**SOGIハラ★**の一例として、相手の性的指向・性自認に関する侮辱的な言動を行うこと、労働者の性的指向・性自認についての**アウティング★**をあげている。

34—17

112 ▶ 性的少数者のなかでも**トランスジェンダー**は、本名から連想される性別や、書類上や見た目の性別が性自認と一致しないことから、困難に直面することが多い。当事者が希望する性自認に沿った生活ができるように、呼称の工夫、服装や髪型の自己選択、入浴やトイレ使用時の配慮など、本人の希望を確認しながら支援する。

34—17

113 ▶ トランスジェンダーは、医学上の診断名「性同一性障害」より広い概念として用いられる。**性同一性障害**は、精神障害に分類されてきたが、WHOは2019（令和元）年に国際疾病分類を改定し、精神障害の分類から除外し、その名称を**性別不合**に変更した（2022（令和4）年に発効）。（レズビアンとゲイについてWHOは、1990（平成2）年の国際疾病分類の改定で精神障害の分類から除外している。）

介護の基本

+α
ぷらすあるふぁ
LGBTQはLGBTだけでは括れない者としてQ（QueerやQuestioningの略）を加えたもの。規範的な性のあり方以外を包括する言葉。

★性的指向
恋愛または性愛がいずれの性別を対象とするかをいう。

★性自認
身体的性別にかかわらず、自認している性のことであり、「心の性」ともいわれる。

★SOGI（ソジ／ソギ）ハラ
性的指向や性自認に関して行われる嫌がらせ、差別的言動等のハラスメントのこと。

★アウティング（Outing）
LGBTの人について、本人の了解を得ずに、ほかの人に公にしていない性的指向・性自認の秘密を暴露すること。

■ 高齢者の生活

114 「高齢社会白書」（内閣府）は、「高齢期の暮らしの動向」について、表15のように示している。

表15 ▶ 高齢期の暮らしの動向

調査項目	結果のポイント
年齢階級別就業率	増加傾向 60～64歳：73.0%　65～69歳：50.8% 70～74歳：33.5%　75歳以上：11.0%
健康寿命（日常生活に制限のない期間）	健康寿命の延伸は平均寿命の延伸を上回る 男性：72.68年　女性：75.38年
要介護認定の状況	【65～74歳】要支援：1.4%　要介護：3.0% 【75歳以上】要支援：8.9%　要介護：23.4%
介護を受けたい場所※1	自宅：73.5%
介護を頼みたい人※1	【男性】配偶者：56.9% 【女性】ヘルパーなど介護サービスの人：39.5%
介護・看護により離職した人数	女性が全体の75.8%を占める
65歳以上の者の社会活動への参加状況	1年間で活動・参加した者：51.6% （内訳：健康・スポーツ25.8%、趣味：14.9%など）
65歳以上の者の参加している学習活動	何らかの学習活動に参加している：28.4%
75歳以上の運転免許保有者10万人当たりの死亡事故件数	減少傾向 75～79歳：5.7件　80歳以上：7.9件
孤立死を身近な問題と感じるものの割合※2	60歳以上全体：34.1% 　うち一人暮らし世帯：50.8%
インターネットでの情報収集・情報機器の利用 （コロナ禍で非対面のコミュニケーションが増加）	インターネットで情報を調べる：50.2% 携帯電話・スマホで連絡を取る：75.7%

資料：内閣府の2023（令和5）年版の高齢社会白書を基に作成（ただし、※1、※2が付いている項目はそれぞれ2018（平成30）年版、2022（令和4）年版の高齢社会白書を基に作成）

115 「高齢社会白書」（内閣府）は、「高齢者の経済生活に関する意識」について、**表16**のように示している。

表16 ▶ 高齢者の経済生活に関する意識

調査項目	結果のポイント
経済的な暮らし向き	心配なく暮らしている：約4分の3（74.1%） ｛家計にゆとりがあり、まったく心配なく暮らしている：20.1% 家計にあまりゆとりはないが、それほど心配なく暮らしている：54.0%
今後の生活で経済的な面での不安	不安と思っていることはない：34.2%（最多） 男女とも年齢が上がるほど、「不安と思っていることはない」の割合が増加傾向
生きがいを感じている程度	感じている：8割（79.6%） ｛十分感じている：37.2% 多少感じている：42.5%
収入のある仕事をしている人の割合	仕事をしている：約4割（37.3%） 男女ともほぼすべての年齢階級で割合が増加
収入のある仕事をしている人が仕事をしている理由	収入がほしいから：45.4%（最多） 男女とも年齢が高くなるに従って理由は多様化する傾向
何歳ごろまで収入を伴う仕事をしたいか	65歳くらいまで：25.6%（最多） 収入のある仕事をしている人｛働けるうちはいつまでも：36.7%（最多） 9割近く（87.0%）が70歳以上まで働きたい

資料：内閣府の2020（令和2）年版の高齢社会白書（60歳以上を対象とした調査）を基に作成

116 老年期は、一般的に新たに得るものよりは、仕事（社会的役割）や配偶者、友人などかけがえのない重大なものを失いがちである。このような喪失に対する高齢者の適応はさまざまであるが、複合喪失★を経験し、悲嘆感や不安感を強めている人も少なくない。

117 高齢者は環境への適応力が弱くなる。高齢になってからの生活環境の変化は心理的な負担となり、心身の健康に影響を及ぼすこともある。援助にあたっては、生活歴を考慮する必要がある。

118 身体的老化の特徴の1つに老化による機能低下に伴う予備力★の低下がある。

119 2020（令和2）年の「患者調査」によると、全国の医療施設での推計患者数は、入院が121万人、外来が713万人で、65歳以上が入院の約7割、外来の約5割を占める。

★複合喪失
社会的役割の喪失、経済力の減退、心身機能の低下、親しい人々との別離などの重複をいう。

★予備力
日常生活では使われない、平常時以上の活動を必要とするいざというときのために使う力。

120 ▶ 2022（令和４）年の「人口動態統計」によると、**死亡の場所別にみ**た死亡数・構成割合は、**病院**64.5%、**自宅**17.4%、老人ホーム11.0%、介護医療院・介護老人保健施設3.9%、診療所1.4%などとなっている。

121 ▶ 2022（令和４）年の「国民生活基礎調査」によると、**高齢者世帯における１世帯あたりの平均所得金額**は、318万3000円である。

122 ▶ 2022（令和４）年の「国民生活基礎調査」によると、高齢者世帯の所得の種類別の状況は、「**公的年金・恩給**」が62.8%（199万9000円）、稼働所得が25.2%（80万3000円）となっている。また、**公的年金・恩給**を受給している高齢者世帯のなかで「**公的年金・恩給の総所得に占める割合が100%の世帯**」は、44.0%となっている。

123 ▶ 2022（令和４）年の「国民生活基礎調査」によると、全世帯では生活意識として「**苦しい**」が**51.3%**、「**普通**」が**42.1%**となっている。各種世帯において、「**苦しい**」と答えた割合は、「**児童のいる世帯**」が**54.7%**、「**高齢者世帯**」が**48.3%**となっている。

124 ▶ 2022（令和４）年の「国民生活基礎調査」によると、**介護が必要となった主な原因を要介護度別にみると、要支援者**では「**関節疾患**」が19.3%で最も多く、次いで「**高齢による衰弱**」が17.4%となっている。**要介護者**では「**認知症**」が23.6%、「**脳血管疾患（脳卒中）**」が19.0%と多くなっている。介護を要する者の男女比では、男性が34.8%、女性が65.2%と**女性が多くなっている。**

125 ▶ 2022（令和４）年の「国民生活基礎調査」によると、要介護者等からみた**主な介護者の続柄**をみると、45.9%が「**同居している者**」となっている。その内訳は、**配偶者**が22.9%、**子**が16.2%、子の配偶者が5.4%となっている。性別にみると、男性が31.1%、女性が68.9%と**女性が多くなっている。**年齢階級別にみると、男女ともに**７割以上**が60歳以上（男性（75.0%）、女性（76.5%））となっている。

126 ▶ 2022（令和４）年の「国民生活基礎調査」によると、**同居している主な介護者**が１日のうち**介護に要している時間**は、「**必要なときに手をかす程度**」が45.0%と最も多く、「ほとんど終日」は19.0%となっている。

127 2022（令和 4 ）年の「国民生活基礎調査」によると、**要介護度別に介護に要している時間**をみると、要支援 1 から要介護 2 までは「**必要なときに手をかす程度**」が最も多くなっているが、要介護 3 以上では「**ほとんど終日**」が最も多くなっており、要介護 5 では **6 割以上**が「ほとんど終日」となっている。

128 2022（令和 4 ）年の「国民生活基礎調査」によると、**同居の主な介護者の悩みやストレスの原因**として、男女ともに「**家族の病気や介護**」が男性77.8％、女性80.3％で最も多く、次いで「**自分の病気や介護**」が男性35.0％、女性24.4％となっている。

 33—17

129 2022（令和 4 ）年の簡易生命表によると、日本人の平均寿命（ 0 歳の平均余命）は、男性81.05年、女性87.09年となっている。

130 2000（平成12）年に始まった介護保険制度では、要支援・要介護高齢者のための**レクリエーション援助**もケアプラン（介護サービス計画）や介護計画とともにとらえていく必要がある。高齢者入所施設のレクリエーション活動については、それぞれの運営に関する基準に定められている（ **198** 表24参照）。

 33—23

131 レクリエーションは、楽しさや心地よさを育む活動や参加を通じて人間性の回復を図る。要介護高齢者の**レクリエーション援助で重要なこと**とは、要介護高齢者と介護者との関係を安定させながら、レクリエーション財といったプログラム活動と利用者同士の仲間関係により、QOLの向上を目標におくことである。

132 性別、健康、生活歴、趣味などによって興味の程度が異なるので、高齢者のプログラム活動は、多種多様なものを準備することが必要となる。**学習能力**は必ずしも加齢によって減退するとはいえず、高齢者のプログラム活動においては**能力開発的なもの**を採用することも大切である。

133 高齢者の援助では、**グループの活動**も重要である。高齢者がある活動から別の活動に参加したり、新しい活動内容に興味を示すように援助し、一人ひとりの目標を設定することが必要である。

134 高齢者福祉領域における**レクリエーション**は、元気な高齢者などの老人クラブ活動のみならず、**機能訓練**の一環としてのレクリエーションや介護保険の要支援・要介護高齢者を対象としたレクリエーションも含んだものである。

■ 障害者の生活

135▶ 障害者の総数は、約1160万人であり、人口の約9.2％に相当する。障害別の障害者の数（在宅・施設別）は、**表17**のとおりである。

表17 ▶ 障害別の障害者の数（在宅・施設別）

	身体障害者（児）	知的障害者（児）	精神障害者	全体
在宅	428.7万人（98.3％）	96.2万人（87.9％）	586.1万人（95.3％）	1111.0万人（95.8％）
施設	7.3万人（ 1.7％）	13.2万人（12.1％）	28.8万人（ 4.7％）	49.3万人（ 4.2％）
合計	436.0万人（37.6％）	109.4万人（ 9.4％）	614.8万人（53.0％）	1160.2万人（ 100％）

資料：内閣府編『障害者白書（令和5年版）』2023年、220頁

★生活のしづらさなどに関する調査（全国在宅障害児・者等実態調査）
以前の身体障害児・者実態調査と知的障害児（者）基礎調査を拡大・統合して実施した調査。在宅の障害児・者等（難病等患者やこれまでの法制度では支援の対象とならない人を含む）の生活実態とニーズを把握することを目的とする。

136▶ 2016（平成28）年の「生活のしづらさなどに関する調査（全国在宅障害児・者等実態調査）★」によると、**身体障害者手帳所持者の障害の種類別**にみると、肢体不自由が45.0％、内部障害が28.9％、聴覚・言語障害が8.0％、視覚障害が7.3％となっている。

137▶ 2016（平成28）年の「生活のしづらさなどに関する調査（全国在宅障害児・者等実態調査）」の「**生活のしづらさの頻度**」は、「**毎日**」の割合が、65歳未満（35.9％）、65歳以上（42.8％）ともに最も多くなっている。

138▶ 障害者が、日常生活に関係のある雇用・就業、保健・医療、教育・学習、情報・コミュニケーションなどに関するサービスを利用して自立、自己実現につなげたいと考えても、自分一人で社会資源を選択することは困難な状況にある。したがって介護福祉職には、社会資源の開発にもかかわり、ノーマライゼーションの理念を実現させていくような努力が求められる。

139▶ 知的障害者に対するホームヘルプサービスでは、その障害特性に配慮して「何ができるか」「身の回りの世界がどのように認識されているか」「その人がどういう人か」を理解し、利用者がさまざまな経験を積み重ねながら、意欲をもって主体的な行動がとれるよう支援する必要がある。

140▶ 精神障害者に対するホームヘルプサービスでは、その障害特性による介護ニーズに配慮した対応が必要であり、「日常生活行動や生活の仕方（暮らし方）への支援」「社会の人々とのつきあい方への助言」「安心感をもたせる支援」などが求められている。

141▶ 障害基礎年金は、国民年金法に基づく年金給付の一種で、老齢基礎年金、遺族基礎年金と並ぶ全国民共通の基礎年金である。支給要件は、初診日において「被保険者」または「被保険者であった者（60歳以上65歳未満）」が、障害認定日において障害等級が1級または2級の障害の状態にあることなどとなっている。

142▶ 初診日が20歳未満である障害の場合は、20歳に達した日から障害基礎年金が支給される（所得制限あり）。厚生年金制度★に加入している者は、障害基礎年金と併せて障害厚生年金が支給される。

143▶ 2010（平成22）年の国民年金法と厚生年金保険法の改正により、2011（平成23）年3月までは、障害年金を受ける権利が発生した時点で、加算要件を満たす配偶者や子がいる場合に加算がされていたが、同年4月からは、障害年金を受ける権利が発生した後に、結婚や子の出生により加算要件を満たす場合にも、届出により新たに加算されることになった。

144▶ 見た目ではわかりにくい障害をもった人が自分の状態を表したり、建物や施設が障害のある人に配慮していることを表したりするものとして、さまざまな障害者に関するマーク（標識）がある（図5参照）。

ここが変わった
2015（平成27）年10月からは、共済年金は厚生年金に統一された。

介護の基本

35—70

図5 ▶ 障害者に関するマーク（標識）

聴覚障害者マーク

聴覚障害者が条件付きで運転免許を付されている場合、運転する車に表示義務がある

身体障害者マーク

肢体不自由者が条件付きで運転免許を付されている場合、運転する車に表示する（努力義務）

障害者のための国際シンボルマーク

障害者が利用できる建物、施設であることを明示する

盲人のための国際シンボルマーク

視覚障害者の安全やバリアフリーに考慮された建物、設備、機器に付ける

「白杖SOSシグナル」普及啓発シンボルマーク

白杖を頭上50cm程度に掲げてSOSのシグナルを示している視覚障害者への支援を啓発する

ハート・プラスマーク

障害が外部からわかりにくい内部障害者が付ける

オストメイト／オストメイト用設備マーク

オストメイト（人工肛門・人工膀胱を造設している障害者）であることおよびオストメイト対応のトイレ設備を示す

■ 家族介護者の理解と支援

TEST 34—21
36—68

145 ▶ ヤングケアラー（本来大人が担うと想定されている家事や家族の世話などを日常的に行っている子ども）には、年齢や成長の度合いに見合わない重い責任や負担を負うことで、本人の育ちや教育に影響があるといった課題がある。しかし、家庭内のデリケートな問題であること、本人や家族に自覚がないことといった理由から、支援が必要であっても表面化しにくい構造となっている。

146 厚生労働省と文部科学省は、ヤングケアラーについて、早期発見・把握、相談支援など支援策の推進、社会的認知度の向上に取り組むため、2022（令和4）年に、**ヤングケアラー支援体制強化事業**を創設した。この事業は、2023（令和5）年4月に発足したこども家庭庁によって推進されている。

34—21
36—68

147 こども家庭庁では、ヤングケアラーの相互ネットワークを形成するため、民間団体等で全国規模のイベントやシンポジウム等を開催し、地域ごとの**当事者、支援者同士の相互交流を促す**取り組みを支援している。

36—68

148 ヤングケアラー支援体制強化事業として、都道府県・市町村は、ヤングケアラーの実態調査・把握とともに、関係機関（福祉・介護・医療・教育等）職員の連携したアウトリーチによる支援が重要となるため、ヤングケアラーの発見や支援策にかかる研修を実施することとなった。

34—21
36—68

149 晩婚化・晩産化・少子高齢化の影響により、育児と親の介護、育児と配偶者の介護、親と配偶者の介護、両親同時の介護など、**複数のケアを同時期に行う必要がある状態**を**ダブルケア**という。ダブルケアは、①女性への負担が大きい、②離職や転職を余儀なくされる、③適切な支援を受けられず孤立してしまう、④精神面での負担が大きいなどの問題点が指摘されている。

36—64

150 **ダブルケア**の対策としては、介護を行う家族が①支援制度について情報を収集する（介護のことは地域包括支援センターに、子育てのことは子供家庭支援センターに相談する）、②ダブルケアのコミュニティに参加する、③適切な介護サービスを利用する、家族支援を行う機関が④家族との話し合いの場を設ける、⑤社会全体でダブルケアを認知し、地域のセーフティネットを築いていくなどの取り組みが必要となる。

36—64

151 **エコマップ（生態地図）**は、支援を要する家族を中心として、その家族の問題や解決にかかわると考えられる関係者や関係機関を記載したものである。これらを図式化することにより、全体の**関係性**を簡潔に把握することができ、各機関の**役割**を検討することに役立つ。

32—117(総合)

一問一答 ▶ P.114

介護の基本

6 介護を必要とする人の生活を支えるしくみ

　地域連携の意義と目的については、地域連携を支える諸機関とその機能について学ぶ。民生委員・NPO法人・社会福祉協議会・地域包括支援センター・保健所・市町村保健センター・訪問看護ステーションの機能、ケアマネジメントのプロセスについて理解しておきたい。
　介護を必要とする人の生活を支えるフォーマルな支援としては、居宅サービスと入所系サービス、地域密着型サービスの内容を押さえておく必要がある。その一方で利用者が住み慣れた地域で生活を継続するためには、フォーマルサービスに加えインフォーマルサービスの重要性について理解しておきたい。

■ 介護を必要とする人の生活を支えるしくみ

● 地域連携の意義と目的

152 **地域連携**は、チームアプローチを具現化するための方法の１つであり、「**個人**レベルの地域連携」「**組織間**レベルの地域連携」「**制度**レベルの地域連携」の３つのレベルがある。

153 **民生委員**は、地区を担当して相談活動を行い、地域の声を吸い上げ、状況をよく把握し、関係機関につなぐ役割がある。民生委員は、都道府県知事の推薦によって、厚生労働大臣が委嘱し、任期は３年間である。1948（昭和23）年に民生委員法が制定された。児童福祉法第16条の規定により、児童委員も同時に委嘱され兼務することとなっている。

154 1998（平成10）年、特定非営利活動促進法（NPO法）が成立した。**NPO法人**には、保健・医療または福祉関連の団体が最も多い。訪問介護（ホームヘルプサービス）や小規模多機能型居宅介護等の各種介護保険事業を運営したり、会員向け送迎サービスなどのサービスを行ったりしている福祉関連のNPO法人がある。

155 ▶ 社会福祉協議会は、社会福祉法において地域福祉を推進する団体として位置づけられた、公共性の高い非営利民間福祉団体である（上巻「社会の理解」 **81** ▶ 参照）。

35—7（社会）

156 ▶ 日常生活自立支援事業は、認知症高齢者、知的障害者、精神障害者などのうち、判断能力が不十分な人が、地域において自立した生活を送ることを支援するための福祉サービスの利用や日常的な金銭管理に関する援助などを行う事業である。窓口業務は、基幹的な市区町村社会福祉協議会で実施されている（上巻「社会の理解」 **467** ▶ （表72）参照）。

32—23
32—119（総合）
33—24
34—125（総合）
35—43（認知）

157 ▶ 福祉事務所は、都道府県および市に設置義務が課せられている。都道府県の福祉事務所は、生活保護法、児童福祉法、母子及び父子並びに寡婦福祉法を、市町村の福祉事務所はこの三法に加え、老人福祉法、身体障害者福祉法、知的障害者福祉法を加えたいわゆる福祉六法を対象とする。それぞれの権限で援護、育成または更生（更生は市町村の場合のみ）に関する業務を行う、第一線の社会福祉行政機関である。

32—7（社会）
36—18（社会）

158 ▶ 地域包括支援センターは、2005（平成17）年の介護保険法の改正によって2006（平成18）年に新設された。地域の保健医療福祉をつなぐ包括的で継続的な支援を行う機関である。

159 ▶ 地域包括支援センターは、包括的支援事業として、表18の事業を行う。

160 ▶ 地域包括支援センターの責任主体は、市町村であり、センター設置の可否や担当圏域の設定などは、市町村が行う。センターは、おおむね人口2〜3万人の日常生活圏域（中学校区）ごとに設置される。センターには、原則として保健師、社会福祉士、主任介護支援専門員（これらに準ずる者を含む）が配置される。

161 ▶ 地域包括支援センターは、高齢者や障害のある人などを支援するために、さまざまな社会資源*が有機的に連携することができる環境整備として、高齢者虐待防止ネットワークや見守りネットワークなどの地域包括支援ネットワークの構築に努める必要がある。

+α
ぷらすあるふぁ
さまざまな社会資源として、行政機関、医療機関、介護サービス事業者、地域の利用者や家族、地域住民、職能団体、民生委員、介護相談員および社会福祉協議会等の関係団体等がある。

162 ▶ 保健所は、地域保健法によって位置づけられた、住民の健康や衛生を支える行政機関である。対人保健サービス分野としては、生活習慣病の集団検診や予防接種、妊婦や乳児に対する健診や指導、AIDS（後天性免疫不全症候群）の検査や相談や啓発、肺結核などの感染症に関すること、精神保健福祉に関すること、難病に関することなどの業務を担っている。

34—15（社会）
36—17（社会）

介護の基本

表18 ▶ 包括的支援事業

第1号介護予防支援事業	要介護・要支援状態となるおそれの高い高齢者について介護予防ケアプランの作成、必要な援助の実施
総合相談支援業務	総合相談、地域包括支援ネットワークの構築、地域の高齢者の状況の実態把握など
権利擁護業務	成年後見制度の活用促進、高齢者虐待への対応、困難事例への対応、消費者被害の防止に関する諸制度の活用など
包括的・継続的ケアマネジメント支援業務	包括的・継続的なケア体制の構築、介護支援専門員のネットワークの構築・活用、介護支援専門員への指導・相談・助言など
在宅医療・介護連携推進事業	地域の医療・介護の資源の把握、在宅医療・介護連携の課題の抽出と対応策の検討、切れ目のない在宅医療と在宅介護の提供体制の構築推進、医療・介護関係者の情報共有の支援、在宅医療・介護連携に関する相談支援、医療・介護関係者の研修、地域住民への普及啓発、在宅医療・介護連携に関する関係市町村の連携
生活支援体制整備事業	生活支援コーディネーターの配置や協議体の設置など
認知症総合支援事業	認知症初期集中支援チームの関与による認知症の早期診断、早期対応や地域支援推進員による相談対応など
地域ケア会議推進事業	多職種協働による個別事例のケアマネジメントの充実と地域課題の解決による地域包括ケアシステムの構築を目指す

注1：「在宅医療・介護連携推進事業」「生活支援体制整備事業」「認知症総合支援事業」「地域ケア会議推進事業」については、2014（平成26）年の介護保険法の改正により追加された。
注2：地域ケア会議は、2014（平成26）年の介護保険法の改正により法定化された。

163 **市町村保健センター**は、市町村レベルの地域における保健活動・保健サービスの拠点である。都道府県や指定都市が設置している保健所が、より広域的・専門的な健康課題を把握し助言する技術的拠点であるのに対して、市町村保健センターは、地域住民に健康相談、保健指導、健康診査など直接保健サービスを提供する。

164 **訪問看護**は、介護保険と医療保険双方に位置づけられ、病院・診療所などからの訪問看護と、訪問看護ステーションからの訪問看護がある*。訪問看護は医師の指示（訪問看護指示書）に基づき、保健師や看護師、准看護師、理学療法士、作業療法士、言語聴覚士によりサービスが行われる。

+α
ぷらすあるふぁ
訪問看護は、医療保険に優先して介護保険から給付される。ただし、①急性増悪時、②末期の悪性腫瘍など厚生労働大臣が定める疾病の場合、③精神障害にかかる訪問看護は、医療保険から給付される。

● ケアマネジメントの考え方

33—10（社会）
34—23

165 介護保険やその他のサービスを利用するためには、ケアプラン（居宅サービス計画または施設サービス計画）を作成する必要がある。**利用者自らケアプランを作成することもできる**し、利用者が居宅介護支援事業所の介護支援専門員（ケアマネジャー）に依頼し、居宅サービス計画を作成してもらうこともできる。施設に入所している利用者の場合は、施設の介護支援専門員により、施設サービス計画が作成される。計画の立案・作成等に際して、**ケアマネジメント**が実施される。

166 **ケアマネジメント**は、アメリカやカナダにおける精神保健プログラムや老人福祉分野で取り入れられた方法である。自ら制度を利用することが困難な状態にある利用者に、適切な時期に適切な状態で、必要とするすべてのサービスを受けられるように各サービスの調整（コーディネート）を図ることを目的としたものである。

167 **ケアマネジメント**は、一般に、**図6**の過程をたどる。ケアプランの作成にあたっては、利用可能なさまざまなサービスだけでなく、家族・親族や地域住民からの援助についても考慮する必要がある。

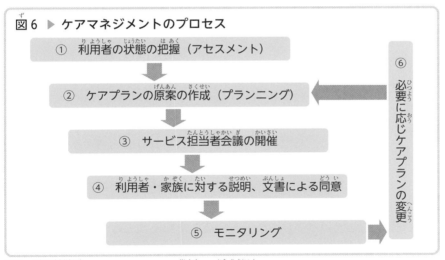

図6 ▶ ケアマネジメントのプロセス

① 利用者の状態の把握（アセスメント）

② ケアプランの原案の作成（プランニング）

③ サービス担当者会議の開催

④ 利用者・家族に対する説明、文書による同意

⑤ モニタリング

⑥ 必要に応じケアプランの変更

出典：厚生労働省「ケアマネジメントの概況」を一部改変
資料：介護福祉士養成講座編集委員会編『最新 介護福祉士養成講座②社会の理解（第2版）』中央法規出版、2022年、184頁

168 **アセスメント**は、援助を始めるにあたって、利用者の状況や解決すべき課題について把握し、適切な援助計画を作成するために行う。

169 **ケアプラン作成の基本原則**には、**表19**の7つがあげられる。

介護の基本

表19 ▶ ケアプラン作成の基本原則

①ケアプランは、前段階で実施された利用者の生活全般のアセスメント結果に基づく

②ケアプランには、利用者・家族などがその作成過程に参加する

③ケアプランは、アセスメントで導き出した解決すべき課題（ニーズ）、目標を実現する

④ケアプランは、永続的なものではなく、特定期間の計画である

⑤ケアプランには、フォーマルサービスとインフォーマルサービスの両方が含まれる

⑥ケアプランは、利用者・家族の経済的要件を意識して作成される

⑦ケアプランの内容は、標準化された計画用紙に記載する

資料：介護支援専門員実務研修テキスト作成委員会編『七訂第2版 介護支援専門員実務研修テキスト 上巻』長寿社会開発センター、2021年、72頁を一部改変

+α
ぷらすあるふぁ
サービス担当者会議は、原則としてケアプラン作成・変更時、要介護認定更新時、要介護認定区分変更時、継続して福祉用具を利用する場合に開催が義務づけられている。

 33—24

170 ▶ **サービス担当者会議**★は、基本的に**利用者、家族**、すべてのサービス提供事業者が参加し、利用者・家族の意向の確認を行い、事業者から専門的意見を求め、ケアプラン原案の検討やケアプランの修正、最終決定をする場となっている。

171 ▶ **モニタリング**★とは、ケアプランに位置づけた**目標の到達**に向けて、①計画どおりに支援が実施されているか、②目標に対する到達度はどうか、③サービスの種類や支援内容・支援方法は適切か、④利用者に新しい課題や可能性が生じていないか、⑤サービスの質と量に対する利用者・家族の**満足度**はどうかを確認することである。

★モニタリング
支援の内容や設定された目標の到達度などを、利用者と援助者および機関との間で確認し、継続的にサービスの実施状況を把握すること。

172 ▶ **評価**では、**モニタリング**の結果およびケアマネジメントのプロセス全体を評価し、利用者の状況に応じて支援の継続・変更・終結を判断する。

 33—24

173 ▶ 介護支援専門員（ケアマネジャー）は、個々の要介護者等に対して、**個別的な代弁（アドボケート）機能**を果たすことやケアカンファレンスにおいてメンバーの役割調整を行うことが要請される。また、個々の社会資源の設置状況に関する問題点を評価し、保険者などに対して施策の改善をはたらきかける**クラス・アドボケート機能**も求められている。

174 ▶ **援助の終結の条件**としては、**表20**の4つがあげられる。

表20 ▶ 援助の終結の条件

> ①課題が利用者の力によって解決された。
> ②課題が解決されたことについて、援助者と利用者の判断が一致している。
> ③今後いくつか解決すべき課題はあるものの、その解決は利用者が自ら対応できる。
> ④援助者と利用者の間で①〜③のことが共通理解となっている。

● **地域包括ケアシステム**

175 **地域包括ケアシステム**とは、地域の実情に応じて、高齢者が、可能な限り、住み慣れた地域でその有する能力に応じ自立した日常生活を営むことができるよう、医療、介護、介護予防、住まいおよび自立した日常生活の支援が包括的に確保される体制をいう（地域包括ケアシステムに関する重要項目は、 **9** 〜 **14** を参照）。

■ 介護を必要とする人の生活の場とフォーマルな支援の活用

176 介護サービスには、**フォーマルサービス（社会的サービス）**★と**インフォーマルサービス（私的サービス）**★が存在する。インフォーマルサービスは、フォーマルサービス以外のすべてのものが含まれる。

● **居宅系サービス（高齢者）**

177 **居宅における介護**では、安全で正確な介護技術を踏まえたうえで、利用者の望む生活や価値観、人生観に沿う援助が求められる。具体的には、**表21**の点に留意しながら援助を進める。

表21 ▶ 居宅における介護の留意点

> ①利用者の生活経験や価値観を知る。
> ②機能障害や残存機能を把握する。
> ③本人や家族の思い、家族の介護負担の現状を知る。
> ④住環境、経済環境、地域の社会資源、医療関係者との連携のあり方を確認する。
> ⑤利用者、介護者にとって使いやすい福祉用具の情報提供を行う。

178 介護保険制度における**居宅サービス**は、**表22**のとおりである。

★**フォーマルサービス（社会的サービス）**
公的・民間・NPOによるサービス。介護保険法、老人福祉法、障害者総合支援法等に基づき、サービス事業者の指定を受けて提供する介護サービスなど。

★**インフォーマルサービス（私的サービス）**
家族・親族、ボランティア等による介護などのサービス。

 36—69

表22 ▶ 介護保険制度における居宅サービス等

サービスの種類	サービスの内容
訪問介護 （ホームヘルプサービス）	ホームヘルパーが要介護者の居宅を訪問して、入浴、排泄、食事等の介護、調理・洗濯・掃除等の家事、生活等に関する相談、助言その他の必要な日常生活上の世話を行う。
訪問入浴介護	入浴車等により居宅を訪問して浴槽を提供して入浴の介護を行う。
訪問看護	病状が安定期にあり、訪問看護を要すると主治医等が認めた要介護者について、病院、診療所または訪問看護ステーションの看護師等が居宅を訪問して療養上の世話または必要な診療の補助を行う。
訪問リハビリテーション	病状が安定期にあり、計画的な医学的管理の下におけるリハビリテーションを要すると主治医等が認めた要介護者等について、病院、診療所、介護老人保健施設または介護医療院の理学療法士等が居宅を訪問して、心身の機能の維持回復を図り、日常生活の自立を助けるために必要なリハビリテーションを行う。
居宅療養管理指導	病院、診療所または薬局の医師、歯科医師、薬剤師等が、通院が困難な要介護者について、居宅を訪問して、心身の状況や環境等を把握し、それらを踏まえて療養上の管理および指導を行う。
通所介護 （デイサービス）	老人デイサービスセンター等において、入浴、排泄、食事等の介護、生活等に関する相談、助言、健康状態の確認その他の必要な日常生活の世話および機能訓練を行う。
通所リハビリテーション （デイケア）	病状が安定期にあり、計画的な医学的管理の下におけるリハビリテーションを要すると主治医等が認めた要介護者等について、介護老人保健施設、介護医療院、病院または診療所において、心身の機能の維持回復を図り、日常生活の自立を助けるために必要なリハビリテーションを行う。
短期入所生活介護 （ショートステイ）	老人短期入所施設、特別養護老人ホーム等に短期間入所し、その施設で、入浴、排泄、食事等の介護その他の日常生活上の世話および機能訓練を行う。
短期入所療養介護 （ショートステイ）	病状が安定期にあり、ショートステイを必要としている要介護者等について、介護老人保健施設、介護医療院等に短期間入所し、その施設で、看護、医学的管理下における介護、機能訓練その他必要な医療や日常生活上の世話を行う。
特定施設入居者生活介護 （有料老人ホーム）	有料老人ホーム、軽費老人ホーム等に入居している要介護者等について、その施設で、**特定施設サービス計画**に基づき、入浴、排泄、食事等の介護、生活等に関する相談、助言等の日常生活上の世話、機能訓練および療養上の世話を行う。
福祉用具貸与	居宅の要介護者等について福祉用具の貸与を行う。
特定福祉用具販売	福祉用具のうち、入浴や排泄のための福祉用具その他の厚生労働大臣が定める福祉用具の販売を行う。
居宅介護住宅改修費 （住宅改修）	手すりの取り付けその他の厚生労働大臣が定める種類の住宅改修費の支給を行う。
居宅介護支援	居宅の要介護者等が居宅サービス等を適切に利用できるよう、その者の依頼を受けて、その心身の状況、環境、本人および家族の希望等を勘案し、利用するサービス等の種類、内容、担当者、本人の健康上・生活上の問題点、解決すべき課題、居宅サービスの目標およびその達成時期等を定めた計画（居宅サービス計画）を作成し、その計画に基づくサービス提供が確保されるよう、事業者等との連絡調整等の便宜の提供を行う。介護保険施設に入所が必要な場合は、施設への紹介等を行う。

注：表中の二重線より上は「居宅サービス」、下は「居宅サービス」ではないが、居宅での生活に関連のある介護サービスを示している。

資料：厚生労働統計協会編『国民の福祉と介護の動向　2023／2024』2023年、190頁を一部改変

179▶ 介護サービスでは、省令の「運営基準」で、各種サービスの「提供拒否の禁止」が規定されており、「正当な理由なくサービスの提供を拒んではならない」と明記されている。提供を拒む正当な理由には、居宅サービスでは、**現員数★**と**通常の事業の実施地域外である場合**、施設サービスでは、**入院治療の要否**が主に該当する。

180▶ **訪問介護（ホームヘルプサービス）**は、生活援助と身体介護に分けられている。対象者は、居宅の要介護者（要介護1〜5）であり、居宅サービス計画に基づくサービスが提供される。

181▶ 居宅は、利用者と家族が主人公であり、生活にはそれぞれの歴史がある。介護福祉職は、家族それぞれの生活を守り、みだりに家族の生活スタイルに踏み込んではならない。

182▶ 生活援助は、掃除、洗濯、買い物、調理などの支援のことで、よりよい生活環境を整えるものである。要介護状態区分が低い人ほど生活援助の利用の比重が高くなる。

183▶ 身体介護は、食事、排泄、入浴、衣服の着脱、移動、身体整容、通院介助等の援助で、要介護状態区分が高くなるに従って「身体介護」の利用割合が多くなる。

184▶ 訪問介護の提供にあたっては、訪問介護計画（介護計画）を作成し、その内容について利用者またはその家族に対して説明し同意を得なければならない。また、利用者の変化に応じて計画の見直しや変更が必要となる。

185▶ **通所介護（デイサービス）**で行われる、入浴・食事・排泄の介護と機能訓練の提供は、在宅生活を営む利用者の日常生活に張りをもたせ、生活障害を改善し、日常生活の活性化に貢献する。また、家族の介護負担の軽減という効果もある。

186▶ 通所介護では、通所介護計画（介護計画）を作成し、個別ケアを実践する。通所介護計画作成のためには、介護支援専門員（ケアマネジャー）が作成した居宅サービス計画から、利用者が通所介護に何を求めているのかを明確に把握する必要がある。

★現員数
定員・定床数に対する現在の利用者数。

介護の基本

 34―116（総合）

187 通所リハビリテーション・介護予防通所リハビリテーションにおける、予防的視点での通所リハビリテーションは、軽度要介護者の重度化を予防し、現在の状態を維持できるようにしていく。介護職員・医師・看護師・理学療法士・作業療法士・言語聴覚士などがかかわり、それぞれの専門性を活かし、利用者の自立に向けた心身機能の回復を図っていく。

188 **特定施設入居者生活介護**が提供される**特定施設**とは、①有料老人ホーム、②養護老人ホーム、③軽費老人ホームのことをいう。特定施設で、入居定員が**29人以下**の場合には地域密着型特定施設入居者生活介護が、要支援者の場合には介護予防特定施設入居者生活介護が利用できる。

189 **有料老人ホーム**は、老人福祉法に規定された居住施設で、4つの類型がある（**表23**参照）。有料老人ホームは類型表示が義務づけられ、どれに該当するのかを明示しなければならない。2011（平成23）年10月から**サービス付き高齢者向け住宅**として登録することも可能となった。

表23 ▶ 有料老人ホームの類型

①介護付有料老人ホーム（内包型職員によるケア）
②介護付有料老人ホーム（外部サービス利用型特定施設）
③住宅型有料老人ホーム（介護が必要になれば、介護サービスを利用し生活することが可能）
④健康型有料老人ホーム（要介護になれば退去しなければならない）

34—118（総合）

190 **養護老人ホーム**は、老人福祉法に規定される経済的、社会的理由により地域で生活を維持、継続できない人のための福祉施設である。介護保険法の改正によって養護老人ホームも**特定施設**の指定を受けることができるようになった。以前は外部サービスを利用することが前提とされていたが、2015（平成27）年から、**施設自体に介護職員等を配置**しサービスを提供することも可能となった。

191 **軽費老人ホーム**は、老人福祉法に規定された老人福祉施設で、無料または低額な料金で高齢者を入所させ、食事の提供その他、日常生活上必要な支援を行うことを目的としている。2010（平成22）年度からは、都市部において居室面積や職員配置基準の特例を設けて利用料の低廉化を図った**都市型軽費老人ホーム**（定員20人以下）が設立できることとなった。

192 ▶ **軽費老人ホーム**は、従来A型、B型、ケアハウス★の3類型が並存してきたが、2008（平成20）年度からケアハウスの基準を標準として一元化された。ケアハウスでは、介護が必要になった場合に介護保険の居宅サービスが受けられる。介護保険制度の基準を満たし、特定施設入居者生活介護の指定を受けたケアハウスでは、施設の職員から介護サービスを受けることができる。

● 入所系サービス（高齢者）

193 ▶ **特別養護老人ホーム**は、老人福祉法を根拠法とする施設であり、介護保険法に基づいて指定を受けると、指定介護老人福祉施設となる。高齢による身体・精神の著しい障害のため、常時の介護を必要とする高齢者のうち、居宅で介護を受けることが難しい人のための施設で、原則として、要介護3以上★の高齢者が入所利用することができる施設である（要介護1・2でも一定の場合には入所可能）。2022（令和4）年の平均要介護度は3.95となっている。

194 ▶ **介護老人保健施設**は、介護保険法に設置根拠がある介護保険施設であるが、医療法上の医療提供施設としても位置づけられる。1982（昭和57）年に制定された老人保健法（現・高齢者の医療の確保に関する法律）により創設され、慢性期、維持期にある**治療を要する状態ではない高齢者**で、退院後に在宅生活を送ることが難しい場合の中間施設として位置づけられている。在宅復帰に向けた**リハビリテーション**等を行い、生活の再構築を支援する施設である。2022（令和4）年の平均要介護度は3.16となっている。

195 ▶ 2017（平成29）年の介護保険法の改正により、**介護医療院**が創設された。介護医療院は、要介護者に対して、**長期療養のための医療と日常生活上の世話（介護）**を**一体的**に提供する施設であり、2024（令和6）年3月で廃止された介護療養型医療施設の役割を引き継ぐものである。介護保険法に設置根拠がある介護保険施設であるが、医療法上の医療提供施設としても位置づけられる。2022（令和4）年の平均要介護度は4.20となっている。

196 ▶ 介護医療院は、①**介護療養病床（療養機能強化型）相当**のサービス（Ⅰ型★）と、②**介護老人保健施設相当以上**のサービス（Ⅱ型★）の2つのサービスが提供される。Ⅰ型とⅡ型のサービスは、療養棟単位で選択できる。

33—23

> **ここが変わった**
> 2014（平成26）年の改正により、2015（平成27）年4月以降の「新規」入所者が、原則、要介護3以上となった。

33—23

★**ケアハウス**
1989（平成元）年に制度化された要介護状態になっても生活が続けられる介護利用型施設。

★**Ⅰ型**
主として長期にわたり療養が必要である者であって、重篤な身体疾患を有する者、身体合併症を有する認知症高齢者等を入所させるためのもの。

★**Ⅱ型**
Ⅰ型療養床以外のもの。

197 **介護医療院の人員**は、①医師、薬剤師、看護職員、介護職員は、Ⅰ型とⅡ型に求められる医療・介護ニーズに応じて配置、②理学療法士、作業療法士、言語聴覚士、栄養士または管理栄養士、介護支援専門員（ケアマネジャー）、診療放射線技師、調理員、事務員その他の従業員は施設全体として配置される。

198 各入所施設の居室の定員・床面積およびレクリエーション活動に関する規定は、それぞれの**設備及び運営に関する基準**に定められており、**表24**のとおりである。

表24 ▶ 入所施設の居室の定員・床面積の基準およびレクリエーション活動の基準

	介護老人福祉施設	介護老人保健施設	介護医療院	ユニット型施設（特養、老健、介護療養型等）	認知症対応型共同生活介護（グループホーム）
居室病室・療養室	原則個室、床面積10.65㎡／人以上	定員4名以下、床面積8.0㎡／人以上	定員4名以下、床面積8.0㎡／人以上	原則個室、床面積10.65㎡／人以上	原則個室、床面積7.43㎡／人以上
レクリエーション	行わなければならない	行うように努める	行うように努める	支援しなければならない	努めなければならない

● 地域密着型サービス（高齢者）

199 **地域密着型サービス**は、2005（平成17）年の介護保険法の改正により整備された。高齢者の住む地域の特性に応じて、多様で柔軟なサービスを提供することを目的とする。**表25**のように**3つの特徴**がある。

表25 ▶ 地域密着型サービスの特徴

①市町村が事業者指定と指揮監督を行う（人員基準や施設基準、介護報酬設定も、地域の実情に合わせて市町村が決めることができる）。
②原則として、利用対象者はその地域に住む住民に限られる。
③事業所は地域住民との交流がもてる立地に建てられる。

200 介護保険制度における**地域密着型サービス**は、**表26**のとおりである。

201 特定施設と介護老人福祉施設のうち定員が29人以下のものは、地域密着型に位置づけられる。

表26 ▶ 介護保険制度における地域密着型サービス

サービスの種類	サービスの内容
定期巡回・随時対応型訪問介護看護	重度者を始めとした要介護高齢者の居宅生活を支えるため、日中・夜間を通じて、**訪問介護と訪問看護が密接に連携**しながら、短時間の定期巡回と随時の対応を行う。
小規模多機能型居宅介護	要介護者に対し、居宅（**訪問**）またはサービスの拠点（**通いもしくは短期間の宿泊**）において、家庭的な環境と地域住民との交流の下で、入浴、排泄、食事等の介護その他の日常生活上の世話および機能訓練を行う。
夜間対応型訪問介護	居宅の要介護者に対し、夜間において、定期的な巡回訪問や通報により利用者の居宅を訪問し、排泄の介護、日常生活上の緊急時の対応を行う。
認知症対応型通所介護	居宅の認知症要介護者に、介護職員、看護職員等が特別養護老人ホームまたは老人デイサービスセンターにおいて、入浴、排泄、食事等の介護その他の日常生活上の世話および機能訓練を行う。
認知症対応型共同生活介護（グループホーム）	認知症の要介護者に対し、共同生活を営むべく住居において、家庭的な環境と地域住民との交流の下で、入浴、排泄、食事等の介護その他の日常生活上の世話および機能訓練を行う。
地域密着型特定施設入居者生活介護	入居を要する要介護者に対し、小規模型（定員29人以下）の有料老人ホーム等において、地域密着型特定施設サービス計画に基づき、入浴、排泄、食事等の介護その他の日常生活上の世話、機能訓練および療養上の世話を行う。
地域密着型介護老人福祉施設入所者生活介護	入所を要する要介護者（原則要介護3〜5）に対し、小規模型（定員29人以下）の特別養護老人ホームにおいて、地域密着型施設サービス計画に基づき、可能な限り、居宅における生活への復帰を念頭に置いて、入浴、排泄、食事等の介護その他の日常生活上の世話および機能訓練、健康管理、療養上の世話を行う。
看護小規模多機能型居宅介護	医療ニーズの高い利用者の状況に応じたサービスの**組み合わせ**により、地域における多様な療養支援を行う。
地域密着型通所介護	老人デイサービスセンター等において、入浴、排泄、食事等の介護、生活等に関する相談、助言、健康状態の確認その他の必要な日常生活の世話および機能訓練を行う（通所介護事業所のうち、事業所の利用定員が18人以下の事業所。原則として、事業所所在の市町村の住民のみ利用）。

注：「看護小規模多機能型居宅介護」は、従来、「複合型サービス」と称していたが、2015（平成27）年度介護報酬改定において名称が変更された。
資料：厚生労働統計協会編『国民の福祉と介護の動向　2023／2024』2023年、191頁を一部改変

202 2012（平成24）年4月から創設された定期巡回・随時対応型訪問介護看護は、重度者をはじめとした要介護者の居宅生活を支えるため、日中・夜間を通じて、訪問介護と訪問看護を一体的にまたはそれぞれが密接に連携しながら、定期巡回と随時の対応を行う。

TEST 32—22
35—69

203 認知症対応型共同生活介護（グループホーム）・介護予防認知症対応型共同生活介護は、1ユニット5人以上9人以下（ユニット数は1以上3以下）の小規模施設である。認知症の利用者一人ひとりの顔と生活が見えるなかで、寄り添うケアを目指す。また、業務中心の考え方ではなく利用者の生活のリズムを大切にし、ともに暮らす空間を重要視し、生活行為が行える条件を整えることに重点がおかれている。2021（令和3）年1月の介護保険の運営基準の改正で、サテライト型事業所の創設が認められた。

ここが変わった
小規模多機能型居宅介護・介護予防小規模多機能型居宅介護の利用定員29人は全国一律に「従うべき基準」とされてきたが、2021（令和3）年8月から自治体が合理的な説明ができれば、条例で独自に利用定員を増減できる「標準基準」に変更された。

204 小規模多機能型居宅介護・介護予防小規模多機能型居宅介護は、29人*以下の登録利用者である高齢者の生活を中心におき、利用者の活動に合わせ、通いを基本として、訪問や短期間の宿泊などを組み合わせ、柔軟に生活を支援する施設である。

205 地域密着型サービス事業所は、利用者や利用者の家族、市町村職員、地域の代表者等に対しサービス内容等を明らかにすることにより、事業所による利用者の「抱え込み」を防止し、地域に開かれたサービスとすることで、サービスの質の確保を図ることを目的として、各事業所に運営推進会議の設置が義務づけられている。

206 2012（平成24）年4月から地域密着型サービスに、看護小規模多機能型居宅介護（複合型サービス）が創設された。看護小規模多機能型居宅介護は、看護と介護サービスの一体的な提供により医療ニーズの高い要介護者への支援の充実を図るものである。

207 看護小規模多機能型居宅介護の利点として、利用者はニーズに応じて柔軟に、医療ニーズに対応した小規模多機能型サービスなどが受けやすくなる。また、事業者にとっても柔軟な職員配置が可能になり、看護と介護の役割分担の推進などケアの体制が構築しやすくなる。

● ユニットケア

208 **ユニットケア**は、指定介護老人福祉施設（特別養護老人ホーム）や介護老人保健施設、介護医療院、指定地域密着型介護老人福祉施設などで、入居者を10人程度（原則としておおむね10人以下とし、15人を超えないものとする）のグループに分けて、それを生活の単位（**ユニット**）とし、居宅に近い居住環境と居宅の生活に近い日常生活を確保し、ケアを提供するものである。

209 ユニットケアに関する主な基準は、**表27**のとおりである。

 33—25

介護の基本

表27 ▶ ユニットケアに関する主な基準

基本方針	・入居前の居宅における生活と入居後の生活が連続したものとなるよう配慮しながら、入居者が相互に社会的関係を築き、自律的な日常生活を営むことを支援する。
設備	・ユニットとは、居室および共同生活室により一体的に構成される場所である※1。 ・居室の定員は、原則として1人である。ただし、サービスの提供上必要と認められる場合は2人とすることができる。 ・居室はユニットに属するものとし、共同生活室に近接して一体的に設ける。 ・1つのユニットの入居定員は原則としておおむね10人以下とし、15人を超えないものとする。ただし、災害などやむを得ない事情がある場合は、この限りではない。 ・共同生活室は、いずれかのユニットに属する。 ・ユニットを超えて、他のユニットの入居者と交流したり、多数の入居者が集まったりすることのできる場所を設けることが望ましい。
食事	・入居者の心身の状況と嗜好を考慮した食事を提供しなければならない。 ・入居者の生活習慣を尊重した適切な時間に食事を提供する。 ・入居者が心身の状況に応じてできる限り自立して食事を摂ることができるよう、必要な時間を確保しなければならない。 ・入居者が相互に社会的関係を築くことができるよう、意思を尊重しつつ、入居者が共同生活室で食事を摂ることを支援する。
社会生活上の便宜の提供等	・入居者の嗜好に応じた趣味・教養・娯楽にかかる活動の機会を提供する。 ・入居者と家族との交流などを確保するよう努めなければならない。 ・入居者の外出の機会を確保するよう努めなければならない※2。
勤務体制	・入居者が安心して生活を送ることができるよう、継続性を重視したサービスの提供に配慮する(なじみの関係が求められる)。 ・昼間は、ユニットごとに常時1人以上の職員を配置する。 ・夜間および深夜は、2ユニットごとに1人以上の職員を配置する。 ・ユニットごとに常勤のユニットリーダーを配置する。

※1　介護老人保健施設・介護医療院においては、「居室」は「療養室」という。
※2　介護老人保健施設・介護医療院においては、「外出の機会の確保」に関する規定はない。

介護を必要とする人の生活の場とインフォーマルな支援の活用

210▶ 利用者が住み慣れた地域で生活を継続するためには、**フォーマルサービス**に加え**インフォーマルサービス**の充実が必要になる。インフォーマルサービスの内容は、①身体的ケア、②手段的ケア、③情緒的ケア、④金銭的ケア、⑤声かけ・見守り・安否確認、⑥相談、⑦情報交換などがあげられる。

 34—23

211▶ 地域包括ケアシステムでは、公助、共助、互助、自助のバランスのなかで、生活支援に関する社会資源を確保することが必要になる（**表28**参照）。

 34—23

表28▶ 地域包括ケアシステムにおける公助・共助・互助・自助の考え方

公助	税による公の負担のこと。生活保護や一般財源による高齢者福祉事業などが該当する。
共助	相互に支え合うこと。ただし、制度的な費用負担が生じるものをさす。介護保険等の社会保険制度およびサービスが該当する（フォーマルサービス）。
互助	相互に支え合うという意味で共助と共通点があるが、費用負担が制度的に裏づけられていない自発的なものが該当する（インフォーマルサービス）。
自助	「自分のことは自分でする」ことに加え、市場サービスの購入も含む。

212▶ **セルフヘルプグループ**は、自助グループ・当事者組織・本人の会などともいわれ、病気、障害、依存や嗜癖、マイノリティグループなど、**同じ状況にある人々が課題を共有し、相互に援助し合う**ために組織し、運営する自立性と継続性を有するグループである。相互に「援助者」「相談者」の役割を経験することで、専門職からの一方向の援助のみを受けた場合では得られない、自尊心や自分が他者の手助けができるという感覚を強化でき、仲間同士の共感が問題解決に寄与する。

 36—7（社会）

一問一答 ▶ P.115

介護の基本

7 協働する多職種の役割と機能

多職種連携（チームアプローチ）について学ぶ項目であり、具体的には、他職種業務の理解（福祉職、保健・医療職、栄養・調理職、その他の関連職種）、チームアプローチの意義と目的を必要とする。

■ 他の職種の役割と専門性の理解

● 福祉職の役割と専門性

35—71

213▶ **連携が必要な福祉職**には、介護福祉士、介護支援専門員（ケアマネジャー）、訪問介護員、サービス提供責任者、社会福祉士、精神保健福祉士（PSW）、医療ソーシャルワーカー（MSW）、レクリエーション・インストラクター、手話通訳士などがある。

32—23
32—76（発達）
35—71
36—70

214▶ **介護支援専門員（ケアマネジャー）**とは、要介護者等からの相談に応じ、要介護者等がその心身の状況等に応じて、適切な居宅サービスまたは施設サービス等を利用できるよう、市町村や居宅サービス事業者、介護保険施設等との**連絡調整等**を行う者で、要介護者等が自立した日常生活を営むのに必要な援助に関する専門的知識および技術を有するものとして、介護支援専門員証の交付を受けた者をいう。

32—76（発達）
33—24
36—70

215▶ **訪問介護員（ホームヘルパー）**は、介護が必要な人の居宅を訪問し、**身体介護**、家事などの**生活援助**を必要に応じて行う。訪問介護員のなかには、介護福祉士の資格をもつ者や、介護福祉士養成のための実務者研修や介護職員初任者研修（2012（平成24）年度までは介護職員基礎研修や訪問介護員養成研修）を修了した者がいる。

216▶ **訪問介護員**になるには、**介護職員初任者研修課程**（130時間）を修了する必要がある。ホームヘルパー2級は、2013（平成25）年に介護職員初任者研修課程に変更された。3年以上の実務経験を積み、**実務者研修**（450時間）を受講して国家試験に合格すると、介護福祉士の資格を取得できる。実務者研修の修了者や介護福祉士は、**サービス提供責任者**になることができる。

217 ▶ 訪問介護事業者は、事業所ごとに、常勤の訪問介護員（ホームヘルパー）等であって、専ら指定訪問介護（ホームヘルプサービス）に従事するもののうち、事業の規模に応じて、1人以上のサービス提供責任者を配置する必要がある。

34―22

218 ▶ **サービス提供責任者★**は、利用者宅に出向き、契約し、訪問介護（ホームヘルプサービス）のニーズをアセスメントし、居宅サービス計画（ケアプラン）に基づいて、訪問介護計画（介護計画）を作成する。利用者本人だけでなく、家族や介護支援専門員（ケアマネジャー）、サービス提供機関との調整を行い、訪問介護員（ホームヘルパー）に指導・助言を行う。

32―23
34―22
35―108（過程）
36―69

★サービス提供責任者
介護支援専門員や訪問介護員との連絡・調整など、コーディネート業務全般に携わる訪問介護事業所の柱となる役職。

219 ▶ 2007（平成19）年の社会福祉士及び介護福祉士法の改正によって、**社会福祉士の定義規定**が見直された。これにより**社会福祉士**は、「社会福祉士の名称を用いて、専門的知識及び技術をもって、身体上若しくは精神上の障害があること又は環境上の理由により日常生活を営むのに支障がある者の福祉に関する相談に応じ、助言、指導、福祉サービスを提供する者又は医師その他の保健医療サービスを提供する者その他の関係者（福祉サービス関係者等）との連絡及び調整その他の援助を行うこと（相談援助）を業とする者」と規定された。

35―71

220 ▶ **精神保健福祉士**は、精神保健福祉士法において「精神保健福祉士の名称を用いて、精神障害者の保健及び福祉に関する専門的知識及び技術をもって、精神科病院その他の医療施設において精神障害の医療を受け、又は精神障害者の社会復帰の促進を図ることを目的とする施設を利用している者の地域相談支援の利用に関する相談その他の社会復帰に関する相談に応じ、助言、指導、日常生活への適応のために必要な訓練その他の援助を行うこと（相談援助）を業とする者」と定義されている。

221 ▶ 福祉に関する国家資格や社会福祉主事任用資格を得て、その専門的知識を活かし、社会生活に困難や支障のある人々の相談に乗り、社会的支援を行う職種は、「ソーシャルワーカー」といわれる。その中でも医療機関で働いている人たちのことを、**医療ソーシャルワーカー、メディカルソーシャルワーカー（MSW）**と呼んでいる。業務内容は、①療養中の心理的・社会的問題の解決、調整援助、②退院援助、③社会復帰援助、④受診・受療援助、⑤経済的問題の解決、調整援助、⑥地域活動を行うことである。

介護の基本

36—70
222 生活相談員は、特別養護老人ホームや介護事業所で、介護事業所の利用にかかる調整業務を担い、利用者の介護サービス利用開始・終了の手続き、相談援助、ほかの職種や関係機関との連絡調整業務などを行う。

36—70
223 生活相談員の資格要件としては、社会福祉法に定められている社会福祉主事任用資格、社会福祉士、精神保健福祉士に加え、自治体によっては、介護支援専門員、介護福祉士、その他同等以上と認められる能力を有する者である。

224 レクリエーション・インストラクターは、歌やゲームでコミュニケーションを推進するグループワーカーで、公益財団法人日本レクリエーション協会の60時間の講習会を履修することで得られる認定資格である。

225 手話通訳士は、聴覚、言語機能または音声機能の障害のため、音声言語により意思疎通を図ることに支障がある身体障害者（聴覚障害者等）に対して、手話通訳等により聴覚障害者等とその他の者の意思疎通を仲介する者である。資格試験は、厚生労働省令に基づき厚生労働大臣が認定した、社会福祉法人聴力障害者情報文化センターが実施する認定資格である。

● 保健・医療職の役割と専門性

35—71
226 連携が必要な保健・医療の専門職には、医師、歯科医師、薬剤師、看護師、保健師、理学療法士（PT）、作業療法士（OT）、言語聴覚士（ST）、視能訓練士（CO）、義肢装具士（PO）、歯科衛生士などがある。連携のためには、各職種の業務内容について理解しておく必要がある。

32—24
36—108（過程）
227 医師は、業務独占の国家資格であり、医師法において「医師でなければ、医業をなしてはならない」と定められている。医師だけが、診断、投薬（注射）、手術、生理学的検査などを行うことができる。

228 歯科医師は、歯科医師法により厚生労働大臣の認定した歯科医師免許を取得し、歯科医療および保健指導を業とする者である。歯科医師と医師は診療の範囲が異なり、歯科医師は歯や口腔内とその周囲が診療範囲であり、医師は歯科治療を除く全身の診療が対象となる。

229 ▶ **薬剤師**は、薬剤師法に基づき調剤や医薬品の供給、薬事衛生を行う。特に調剤業務は薬剤師だけが行うことができる独占的な業務である（ただし、例外として、医師または歯科医師が法令で定める特別の場合において、自己の処方せんにより自ら調剤すること等は認められている）。

35—71

230 ▶ **看護師**は、保健師助産師看護師法において「厚生労働大臣の免許を受けて、傷病者若しくはじょく婦に対する療養上の世話又は診療の補助を行うことを業とする者」で、業務独占の資格であり、名称独占の資格でもある。病院、診療所、訪問看護ステーション等に勤務している。

32—76（発達）

231 ▶ **保健師**は、保健師助産師看護師法において「厚生労働大臣の免許を受けて、保健師の名称を用いて、保健指導に従事することを業とする者」で、名称独占の国家資格である。保健師は看護師の業務「療養上の世話又は診療の補助」を行うことができると定められており、地域包括支援センターに配置されているほか、市町村や保健所等に勤務している。

232 ▶ **理学療法士**は、理学療法士及び作業療法士法に基づく**リハビリテーション**の専門職であり、主として、身体の基本的動作能力の回復を図るために、医師の指示のもとに理学療法（治療体操、電気刺激、マッサージ、温熱など）を行う。

32—76（発達）
33—125（総合）

233 ▶ **作業療法士**は、理学療法士及び作業療法士法に基づく**リハビリテーション**の専門職であり、主として、障害のある人★に対して、応用的動作能力、社会的適応能力の回復を図るために、医師の指示のもとに作業療法（手芸や工作、その他の作業）を行う。

35—71

234 ▶ **言語聴覚士**は、言語聴覚士法に基づき言葉や聴こえに障害のある人や、嚥下などに障害のある人について、訓練・検査・助言・指導などを行う。

+α
ぷらすあるふぁ
身体障害者、知的障害者、発達障害者、高齢障害者、精神障害者などを含む。

235 ▶ **視能訓練士**は、視能訓練士法に基づく国家資格で、医師の指示のもとに、視能検査、健診（検診）、視能矯正、ロービジョンケア（視機能が低下した状態のケア）を業とする者である。

236 ▶ **義肢装具士**は、義肢装具士法に基づく国家資格で、医師の指示のもとに、義肢および装具の装着部位の採型並びに義肢および装具の製作および身体への適合を行うことを業とする者である。

TEST 35—71

237 歯科衛生士は、歯科衛生士法に基づく国家資格で、医師の指示のもとに、歯のクリーニングや歯ぐきの状態の点検など、予防処置の業務のほか、患者への歯科保健指導、歯科診療の補助を業とする者である。

● 栄養・調理職の役割と専門性

TEST 32—76（発達）

238 管理栄養士は、栄養士免許を取得後、国家試験に合格し、厚生労働大臣の免許を受けた者である。学校給食、病院、保健所・市町村保健センター、福祉施設、外食産業、食品メーカーなどで栄養指導にあたったり、栄養士の指導を行う。

239 栄養士とは、栄養士法に基づき栄養士の名称を用いて栄養の指導に従事することを業とする者である。栄養士は、食物栄養の専門家で食生活を支える。生活環境やからだの状態に合わせたメニューをつくり、栄養指導を行い、よりよい食生活を手助けする。

● その他の関連職種

TEST 32—24

240 公認心理師、臨床心理士、民生委員・児童委員、家族、友人、建築士、ボランティアなどとの連携も重要である。

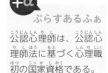

ぷらすあるふぁ

公認心理師は、公認心理師法に基づく心理職初の国家資格である。

241 公認心理師*は、名称独占の資格であり、保健医療、福祉、教育その他の分野において、心理学に関する専門的知識および技術をもって、表29の行為を行うことを業とする者である。

表29 ▶ 公認心理師の業

①心理に関する支援を要する者の心理状態の観察、その結果の分析
②心理に関する支援を要する者に対する、その心理に関する相談および助言、指導その他の援助
③心理に関する支援を要する者の関係者に対する相談および助言、指導その他の援助
④心の健康に関する知識の普及を図るための教育および情報の提供

242 臨床心理士は、公益財団法人日本臨床心理士資格認定協会が1988（昭和63）年から資格認定をしている心理職の民間資格である。2017（平成29）年に新しく誕生した国家資格の公認心理師との違いは表30のとおりである。

表30 ▶ 公認心理師と臨床心理士の違い

職種	資格	更新制度	受験資格
公認心理師	国家資格	なし	・大学および大学院で「指定された科目」を履修し卒業する ・大学で「指定された科目」を履修し卒業、かつ「特定の施設」で2年以上の実務経験を積む
臨床心理士	民間資格	あり （5年毎）	・指定大学院または専門職大学院を修了する ・医師免許取得後、2年以上の心理臨床経験を積む

■ 多職種連携の意義と課題

● チームアプローチの意義と目的

243 介護の実践における**多職種連携（チームアプローチ）**の意義は、異なる**専門性**をもつ多職種がチームになって利用者を支え合うことにより、互いの専門職としての能力を活用して効果的なサービスを提供できる点である。多職種連携の目的は、連携によって生み出される総合力を発揮することにある。

244 **チームアプローチを支えるケアシステム**としては、①個人レベル、②組織・機関レベル、③制度的・システムレベルという3つのレベルが考えられる。チームアプローチにおいては、これらのケアシステムがつながり、重層的に動く必要がある。

245 **多職種連携・協働の効果**は、①利用者のQOLの向上、②専門職自身の成長・チームの成長、③医療・介護費用の抑制につながる。その一方で、**多職種連携・協働を阻む要素**も指摘されている。①専門職の自立性を求めるあまりの縄張り意識などによるコミュニケーション不足、②教育背景・教育内容の違いが生む相互の無理解、③縦割りの養成教育のなかで、他分野の専門領域の知識や連携のあり方等を学ぶ機会が少ないことなどが考えられる。

32—24
35—72

一問一答 ▶ P.115

⑧ 介護における安全の確保とリスクマネジメント

リスクマネジメントの定義、ハインリッヒの法則、ヒヤリ・ハット、事故報告のシステム、事故防止検討委員会、災害対策、代表的な感染症とその対策などについて理解を深めたい。また、医薬品使用介助や、近年、世界規模で問題になっている薬剤耐性菌に対する知識と対策についての注意点も押さえておく必要がある。

■ 介護における安全の確保

● 介護事故と法的責任

246 介護保険法に基づく運営基準により、介護サービス事業者や施設には、事故が発生した場合に、**表31**のような対応をとることが定められている。

表31 ▶ 事故発生時の対応

①市町村、利用者の家族、居宅介護支援事業者等に連絡を行い、必要な措置を講じなければならない。
②事故の状況や事故に際してとった処置について記録しなければならない。
③賠償すべき事故が発生した場合は、損害賠償を速やかに行わなければならない。

247 介護保険法に基づく運営基準により、施設には、事故の発生または再発を防止するため、**表32**のような措置を講じることが定められている。

表32 ▶ 事故発生の防止

①事故が発生した場合の対応、報告の方法などが記載された事故発生の防止のための指針を整備すること
②事故が発生した場合や事故に至る危険性があった場合には、その事実が報告され、その分析を通じた改善策を従業者に周知徹底する体制を整備すること
③事故発生の防止のための委員会（テレビ電話装置等を活用して行うことができるものとする。）と従業者に対する研修を定期的に行うこと
④①～③に掲げる措置を適切に実施するための担当者を置くこと

248 介護保険法に基づく運営基準により、介護保険施設には、**事故防止検討委員会**の設置が義務づけられている。事故防止検討委員会は、介護事故発生の防止及び再発防止のための対策を検討する委員会であり、幅広い職種（施設長（管理者）、事務長、医師、看護職員、介護職員、生活相談員など）により構成し、構成メンバーの責務および役割分担を明確にすることが求められる。

249 2021（令和3）年1月の介護保険の運営基準の改正で、介護保険施設において**事故発生の防止のための安全対策の専任担当者を定める**ことが義務づけられた。専任担当者としては、事故防止検討委員会の安全対策を担当する者と同一の従業者が務めることが望ましいとされる。

250 2021（令和3）年1月の介護保険の運営基準の改正で、全介護サービス事業者を対象に、感染症や災害が発生した場合の**業務継続に向けた取り組みの強化**として、**業務継続計画（BCP）★の策定**や研修の実施、**訓練（シミュレーション）の実施**が義務づけられた（施行は2021（令和3）年4月、2024（令和6）年4月から義務化）。

● 危険予知と危険回避（観察、正確な技術、予測、分析、対策など）

251 介護施設の事故およびヒヤリ・ハット事例発生に伴い、事例の分析を行う場合には、事故の直接の原因だけではなく、その背景要因も含めた事故発生の問題点の究明が重要である。明らかになった問題点については、現場に速やかにフィードバックする。

252 転倒や誤嚥の事故は、転倒のリスクや嚥下障害の有無・程度をアセスメントすることで予見することができる。また、アセスメントすることでケアプラン（介護サービス計画）の作成のなかで、転倒や誤嚥を回避するためのサービス内容が記載されることになる。このように**ケアマネジメント**を行うことが、リスクマネジメントにつながる。

253 個々の利用者について、できる限りリスクを軽減できるような介護の方法や、安心できるかかわり方を検討する場として、ケアカンファレンスやサービス担当者会議がある。

254 利用者の心身の状態や生活状況、日々の状態変化などの情報を適時的確に把握して、不適切な介護や画一的な介護による事故を予防し、介護の方法を常に見直し柔軟に対応することが事故予防につながる。

★ **業務継続計画（BCP）**
事業者がさまざまな緊急事態を想定し、損害を最小限に抑え、重要な業務を継続し早期復旧させることを目的に、事前に準備しておく方策・計画をいう。

 35—73

 35—73

 32—25

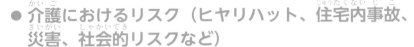

● 介護におけるリスク（ヒヤリハット、住宅内事故、災害、社会的リスクなど）

 33—26

255 1930年代にアメリカのハインリッヒ（Heinrich, H. W.）が発表したハインリッヒの法則（1：29：300の法則）は、労働災害の調査から見出された事故の重大性と発生頻度の関係を示したものである。1件の重大事故の背景に29件の軽傷を伴う事故と、300件のヒヤリ・ハットする体験があるという法則である。さらに、ヒヤリ・ハットの背景には数千の安全とはいえない行動や状態が存在するとされる。

TE S T 32—117(総合)

256 **インシデント★（ヒヤリ・ハット）**は、適切な処理が行われなければ事故となる。インシデントについての情報を把握・分析するための報告書を**インシデント報告書**という。

★インシデント
思いがけない出来事（偶発事象）。ヒヤリ・ハットともいう。

257 インシデントに気づかなかったり、適切な処置が行われなければ**アクシデント（事故）**が発生する。アクシデントについての情報を把握・分析するための報告書を**アクシデント（事故）報告書**という。インシデント報告書およびアクシデント（事故）報告書は、組織の安全なシステムづくりに不可欠である。

258 2022（令和4）年の「人口動態統計」による、65歳以上の**家庭における不慮の事故による死亡順位**は、溺死、窒息、転倒・転落・墜落、火災、中毒の順になっている。

259 1961（昭和36）年に制定された**災害対策基本法**は、東日本大震災の課題を踏まえ、2013（平成25）年に改正され、「避難所における生活環境の整備等」と「避難所以外の場所に滞在する被災者についての配慮」が新たに規定された。

260 災害対策基本法に基づき、避難場所等の図記号について標準化を図るため、2016（平成28）年に日本工業規格（現・日本産業規格）（JIS）として、**災害種別図記号**（JIS Z8210）およびこの図記号を使った表示方法を示す**災害種別避難誘導標識システム**（JIS Z9098）が制定された。

TE S T 36—71

261 **避難場所等の図記号**（避難場所、避難所、津波避難場所、津波避難ビル）と、**災害種別図記号**（洪水・内水氾濫、津波・高潮、土石流、崖崩れ・地滑り、大規模な火事）は、**図7**のとおりである。

図7 ▶ 災害種別避難誘導標識に用いる図記号

大規模な火事

津波注意・高潮注意

土石流注意

崖崩れ・地滑り注意

洪水・内水氾濫

津波・高潮

土石流

崖崩れ・地滑り

避難場所

避難所

津波避難場所

津波避難ビル

注：上欄の色のついている部分は本来は黄色、下欄の灰色の部分は本来は緑色。

262 ▶ 国土交通省・気象庁・都道府県は、市町村単位の警戒レベル相当情報（河川水位や雨の情報）を発表する。市町村長は、発表された警戒レベル相当情報（河川水位や雨の情報）をもとに、地域の土地利用や災害実績なども踏まえて総合的に判断し、避難情報等（警戒レベル）を発令する（**表33**参照）。

36—71

263 ▶ 市町村が警戒レベル3または警戒レベル4（避難情報等）を出した場合には、必ず避難をする。気象庁などから出る河川水位や雨の情報を参考に、自主的に早めの避難をする。

36—71

表33 ▶ 避難情報等（警戒レベル）と河川水位や雨の情報（警戒レベル相当情報）

避難情報等 （警戒レベル）				河川水位や雨の情報 （警戒レベル相当情報）		
警戒 レベル	状況	住民がとるべき行動	避難情報等	防災気象情報（警戒レベル相当情報）		
					浸水の情報 （河川）	土砂災害の 情報（雨）
5	災害発生 又は切迫	命の危険 直ちに安全確保！	緊急安全確保	5相当	氾濫発生情報	大雨特別警報 （土砂災害）
～～～～ ＜警戒レベル4までに必ず避難！＞ ～～～～						
4	災害の おそれ高い	危険な場所から 全員避難	避難指示	4相当	氾濫危険情報	土砂災害警戒 情報
3	災害の おそれあり	危険な場所から 高齢者等は避難	高齢者等避難	3相当	氾濫警戒情報 洪水警報	大雨警報
2	気象状況悪化	自らの避難行動を確認	大雨・洪水注意報	2相当	氾濫注意情報	——
1	今後気象状況 悪化のおそれ	災害への心構えを 高める	早期注意情報	1相当	——	——

資料：内閣府「5段階の警戒レベルについて」

264 ▶ 2013（平成25）年の災害対策基本法の改正において、市町村長に避難行動要支援者*名簿の作成が義務づけられた。この名簿は、避難行動要支援者の避難の支援、安否の確認、生命または身体を災害から保護するために必要な措置を実施するための基礎となる。また、2021（令和3）年の改正において、市町村長は、本人の同意が得られない場合を除き、避難行動要支援者の個別避難計画を作成するように努めなければならないとされた。

265 ▶ 災害派遣医療チーム（DMAT）は、災害対策基本法の防災基本計画等に基づき、大地震および航空機・列車事故といった災害時に被災地に迅速に駆けつけ、救急治療を行うための専門的な訓練を受けた医療チームである。チームの要員は厚生労働省の認証・登録を要する。

266 ▶ 災害時の福祉支援体制、災害福祉支援ネットワークの構築に取り組む都道府県の増加を受けて、厚生労働省は、2018（平成30）年に地方自治法に基づく技術的助言として、各都道府県に「災害時の福祉支援体制の整備に向けたガイドライン」を示した。

267 ▶ 災害時における長期避難者の生活機能の低下や要介護度の重度化などの二次被害防止のため、一般避難所で災害時要配慮者（高齢者や障害者、子ども等）に対する福祉支援を行うのが災害派遣福祉チーム（DWAT）である。チームは、介護福祉士、介護支援専門員（ケアマネジャー）、社会福祉士、看護師、理学療法士、精神保健福祉士、保育士などで構成される。

268 ▶ 厚生労働省は2022（令和4）年度から、災害時の要支援者らを支援する災害派遣福祉チーム（DWAT）の取り組みを集約する災害福祉支援ネットワーク中央センターを創設した。平時は人材養成のための全国研修などを開催し、DWATの支援体制を強化する。

● リスクマネジメントの意義と目的

269 ▶ リスクマネジメントは、一般に危機管理と訳される。事故発生を未然に防止することや、発生した事故を速やかに処理することにより、組織の損害を最小限に食い止めることを目的としている。

270 ▶ リスクマネジメントは、人間はエラーを起こすということを前提に、起こしたエラーが事故につながらないようにするための問題解決プロセスである。

■ 事故防止、安全対策

● セーフティマネジメント

271 ▶ 安全のシステムづくりには3つのステップがある。最初がリスクマネジメント、次に安全の徹底に努めるセーフティマネジメント、3つ目は質を向上させるシステムとしてのクオリティマネジメントシステムである。

272 ▶ JISマーク表示制度は、**国に登録された機関による製品の品質を保証する第三者認証制度**である。経済産業省は、2008（平成20）年に高齢社会への対応、国民生活の安全、安心の確保等の観点から、工業標準化法（現・産業標準化法）（JIS法）に基づく**JISマーク**の表示をスタートさせた。

● 防火・防災・減災対策と訓練

35—125（総合）
36—16（社会）

273 ▶ **社会福祉法人（福祉施設）の災害対応**としては、①入所者の安全確保、ケアの継続、②要援護者の受け入れ、③居宅サービス利用者の安否確認をし、必要な場合は避難支援、④**福祉避難所**の開設、⑤**地域の救援活動の拠点**としての取り組みが求められる。

36—16（社会）

274 ▶ 2021（令和3）年の災害対策基本法施行規則の改正により、**指定福祉避難所**について、①指定福祉避難所を一般の避難所と分けて指定し公示する、②指定福祉避難所の受入対象者を特定し、**特定された要配慮者やその家族のみが避難する施設である**★ことを指定の際に公示できる制度が創設された。

+α
ぷらすあるふぁ
特定された要配慮者やその家族が対象であるので、例えば、介護老人福祉施設の入所者は、原則として福祉避難所の対象外である。

275 ▶ 消防法に定める**消防訓練**の種類と実施回数は、**表34**のとおりである。

表34 ▶ 消防訓練の種類と実施回数

訓練の種類	訓練の内容	実施回数
避難訓練	放送設備による火災周知や避難命令の伝達や安全な場所への避難誘導と救助	年2回以上
消火訓練	消火器・屋内消火栓等による初期消火	年2回以上
通報訓練	火災発生後の119番への通報	消防計画に定めた回数

276 ▶ **災害時に避難所で高齢者の介護にあたる場合**には、**表35**の事項などに配慮する。

● 緊急連絡システム

277 ▶ 介護保険施設や事業所においては、「**非常災害に関する具体的な計画**」を作成して、非常災害時の関係機関への通報連携体制を整備して定期的に避難、救出訓練を行うことが**義務づけられている**。

表35 ▶ 災害時に避難所で高齢者の介護にあたる場合の配慮

①炊き出しの配食・食事内容・摂取量の観察など**食事の介護**
②トイレを我慢しないために、洋式トイレ（ポータブルトイレ）や尿取りパッドなどの必要物品を提供するとともに、排泄物の処理、手指の清潔など**排泄の介護**
③洗面、歯みがき、入浴、更衣などの**清潔の介護**
④睡眠に適した環境の整備
⑤フロア内に高齢者の居場所を確保し、転倒予防や安全対策を行う
⑥訴えを十分に傾聴するなどの精神面への援助
⑦「廃用症候群の予防」「ADL（日常生活動作）の維持」「深部静脈血栓症（エコノミークラス症候群）の予防」のための下肢のマッサージや足首の運動など日中の活動性を高める援助

278 ▶ 2021（令和3）年の介護保険の運営基準の改正で、通所系・短期入所系サービスや特定施設入居者生活介護に、**避難訓練などで地域住民の参加が得られるように**連携する努力義務が課せられた。

■ 感染対策

● 感染予防の意義と目的

279 ▶ 感染対策の法律としては、**感染症の予防及び感染症の患者に対する医療に関する法律（感染症法）**がある。感染症法は、1998（平成10）年に成立し翌年4月から施行された。感染症法の成立に伴い、**伝染病予防法、性病予防法、後天性免疫不全症候群の予防に関する法律**が廃止された。さらに、2006（平成18）年の感染症法の改正に伴い、結核予防法が廃止された。

280 ▶ 2021（令和3）年1月の介護保険の運営基準の改正で、全介護サービス事業者を対象に、新型コロナウイルス感染拡大を受け、**感染症対策の強化**として、**委員会の開催や指針の整備、研修の実施**に加え、**訓練（シミュレーション）の実施**が求められた（施行は2021（令和3）年4月、2024（令和6）年4月から義務化）。

281 ▶ 感染対策委員会は、施設長（管理者）・事務長・医師・看護職員・介護職員・栄養士または管理栄養士・生活相談員などで構成される。毎日の感染症の予防や発生時の対応について**定期的に会議を開催**したり、緊急時には委員を招集したりして速やかな対応をとる。また、感染対策のための指針・マニュアルを作成しておく必要がある。

282 介護職員や看護職員等は、日々の業務において、入所者と密接に接触する機会が多く、入所者間の病原体の媒介者となるおそれが高いことから、日常からの健康管理が重要となる。施設の職員が感染症の症状を呈した場合には、症状が改善するまで就業を停止することを検討する必要がある。

283 予防接種法に定める定期接種には、A類疾病（主に集団予防、重篤な疾患の予防に重点。本人に接種の努力義務あり。接種勧奨あり）として、結核（BCG）、B型肝炎、麻疹、風疹、水痘等がある。B類疾病（主に個人予防に重点。接種努力義務なし。接種勧奨なし）として、インフルエンザ、高齢者の肺炎球菌感染症がある。

284 2001（平成13）年の予防接種法の改正により、65歳以上の高齢者は接種を希望する場合、インフルエンザワクチン接種の対象となった。寝たきり状態や呼吸器、循環器系の慢性疾患のある人は、発病や重症化の危険度が高まるので、ワクチン接種の必要性が指摘されている。

● 感染予防の基礎知識と技術

285 感染対策の3原則には、①感染源の排除、②感染経路の遮断、③宿主（ヒト）の抵抗力の向上がある。

36—72

286 感染症の原因となる微生物（細菌、ウイルスなど）を含んでいるものを感染源という。感染源となる可能性があるものとして、**表36**のようなものがある。

表36 ▶ 感染源となる可能性があるもの

①嘔吐物・排泄物（便・尿　など）
②血液・体液・分泌物（喀痰・膿　など）
③使用した器具・器材（注射針、ガーゼ　など）
④ ①～③に触れた手指で取り扱った食品　など

287 感染経路を遮断するには、「感染源（病原体）を持ち込まない」「感染源（病原体）を持ち出さない」「感染源（病原体）を拡げない」の3つがあるが、そのためには、手洗いやうがいの励行、環境の清掃などが重要になる。

288 主な感染経路と原因微生物は、**表37**のとおりである。

表37 ▶ 主な感染経路と原因微生物

感染経路	特徴	主な原因微生物
接触感染 （経口感染含む）	●手指・食品・器具を介して伝播する頻度の高い伝播経路である。	ノロウイルス※ 腸管出血性大腸菌 メチシリン耐性黄色ブドウ球菌（MRSA）　等
飛沫感染	●咳、くしゃみ、会話等で、飛沫粒子（5μm以上）により伝播する。 ●1m以内の床に落下し、空中を浮遊し続けることはない。	インフルエンザウイルス※ ムンプスウイルス（流行性耳下腺炎の原因ウイルス） 風疹ウイルス　等
空気感染	●咳、くしゃみ等で飛沫核（5μm未満）として伝播し、空中に浮遊し、空気の流れにより飛散する。	結核菌 麻疹ウイルス 水痘ウイルス　等
血液媒介感染	●病原体に汚染された血液や体液、分泌物が、針刺し等により体内に入ることにより感染する。	B型肝炎ウイルス C型肝炎ウイルス HIV　等

※ノロウイルス、インフルエンザウイルスは、空気感染の可能性も報告されている。
※インフルエンザウイルスは、接触感染により感染する場合もある。
資料：厚生労働省「高齢者介護施設における感染対策マニュアル 改訂版」2019年を一部改変

289▶ **感染予防の基本**は、「手洗いに始まって手洗いに終わる」といわれるほど、手洗いが重視される。**1ケア1手洗い**を徹底する。手洗いの基本は、**表38**のとおりである。

 36—72

表38 ▶ 手洗いの基本

・時計や指輪は、はずす。
・爪は短く切る。
・まず手を流水で軽く洗う。
・石けんを使用するときは、固形石けんではなく必ず液体石けんを使用する。
・手洗いが雑になりやすい部位は、注意して洗う。
・石けん成分をよく洗い流す。
・使い捨てのペーパータオルを使用する（布タオルの共用は絶対にしない）。
・水道栓は、自動水栓か手首、肘などで簡単に操作できるものが望ましい*。
・手を完全に乾燥させる。

+α
ぷらすあるふぁ
やむを得ず、水道栓を手で操作する場合は、水道栓は洗った手で止めるのではなく、手を拭いたペーパータオルを用いて止める。

290 入所者や職員の感染リスクを減少させるために、すべての人の血液、体液、分泌物、嘔吐物、排泄物などに触れるときには、手袋やマスクを着用する。触れる可能性がある場合にも、確実に着用する必要がある。必要に応じてゴーグル、エプロン、ガウン等を着用する。手袋をはずしたときは、必ず液体石けんと流水で手洗いを行う。

291 手袋着用の有無にかかわらず、利用者の血液、体液（唾液、リンパ液）、分泌物（汗を除く）、排泄物等に触れた際には、必ず手指消毒を行う。

292 手指や家屋の消毒に用いる逆性石けんは、糞便や尿、嘔吐物などの有機物や普通の石けんと混ざると殺菌効果が減退あるいは消失する。

293 手指や皮膚の消毒に用いる消毒薬は、消毒効果を上げるためには適切な濃度を必要とする。各消毒薬の解説書をよく読み、指示された濃度を保つようにする。

294 日常的な清掃としては、各所、原則1日1回以上の湿式清掃を行い、換気（空気の入れ換え）を行い乾燥させ、必要に応じ床の消毒を行う。使用した雑巾やモップは、こまめに洗浄し、乾燥させる。床に血液、分泌物、嘔吐物、排泄物などが付着した場合は、手袋を着用し、次亜塩素酸ナトリウム液等で清拭後、湿式清掃し、乾燥させる。トイレのドアノブや取手などは、消毒用エタノールで清拭し、消毒を行う。

 32—26

295 日和見感染症とは、免疫力が低下しているために、通常なら感染症を起こさないような感染力の弱い病原菌が原因で起こる感染症をいう。日和見感染症の代表的なものに、院内感染（施設内感染）が問題となっているメチシリン耐性黄色ブドウ球菌（MRSA）感染症、ヘルペスウイルス感染症、カンジダ症、ニューモシスチス肺炎、サイトメガロウイルス肺炎などがある。

296 血液、体液を介して感染する感染症に、AIDS★（後天性免疫不全症候群）、B型肝炎、C型肝炎がある。このため血液や体液との接触が予想されたり可能性があるときは、皮膚や粘膜面からの感染を防ぐために手袋やガウンなどを使用する。手袋やガウンは、ケア終了後即座にはずして、すぐに手洗いを行う。この際は、血液に触れた手袋の表側が内側になるようにしてはずす。

＋α

ぷらすあるふぁ

HIVはAIDSの原因となるウイルスの名前で、AIDSはHIVによって引き起こされる病気の総称である。

● 感染症対策

297 ▶ 2019年12月に発生した**新型コロナウイルス感染症**は、**パンデミック（世界的大流行）**を引き起こし、感染者数の増加で**緊急事態宣言**が発令されるなど、生命と経済に大打撃を与え、これまでの生活様式を根底からくつがえすこととなった。

298 ▶ 新型コロナウイルス感染症は、2023（令和5）年5月から感染症法上の位置づけが**5類感染症**に変更になった。高齢者は感染すると重症化しやすいため、引き続き、基本的な感染対策として、①体調不安や症状がある場合には、無理せずに自宅で療養あるいは受診する、②状況に応じたマスク着用や咳エチケットを守る、③密集・密接・密閉の「三密」を回避する、④手洗いを日常の生活習慣にする、⑤適度な運動、食事などの生活習慣を守り、体調管理に注意する必要がある。

299 ▶ **結核**は、結核菌の**空気感染**により発症する。主な症状は、咳・痰・微熱・血痰・喀血であり、新登録結核患者では高齢者が多い。

300 ▶ **疥癬★**は、ヒゼンダニの寄生により、手指、胸腹部、大腿などに小丘疹がみられ、**夜間の激しいかゆみ**が特徴的である。**接触感染**のため、**長時間の皮膚接触、衣類や寝具の共用などは避ける**ようにする。疥癬には、**通常疥癬と角化型（ノルウェー）疥癬**の2つのタイプがある。

301 ▶ 通常疥癬は、治療を開始すると感染性はほとんどなくなる。**角化型（ノルウェー）疥癬**は、ヒゼンダニの寄生数が多く感染力が非常に強いため、**個室管理**とし、**掃除機を毎日かける、シーツ・衣類を毎日交換する、ケアを行うときは予防衣とゴム手袋を着用する、入浴は最後にする**など、感染拡大防止対策を徹底する。

302 ▶ 疥癬の治療では、**殺ダニ剤**の内服薬と軟膏が用いられる。軟膏は、皮疹のないところも塗り残しがないようにする。ヒゼンダニは、**熱・乾燥に弱く、50℃では10分程度で死滅する**。角化型（ノルウェー）疥癬の場合には、洗濯物をビニール袋に入れ殺虫剤を散布するか、50℃以上の湯に10分以上漬け、その後に洗濯する（通常疥癬は通常どおりの洗濯でよい）。**スタンダードプリコーション（標準予防策）★**として、**1ケア1手洗い**を実施し、感染の可能性のあるものを直接手で触らないことなどを徹底する。

介護の基本

★疥癬
ヒゼンダニの寄生による皮膚感染症。

33—118（総合）

33—118（総合）

★スタンダードプリコーション（標準予防策）
感染症等の有無に関係なく排泄物や血液等を潜在的な感染源とみなして対応する予防策。ほとんどの感染症はこれで防ぐことができる。

303 ▶ 腸管出血性大腸菌感染症は、O157等ベロ毒素を産生するグループの感染によるもので、死亡することがある。これ以外の食中毒の原因菌として、ブドウ球菌・サルモネラ属菌・腸炎ビブリオ・ボツリヌス菌がある。

304 ▶ 帯状疱疹は、水痘ウイルス・帯状疱疹ウイルスが原因で、ウイルスが身体に潜んで抵抗力が低下することで発症する。特徴としては、神経走行に沿って疱疹が出ることと、そのための激しい痛みがある。その痛みは神経痛として長期間残ることがある。

305 ▶ 麻疹（はしか）、風疹（三日はしか）、水痘（水ぼうそう）、流行性耳下腺炎（おたふくかぜ）は、小児期に多く発症する飛沫感染・空気感染による感染症である。小児人口の減少による感染機会減少や予防接種の普及により、現在では成人期に罹患する傾向がある。

306 ▶ ノロウイルスは、**感染性胃腸炎**を起こす。冬季に流行する感染性胃腸炎の大半にノロウイルスが関与している。**集団生活を送っている施設**（保育所、幼稚園、小学校、福祉施設など）で爆発的な流行をみることがある。主な症状は、嘔気、嘔吐、下痢である。

307 ▶ ノロウイルスの**感染経路**は、基本的に食品を媒介とする経口感染であるが、感染した人の糞便や嘔吐物などに触れ、手指等を介してウイルスが口に入る接触感染や、汚染された下痢便や嘔吐物が飛び散り、その飛沫が口に入って感染する飛沫感染がある。

308 ▶ ノロウイルス感染の、最も重要で効果的な予防方法は、液体石けんと流水による手洗いである。帰宅時、調理の前後、配膳時、食事前には必ず手を洗う。

 32—54

309 ▶ ノロウイルス感染症の嘔吐物・下痢便の処理には、マスク・手袋・ガウンを着用し、メガネやゴーグルで目を防御する。ノロウイルスは塩素系の消毒剤や家庭用漂白剤でなければ、効果的な消毒はできない。

★レジオネラ症
レジオネラ菌の感染により起こる。レジオネラ症はその臨床症状から肺炎型と風邪様のポンティアック熱型に大別される。

310 ▶ **レジオネラ症★**の施設内での感染源は、循環式浴槽水、加湿器の水、給水・給湯水、空調冷却水などで、飛散したエアロゾルの吸入により感染、急激に重症化して死亡に至る場合もある。循環式以外の浴槽は毎日清掃し、1か月に1回以上塩素消毒を行う。

311 ▶ **肺炎球菌**は、鼻腔や咽頭などに常在し、健康成人でも保有している人はまれではない。常時より免疫力が低下した高齢者などに発症する。肺炎球菌ワクチンの接種が有効である。

■ 薬剤の取り扱いに関する基礎知識と連携

● 服薬管理の基礎知識

312 介護事業所の利用者の内服薬を管理し、その日ごとの内服薬を用意する行為は医行為となるため、看護職員の業務となる。

313 介護現場で認められる医行為外業務（ **42** 参照）としての服薬等の介護が福祉施設等において行われる場合には、看護職員によって実施されることが望ましく、また、その配置がある場合には、その指導の下で実施されるべきであるとされている。

314 介護従事者は利用者の安全に十分配慮し、服薬介助を行う。服薬介護のポイントは、**表39**のとおりである。

 35—116（総合）
36—73

● 薬剤耐性の基礎知識

315 2015（平成27）年にWHO総会で、「**薬剤耐性に関する国際行動計画**」が採択された。翌年、日本では「**薬剤耐性（AMR）★対策アクションプラン**」が、5年間の計画（2016〜2020年）として発表された。薬剤耐性は、人、動物への不適切な抗微生物薬の使用等を背景としていることから、**ワンヘルス・アプローチ★**が必要とされる。

316 菌種や薬剤耐性のメカニズムが多様化するなかで、新規抗菌薬の開発が停滞しており、世界全体での薬剤耐性菌感染症による死亡数は、2050（令和32）年に、現在のがんによる死亡数を上回る1000万人に達すると予測されている。

317 政府はAMRの脅威に対する国民運動として、**適切な薬剤を適切な量と適切な期間使用**することの重要性について啓蒙活動を行っている。薬剤耐性菌が発生する背景には、抗菌薬の不適切な処方と不適切な服用、施設内感染がある（**表40参照**）。

318 介護施設における対策としては、薬剤耐性菌を保有していても、それが原因で感染症を引き起こしていない**保菌★**状態であれば、感染拡大リスクも低いため、**手指衛生、個人防護用具、環境整備**などの**スタンダードプリコーション**（標準予防策）を徹底すれば十分とされる。保菌者に対して制限を設けたり、特別扱いをしたりする必要はない。

★薬剤耐性（AMR）
Antimicrobial Resistance
特定の種類の抗菌薬や抗ウイルス薬等の抗微生物剤が効きにくくなる、または効かなくなること。

★ワンヘルス・アプローチ
人、動物といった垣根を超え世界規模で薬剤耐性に取り組むこと。

★保菌
感染して菌またはウイルスの増殖が起こっており感染源となり得るが、その菌による感染症の特徴とする臨床症状を呈していない状態のこと。

介護の基本

表39 ▶ 内服薬の服薬介護のポイント

薬の用法（回数・時間）・用量を守る	・食前薬（食前20〜30分）、食直前薬（食事の直前）、食間薬（食後2〜3時間）、食後薬（食後20〜30分）、眠前薬（眠る20〜30分前）、起床時薬（起床時すぐ）
本人の了解を得る	・介護福祉職が医薬品の使用の介護ができる範囲を本人または家族等に伝え、本人または家族等による事前の具体的な依頼に基づき介護する。
本人確認をする	・本人の薬であることを最低3回は確認する（①配薬ボックスから薬を取り出すとき、②利用者の傍らに行ったとき、③薬袋を開けて口に入れる前）。 ・本人確認は、利用者の名前をフルネームでほかのスタッフにも聞こえるように呼ぶ。
一度に複数の利用者の介護をしない	・同じテーブルについている複数の利用者に服薬介護を行う場合、全員に同時に行うのではなく、一度の服薬介護は1人の利用者に行うことを常に意識する。
「水」か「ぬるま湯」で飲む	・「水」もしくは「ぬるま湯」で服用する。 ・ジュースは薬の効果の減少や副作用のおそれがあるので避ける。
服薬時の姿勢	・座位で嚥下時に顎を引く。 ・仰臥位では頭を上げる。 ・側臥位になる。
誤嚥を防ぐ	・嚥下状態に合わせてぬるま湯にトロミをつける。 ・飲みにくい薬はオブラートや服薬ゼリーを利用する。 ・錠剤などは薬を1つずつ舌に乗せ1つずつ服用する。 ・服用後口を開けてもらい、口腔内に薬が残っていないことを確認する。
薬の飲み忘れ等を防ぐ工夫	・多数の薬はチャック付きの小袋に入れてまとめる。 ・服薬ボックスや服薬カレンダーを活用する。 ・病院や薬局で内服薬を処方してもらう際に1つの袋にまとめて入れ一包化する。 ・服薬介護後の袋やヒート（錠剤を個別包装している容器）を捨てずに残しておいて服薬の確認を行う。
医薬品の誤使用	・誤使用が発生した場合は医療機関に連絡し、リスクマネジメントを行う。
観察・記録	・服薬後の状態変化を観察・記録する（薬ごとの禁忌や副作用を知っておくことが重要）。 ・変化があった場合には、すぐに医療関係者に連絡する。
医療関係者との連携	・医師、薬剤師は、利用者・家族、医療・介護スタッフからの情報を基に服薬状況を評価し、処方内容等の検討を行う。 ・お薬手帳等を活用し、医師、薬剤師、看護師等の医療スタッフとの連携と協働を図る。

表40 ▶ 薬剤耐性菌が発生する背景

抗菌薬の不適切な処方	・細菌感染症で投与された抗菌薬は、感染症の原因菌だけでなく、人の体内に生息している常在菌のうち抗菌薬が効く菌も死滅させ、抗菌薬が効かない菌（薬剤耐性菌）が生き残り増殖する。薬剤耐性菌が感染症を引き起こすと、治療が困難になる。 ・抗菌薬は細菌感染症の治療に使う薬で、普通の風邪などのウイルス感染症には効果がない。抗菌薬投与の必要性を十分に吟味する。
抗菌薬の不適切な服用	・抗菌薬を服用中に自己判断で薬の量を減らすと、薬の血中濃度が低くなり、細菌が完全に死滅せず、細菌が耐性を獲得しやすくなる。 ・服用を途中で止めてしまうと病原菌が体内に残り、感染症がぶり返すおそれがある。

319 薬剤耐性菌の**保菌者が感染症の症状を認めており**、咳や痰、膿尿、褥瘡、下痢など周囲に薬剤耐性菌を広げやすい状態が発生した場合は、**接触感染予防策**を行う。個室での療養、ケアや入浴順序を最後にするなど、可能な範囲で実施を検討する。

 32—26

320 介護施設でみられる主な薬剤耐性菌の特徴と、特に感染対策が必要なケアは、**表41**のとおりである。

表41 ▶ 主な薬剤耐性菌の特徴と特に感染対策が必要なケア

薬剤耐性菌	菌の種類	主な菌の存在部位	特に感染対策が必要なケア
MRSA（メチシリン耐性黄色ブドウ球菌）	黄色ブドウ球菌	鼻腔、口腔、皮膚	口腔ケア、清拭、気道吸引等
ESBL産生菌（基質特異性拡張型ベータラクタマーゼ） AmpC産生菌（AmpC型ラクタマーゼ） CRE（カルバペネム耐性腸内細菌科細菌）	腸内細菌科の菌（大腸菌等）	腸管（尿路）	おむつ交換、尿廃棄（尿道カテーテル留置）等
MDRP（多剤耐性緑膿菌）	緑膿菌	腸管（気道、尿路）	おむつ交換、気道吸引、尿廃棄（尿道カテーテル留置）等
MDRA（多剤耐性アシネトバクター）	アシネトバクター属	腸管、皮膚	おむつ交換、清拭等
VRE（バンコマイシン耐性腸球菌）	腸球菌	腸管	おむつ交換

資料：厚生労働省「高齢者介護施設における感染対策マニュアル 改訂版」2019年を一部改変

一問一答 ▶ P.116

介護の基本

⑨ 介護従事者の安全

介護従事者の心身の健康管理の重要性、燃え尽き症候群、うつ病、椎間板ヘルニア、腰痛、ボディメカニクスの原則、職場における腰痛予防対策指針、労働基準法、労働安全衛生法について理解する必要がある。女性労働者の婚姻・妊娠・出産等を理由とする不利益取り扱いの禁止や、介護休業制度は、育児休業制度とともに少子高齢社会の労働者の福祉に寄与する制度であり、内容を十分に理解しておきたい。

■ 介護従事者を守る法制度

● 労働基準法と労働安全衛生法

321 ▶ **労働基準法**は、労働条件の**最低基準**を示す法律であり、他人を1人でも使用する事業に適用される。労働契約、労働時間、休憩、休日・年次有給休暇、妊産婦等に対する就業制限・産前産後休業、安全および衛生、災害補償などについて定めている。

322 ▶ **労働安全衛生法**の目的は、**労働基準法**と相まって、労働災害の防止のための危害防止基準の確立、責任体制の明確化および自主的活動の促進の措置を講ずる等その防止に関する総合的計画的な対策を推進することにより、職場における労働者の安全と健康を確保するとともに、**快適な職場環境の形成**を促進することである。

323 ▶ **労働安全衛生法**では、事業者と労働者の責務が定められている（表42参照）。

表42 ▶ 労働安全衛生法における事業者と労働者の責務

事業者	単にこの法律で定める労働災害の防止のための最低基準を守るだけでなく、**快適な職場環境の実現と労働条件の改善**を通じて職場における労働者の安全と健康を確保するようにしなければならない。また、事業者は、**国が実施する労働災害の防止に関する施策に協力する**ようにしなければならない。
労働者	労働災害を防止するため必要な事項を守るほか、事業者その他の関係者が実施する**労働災害の防止に関する措置に協力する**ように努めなければならない。

102

324 労働安全衛生法では、安全衛生管理体制づくりを義務づけている。介護事業における安全衛生管理体制は、表43のとおりである。

表43 ▶ 介護事業における安全衛生管理体制

選任が定められているもの	労働者の数
総括安全衛生管理者	1000人以上
産業医	50人以上（1000人以上で専属配置）
衛生管理者	50人以上
衛生推進者	10人以上50人未満
衛生委員会	50人以上

325 2014（平成26）年の労働安全衛生法の改正により、労働者50人以上の事業場の事業者に**ストレスチェック制度**の実施が義務づけられた（施行は2015（平成27）年、50人未満の事業場は当面の間努力義務）。その目的は、「ストレス状況について気づきを促し、個人のメンタルヘルス不調のリスクを低減させる」ことにある。

326 事業者は、常時使用する労働者に対し、1年以内ごとに1回ストレスチェック検査を行わなければならない。

327 ストレスチェック制度の実施者は、医師、保健師のほか、厚生労働大臣が定める研修を修了した歯科医師、看護師、精神保健福祉士または公認心理師である。一般定期健康診断と異なり、労働者には検査を受ける義務はなく、結果について労働者本人の同意がない限り、事業者に労働者の個人結果に関する情報を通知することは禁止されている。

● 労働安全と環境整備（育休・介護休暇）

328 育児休業、介護休業等育児又は家族介護を行う労働者の福祉に関する法律（育児・介護休業法）は、育児や家族の介護を行う労働者を支援する目的で、**出生時育児休業（産後パパ育休）**、**育児休業**、**介護休業**、**子の看護休暇**、**介護休暇**について定めている（表44参照）。

329 育児・介護休業法は、対象労働者の**所定外労働の制限**、**時間外労働の制限**、**深夜業の制限**、**短時間勤務制度**などについても定めている（表45参照）。

表44 ▶ 出生時育児休業（産後パパ育休）、育児休業、介護休業、子の看護休暇、介護休暇

出生時育児休業 （産後パパ育休）	・夫が子の出生後 8 週間以内に、 4 週間まで取得可能 ・原則休業の 2 週間前までに申し出る ・初めにまとめて申し出れば、分割して 2 回取得可能 ・労使協定を締結している場合に限り、労働者が合意した範囲で休業中に就業することが可能
育児休業	・育児休業期間は、原則として子が 1 歳になるまでの期間であるが、最長で 2 歳まで延長ができる。 ・原則休業の 1 か月前までに申し出る。 ・子の出生後 8 週間から 1 歳になるまで、夫婦ともに分割して 2 回取得可能、 1 歳以降の育児休業も夫婦ともに分割して 2 回取得可能。 ・原則休業中の就業は不可。
介護休業	・ 2 週間以上要介護状態が続いている家族を介護するためのものである。 ・対象家族 1 人につき、 3 回を上限として通算93日まで取得できる。 ・対象家族は、配偶者、父母、子、配偶者の父母、祖父母、兄弟姉妹および孫である（別居の者も含む）。
子の看護休暇	・小学校就学前の子が病気やけがをした場合に、 1 人につき、 1 年に 5 日（子が 2 人以上の場合は10日）まで取得できる（時間単位※の取得が可能）。
介護休暇	・要介護状態にある対象家族の介護などの世話を行う場合に、 1 人につき、 1 年に 5 日（対象家族が 2 人以上の場合は10日）まで取得できる（時間単位※の取得が可能）。 ・世話には、「通院等の付添い」「介護サービスの提供を受けるために必要な手続きの代行」などが含まれる。

※ 2021（令和 3 ）年から、それまで半日単位とされていたものが時間単位での取得が可能となった。

表45 ▶ 所定外労働の制限、時間外労働の制限、深夜業の制限、短時間勤務制度

所定外労働の制限	・対象は「 3 歳に満たない子を養育する労働者」と「要介護状態にある対象家族を介護する労働者」である。
時間外労働の制限	・対象は「小学校就学前の子を養育する労働者」と「要介護状態にある対象家族を介護する労働者」である。
深夜業の制限	・対象は「小学校就学前の子を養育する労働者」と「要介護状態にある対象家族を介護する労働者」である。
短時間勤務制度	・対象は「 3 歳に満たない子を養育する労働者」と「要介護状態にある対象家族を介護する労働者」である。

330 2016（平成28）年の男女雇用機会均等法の改正により、**妊娠・出産・育児休業等を理由とする不利益取り扱い禁止**に加えて、**防止措置義務★**が新たに追加された。

331 2019（令和元）年に育児・介護休業法が改正され、職場における育児休業等に関するハラスメントの相談を行ったこと等を理由とする**不利益な取り扱いが禁止**された。

332 2021（令和3）年の育児・介護休業法の主な改正内容は、**表46**のとおりである。

表46 ▶ 2021（令和3）年の育児・介護休業法の主な改正内容

①男性の育児休業取得促進のための出生時育児休業（産後パパ育休）の創設
②育児休業を取得しやすい雇用環境整備及び妊娠・出産の申出をした労働者に対する個別の周知・意向確認の措置の義務付け
③育児休業の**分割取得**を可能とする
④育児休業の**取得状況の公表**の義務付け
　常時雇用する労働者数が1000人超の事業主に対し、育児休業の取得の状況に対して公表を義務付ける。
⑤有期雇用労働者の育児・介護休業取得要件の緩和
　「引き続き雇用された期間が1年以上」の要件を廃止し、無期雇用労働者と同様の取り扱いとする。

※①、③の施行日は、2022（令和4）年10月
　②、⑤の施行日は、2022（令和4）年4月
　④の施行日は、2023（令和5）年4月

● 労働者災害と予防

333 2021（令和3）年1月の介護保険の運営基準の改正により、すべての介護サービス事業者に、男女雇用機会均等法等におけるハラスメント対策に関する事業者の責務を踏まえた**適切なハラスメント対策**が求められた。

334 介護現場では利用者や家族等による**介護職員へのハラスメント**が数多く発生しており、介護職員の離職等を招いている。厚生労働省は、2018（平成30）年に介護現場におけるハラスメント（身体的暴力、精神的暴力、セクシャルハラスメント）に関する調査研究を行い、**介護現場におけるハラスメント対策マニュアル**を作成した。調査によると、利用者や家族等から、ハラスメントを受けたことがあると回答した介護職員の割合が50％を超えた。

 34—26

335 利用者・家族からのハラスメントについては、管理者・職員を含め、**表47**の①〜④の認識を共有することが重要である。

34—26

表47 ▶ 利用者・家族からのハラスメントについて必要な共通認識

①利用者や家族等からのハラスメントは職員個人の問題ではなく、施設・事業所およびこれを運営する法人の問題としてとらえること
②利用者や家族等からのハラスメントとそれが職員にもたらす影響について、管理者等が理解を深めること
③ハラスメントは介護職員への影響だけでなく、利用者自身の継続的で円滑な介護サービス利用の支障にもなり得ること
④①～③を理解したうえで対策や対応を学ぶこと

 34―26

336 介護現場におけるハラスメントについて事業者が具体的に取り組むべきことは、**表48**のとおりである。

表48 ▶ 介護現場におけるハラスメントについて事業者が取り組むべきこと

事業者自身の取り組み	・実態把握　・PDCAサイクルの応用 ・利用者や家族等に対する周知 ・相談しやすい職場づくり等
職員への対応	・研修の実施、充実　・職場内の話し合いの場の設置等
関係者との連携	・行政や多職種・関係機関との情報共有や対策の検討機会の確保等

337 2019（令和元）年6月に労働施策の総合的な推進並びに労働者の雇用の安定及び職業生活の充実等に関する法律（労働施策総合推進法）が改正され、**パワーハラスメント防止措置**が企業に義務づけられた。大企業は2020（令和2）年6月から義務化され、中小企業は2022（令和4）年3月までは努力義務で、同年4月から義務化された。

■ 介護従事者の心身の健康管理

● 心の健康管理（ストレスマネジメント、燃え尽き症候群、感情労働）

338 介護福祉職自身が健康な心身状態を維持することは、良質な介護を提供するために必要不可欠な条件となる。そのため、介護福祉職自身の健康管理が非常に重要な意味をもつ。

339 こころの健康とは、**表49**のような側面をもつ。

表49 ▶ こころの健康

①自分の感情に気づいて表現できる（情緒的健康）。
②状況に応じて適切に考え、現実的な問題解決ができる（知的健康）。
③他人や社会と建設的でよい関係を築ける（社会的健康）。

340 2022（令和4）年度に介護労働安定センターが介護福祉職を対象に行った全国調査における「**労働条件等の悩み、不安、不満等（複数回答）**」に対する回答結果は、**表50**のとおりである。

表50 ▶ 労働条件等の悩み、不安、不満等（複数回答）

順位	悩み、不安、不満等	割合（%）
1	人手が足りない	52.1
2	仕事内容のわりに賃金が低い	41.4
3	身体的負担が大きい（腰痛や体力に不安がある）	29.8
4	健康面（新型コロナウイルス等の感染症、怪我）の不安がある	29.0
5	業務に対する社会的評価が低い	27.7
6	精神的にきつい	26.8
7	有給休暇が取りにくい	26.2
8	休憩が取りにくい	22.6
9	夜間や深夜時間帯に何か起きるのではないかと不安がある	16.1

資料：介護労働安定センター「令和4年度介護労働実態調査」

341 2022（令和4）年度の「介護労働実態調査」によると、労働条件等の悩み、不安、不満等について、「人手が足りない」が52.1%で最も多く、次いで「仕事内容のわりに賃金が低い」が41.4%となっている。労働条件に関する悩みとしては、「賃金が低い」ことよりも、「人手が足りない」ことのほうが10ポイント以上上回っている。

342 介護従事者があまりにも熱心に仕事に取り組んでいると、**燃え尽き症候群（バーンアウト症候群）** に陥る可能性がある。利用者の主張がネガティブなものであるほど、介護従事者の精神的消耗が激しくなり、働く目標を失い、うつ状態、意欲の減退、ストレス性の身体症状、感情の枯渇、自己嫌悪、思いやりの喪失など、さまざまな徴候が現れる。

343 **燃え尽き症候群** への対処としては、職場環境（過重負担、役割葛藤など）の改善を図ると同時に、個人としても、自分の仕事のスタイルや生き方のスタイルを見直す必要がある。また、他者の悩みを聴くときには、自分と他者のスタンスを明確にして、共感しながらも一定の距離を保つことが大切である。

344 **「感情労働」** とは、「肉体労働」「頭脳労働」と並ぶ労働のカテゴリーの１つで、感情の抑制、緊張、忍耐といったコントロールが必要とされる労働を指す。介護は、頭脳労働と肉体労働の両方の要素と同時に感情労働の一種に分類される。

345 さまざまなストレスにより、憂うつ感や意欲低下、あるいは倦怠感や頭痛などの症状が２週間以上続く場合、うつ病が疑われる。うつ病による休業は長期にわたることがあり、また再発の多い病気である。

346 今後予想される多死社会において、終末期介護はますます重要なものとなる。初めての看取り体験が、喪失感、悲嘆、無力感などにつながることもある。周囲の対応としては、じっくりと本人の話を聴き、こころの整理ができるよう見守りが必要となる。

347 職場が取り組むストレス対策としては、介護福祉職が日頃から仕事で感じている不安や悩みを相談できる職場環境を整備することが大切である。そのためには話し合いや面談あるいはアンケート調査なども必要となる。

348 介護福祉職が個人で取り組むストレス対策としては、介護福祉職自身のストレスに対する対処能力を高めることが大切である（**表51**参照）。

表51 ▶ 介護福祉職のストレス対策

①睡眠時間を確保し、食事を1日3食とる

②ほっとできる時間、楽しい時間の確保

③軽い運動など、上手なストレス発散方法を身につける

④できなかったことに悩むより、できたことを評価する

⑤仕事に慣れれば、今より楽になる

⑥先輩や仲間などの支援をうまく活用する

⑦「愚痴」れる、相談できる、聞いてくれる人がいる

資料：介護福祉士養成講座編集委員会編『最新 介護福祉士養成講座④介護の基本Ⅱ（第2版）』中央法規出版、2022年、229頁

● 身体の健康管理（感染予防と対策、腰痛予防と対策など）

349 ▶ 厚生労働省は、介護分野における効果的な感染防止等の取り組み支援事業を行っている。事業内容は、①現場で感じた疑問等を随時相談できる窓口の設置、②感染対策のマニュアルの提供と専門家による研修等、③事業継続計画（BCP）の策定支援、④メンタルヘルス支援の4つである。

350 ▶ 2020（令和4）年の厚生労働省の労働災害統計によると、休業4日以上の労働災害は、新型コロナウイルス感染症による労働災害を除き、転倒や腰痛など、作業行動に起因する労働災害が大幅に増加している。

351 ▶ 転倒災害の7割以上は、50歳以上の労働者が占めており、高齢女性の転倒災害発生率は特に高い。更年期を迎えた女性の多くは、ホルモンバランスの影響などで骨密度や筋肉量の減少が著しく、転倒により骨折しやすい状況にある。転倒災害への対応としては、①転倒しにくい環境づくり、②転倒等リスクチェックの実施と結果を踏まえた運動プログラムの導入、③骨粗鬆症検査の受診の推奨などに取り組むことがある。

352 ▶ 腰痛災害が発生している事業所の多くが、社会福祉施設に集中している。その背景としては、①介護方法の改善が十分に行われておらず、持ち上げる介護が常態化している、②腰痛対策ガイドラインへの取り組みが不十分である、③コロナ禍による人員不足等の影響による業務量の増加、④多くの施設で教育研修の実施ができていないなどの要因が考えられる。

353 腰痛症は、医学的には特に原因となる病気がなく、X線撮影などを行っても異常がみられないのに腰部が痛むケースの総称である。悪い姿勢を長時間続けていることなどが原因で、筋肉が緊張し疲労が積み重なって起こると考えられている。

354 椎間板ヘルニアは、腰椎の椎骨と椎骨の間でクッションの役割をする椎間板に何らかの原因でひびが入り、椎間板の内部にある髄核の組織の一部が飛び出して、神経を圧迫し、症状として腰痛や臀部や脚にしびれや痛みがみられる。症状のある人は、神経への圧迫の強さ、仕事上の満足度の低さ、そして、うつ・不安・ストレスが要因となっている。無症状の人も多く、何の対策もとらなくても、臨床的には発症してから6か月前後で自然に消失することが多いとされている。

355 「また腰痛になるのでは」という不安や恐怖から過度に腰をかばってしまう**恐怖回避思考**は、腰痛の悪化につながりやすい。腰をかばい過ぎて体を動かさなくなると、腰痛が治りにくく、再発するリスクが高まる。この悪循環を断つためには、楽観的に痛みと向き合い、ウォーキングやストレッチなどの運動を行う。**腹筋や背筋の深部の筋肉（コアマッスル）を鍛える運動療法**は、腰痛の予防や再発防止のために有効とされる。

356 職場における**腰痛予防対策**には、ボディメカニクスの活用、長時間中腰姿勢をとらない、作業前の体操、福祉用具の活用などがある。介護福祉職の腰痛は、労働基準法による「業務上疾病の認定」の対象となる。

357 脊柱の生理的湾曲を支える筋肉は、背筋（伸筋）と腹筋（屈筋）である。腹筋の弱化は椎間板への負荷を増加させ、腰痛の原因となる。このため**腰痛予防体操**では、腹筋・腸腰筋の屈筋と、腰背筋・大臀筋の伸筋を強めるようにする。ただし、腰痛があるときには行わない。

358 **頸肩腕障害**★は、上肢や頸を使う作業により生じる手首、肘、肩、首などの痛みや炎症を主症状とする。最初はどこか1か所の痛みから始まったものが、無理を繰り返すと徐々に痛みの範囲が広がり、めまい、吐き気、手指のふるえ、うつ症状なども出現する。

359 **ボディメカニクスの原則**は、**表52**のとおりである。

360 厚生労働省は、腰痛予防のガイドラインを見直し、2013（平成25）年6月に**職場における腰痛予防対策指針**を改訂し公表した。職場における腰痛予防対策指針のポイントは**表53**のとおりである。

+α
ぷらすあるふぁ
腰痛と同様に業務上疾病の認定に該当するものもある。

表52 ▶ ボディメカニクスの原則

①支持基底面積*を広くとり、重心を低くする。
②介護者と利用者双方の重心を近づける。
③大きな筋群（腹筋、背筋、大腿筋など）を使い、水平に移動させる。
④利用者の身体を小さくまとめる。
⑤前方に「押す」よりも、手前に「引く」ようにする。
⑥介護者の重心移動で利用者を動かす。
⑦足先は身体を動かす方向に向け、身体の前屈やひねりを少なくする。
⑧肘や膝の位置を工夫して、てこの原理を応用する。

＋α
ぷらすあるふぁ
足を前後・左右に開くことで支持基底面積（身体を支える面積）を広げ、重心を低くする（膝を曲げて腰を低くする）と、身体は安定する。

表53 ▶ 職場における腰痛予防対策指針のポイント

介護作業の適応範囲	・福祉・医療分野等における介護・看護作業全般とする
原則として、人力による抱え上げは行わせない	・福祉用具を積極的に活用し、作業姿勢・動作の見直しを図る ・ベッドから車いすへの移乗にはリフトを活用する ・人力で抱え上げざるを得ない場合には、2人以上で作業する
人力によってのみ作業する重量物の取扱作業	・男性（満18歳以上）は体重のおおむね40％以下 　　例：体重60kgの男性が取り扱う重量　　60kg×0.4＝24kg ・女性（満18歳以上）は男性が取り扱う重量の60％程度までとする 　　例：体重60kgの女性が取り扱う重量　24kg×0.6＝14.4kg ＊女性労働基準規則 　　満18歳以上の女性で、断続作業*の場合30kg、継続作業*の場合20kg以上の重量物を取り扱うことが禁止されている
健康管理	・医師による腰痛の健康診断を実施し、その後は6か月以内に1回実施する ・腰痛予防体操（ストレッチを中心とした腰痛予防体操の実施） ・腰痛による休職者が職場に復帰する際の注意事項（産業医などの意見を聴き、必要な措置をとる）

資料：厚生労働省「職場における腰痛予防対策指針」をもとに作成

361▶ 腰痛予防対策のためには、**ノーリフティングポリシー**の考え方に基づき、利用者の移動・移乗に際しては、できるだけ抱え上げないように、**アームサポート、フットサポートが取りはずし可能な車いす**、スライディングボード、スライディングシート、持ち手つきベルト、**スタンディングマシーン**、リフトなどを利用して、利用者の力を引き出すと同時に介護福祉職の腰痛を防ぐように努める。

★断続作業
重量物を労働時間の3分の1程度以上取り扱う業務。

★継続作業
重量物を労働時間の半分程度以上取り扱う業務。

362 **福祉用具・介護ロボット実用化支援事業**は、2011（平成23）年より
厚生労働省がテクノエイド協会に委託・実施している介護ロボットの開
発・普及へ向けた事業である。

一問一答 ▶ P.116

 **実力チェック！一問一答**

※解答の □ は重要項目（P.30〜112）の番号です。

1 介護福祉の基本となる理念

問1 「2015年の高齢者介護〜高齢者の尊厳を支えるケアの確立に向けて〜」の基本理念は、「自立支援」と「尊厳の保持」である。　▶ ○ → ` 6 `

問2 「地域共生社会」と「地域包括ケアシステム」は、直接的な関連はない。　▶ × → ` 13 ` ` 14 `

問3 QOLは、「生活の質」などと訳され、生活者の満足感・安定感・幸福感を規定している諸要因の質をいう。　▶ ○ → ` 31 `

問4 施設に入所している高齢者や障害者には、ノーマライゼーションの考え方は適応しない。　▶ × → ` 32 `

2 介護福祉士の役割と機能

問5 「求められる介護福祉士像」では、介護ニーズの複雑化・多様化・高度化に対応し、本人や家族等のエンパワメントを重視した支援ができることが求められている。　▶ ○ → ` 39 `（表2）

問6 「吸引器にたまった汚水の廃棄や吸引器に入れる水の補充、吸引チューブ内を洗浄する目的で使用する水の補充を行うこと」は、医行為外業務である。　▶ ○ → ` 42 `（表4）

問7 社会福祉士及び介護福祉士法に規定されている義務規定は、「誠実義務」「信用失墜行為の禁止」「秘密保持義務」「連携」の4つである。　▶ × → ` 43 `（表5）

問8 介護福祉士は、業務独占の専門職である。　▶ × → ` 45 `

3 介護福祉士の倫理

問9 日本介護福祉士会倫理綱領では、利用者の真のニーズを受け止め、介護福祉士がそれを代弁する重要性を謳っている。　▶ ○ → ` 54 `（表8）

介護の基本

問10 身体拘束は、①切迫性、②非代替性、③一時性の３つの要件を満たした場合に、緊急やむを得ない場合として認められる。 ▶ ○ → 57

問11 緊急やむを得ず身体拘束を行う場合、利用者本人や家族に対し事前に説明してあれば、実際に身体拘束を行うときの本人への説明は省略できる。 ▶ × → 59

問12 事業所内で実施するカンファレンスに施設職員以外の者が同席する場合、情報の提供について利用者の同意を得る必要はない。 ▶ × → 68

4 自立に向けた介護

問13 利用者の不足する部分に着目し、それをサポートする支援のあり方をエンパワメントアプローチという。 ▶ × → 76

問14 ICF（国際生活機能分類）において、生活機能は、健康状態や背景因子と相互に作用する関係にある。 ▶ ○ → 81

問15 介護予防を目的としたレクリエーションでは、運動機能の向上とともに、日常生活の活性化が重要となる。 ▶ ○ → 91

問16 リハビリテーションは、人間としてふさわしい権利の状態に回復する全人間的復権を目指している。 ▶ ○ → 94

5 介護を必要とする人の理解

問17 「SOGIハラ」とは、相手の性的指向や性自認に関して行われる嫌がらせ、差別的言動をいう。 ▶ ○ → 111

問18 身体障害者マークは、肢体不自由者が条件付きで運転免許を付されている場合、運転する車に表示する義務がある。 ▶ × → 144 （図5）

問19 こども家庭庁では、ヤングケアラーの相互ネットワークを形成するため、地域ごとの当事者、支援者同士の相互交流を促す取り組みを支援している。 ▶ ○ → 147

問20 育児と親の介護、育児と配偶者の介護、親と配偶者の介護、両親同時の介護などの状態をダブルケアという。

▶ ○ → 149

6 介護を必要とする人の生活を支えるしくみ

問21 民生委員が児童委員を兼務することは、認められていない。

▶ × → 153

問22 地域包括支援センターには、保健師、社会福祉士、主任介護支援専門員が配置される。

▶ ○ → 160

問23 地域包括支援センターは、高齢者や障害のある人などを支援するために、高齢者虐待防止ネットワークや見守りネットワークなどの地域包括支援ネットワークの構築に努める。

▶ ○ → 161

問24 定期巡回・随時対応型訪問介護看護は、日中・夜間を通じて、訪問介護と訪問看護を一体的にまたはそれぞれが密接に連携しながら、定期巡回と随時の対応を行う。

▶ ○ → 202

問25 認知症対応型共同生活介護（グループホーム）は、地域密着型サービスの1つで、1ユニットの定員は10人以上15人以下である。

▶ × → 203

問26 小規模多機能型居宅介護の利用定員29人は全国一律に「従うべき基準」とされている。

▶ × → 204

問27 インフォーマルサービスとしての見守りは、共助の分類に入る。

▶ × → 210 ▶ 211 ▶
（表28）

7 協働する多職種の役割と機能

問28 サービス提供責任者が訪問介護計画を作成するときに、居宅サービス計画（ケアプラン）との整合性に配慮する必要はない。

▶ × → 218

問29 公認心理師と臨床心理士は、心理に関する支援を行う専門職であり、共に国家資格である。

▶ × → 242 ▶（表30）

8 介護における安全の確保とリスクマネジメント

問30 業務継続計画（BCP）は、災害の予防を目的にした業務の継続計画である。　　　　　　　　　　　　　　　　　　　　　　　　　▶ × → 250

問31 市町村から避難情報等（警戒レベル）3が発令された場合、気象状況が悪化している状態と受け止め、避難せずに様子をみる。　　　▶ × → 263

問32 事故発生を未然に防止することや、発生した事故を速やかに処理することにより、組織の損害を最小限に食い止めることを目的としたシステムをリスクマネジメントという。　　　　　　　　　　　　　　▶ ○ → 269

問33 災害時に開設される指定福祉避難所は、特定された要配慮者やその家族のみが避難する施設であることを公示できる。　　　　　　　▶ ○ → 274

問34 感染対策の3原則は、①感染源の排除、②感染経路の遮断、③宿主（ヒト）の抵抗力の向上である。　　　　　　　　　　　　　　　▶ ○ → 285

問35 新型コロナウイルス感染症の感染症法上の位置づけが「5類感染症」に変更となったため、密集・密接・密閉の「三密」の回避は不要になった。　　　　　　　　　　　　　　　　　　　　　　　　　▶ × → 298

問36 抗菌薬を服用中に症状が改善した場合、処方された薬が残っていても服用を中止してよい。　　　　　　　　　　　　　　　▶ × → 317 （表40）

9 介護従事者の安全

問37 労働基準法は、労働者の労働条件の望ましい基準を定めている。　▶ × → 321

問38 出生時育児休業（産後パパ育休）は、子の出生後8週間以内に、3週間まで取得可能である。　　　　　　　　　　　　　▶ × → 328 （表44）

問39 訪問介護で利用者宅を訪問時、利用者から暴言を吐かれたとしても、上司に報告する必要はない。　　　　　　　　　　　▶ × → 335 （表47）

問40 高齢女性の転倒災害発生率は特に高く、骨粗鬆症検査の受診が推奨される。　　　　　　　　　　　　　　　　　▶ ○ → 351

ワークブックの使い方

『過去問解説集』と『ワークブック』のダブル使い（細野さんの場合）

　書店に行くと、いっぱい受験参考書が並んでいて目移りします。そこで、昨年合格した友人の勧めに従い、受験対策として使ったのは、『過去問解説集』と『ワークブック』（テキストとして）の2冊。まずは3年分の過去問を解いて、間違えた部分やわからなかった部分は『ワークブック』で調べながら勉強しました。『ワークブック』には出題実績も載っているので、試験でどのように問われたのか確認しながら読むことで、覚えるポイントがしぼられ、効率よく勉強できました。

　とはいえ、仕事をしていると勉強する時間を確保するのも大変です。全科目をまんべんなく勉強することが理想ですが、得意科目と不得意科目があるので、自分のなかで、①何回も勉強しなければならない科目、②一通り目を通すだけでよい科目、③直前に詰め込む科目など、科目ごとにメリハリをつけて勉強しました。

　合格して気づいたのは、得意・不得意は思い込みも多いということです。あまり点数が取れない科目ほど、伸びしろがあることもわかりました。

3

人間関係とコミュニケーション

傾向と対策

傾向

　『人間関係とコミュニケーション』は、利用者との関係づくりと、チームマネジメントについて学習する科目である。

　第34回国家試験までは毎回2問出題されていたが、第35回より新カリキュラム対応となり、出題数が4問になった。新カリキュラムから出題基準に加えられた「チームマネジメント」からは、第35回では2問、第36回では3問出題されている。チーム運営に関する問題だけでなく、「組織と運営管理」や「人材の育成と管理」からも出題されており、今後も広い範囲から出題されることが予想される。

■ 出題基準と出題実績

出題基準		
大項目	中項目	小項目（例示）
1 人間関係の形成とコミュニケーションの基礎	1）人間関係と心理	・自己覚知、他者理解、自己開示、ラポール ・グループダイナミクス
	2）対人関係とコミュニケーション	・コミュニケーションの意義と目的 ・コミュニケーションの特徴と過程 ・コミュニケーションを促す環境 ・対人関係とストレス
	3）コミュニケーション技法の基礎	・言語的コミュニケーション ・非言語的コミュニケーション ・物理的距離、心理的距離（パーソナルスペース） ・受容、共感、傾聴 ・相談面接の基礎
2 チームマネジメント	1）介護サービスの特性	・ヒューマンサービスの特性 ・介護実践とマネジメント
	2）組織と運営管理	・組織の構造と管理 ・福祉サービス提供組織の機能と役割 ・コンプライアンスの遵守

対策

「人間関係の形成とコミュニケーションの基礎」では、受容や共感、自己覚知、自己開示、ラポールなどの概念や、バイステックの7原則について学び、介護福祉職の援助的態度として身につけることが大切である。基礎的な知識を踏まえて、具体的なコミュニケーションのあり方や利用者への対応について理解を深めておこう。また、介護福祉士には、介護の実践者としての役割だけでなく、介護福祉職チームのリーダーとしての役割も期待されている。そのため、「チームマネジメント」では、人材育成の取り組みや、組織の構造・運営管理などについて学ぶことが求められる。法令遵守（コンプライアンス）やPDCAサイクル、OJT、Off-JTなどの基本的な用語は、必ず覚えておこう。

出題実績				
第32回（2020年）	第33回（2021年）	第34回（2022年）	第35回（2023年）	第36回（2024年）
他者とのコミュニケーションを通した自己覚知【問題3】	人間関係における役割葛藤【問題3】	自己開示の目的【問題4】		
			問題焦点型コーピング【問題3】	
高齢者とのコミュニケーションにおける配慮【問題4】	言語メッセージと非言語メッセージ【問題4】	要介護者の家族への返答【問題3】	初対面の利用者への対応【問題4】	準言語を活用した対応【問題4】
				介護福祉職の精神的健康を守ることを目的とした組織的なマネジメント【問題5】 介護老人福祉施設における指揮命令系統を把握するために必要なもの【問題6】

出題基準		
大項目	中項目	小項目（例示）
	3）チーム運営の基本	・チームの機能と構成 ・リーダーシップ、フォロワーシップ ・リーダーの機能と役割 ・業務課題の発見と解決の過程（PDCAサイクルなど）
	4）人材の育成と管理	・OJT、Off-JT、SDS ・ティーチング、コーチング ・スーパービジョン、コンサルテーション

第32回（2020年）	第33回（2021年）	第34回（2022年）	第35回（2023年）	第36回（2024年）
			PDCAサイクル【問題5】	チームで情報を共有するための取り組み【問題3】
			OJT【問題6】	

人間関係とコミュニケーション

① 人間関係の形成と コミュニケーションの基礎

　利用者やその家族と良好な関係を形成するために不可欠な受容的・共感的態度や自己覚知について理解を深めておこう。援助関係を形成する際に有効とされるバイステックの7原則は、必ず覚えておく必要がある。コミュニケーションの技法の基礎については『コミュニケーション技術』の科目でも出題されるため、丁寧に学習しておこう。

■ 人間関係と心理

1 ▶受容とは、**相手の価値観を尊重し、あるがままに受け入れること**であり、先入観、印象に基づく判断や感情的なこだわりをもたないように努めなければならない。

2 ▶共感とは、相手の感情を**その人の立場になって**理解し、その感情に寄り添うことである。「気持ちをわかってもらえた」と相手に思われるような共感的な態度や声かけが大切である。

3 ▶利用者との関係を構築するためのコミュニケーションの基本として、利用者の生活史を尊重することが大切である。

4 ▶ラポールとは、互いに信頼し合い、心理的距離が縮まり、感情の交流を行うことができる状態をいう。ラポールを形成するためには、相手の感情に関心をもち、受容と共感の態度で接することが大切である。

5 ▶自己覚知とは、自己の思想や価値観、感情などについて、**客観的**に理解することをいう。介護福祉職が自身の価値観や感情等に左右されると、問題の状況を誤って判断してしまうこともあるため、自己覚知が必要となる。

TEST 36—78(コミ)

TEST 33—115(総合)
34— 3
36—74(コミ)
36—75(コミ)

TEST 32— 3
33—27(コミ)

6 ▶ 自分自身のこころ全体を窓枠として想定し、「自分が知っている」あるいは「知らない」を縦に、「他人が知っている」あるいは「知らない」を横に分割してできる４つの小さな窓（①開放部分、②盲点部分、③隠蔽部分、④未知部分）をジョハリの窓という（**図1**参照）。

T_ES_T 34─4

図1 ▶ **ジョハリの窓**

	自分が知っている	自分が知らない
他人が知っている	①開放部分	②盲点部分
他人が知らない	③隠蔽部分	④未知部分

資料：Adler, R. B. & Towne, N., *Looking Out/Looking In*, Holt, Rinehart and Winston, pp.38-40, 1981, 野村豊子訳

7 ▶ 自己開示とは、**良好な人間関係を築くために**、**自分自身のことについて相手に話すこと**をいう。初対面では自分から進んで自己紹介をすることが大切であるが、深い自己開示は相手の負担になることもあるため、タイミングを計りながら行う必要がある。

T_ES_T 34─4
35─4

8 ▶ **役割葛藤★**とは、複数の役割間の矛盾や対立から心理的緊張を感じることをいう。仕事と介護の両立のように、異なる行動様式が同時に要求される場合に葛藤が生じる。

T_ES_T 33─3

★**葛藤**
相反する欲求・感情により、いずれにするか迷うこと。

9 ▶ **バイステック**（Biestek, F. P.）は、利用者と援助関係を形成する際に有効な方法として、**表1**の**7原則**を提唱した。

10 ▶ 人の行動や考え方は集団によって影響を受け、また個人の行動や考え方も集団に影響を与えるという特性のことを**グループ・ダイナミクス（集団力学）**と呼ぶ。

表1 ▶ バイステックの7原則

①個別化	利用者を個人として尊重する
②意図的な感情表出	利用者の感情表現を大切にする
③統制された情緒的関与	援助者は自分の感情を自覚し吟味してかかわる
④受容	利用者をそのまま受け止める
⑤非審判的態度	利用者を一方的に非難しない
⑥自己決定	利用者の自己決定を促して尊重する
⑦秘密保持	秘密を保持して信頼感をつくり上げる

■ 対人関係とコミュニケーション

 34—28

11 ▶ **アサーティブ・コミュニケーション**とは、自分の考えや気持ちを率直に伝えると同時に、相手の意見や思いも大切にして応答しようとするコミュニケーションの方法である。アサーション、あるいはアサーティブネスとも呼ばれる。

 34—28

12 ▶ **ノン・アサーティブ・コミュニケーション**とは、自分の考えや気持ちを言わずに黙って我慢したり相手の言いなりになったりして、相手を優先しようとするコミュニケーションの方法である。

 34—28

13 ▶ **アグレッシブ・コミュニケーション**とは、自分の考えや気持ちを一方的に主張したり、相手に対して威嚇的な態度をとったりして、自分を優先しようとするコミュニケーションの方法である。

 35—3

14 ▶ **ストレス★**への対処行動のことを**コーピング**という。コーピングには、ストレッサー（ストレスの原因）にはたらきかける**問題焦点型コーピング**と、ストレス反応にはたらきかける**情動焦点型コーピング**がある。

15 ▶ **ソーシャル・サポート**とは、その人を取り巻く、家族、友人、同僚などから得られる支援のことである。適切なソーシャル・サポートには、ストレスを緩和する作用がある。

16 ▶ ソーシャル・サポートには、心理的な援助を意味する**情緒的サポート**のほか、物質的な援助を間接的に提供する**情報的サポート**と、直接的に提供する**道具的サポート**がある（**表2**参照）。

★ストレス
何らかの刺激によってこころやからだがゆがんだ状態を意味する言葉。こころやからだにかかる外部からの刺激をストレッサー、ストレッサーによって引き起こされる反応のことをストレス反応という。

表2 ▶ ソーシャル・サポート

分類	支援の例
情緒的サポート	共感、慰め、はげましなどの情緒面へのはたらきかけと、肯定的な評価やフィードバックなどの認知面へのはたらきかけ
情報的サポート	解決のために役立つ情報を提供する間接的なサポート
道具的サポート	解決のための実質的資源（経済・物質・技術など）を提供する直接的なサポート

資料：介護福祉士養成講座編集委員会編『最新 介護福祉士養成講座①人間の理解（第2版）』中央法規出版、2022年、120頁

■ コミュニケーション技法の基礎

17 ▶ **言語コミュニケーション**とは、言語を媒介とするコミュニケーションのことである。音声を用いて言語メッセージを伝える**話し言葉**（音声言語）や、音声を用いないで言語メッセージを伝える**書き言葉**（文字言語）、**手話**、五十音表などが含まれる。

18 ▶ **非言語コミュニケーション**とは、言語以外の手段によって行われるコミュニケーションのことである（**表3**参照）。

 36—4

19 ▶ **準言語**とは、言語メッセージを修飾する声のトーンや大きさ、話す速度などのことである。準言語は、非言語に分類される（**表3**参照）。

 36—4

20 ▶ 対人距離が**近すぎると緊張や不快感を与える可能性がある**。近づく必要のあるときは、事前に、「失礼します」「～をさせていただきます」などと声をかける配慮が大切である。

 32—4

21 ▶ 腕や足を組んだり、斜めに座ったりする姿勢は、利用者に**心理的な不快感**を与えやすい。また、いすに浅く座り、反り返るように背もたれによりかかる後傾姿勢は、だらしのない態度や横柄な態度として受け取られ、利用者によい印象を与えない。

 34—27(コミ)

22 ▶ 笑顔は、温かさや優しさなどの好意を伝える表情であるが、いらだちや怒りを抱えている利用者には真剣な表情で対応し、深い悲しみや苦しみの感情を抱いている利用者にはその**感情に寄り添う表情**で共感を示すことが大切である。

表3 ▶ 非言語コミュニケーションの行動分類

非言語コミュニケーション	安心・快行動	不安・不快・不満行動
対人距離	近寄る	離れる、避ける、（不安のため）近寄る
動作・態度	適切な姿勢、緩慢な動作、一定のリズム	同じ動作を繰り返す、姿勢が傾く、身体の強張り、防衛的態度、暴力的行動
表情	笑顔、穏やか	険しい、ゆがみ、強張り
視線	自然、穏やか、直視	避ける、上目がち、伏目がち、ぼうっとする、瞳孔の広がり
接触	触れる、抱きつく	避ける、嫌がる
準言語	流暢さ、一定の声の高さ・リズム	話に間がある、同じ言葉を何度も繰り返す、無言、強い語頭・語尾
触覚作用	適切な体温	震え、冷たさ、熱
嗅覚作用	香水、室内の香り	口臭・体臭（内臓疾患のサイン、入浴の有無等）、排泄サイン　など
人工物	服装、化粧等により装う	身なりを構わない

注：和田の非言語的コミュニケーションの行動分類（諸井克英・中村雅彦・和田実『親しさが伝わるコミュニケーション──出会い・深まり・別れ』金子書房、1999年、4〜7頁）を参考にまとめたもの
資料：介護福祉士養成講座編集委員会編『新・介護福祉士養成講座①人間の理解（第3版）』中央法規出版、2016年、181頁

23 利用者と接するときは、目の高さが同じになるように心がける。介護福祉職が立ったまま車いす上やベッド上の利用者に接すると、利用者を見下ろす目線となり威圧感や緊張感を与えやすい。

24 利用者との関係をつくる座り方として、利用者と向かい合って座る対面法ではなく、斜め45度の位置に座る直角法のほうが有効である（図2参照）。直角法で座ると自然なアイ・コンタクトが可能になり、ゆとりをもって会話を交わすことができる。対面法で座る場合には、視線を向けることのできる花瓶などを机の上に置くとよい。

25 利用者の身体への接触は、共感やいたわりを表現する。乱暴に触れたり、むやみに触れると不快感を与えてしまうこともあるため、利用者の気持ちを確かめながら慎重に行うことが大切である。

図2 ▶ **対面法と直角法**

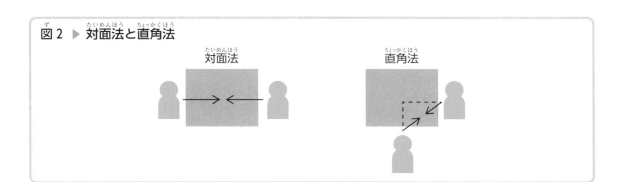

対面法　　　　　　　　直角法

26 ▶ **身だしなみ**とは、他人に不快な感じを与えないように身なりを整えることである。清潔感のある**身だしなみ**によって、衛生に留意していることを伝える。相手に対する敬意を表すものでもあるため、介護福祉職の**身だしなみは利用者や家族との関係づくりに影響する**こともある。

27 ▶ **高齢者とのコミュニケーションにおける配慮**として、相手と同じ目線で話す、相手と視線が合わせられる位置で話す、相手の表情が見える明るい場所で話す、静かな場所で話すなどが大切である。

32―4

28 ▶ 認知症や失語症、知的障害のある人のように、表現力が低下している場合や、言語コミュニケーションが可能な利用者であっても素直に真意を表現できない場合には、**非言語コミュニケーション**を含めて理解する必要がある。

33―4
35―77(コミ)

29 ▶ 言語メッセージと同じ内容を非言語メッセージが**強調**する（例えば「大丈夫」と安心した表情で言う）こともあれば、言語メッセージと**矛盾**する内容を非言語メッセージが伝える（例えば「大丈夫」と不安な表情で言う）こともある。

33―4

一問一答 ▶ P.134

チームマネジメント

リーダーとフォロワー、PDCAサイクル、OJT、Off-JT、スーパービジョンなどの用語の学習を中心に、介護の実践におけるチームマネジメントの基本を理解しよう。

■ 介護サービスの特性

30 ▶ 福祉や保健、医療、教育、相談などの「人が人に対して行うサービス」を**ヒューマンサービス**という。介護サービスもヒューマンサービスに含まれる。

31 ▶ ヒューマンサービスでは、サービスを受ける側と提供する側の**相互関係**が重視され、高い**倫理**や**専門性**が求められる。

32 ▶ ヒューマンサービスでは、障害や疾病、特定のニーズや専門分野だけをみるのではなく、人としての**全体をとらえる視点**をもつことが特徴である。そのため、自らの専門分野としての業務に加えて、**連携**や**協働**という役割を担うことが求められる。

33 ▶ **チームマネジメント**とは、チームが行動するために必要な目標を設定し、目標達成のためにさまざまな資源を効率的に活用するしくみを整えるはたらきのことをいう。

■ 組織と運営管理

34 ▶ 法人組織の**構造**は、経営・管理部門、中間管理部門、現場部門の3つに大きく分かれている。事業の経営と管理について責任をもつ経営・管理部門と、介護サービスに直接かかわる現場部門を円滑につなぐのが中間管理部門である（**図3**参照）。

35 ▶ **組織**★にはそれぞれの部門に**機能**と**役割**があり、全体が**指揮命令系統**でつながっている。各部門がこの機能と役割に責任をもつことで、質の高い介護サービスの提供が実現する（**図3**参照）。

★組織
一定の共通目標を達成するために、物や人などで形づくられる集まり。集団は目的がない集まり、組織は目的がある集まりといえる。

図3 ▶ 組織の機能と役割

質の高い介護サービスは組織と無関係に存在しない

質の高い
介護サービス

（介護サービスを支える組織の階層構造）

介護福祉職の
実践力の向上 ｝（現場部門）

人間関係づくり
教育・研修体制づくり

事業計画の作成・共有 ｝（中間管理部門）

理念や運営方針の作成・共有

法令遵守・健全な組織運営 ｝（経営・管理部門）

経営基盤の安定

（介護サービスを支える組織の機能と役割）

資料：介護福祉士養成講座編集委員会編『最新 介護福祉士養成講座①人間の理解（第2版）』中央法規出版、2022年、261頁

36 組織全体の指揮命令系統を目に見える形で示したものが組織図である。組織図には、組織が関与している全ての事業や部門、職位が記載されている。

 36—6

37 組織では**労務管理**として、勤怠管理や賃金の管理、安全衛生管理（健康管理、メンタルヘルスの管理）、ハラスメント防止など、職員が働くうえでの管理が行われている。

 36—5

38 介護サービスを運営する法人・事業所には、法令遵守（コンプライアンス）や、透明性のある健全な運営が求められる。法令遵守とは、法人・事業所の規則やルールを守ることを意味する。

■ チーム運営の基本

39 チームの構成員には、チームをまとめる立場にあるリーダーと、リーダーからの指示や影響を受けて行動するフォロワーが存在する。

40 チームの力を最大化するには、メンバー同士の連携や協働によって相乗効果を生み出すことが重要である。

41 チームにおいて、リーダーが発揮すべき意識や行動のことをリーダーシップといい、フォロワーがリーダーを支える機能のことをフォロワーシップという。

42 リーダーの役割は、チームをまとめ、目標へ導くことである。リーダーには、目標やルールをチーム内で共有・徹底すること、メンバーを支えて育成すること、自ら率先して行動することなどが求められる。

35—5

43 組織の大きな役割は、事業計画を作成して、その事業計画をPDCAサイクルで実践することである。**PDCAサイクル**とは、計画（Plan）、実行（Do）、評価（Check）、改善（Action）を繰り返すことによって、業務を継続的に改善する手法のことをいう。

36—3

44 チーム全員で情報を共有するためには、**集団凝集性**を高める取り組みが必要である。集団凝集性とは、メンバーを自発的に集団に留まらせる力のことであり、チームのまとまりに影響を与える。

■ 人材の育成と管理

35—6

45 **OJT**（on-the-job training）とは、仕事を通した訓練・学びのことである。上司・先輩が部下・後輩に対して、日常業務を通して実務上の知識や技術を伝達する指導教育のこという。（**表4**参照）。

46 OJTには、日常的な機会をとらえて行う**日常指導**と、意図的・計画的に場面を設けて行う**計画指導**がある。

47 OJTの方法には、リーダーが指示や助言を通して、スタッフに必要な知識や技術、仕事のやり方などを教える**ティーチング**と、リーダーが質問をすることで、スタッフに考える機会を提供し、答えを引き出していく**コーチング**がある。

35—6

48 **Off-JT**（off-the-job training）とは、仕事を離れての訓練・学びのことである。職場内で行われる勉強会や研修と、職場外で行われる外部研修がある（**表4**参照）。

★スーパービジョン

スーパービジョンにおいて、指導する側をスーパーバイザー、指導を受ける側をスーパーバイジーと呼ぶ。

49 **スーパービジョン★**とは、職場内外の指導関係をもとに定期的に面接や指導訓練を行うことで、対人援助の実践に必要な技術の習得や能力の開発のサポートを行うことをいう。スーパービジョンには、**教育的機能**、**管理的機能**、**支持的機能**の3つがある（**表5**参照）。

35—6

50 **コンサルテーション**とは、専門的な相談、助言・指導やその過程のことをいう。特定の領域の専門家などの異業種によるかかわりが多い。

表4 ▶ 介護現場における、OJTとOff-JTの長所と短所

タイプ	長所	短所
OJT on-the-job training (仕事を通した訓練・学び)	○学びと仕事のずれが少ない ○チームの人間関係づくりが進む ○指導される側だけでなく、指導する側や、チーム全体への教育的効果も見込める	○指導者の負担が大きい ○指導者によって内容に差が出る ○業務に合わせるので、体系的になりにくい
Off-JT off-the-job training (仕事を離れての訓練・学び)	○知識の整理や土台づくり、現場にない新しい取り組みに向く ○学びのメニューが豊富でタイミングも選ぶことができる	○費用や時間がかかる ○実践とのずれが生じやすい ○効果が出るまで時間がかかる

資料：介護福祉士養成講座編集委員会編『最新 介護福祉士養成講座①人間の理解（第2版）』中央法規出版、2022年、197頁

表5 ▶ スーパービジョンの機能

機能	ねらい・視点
教育的機能	介護を実践するために必要な、知識や技術についての不足や課題を発見し、スーパーバイザーである指導者とともに課題解決に向けていっしょに考えていく。
管理的機能	職務や職責などに応じた役割を理解し、業務を、みずからが主体的に計画・実行・評価していく。
支持的機能	みずからの課題や疑問をスーパーバイザーに共有してもらうことで、介護実践のなかで発生、経験するさまざまな不安や葛藤を軽減・解消していく。

資料：介護福祉士養成講座編集委員会編『最新 介護福祉士養成講座①人間の理解（第2版）』中央法規出版、2022年、241頁

51 ▶ SDS（セルフ・ディベロップメント・システム）とは、個人の学習を支援するために自己啓発・自己研鑽を組織的に支える体制を整備することをいう。

35—6

一問一答 ▶ P.135

※解答の■■は重要項目（P.124〜133）の番号です。

1 人間関係の形成とコミュニケーションの基礎

問1 相手の価値観を尊重し、あるがままに受け入れることを受容という。　▶ ○ → 1

問2 相手の感情をその人の立場になって理解し、その感情に寄り添うことを共感という。　▶ ○ → 2

問3 ラポールとは、互いに信頼し合い、心理的距離が縮まり、感情の交流を行うことができる状態をいう。　▶ ○ → 4

問4 自己開示とは、良好な人間関係を築くために、自分自身のことについて相手に話すことである。　▶ ○ → 7

問5 バイステック（Biestek, F. P.）の7原則の1つである「意図的な感情表出」とは、援助者が意図的に感情表現することをいう。　▶ × → 9 （表1）

問6 アサーティブ・コミュニケーションとは、自分の考えや気持ちを一方的に主張するコミュニケーションの方法である。　▶ × → 11 13

問7 ストレッサー（ストレスの原因）にはたらきかけてストレスに対処しようとする行動のことを、情動焦点型コーピングという。　▶ × → 14

問8 手話は、非言語コミュニケーションに含まれる。　▶ × → 17 18

問9 声のトーンや大きさ、話す速度などを準言語と呼ぶ。　▶ ○ → 19

問10 腕や足を組んだり、斜めに座ったりする姿勢は、利用者に心理的な不快感を与えやすい。　▶ ○ → 21

問11 利用者との関係をつくる座り方として、直角法より対面法のほうが有効である。　▶ × → 24

問12 利用者の身体への接触は、利用者の気持ちを確かめながら慎重に行う。　▶ ○ → 25

問13 介護福祉職の身だしなみが、利用者や家族との関係づくりに影響することはない。　▶ × → 26

問14 高齢者とのコミュニケーションにおける配慮として、相手の表情があまり見えない薄暗い場所で話すとよい。　▶ × → 27

2 チームマネジメント

問15 「人が人に対して行うサービス」をヒューマンサービスといい、介護サービスもヒューマンサービスに含まれる。　▶ ○ → 30

問16 組織図とは、組織の歴史を目に見える形で示したものである。　▶ × → 36

問17 法令遵守（コンプライアンス）とは、法人・事業所の規則やルールを守ることを意味する。　▶ ○ → 38

問18 リーダーの役割には、メンバーを支えて育成することは含まれない。　▶ × → 42

問19 PDCAサイクルとは、計画（Plan）、実行（Do）、評価（Check）、改善（Action）を繰り返すことによって、業務を継続的に改善する手法のことである。　▶ ○ → 43

問20 OJT（on-the-job training）とは、特定の領域の専門家などに相談や助言を求めることをいう。　▶ × → 45 50

人間関係とコミュニケーション

135

4

コミュニケーション技術

傾向と対策

傾向

『コミュニケーション技術』は、援助関係におけるコミュニケーションの基本と、コミュニケーション技術の具体的な活用について学習する科目である。介護福祉士は、利用者や家族と信頼関係を形成するためのコミュニケーションや、利用者の特性に応じて適切にはたらきかける技術が求められる。また、介護業務を円滑に進めるうえで、報告、会議、記録などによる職場でのコミュニケーションも不可欠である。

第34回国家試験までは毎回8問出題されていたが、第35回より新カリキュラム対応となり、出題数が6問になった。第36回は6問のうち4問が、利用者の状況・状態に応じて適切な対応や言葉かけを選ぶ短文事例問題であった。そのほか、家族との信頼関係の構築を目的としたコミュニケーションと、事例検討の目的に関する問題が出題されている。

■ 出題基準と出題実績

出題基準		
大項目	中項目	小項目（例示）
1 介護を必要とする人とのコミュニケーション	1）介護を必要とする人とのコミュニケーションの目的	・信頼関係の構築 ・共感的理解
	2）コミュニケーションの実際	・話を聴く技術 ・感情を察する技術 ・意欲を引き出す技術 ・意向の表出を支援する技術 ・納得と同意を得る技術
2 介護場面における家族とのコミュニケーション	1）家族とのコミュニケーションの目的	・信頼に基づく協力関係の構築 ・家族の意向の表出と気持ちの理解

利用者やその家族とのコミュニケーションについては、良好な関係を形成するために必要とされるコミュニケーション技術や、信頼関係を形成するための留意点について丁寧に学習しておく必要がある。障害の特性に応じたコミュニケーションについては、コミュニケーション障害（構音障害や失語症など）の特徴や、感覚機能障害（視覚障害や聴覚障害など）のある人へのコミュニケーション支援、認知症のある人や精神障害のある人への具体的な対応を整理しておくとよい。

また、介護におけるチームのコミュニケーションでは、報告、会議、記録などの適切かつ効果的な方法を確認しておこう。個人情報の保護に関する法律（個人情報保護法）や、ICT（情報通信技術）の発達に伴う情報管理の留意点についても、学習しておくことが望ましい。

コミュニケーション技術

出題実績				
第32回（2020年）	第33回（2021年）	第34回（2022年）	第35回（2023年）	第36回（2024年）
	信頼関係を形成するためのコミュニケーション技術【問題27】	利用者とコミュニケーションをとるときの基本的な態度【問題27】 共感的理解を示す対応【問題29】		
直面化の技法【問題27】 意欲が低下した人とのコミュニケーションの基本【問題28】		アサーティブ・コミュニケーション【問題28】	閉じられた質問【問題74】	非言語コミュニケーションを用いた対応【問題74】
利用者を叱った家族への対応【問題32】	初対面の家族と関係を構築するための対応【問題28】	利用者の家族への対応【問題32】	利用者の家族と信頼関係を形成するための留意点【問題75】	利用者の家族との信頼関係の構築を目的としたコミュニケーション【問題75】

大項目	中項目	小項目（例示）
	2）家族とのコミュニケーションの実際	・情報共有 ・話を聴く技術 ・本人と家族の意向を調整する技術
3 障害の特性に応じたコミュニケーション	1）障害の特性に応じたコミュニケーションの実際	・視覚障害のある人とのコミュニケーション ・聴覚・言語障害のある人とのコミュニケーション ・認知・知的障害のある人とのコミュニケーション ・精神障害のある人とのコミュニケーション
4 介護におけるチームのコミュニケーション	1）チームのコミュニケーションの目的	・介護職チーム内のコミュニケーション ・多職種チームとのコミュニケーション ・情報発信と共有
	2）チームのコミュニケーションの実際	・報告・連絡・相談の意義と目的、方法、留意点 ・説明の技術（資料作成、プレゼンテーションなど） ・会議の意義と目的、種類、方法、留意点 ・介護記録の意義と目的、種類、方法、留意点 ・情報の活用と管理（ICTの活用・記録の管理の留意点など）

第32回（2020年）	第33回（2021年）	第34回（2022年）	第35回（2023年）	第36回（2024年）
	共感的な言葉かけ【問題29】 発言の背景にある理由を知るためのコミュニケーション【問題30】 利用者と家族の意向を調整するときの留意点【問題31】			
構音障害のある人とのコミュニケーション【問題29】 視覚障害者とのコミュニケーション【問題30】 知的障害を伴う自閉症のある人への言葉かけ【問題31】 認知症のある人への対応【問題33】	運動性失語症のある人とのコミュニケーション【問題32】	全盲の利用者の不安な気持ちを軽くするための対応【問題30】 高次脳機能障害の利用者とコミュニケーションをとるための方法【問題31】	老人性難聴のある人とのコミュニケーションの方法【問題76】 重度のアルツハイマー型認知症のある人とのコミュニケーションをとるための対応【問題77】	言語に障害がある利用者への対応【問題76】 抑うつ状態にある利用者への言葉かけ【問題77】 網膜色素変性症による夜盲がある利用者への受容的な対応【問題78】
			勤務交代時の申し送りの目的【問題78】	事例検討の目的【問題79】
客観的事実を表す介護記録【問題34】	介護記録を書くときの留意点【問題33】 報告の聞き手の留意点【問題34】	苦情があったときの上司への報告【問題33】 利用者の自宅で行うケアカンファレンス【問題34】	ケアカンファレンスでの報告の仕方【問題79】	

コミュニケーション技術

1 介護を必要とする人との コミュニケーション

　基本的なコミュニケーション技法について、その目的や効果を理解し、具体的な活用方法を学習しておこう。

■ 介護を必要とする人との コミュニケーションの目的

1 介護におけるコミュニケーションの目的は、意図的で効果的なコミュニケーション技術を用いることで、利用者が望むよりよい生活とQOL（生活の質）の向上を図ることである。

2 コミュニケーションの手段は、①言語を用いる言語コミュニケーション、②言語を用いない非言語コミュニケーション、③言語そのものではないが、言語メッセージを修飾する準言語コミュニケーションの3つに分けられる（表1参照）。

36—4（関係）
36—74

表1 ▶ コミュニケーションの手段

言語コミュニケーション	話し言葉（音声言語）、書き言葉（文字言語）、手話、五十音表
非言語コミュニケーション	表情、視線・目線、動作、姿勢、握手やタッチングなどの接触行動、距離、服装など
準言語コミュニケーション	声のトーンや大きさ、話す速度など

■ コミュニケーションの実際

3 ▶ **傾聴**とは、相手の話を受け身的に聞くのではなく、相手が抱いている感情を推察しながら聴くことである。相手の言葉を妨げないで、熱心に聴くことが求められる。

4 ▶ 傾聴するときは、**表2**の**傾聴技法**を活用することが必要である。

32―27
34―119(総合)

表2 ▶ **主な傾聴技法**

技法	特徴・例
繰り返し （オウム返し）	相手が話す言葉の一部（事実関係、事柄など）をそのままの言葉で繰り返す。 例：「昨日から痛みがあったのですね」
言い換え	相手の話から感じとったことや理解したことを、聴き手の言葉で返す。 例：「それは食欲がなかったということですね」
反射 （感情の反射）	相手の言葉や非言語的表現に込められている感情を、鏡に映すように相手に伝える。 例：「とても驚かれたのですね」
明確化	相手が言いたいと思っていることを聴き手が言語化する。 例：「それは○○ということでしょうか」
焦点化	相手の話のなかで重要な内容に焦点を合わせる。 例：「……について、詳しくお話しください」
要約	相手の話を整理して、短い言葉で返す。 例：「ここまでのお話を整理すると、……」
質問	相手の話の内容を掘り下げたり、聴き手が内容を深く理解したりするために尋ねる。 例：「それについて、どのようにお考えですか」
直面化	相手の感情と行動の矛盾点などについて指摘し、相手が自身の葛藤や抑制している気持ちと向き合う機会を提供する。 例：「大丈夫とおっしゃっていましたが、無理をされていませんか」

5 ▶ うなずきやあいづちには、相手の話を促す効果がある。**ゆっくりと丁寧に**うなずくと、落ち着いた印象を表現することができる。

32―27

コミュニケーション技術

143

TEST 34—27

6 利用者とコミュニケーションをとるときは、上半身を少し相手のほうへ傾けた姿勢で話を聞くと、介護福祉職が関心をもって傾聴していることが相手に伝わり、コミュニケーションが促進される。

TEST 33—29
34—29
36—74

7 共感的理解を示す方法には、相手の感情を推し測り、その感情を言葉で表現して伝える方法のほか、顔の表情やうなずきなどの非言語コミュニケーションや、声のトーンや話す速度などの準言語コミュニケーションを用いる方法がある。

TEST 32—27
33—30
35—74

8 閉じられた質問(クローズド・クエスチョン)とは、「はい」「いいえ」で答えられる質問、または「AかBか」のどちらかを選んで答えられる質問である。開かれた質問(オープン・クエスチョン)は、回答の範囲を限定せずに、相手が自由に答えられる質問であり、自分自身の考えや気持ち、自分が選んだ結論などを話すことを促す。

★ストレングス
「強さ」と訳される。人が潜在的に有する能力・意欲・関心などを意味する。

9 閉じられた質問を多く用いると、利用者の意向を制限してしまい、利用者の世界を狭めてしまう。開かれた質問で利用者の世界を広げながら、閉じられた質問で話の内容を確認したり、答えを特定したりするなど、適切に組み合わせることが大切である。

TEST 32—31

10 「なぜ?」や「どうして?」という質問は、相手を防衛的にしたり、質問者の意向に添うような答えを探させてしまうことがある。対人援助の場では、ほかの質問の方法を用いることが望ましい。

★転移
利用者が、過去の重要な人物に対する感情や行動を、無意識的に介護福祉職に向けること。

11 相手が沈黙しているときには、さまざまな理由が考えられる。緊張している場合や話すことを整理している場合などは、次々と話しかけるより、相手の言葉を黙って待つことが大切である。

TEST 32—2(尊厳)
32—28
35—49(障害)

12 意欲が低下した人とのコミュニケーションでは、意欲低下の背景を考えることが基本である。そのうえで、①共感する、②人間関係を活用する、③自己決定を尊重する、④ストレングス★を活かすなどが大切である。

TEST 33—73(発達)

13 意欲が低下した人への動機づけでは、本人が具体的に何をすべきかがわかると、動機づけが強まる。

★逆転移
介護福祉職が、自己の過去の重要な人物に対する感情や行動を、無意識的に利用者に向けること。

14 利用者や家族とのコミュニケーションにおいて、転移★あるいは逆転移★が起こることがある。利用者が、自分の息子に似ている介護福祉職のことを常に気にかけたりするのは転移の例である。それとは逆に、亡くなった祖母と似ている利用者に介護福祉職が頻繁にかかわるのは逆転移の例と考えられる。

一問一答 ▶ P.159

② 介護場面における 家族とのコミュニケーション

利用者・家族へのかかわりの基本となる受容や共感などの態度について理解を深めよう。利用者の家族との関係づくりについてはよく問われるので押さえておこう。

■ 家族とのコミュニケーションの目的

15▶ 初対面の家族との**関係づくり**や**相互理解**を目的としたコミュニケーションでは、相手のペースに合わせて、表情を確認しながら話すことが大切である。

 33—28

16▶ 家族との信頼関係の構築を目的としたコミュニケーションでは、家族から介護の体験を共感的に聴くことが大切である。

 36—75

17▶ 介護福祉職は、介護を全面的に任せてもらうのではなく、家族の介護に対する意向を質問したり、確認したりしておくことが重要である（表3参照）。

34—32
35—75

表3 ▶ 家族の意向の確認内容

・利用者に対してどのような介護をしていきたいと思っているのか
・介護を受けることで利用者にどうなってほしいか
・自分は今後どのような生活を送っていきたいと考えているのか
・介護を続けていったその先にどんな将来を考えているのか
・自分の人生において、介護をどのように位置づけようとしているのか

資料：介護福祉士養成講座編集委員会編『最新 介護福祉士養成講座⑤コミュニケーション技術（第2版）』中央法規出版、2022年、172頁

18▶ 家族に意向の表出を促すためには、これまでの介護を**ねぎらい★**、家族の努力を**肯定的に認める**ことが大切である。受容・共感・傾聴というコミュニケーションの基本を徹底し、家族に寄り添う姿勢が求められる。

 34—32

★ねぎらう
介護などの行為に対し、感謝の気持ちなどを伝えること。

■ 家族とのコミュニケーションの実際

 35—75

19 介護福祉職は、**家族と話し合いの機会**を丁寧にもち、利用者本人の
よりよい生活の実現という同じ目標を共有するとともに、そのために必
要な情報を共有することが求められる。

 35—75

20 家族と話し合うときは、家族が安心して本音を語ることができるよ
うに、場面設定に十分に配慮することが大切である。

32—32

21 **家族に対して助言や指導を行う場合**は、家族のやり方をすぐに否定
したり、訂正したりするのではなく、家族の考えや方法を尊重しなが
ら、よりよい方法を見出していくことが大切である。

33—31
35—75

22 利用者と家族の意向が異なる場合、常にどちらかを優先させるので
はなく、できる限り両者の意向を調整することが大切であり、**表4**のよ
うな支援を行う必要がある。

表4 ▶ 意向調整のプロセス

①利用者と家族それぞれの意向について個別に把握し尊重する
②自分自身の意向を言語化できるよう支援する
③両者がお互いの意向を表明できるきっかけと場をつくる
④必要に応じて介護福祉職がそれぞれの意向を代弁する
⑤両者の共通点または妥協点を探って確認する
⑥話し合いの結果の再確認を行う

資料：介護福祉士養成講座編集委員会編『最新 介護福祉士養成講座⑤コミュニケーション技術（第
2版）』中央法規出版、2022年、179頁

一問一答 ▶ P.159

3 障害の特性に応じたコミュニケーション

これまでに出題の多かった構音障害や失語症などのコミュニケーション障害の特徴や、視覚障害や聴覚障害などの感覚機能障害のある人へのコミュニケーション支援、認知症のある人や精神障害のある人への具体的な対応と留意点を整理しておこう。

■ 障害の特性に応じたコミュニケーションの実際

23 ▶ 視覚障害のある人へのコミュニケーション支援における、基本的なポイントは表5のとおりである。

TEST 32—30　34—30

表5 ▶ 視覚障害のある人へのコミュニケーション支援

①トイレなどのよく使う場所へは、何回か一緒に歩いて行き方を覚えてもらう
②物の位置や方向を示すときは、「あっち」「こちら」などの指示語ではなく、「正面」「右」などの具体的な表現や、時計の文字盤をイメージして「4時の方向に」などの表現で伝える
③点字や音声言語など、その人に合わせたコミュニケーション手段を使用する
④依頼されたら、代読（代わりに読むこと）や代筆（代わりに書くこと）をする
⑤声をかけるときは、その人の名前を呼んでから自分の名前と用件を伝える
⑥会話をやめるときは黙ってその場を離れるのではなく、ひと声かける

24 ▶ 視覚障害のある人にあいさつするときに、いきなり身体に触れたり、後ろから声をかけたりすると驚かせてしまい危険である。その人の名前を呼んで、正面から声をかけることが大切である。

TEST 32—30　34—30

25 ▶ 視覚障害のある人を誘導するときに声かけが少ないと、状況を理解することができず不安にさせてしまうことがある。その時々の状況を理解することができるように、タイミングよく具体的に声かけをしながら誘導することが必要である。

TEST 32—30　34—30

26 ▶ 聴覚障害のある人とのコミュニケーションのポイントには、本人が理解できるコミュニケーション手段を把握する、目で見てわかる伝達方法（手話、指文字、読話、筆談、空書など（**表6**参照））を用いるなどがある。

表6 ▶ **聴覚障害のある人とのコミュニケーション手段**

名称	内容・留意点
手話	・手の形、位置、動きで視覚的に会話する。
指文字	・手の形を文字言語に対応させて視覚的に会話する。 ・五十音や数字に対応しており、手話で表現が困難な人名・地名などを表現する。
読話	・話し手の口唇の動きを見て会話の内容を理解する。 ・話し手との距離は1〜1.5mくらい。
筆談	・会話の内容を紙等に書いてもらい理解する。 ・**中途失聴者**とのコミュニケーションに有効。 ・キーワードを活用して内容を伝達する。 ・乱暴な字は利用者の自尊心を傷つけることがある。
空書	・文字を空中に書いてもらい会話を理解する。 ・文字はゆっくり大きく書く。

 35—76

27 ▶ 難聴の人とのコミュニケーションのポイントには、正面で向き合って話しかける、表情が見えるように話す、話し手の口元に注目するように促す、口の動きがわかるようにはっきり、ゆっくり話す、通じにくい場合はほかの言葉で言い換える、ジェスチャーをつけるなどがある。

 35—76

28 ▶ **老人性難聴（加齢性難聴）**のある人は、小さい音が聞こえにくいだけでなく、音がゆがんだり混ざったりして聞こえる特徴がある。その一方で、大きすぎる音には敏感になり、異常にうるさく感じる補充現象がみられるため、耳元で必要以上に大きな声を出さないようにする。

 35—76

29 ▶ **老人性難聴**では高音域の音から聞こえにくくなるため、低音域の声で話しかける。

30 ▶ **補聴器**は、難聴の人が音声をよく聞こえるようにする目的で装着するものであるが、**老人性難聴**では、補聴器で音を大きく増幅しても十分な効果が得られにくい。

31 ▶ **盲ろう者とのコミュニケーション手段**には、触手話、指点字、手書き文字などがある（**表7**参照）。

表7 ▶ 盲ろう者とのコミュニケーション手段

方法	内容
触手話	話し手の手話を盲ろう者に触ってもらうことにより、意思を伝達する方法
指点字	盲ろう者の両手の人差し指・中指・薬指、計6本の指を点字の6つの点に見立てて指で打つことにより、意思を伝達する方法
手書き文字 (手のひら書き)	盲ろう者の手のひらに指先でひらがなやカタカナ、漢字などを書いて言葉を伝える方法

32 ▶ 構音障害★のある人とのコミュニケーションのポイントは、**表8**のとおりである。

TEST 32—29
35—118(総合)

★構音障害
構音器官(口唇、舌、口蓋、咽頭など)の問題により、話す機能が障害された状態。

表8 ▶ 構音障害のある人とのコミュニケーション

- 短く、ゆっくり話してもらう
- 姿勢を安定させて話してもらう
- 静かな環境のもとで話を聞く
- 「閉じられた質問(クローズド・クエスチョン)」を使う
- 聞きとれなかった場合、もう1回言ってくださいと促す
- 聞きとれた部分をこちらが繰り返して言う

資料:介護福祉士養成講座編集委員会編『最新 介護福祉士養成講座⑤コミュニケーション技術(第2版)』中央法規出版、2022年、102頁を一部改変

33 ▶ 失語症では、言語にかかわる機能である、①聴覚的理解(人の言うことを聞いて理解する)、②視覚的理解(書かれたものを読んで理解する)、③発話(話す)、④書字(字を書く)の4つすべてに何らかの低下がみられる。代表的なタイプには**表9**がある。

表9 ▶ 主な失語症のタイプ

失語症の型	症状の特徴
運動性失語症(ブローカ失語症)	自発話表出困難、復唱困難
感覚性失語症(ウェルニッケ失語症)	言語理解困難、復唱困難
全失語症	すべての言語機能の不全

資料:介護福祉士養成講座編集委員会編『新・介護福祉士養成講座⑤コミュニケーション技術(第3版)』中央法規出版、2016年、144頁を一部改変

コミュニケーション技術

33—32

34 運動性失語症（ブローカ失語症）は、話す能力に最も障害が強い。話し言葉はたどたどしくなり目的音の構音を発するのに努力を要する。言語の理解は比較的保たれているため、意思の確認には「はい」または「いいえ」で答えられる閉じられた質問や、絵や写真など視覚化された情報の活用が有効である。

★ジャルゴン
文法上の誤り、無意味な語や句、新しい造語などを含む発話をいう。

35 感覚性失語症（ウェルニッケ失語症）は、話し言葉や書き言葉の理解が困難になる。言語理解を促すかかわり方として、短い言葉で伝えたり、ジェスチャーを活用することなどが有効である。流暢に話すことはできるが、意味内容を伴わないジャルゴン★が多い。

 36—76

36 失語症の人とのコミュニケーションのポイントは、**表10**のとおりである。

表10 ▶ 失語症の人とのコミュニケーション

- 静かな場所で
- ゆっくり
- 短く話す
- わかりやすい言葉で
- 具体的な内容を
- 絵、写真を使って
- ジェスチャー、表情も使って
- 話題を急に変えない
- 伝わらなければ繰り返す
- 伝わったかどうかを確認する
- 漢字単語がわかりやすい（仮名、50音表は難しい）
- 会話を訓練調にしない

資料：介護福祉士養成講座編集委員会編『最新 介護福祉士養成講座⑤コミュニケーション技術（第2版）』中央法規出版、2022年、109頁

37 コミュニケーションノートは、ノートに書いてある言葉やイラストを指して意思を伝えるための道具である。失語症の人のほか、重度の構音障害のある人、知的障害や発達障害のある人にも活用されている。

38 認知症の人とのコミュニケーションのポイントは、**表11**のとおりである。

32—33

39 認知症によって記憶の障害や認知機能の低下などが生じると、その人が構成する世界（その人の内的世界）と客観的な現実の世界にずれがみられるようになる。不可解な言葉や行動の背景にはこのようなずれがあることを理解し、事実を説得するより、**その人の信じる世界**を受容したコミュニケーションが求められる。

表11 ▶ 認知症の人とのコミュニケーション

・本人の視点と人間関係の重視（パーソン・センタード・ケア）
・できることとできないことを整理し、できることを活かす
・わかりやすい言葉を使う
・文字や絵を使う
・指摘や修正をし続けない
・そっと先回りして助ける

資料：介護福祉士養成講座編集委員会編『最新 介護福祉士養成講座⑤コミュニケーション技術（第2版）』中央法規出版、2022年、118頁

40 ▶ 認知症の症状が進み、自発的な発語が少なくなった人には、表情やしぐさを確認しながら感情の理解に努める、ボディタッチを増やしてコミュニケーションをとるなどが大切である。

 35—77

41 ▶ うつ状態にある人とのコミュニケーションでは、安易に励ましたり、気分転換を強制したりするより、安心できる環境をつくることが必要となる。性急な変化を求めず、受容的・共感的な対応で支持的にかかわることが大切である。

36—77

42 ▶ 双極性感情障害★のある人とのコミュニケーションでは、躁状態においては、気分の高揚を高めるような言葉は避ける。特に興奮状態にある場合、安易に言動を禁止したり、はぐらかしたりするより、「いつもより気分が高ぶっていますよ」などと、落ち着いて客観的に状況を伝えることが大切である。

★双極性感情障害
高揚した気分を特徴とする躁状態と、憂うつな気分を特徴とするうつ状態を交互に示す精神疾患。

43 ▶ 統合失調症の人とのコミュニケーションでは、その人の生活の様子や考え方を知り、意思を尊重しながら関係を築いていく姿勢が大切である。現実離れして理解できない言動や、幻覚・妄想などがみられることもあるが、介護福祉職は中立的な態度でかかわり、否定も肯定もしないことが重要である。

44 ▶ 自閉症の人の特徴として、相手の気持ちを理解したり、その場の雰囲気を読んだりすることが苦手である。抽象的な言葉の理解も困難であるため、実物を示したり、視覚的に理解できるカードを活用したりしながら具体的な表現で伝える必要がある。

 32—31

45 ▶ 高次脳機能障害のある人は、感情のコントロールが困難になる社会的行動障害が伴うことがある。興奮しているときは周囲が冷静に対応して、場所を移動したり話題を変えたりする必要がある。

 34—31

46 重度障害者用意思伝達装置は、相手に自分の意思を伝えるための機器である。ワープロのように入力すると文字が表示され、それを音声で読み上げたり、プリントアウトしたりできる。会話や筆談が困難な重度の障害者に利用されている。

47 携帯用会話補助装置は、音声を使って意思を伝えるための機器である。キーを押して音声を合成し、電話での応答や外出時の会話をサポートする。発話が困難な状態にある人に利用されている。

34—121（総合）

48 透明文字盤は、視線を利用して意思を伝えるためのコミュニケーションボードである。伝え手と読み手の間に、透明なアクリル板でできた文字盤をかざし、互いの視線が一直線になった文字や単語を確認する。発話が困難でかつ上下肢の使用が困難な状態にある人に利用されている。

一問一答 ▶ P.160

4 介護におけるチームのコミュニケーション

介護業務を円滑に行うためのコミュニケーションの方法として、報告、会議、記録における留意点や効果的な方法を確認しておこう。

また、事故報告書やヒヤリ・ハット報告書、ICT（情報通信技術）を使った介護記録や情報管理などの基本的な知識はもちろん、聞き慣れない関連用語も確認しておく必要がある。

■ チームのコミュニケーションの目的

49 チームにおけるコミュニケーションでは、それぞれのメンバーが知り得た情報を共有することが必要である。情報を一体的に運用管理することで、効率的に介護を提供することにつながる。

35—78

50 介護実践の場で行われる、勤務交代時の申し送りの目的は、利用者へのケアの継続性を保つことである。

51 事例検討の目的は、チームで事例の課題を共有し、解決策を見出すことである。

 36―79

■ チームのコミュニケーションの実際

● 報告・連絡・相談

52 「報告」「連絡」「相談」の目的は、チームのコミュニケーションを円滑に進めることである。

53 報告とは、部下から上司へ、あるいは後輩職員から先輩職員へ、与えられた仕事の経過や結果を知らせたり、重要と思われる情報を伝えたりすることをいう。報告の留意点は表12のとおりである。

 34―33
35―79

表12 ▶ 報告の留意点

①指示を受けた業務の報告は、指示者に行う。
②長期的な業務の場合、途中経過や進捗状況を報告する。
③業務の途中で予定などの変更があった場合は、その都度報告する。
④トラブルや事故、苦情は、すぐに報告する。
⑤結論から報告し、経緯などは必要に応じて説明する。
⑥客観的事実（実際に起きた出来事と現在の状況）を優先して報告する。
⑦主観的事実（その出来事に対する自分の判断や意見など）は、客観的事実とは区別して、必要に応じて伝える。
⑧具体的な言葉で報告する。
⑨適切な方法（口頭か、文書か）を判断して報告する。

54 報告を受けるときは、報告者と聞き手の理解の相違をなくすため、不明な点を確認しながら聞く必要がある。

33―34

55 連絡とは、必要な情報を関係者に通知し合うことをいう。連絡の留意点は、表13のとおりである。

表13 ▶ 連絡の留意点

①迅速★に連絡する。
②関係者全員に、漏れなく連絡する。
③できるだけ自分で直接伝える。
④簡潔に、事実のみを伝える。
⑤適切な方法（口頭か、文書か）を判断して連絡する。
⑥個人情報の扱いに注意する。

★迅速
物事の対応が速いこと。

コミュニケーション技術

56 相談とは、業務を行うなかで適切な方法がわからないとき、選択が難しいとき、判断に迷うとき、あるいは助言がほしいときに、上司や先輩職員、同僚などから参考意見や助言をもらうことをいう。相談の留意点は、**表14**のとおりである。

表14 ▶ 相談の留意点

①相談する目的を明確にしておく。
②相談内容を整理して、箇条書きにしておく。
③あらかじめ自分の考えをまとめておく。
④相談をもちかけるときは、相手の都合に配慮する。

● 説明の技術

57 介護の実践で集めた情報や提案、改善策などをチームで共有するためには、メンバーに理解してもらえるように説明することが必要である。

58 プレゼンテーションとは、目的に基づいて効果的に情報を伝達し、聴き手の判断や意思決定への動機づけを行うコミュニケーション方法のことである。

59 プレゼンテーションでは、口頭で説明する内容を視覚的にわかりやすく示すために、発表スライド資料や配付資料を活用するとよい。

60 発表スライド資料は、パソコンを使ってプレゼンテーション用のソフトウェアなどで作成して、プレゼンテーション時にスクリーンに映写する。説明内容の要点やキーワードを箇条書きにしたスライドや、図表、写真、グラフなどを準備しておくとよい。

61 配付資料には、プレゼンテーションで説明する内容を簡潔にまとめる。発表スライド資料を印刷して、配付することもある。

● 会議

62 会議とは、ある一定の議題について、関係者が集まって議論し何らかの決定をする場である。

63 会議の目的は、確実な情報共有と、組織の意思決定の2つに大きく分けられる。

64 ケアカンファレンス・事例検討は、利用者の意向や希望を踏まえて、参加メンバーが知識と技術と経験知を集結し、よりよいケアについて考える場である。目標を共有し、ケアプラン（居宅サービス計画、施設サービス計画）や介護計画★を立案したり、修正、評価を行う。

★介護計画
ケアプラン（介護サービス計画）の目標を実現するために、介護福祉職の立場から利用者の生活課題を解決する方法を示した計画。

 34—34

34—34

65 利用者の自宅で行うケアカンファレンスでは、利用者本人の参加を促し、利用者の意向をケア方針に反映させることが大切である。

66 ブレインストーミングは、**表15**の**4つの原則**に基づく話し合いの方法である。自由に発言できる環境をつくることで、多くの意見やよりよいアイデアを生み出す効果がある。

表15 ▶ ブレインストーミングの4つの原則

①意見の質より、数多くの意見を出す＜多量提案＞
②他人の意見を批判しない＜批判厳禁＞
③自由奔放★で、奇抜な意見を歓迎する＜自由奔放＞
④他人の意見を参考にして改善していく＜便乗発展＞

★奔放
思うままに行動する。

● 記録

67 記録はチームで情報を共有し、統一した介護実践を展開するためのコミュニケーション手段である。

68 記録の目的には、利用者の理解を深める、利用者・家族との関係を形成する、適正かつ円滑に業務を遂行する、他職種との連携を深める、などがある。

69 介護記録（ケース記録、利用者台帳）では、利用者ごとの日々の生活や支援内容を時間の経過を追って記録していく。介護を実施したその日のうちに記録する。生年月日や家族構成等の個人情報や最新のケアプラン（居宅サービス計画、施設サービス計画）を、記述用紙の前にファイルしている場合が多い。

33—33

70 介護記録においては、「出来事そのもの」の記述と、「出来事に対する援助者の解釈や分析」の記述とを**区別して記録する**ことが大切である。出来事そのものの記述には、叙述体と要約体が使われる。また、出来事に対する介護福祉職の解釈や分析の記述には、説明体が使われる。そのほか、やりとりをそのまま記録する逐語体がある（**表16**参照）。

32—34
33—33

71 介護記録に、ほかの人や機関から得た情報を書くときは、情報源を記載する必要がある。

33—33

72 事故報告書とヒヤリ・ハット報告書は目的が異なるものであるため、別々に分けて記載する必要がある。

表16 ▶ 介護記録の文体

記述の文体	適した場面や特徴
叙述体	・客観的事実や起こったことをそのまま記録するときに用いる文体 ・過程叙述体は介護福祉職と利用者のコミュニケーションを詳しく書き留めたもの ・圧縮叙述体は全体を短く圧縮したもの ・日付順に記録する経過記録は、圧縮叙述体が多い
要約体	・不必要に記録が長くなるのを避けるために、要点を整理してまとめるときに用いる文体 ・連続した出来事の記録や、援助が長期にわたる場合のケース記録では、主として援助内容と結果報告に重点がおかれた要約記録をつくることが必要
説明体	・起こった出来事に対して介護福祉職が解釈して説明を加えるときに用いる文体 ・事実の意味を分析し、記述する
逐語体	・経過記録の原型で、利用者と介護福祉職のやりとりを加工せず、そのまま記録したもの

73 **事故報告書の目的**は、実際に起こった介護事故の**再発防止**と速やかな**対応**である。事故の状況および事故の際にとった処置について記録し、2年間保存する義務がある。また、事故報告書を保険者（市町村）へ提出する必要がある。**職員全員で共有**し、**再発防止**に努めることが大切である。

74 **ヒヤリ・ハット報告書の目的**は、介護事故の**予防**である。事故には至らなかったものの、**事故を引き起こす可能性のある事例**を報告・記録・分析するが、保存や提出の義務はない。**職員全員で共有**し、予防に努めることが大切である。

75 **記録の書き方**は、**表17**のとおりである。

表17 ▶ 記録の書き方

★5W1H
「いつ（when）」「どこで（where）」「誰が（who）」「何を（what）」「なぜ（why）」「どのように（how）」のこと。

①5W1H★を活用する
②介護記録では事実を簡潔に明確に伝える常体（文末が「だ、である」）を使い、家族との連絡記録では敬体（文末が「です、ます」）を使って文体をそろえる
③介護福祉職の解釈や推測が入った判断（主観的事実）を書く場合は、根拠となる観察や確認されたありのままの事実（客観的事実）を書く
④介護福祉職の意図的なはたらきかけ（計画や行動）と、そのはたらきかけによる利用者の変化を記録する
⑤記録は書き換えができないように消えない黒色のボールペンで記入し、間違えたときは二重線と訂正印で修正する

76 ▶ 記録を書くときの留意点は、**表18**のとおりである。

表18 ▶ 記録を書くときの留意点

①主語を明確にする
②記憶が確かなうちに書く
③事実をそのまま書く
④要点を簡潔に書く
⑤わかりやすい表現で書く
⑥適切な専門用語や略語を使う
⑦１文の長さを35文字以内にする
⑧必要時、利用者の言葉をそのまま書く
⑨ほかから得た情報は情報源も書く
⑩誤字、脱字に気をつける
⑪手書きの場合は読みやすいようにていねいに書く

> すぐ書けない場合はキーワードをメモしておく

資料：介護福祉士養成講座編集委員会編『最新　介護福祉士養成講座⑤コミュニケーション技術（第2版）』中央法規出版、2022年、215頁

● 情報の活用と管理

77 ▶ ICT（情報通信技術）による情報活用の利点は、**表19**のとおりである。

表19 ▶ ICT（情報通信技術）による情報活用の利点

①情報整理・チェックの簡易化
②情報抽出の高速化
③複数の関係者間でのデータ共有の簡易化
④メディアによるデータ表現方法（文字、写真、音声、動画など）の多様化
⑤遠隔情報処理の実現

78 ▶ ICT（情報通信技術）による情報活用の欠点は、**表20**のとおりである。

表20 ▶ ICT（情報通信技術）による情報活用の欠点

①電源喪失などによる情報へのアクセス不能
②コンピューターの記憶媒体故障による情報消滅
③コンピューターウイルスやマルウェアなどによるデータ破壊や情報流出
④情報メディアの紛失・盗難
⑤パスワード設定などの情報セキュリティ管理ミス

79 個人情報の保護に関する法律（個人情報保護法）に基づいて、介護保険制度では、利用者および家族の**個人情報**を用いる場合は、あらかじめ当事者の同意を得ておかなければならない。個人情報には利用者の**音声や映像も含まれる**。

一問一答 ▶ P.161

※解答の ▰▰ は重要項目（P.142〜158）の番号です。

1 介護を必要とする人とのコミュニケーション

問1 五十音表を使ったコミュニケーションを準言語コミュニケーションと呼ぶ。
▶ ✕ → **2**（表1）

問2 表情、視線・目線、動作、姿勢などの言葉を用いないコミュニケーション手段のことを非言語コミュニケーションと呼ぶ。
▶ ○ → **2**（表1）

問3 話すときの声のトーンや大きさ、話す速度などを言語コミュニケーションと呼ぶ。
▶ ✕ → **2**（表1）

問4 相手の話を受け身的に聞くのではなく、相手が抱いている感情を推察しながら聴くことを傾聴という。
▶ ○ → **3**

問5 繰り返しとは、相手の話を整理して、短い言葉で返す技法である。
▶ ✕ → **4**（表2）

問6 うなずきやあいづちには、相手の話を促す効果がある。
▶ ○ → **5**

問7 利用者とコミュニケーションをとるときは、上半身を少し相手のほうへ傾けた姿勢で話を聞くと、介護福祉職が関心をもって傾聴していることが相手に伝わる。
▶ ○ → **6**

問8 「はい」「いいえ」で答えられる質問、または「AかBか」のどちらかを選んで答えられる質問のことを閉じられた質問という。
▶ ○ → **8**

問9 回答の範囲を限定せずに、相手が自由に答えられる質問のことを開かれた質問という。
▶ ○ → **8**

問10 意欲が低下した人とのコミュニケーションでは、自己決定してもらうことは避ける。
▶ ✕ → **12**

2 介護場面における家族とのコミュニケーション

問11 家族との信頼関係の構築を目的としたコミュニケーションでは、家族から介護の体験を共感的に聴くことが大切である。
▶ ○ → **16**

コミュニケーション技術

159

問12 家族の介護に対する意向を質問したり、確認したりすることより、介護は全面的に介護福祉職に任せてもらうことが重要である。　　　▶ × → **17** (表3)

問13 家族の介護方法が間違っている場合には、まずその間違いを正すことが大切である。　　　▶ × → **21**

問14 利用者と家族の意向が異なるときは、家族の意向を優先する。　　　▶ × → **22** (表4)

3 障害の特性に応じたコミュニケーション

問15 視覚障害のある人に物の位置や方向を示すときは、「あっち」「こちら」などの指示語で伝える。　　　▶ × → **23** (表5)

問16 視覚障害のある人にあいさつするときは、身体に触れてから声をかける。　　　▶ × → **24**

問17 指文字は、視覚障害のある人にとって有効なコミュニケーション手段である。　　　▶ × → **26** (表6)

問18 読話とは、話し手の指の動きを見て会話の内容を理解する方法である。　　　▶ × → **26** (表6)

問19 筆談は、中途失聴者にとって有効なコミュニケーション手段である。　　　▶ ○ → **26** (表6)

問20 老人性難聴の人とのコミュニケーションでは、耳元で、できるだけ大きな声で話しかける。　　　▶ × → **28**

問21 構音障害のある人の意思確認を行う際には、開かれた質問を使うとよい。　　　▶ × → **32** (表8)

問22 言葉の理解よりも表出面での困難を特徴とする失語症を、運動性失語症（ブローカ失語症）という。　　　▶ ○ → **33** (表9)、**34**

問23 流暢に話せるが、意味内容を伴わないジャルゴンが多い失語症を、感覚性失語症（ウェルニッケ失語症）という。　　　▶ ○ → **35**

問24 失語症の人は、漢字単語は難しく、仮名がわかりやすい。　▶× → **36** (表10)

問25 コミュニケーションノートは、失語症の人は使うことができるが、重度の構音障害のある人は使用できない。　▶× → **37**

問26 認知症の症状が進み、自発的な発語が少なくなった人には、ボディタッチをしないようにする。　▶× → **40**

問27 うつ状態にある人とのコミュニケーションでは、常に励まして、気分転換を強く促す。　▶× → **41**

問28 自閉症の人は抽象的な言葉の理解が困難であるため、実物を示したり、視覚的に理解できるカードを活用したりしながら具体的な表現で伝える必要がある。　▶○ → **44**

④ 介護におけるチームのコミュニケーション

問29 チームにおけるコミュニケーションでは、それぞれのメンバーが知り得た情報を共有することが必要である。　▶○ → **49**

問30 事例検討の目的は、チームで事例の課題を共有し、解決策を見出すことである。　▶○ → **51**

問31 トラブルや事故、苦情は、解決してから上司に報告する。　▶× → **53** (表12)

問32 利用者の自宅で行うケアカンファレンスでは、利用者本人に気づかれないように注意して実施する。　▶× → **65**

問33 ブレインストーミングでは、他人の意見を自由に批判することを原則としている。　▶× → **66** (表15)

問34 叙述体を用いた介護記録では、起こった出来事に対して介護福祉職が解釈して説明を加える。　▶× → **70** (表16)

問35 事故報告書は、介護サービス提供中に、実際に起こった介護事故を記録・報告するものである。　▶○ → **73**

実力チェック！ 一問一答

問36 ヒヤリ・ハット報告書は、報告者の責任を追及することを目的とする。

▶ × → 74

問37 ヒヤリ・ハット報告書は、事故を引き起こす可能性のある事例を報告・記録・分析するものである。

▶ ○ → 74

問38 記録は修正液を使って訂正する。

▶ × → 75 （表17）

問39 介護福祉職の解釈や推測が入った判断（主観的事実）を書く場合は、根拠となる観察や確認されたありのままの事実（客観的事実）を書く。

▶ ○ → 75 （表17）

問40 ICT（情報通信技術）による情報活用の利点には、情報整理・チェックの簡易化、情報抽出の高速化、複数の関係者間でのデータ共有の簡易化などがある。

▶ ○ → 77 （表19）

社会の理解

傾向と対策

『社会の理解』の内容は、非常に広範囲にわたる。第36回国家試験では、12問の出題であった。これまでに出題された問題をみると、『介護の基本』『生活支援技術』『発達と老化の理解』『認知症の理解』『障害の理解』『総合問題』の各科目でも、『社会の理解』にあたる内容が出題されていた。そのために、学ぶべき内容、暗記すべき項目は広範囲にわたる。こうした制度・政策に関する科目は、法律の条文1つとっても難しいというイメージを抱いてしまうことも多い。また、近年は高齢者分野より障害者分野の出題が多くなっている。そのために難しいと感じる問題も多いかもしれない。しかし、身体障害者手帳所持者のうち65歳以上の者は7割以上を占めるようになっている。障害者分野も介護福祉士の仕事に必要な内容であることを意識して取り組むことが重要である。

また、第36回では、災害時の福祉避難所や「感染症法」といった時事的な問題も出題された。「介護の基本」の科目とも重なるが、地域社会のなかで介護福祉職の果たす役割も多くなっている。そうした事例も踏まえて学んでいこう。

■ 出題基準と出題実績

出題基準		
大項目	**中項目**	**小項目（例示）**
1 社会と生活のしくみ	1）生活の基本機能	・生活の概念 ・家庭生活機能（生産・労働、教育・養育、保健・福祉、生殖、安らぎ・交流など）
	2）ライフスタイルの変化	・雇用労働の進行、女性労働の変化、雇用形態の変化 ・少子化、健康寿命の延長 ・余暇時間 ・ワーク・ライフ・バランス ・生涯学習、地域活動への参加
	3）家族	・家族の概念 ・家族の構造と形態 ・家族の機能と役割 ・家族の変容 ・家族観の多様性

『社会の理解』を学ぶにあたっては、介護保険制度や障害者総合支援制度を中心とした高齢者や障害者への支援といった身近なところから始めるとよい。新しい出題基準では「地域共生社会の実現に向けた制度や施策」も加えられた。利用者を取り巻く家族や地域社会の問題は今後重要な課題となる。どんな問題が生じているのか押さえておこう。次に、所得保障としての年金、病気になったときの医療保険、保健医療にかかわる諸施策、生活を支える生活保護制度、住居の確保のための住宅制度というように広げて学んでいくとより理解しやすいであろう。第33回や第35回、第36回では、介護福祉職の対応を問う短文の事例問題も出題された。利用者や家族から質問された時の対応を思い出して問題を解く必要がある。また、第32回〜第36回では、介護保険法や障害者総合支援法の改正の内容や法の規定内容が問われている。第35回の1950（昭和25）年の社会保障制度審議会の「社会保障制度に関する勧告」の内容に関する問題や第36回の「社会福祉基礎構造改革」に関する問題は、介護福祉職としては難しかったであろう。制度や政策、法律などは、「改正されたところは出やすい」と思って勉強に取り組むことが必要である。

社会の理解

出題実績				
第32回（2020年）	第33回（2021年）	第34回（2022年）	第35回（2023年）	第36回（2024年）
		2015年以降の日本の社会福祉を取り巻く環境【問題7】		
「働き方改革」の考え方【問題6】				
	家族の変容【問題5】	2019年の日本の世帯状況【問題6】		

大項目	中項目	小項目（例示）
	4）社会、組織	・社会、組織の概念 ・社会、組織の機能と役割 ・グループ支援、組織化
	5）地域、地域社会	・地域、地域社会、コミュニティの概念 ・地域社会の集団、組織 ・地域社会の変化（産業化、都市化、過疎化など）
	6）地域社会における生活支援	・生活支援と福祉 ・自助・互助・共助・公助
2　地域共生社会の実現に向けた制度や施策	1）地域福祉の発展	・地域福祉の理念 ・地域福祉の推進
	2）地域共生社会	・地域共生社会の理念（ソーシャル・インクルージョン、多文化共生社会など）
	3）地域包括ケア	・地域包括ケアの理念 ・地域包括ケアシステム
3　社会保障制度	1）社会保障の基本的な考え方	・社会保障の理念（意義、目的） ・社会保障の概念（機能、役割、範囲）
	2）日本の社会保障制度の発達	・日本の社会保障制度の基本的な考え方、憲法との関係性 ・戦後の緊急援護と社会保障の基盤整備 ・国民皆年金、国民皆保険 ・社会福祉六法 ・社会福祉基礎構造改革
	3）日本の社会保障制度のしくみの基礎的理解	・社会保障の構成（社会保険、公的扶助、社会福祉、公衆衛生など） ・社会保障の財源 ・社会保障の実施運営体制（社会福祉事務所、保健所など） ・民間保険制度

第32回（2020年）	第33回（2021年）	第34回（2022年）	第35回（2023年）	第36回（2024年）
				特定非営利活動法人【問題8】
地域包括ケアシステムでの自助・互助・共助・公助【問題5】	セルフヘルプグループ【問題6】			セルフヘルプグループ活動【問題7】
				セツルメント活動【問題9】
		「ニッポン一億総活躍プラン」にある「地域共生社会の実現」【問題5】	地域共生社会の考え方【問題8】	
一人暮らしで生活が苦しく、通所介護をやめたいと申し出た利用者への生活相談員の対応【問題7】	福祉六法【問題7】	2020年の社会福祉法等の改正【問題8】	社会福祉法に基づき都道府県や市町村における地域福祉の推進を図る目的の団体【問題7】 1950（昭和25）年の社会保障制度審議会による「社会保障制度に関する勧告」の内容【問題9】	社会福祉基礎構造改革【問題10】
社会保障財政【問題8】				公的医療制度【問題11】

社会の理解

167

大項目	中項目	小項目（例示）
	4）現代社会における社会保障制度の課題	・人口動態の変化、少子高齢化 ・社会保障の給付と負担 ・社会保障費用の適正化・効率化 ・持続可能な社会保障制度 ・地方分権、社会保障構造改革
4　高齢者福祉と介護保険制度	1）高齢者福祉の動向	・高齢者の福祉の動向と課題
	2）高齢者福祉に関する制度	・高齢者の福祉に関する法律や制度の歴史的変遷 ・高齢者の福祉に関する法律や制度の概要
	3）介護保険制度	・介護保険制度の目的 ・介護保険制度の実施体制（国、都道府県、市町村の役割など） ・保険者と被保険者 ・財源と利用者負担 ・利用手続き（申請、認定、契約、不服申し立てなど） ・保険給付サービスの種類・内容 ・サービス事業者・施設 ・地域支援事業 ・地域での支援体制（地域包括支援センター、地域ケア会議など） ・介護保険制度におけるケアマネジメントと介護支援専門員の役割
5　障害者福祉と障害者保健福祉制度	1）障害者福祉の動向	・障害児・障害者の福祉の動向と課題
	2）障害者の定義	・各法における障害児・障害者の定義
	3）障害者福祉に関する制度	・障害者の福祉に関する法律や制度の歴史的変遷 ・障害者の福祉に関する法律や制度の概要

第32回（2020年）	第33回（2021年）	第34回（2022年）	第35回（2023年）	第36回（2024年）
	社会保障給付費【問題8】			
介護保険制度の被保険者【問題9】 介護予防・日常生活支援総合事業【問題10】	介護保険法の保険者【問題9】 介護保険制度の利用【問題10】 グループホームの介護支援専門員の対応【問題11】	要支援1の利用者への住まいの場【問題9】 介護保険制度の保険給付の財源構成【問題10】	要介護認定有効期間内の要介護状態区分変更の申請先【問題10】	介護保険法に基づき、都道府県・指定都市・中核市が指定（許可）、監督を行うサービス【問題12】
	ノーマライゼーション【問題12】	「2016年生活のしづらさなどに関する調査」における身体障害、知的障害、精神障害の近年の状況【問題11】		
	障害者総合支援法の障害者の定義【問題14】			
			障害者権利条約批准のために2011年の障害者基本法改正で新たに規定された内容【問題12】 先天性聴覚障害者の大学生の定期試験実施のための合理的配慮【問題11】	障害者差別解消法【問題13】

社会の理解

169

大項目	中項目	小項目（例示）
	4）障害者総合支援制度	・障害者総合支援制度の目的 ・障害者総合支援制度の実施体制（国、都道府県、市町村の役割など） ・児童福祉法の実施体制（国、都道府県、市町村の役割など） ・財源と利用者負担 ・利用手続き（申請、認定、契約、不服申し立てなど） ・自立支援給付・障害児施設サービスの種類と内容（介護給付、訓練等給付、自立支援医療、補装具、障害児通所支援、障害児入所支援など） ・サービス事業者、施設 ・地域生活支援事業 ・地域での実施体制（協議会など） ・障害者総合支援制度におけるケアマネジメントと相談支援専門員の役割
6　介護実践に関連する諸制度	1）個人の権利を守る制度	・社会福祉法における権利擁護のしくみ ・個人情報保護に関する制度 ・成年後見制度 ・消費者保護に関する制度 ・児童・障害者・高齢者の虐待防止に関する制度 ・DV防止法
	2）地域生活を支援する制度	・バリアフリー法 ・日常生活自立支援事業 ・高齢者住まい法 ・災害時に関する制度（災害時要配慮者支援）
	3）保健医療に関する制度	・医療保険制度 ・高齢者保健医療制度（特定健康診査など） ・生活習慣病予防、その他健康づくりのための施策 ・難病対策 ・結核・感染症対策 ・HIV／エイズ予防対策 ・薬剤耐性対策
	4）介護と関連領域との連携に必要な制度	・医療関係法規（医療関係者、医療関係施設） ・行政計画（地域福祉計画、老人福祉計画、障害福祉計画、医療介護総合確保推進法に規定する計画など）の関連性

第32回（2020年）	第33回（2021年）	第34回（2022年）	第35回（2023年）	第36回（2024年）
障害福祉計画【問題11】 障害福祉サービスを利用するための最初の手続き【問題12】 共生型サービスの対象となるサービス【問題13】	障害者総合支援法に基づく共生型サービス利用への居宅介護事業所の対応【問題13】 障害支援区分を判定する組織【問題15】	特例子会社で働く知的障害者が一人暮らしをするために利用するサービス【問題12】 重度訪問介護【問題13】	障害者総合支援法の介護給付を利用するための最初の手続き【問題13】 障害者総合支援法の居宅介護利用時の利用者負担の考え方【問題14】	障害者総合支援法に規定された移動に関する支援【問題14】
自閉症の利用者の気持ちが安定するような障害者虐待防止法の視点からの介護福祉職の対応【問題14】 成年後見制度【問題15】	高齢者虐待防止法の内容【問題16】	成年後見人等として活動している人が最も多い職種【問題14】	個人情報保護法に基づくプライバシー保護【問題15】 高齢者虐待防止法の内容【問題16】	消費者保護の相談先【問題15】
			認知症が疑われる母親と二人で暮らし続けたい、発達障害がある人への介護福祉職の助言【問題17】	災害時の福祉避難所【問題16】
		保健所【問題15】		結核感染への対応機関【問題17】

出題基準		
大項目	中項目	小項目（例示）
	5）貧困と生活困窮に関する制度	・生活保護法の目的 ・保護の種類と内容 ・保護の実施機関と実施体制 ・生活困窮者自立支援法の概要

社会の理解

1 社会と生活のしくみ

　「生活の基本機能」や「ライフスタイルの変化」「家族」などを押さえておくことが必要である。「社会、組織」「地域、地域社会」「地域社会における生活支援」は、社会学で用いられる用語をきちんと押さえておくとよいであろう。限界集落や地域社会で暮らす外国人の権利、異文化への理解、少子化対策など、最近の地域社会の変化、生活支援のあり方などにも目を向けて新聞などを読んでおこう。国語力で解ける問題もあり、日頃から過去問で解き方を身につけておくとよいであろう。

　「地域社会における生活支援」は、社会福祉の歴史的な流れを押さえ、それが現代社会でどのような意味をもつかを考え、「③ 社会保障制度」の「日本の社会保障制度の発達」の項目と併せて社会福祉法の内容にも目を通しておく必要がある。

生活の基本機能

1 **生活時間**とは、個人の生活においてどのような時間の使い方を行っているか、1日24時間という時間的周期で繰り返される労働、休養、余暇の配分に注目するものである。それらの間でのエネルギーの消費と補給のサイクルから生活構造が定式化された。

2 **生活様式**★とは、人々の日常生活における行為のパターンをいう。生活様式は、人々の価値観、社会変動、その時代の階層構造を反映している。

3 **ライフサイクル**の考え方は、人間の出生から死に至る時間的経過、プロセスに着目し、各**ライフステージ**★において心理学的、社会学的、経済学的な現象★が起きるとするものである。ライフサイクルの各段階には、それぞれ達成すべき課題と、生活様式、**ライフスタイル**★がある。

+α
ぷらすあるふぁ
ある時代、生活空間に内在する生活様式の体系を「文化」という。

★ライフステージ
乳幼児期、児童期、青年期、成人期、高齢期など。

★現象
物事が形をとって現れること。

★ライフスタイル
生活の様式や営み方。また、人生観や習慣などを含めた個人の生き方。

4 ▶ ライフコースとは、段階設定をすることなく、各人の多様な人生、その発展の過程を表したものである。①個人の地位や役割の時間的経過のなかでの変遷★、②人生において経験する出来事・イベント（卒業、就職、転職、結婚、出生など）の時機（タイミング）、③離婚、事故、大病などの特異な出来事の影響、さらに、④歴史的な事件とのかかわりから多様化した生活構造が展開される。

★変遷
移り変わること。

5 ▶ 「仕事と生活の調和（ワーク・ライフ・バランス）憲章」（2007（平成19）年（2010（平成22）年改定））では、非正規雇用者の増大や正規雇用者の労働時間の高止まり、男女の固定的な役割分担意識などが少子化の要因や労働力確保の課題になっていることから、多様な働き方・生き方が選択できる社会を目指し、働き方の見直しを通じた少子化対策や労働力確保につなげるとしている。

6 ▶ 国は、「仕事と生活の調和（ワーク・ライフ・バランス）」を目指して、長時間労働の抑制、有給休暇の取得促進などを企業に促し、仕事と家庭の両立の支援策を推進しようとしている。

7 ▶ 雇用の分野における男女の均等な機会及び待遇の確保等に関する法律（男女雇用機会均等法）は、2006（平成18）年の改正により、男女双方に対する差別を禁止し、降格、職種・雇用形態の変更、退職の勧奨★などが差別禁止対象に追加され、また、セクシュアルハラスメントについては男性も対象とされ、雇用管理上の配慮義務から措置義務となった。

★勧奨
勧めること。

8 ▶ 介護労働者の雇用管理の改善等に関する法律（介護労働者法）は、介護労働者の雇用管理の改善、能力の開発および向上等に関する措置を講じることにより、介護関係業務にかかる労働力の確保に役立てるとともに、介護労働者の福祉の増進を図ることを目的としている。

9 ▶ ワーキングプアとは、働いているにもかかわらず低賃金あるいは非正規雇用のため経済的に不安を抱え、将来の展望もないままに日々の生活を送っている働く貧困層をいう。貧困から脱出できず、働くうえで必要な資格や技術を習得する機会も確保できない状態に追い込まれていることもあり、適切な支援策が求められる。

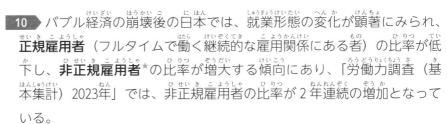

■ ライフスタイルの変化

34—7

ぷらすあるふぁ
2023（令和5）年の「労働力調査」によると、非正規雇用者の割合は37.0％と3割を超えている。また、非正規雇用者の約7割がパート・アルバイトである。

10 ▶ バブル経済の崩壊後の日本では、就業形態の変化が顕著にみられ、**正規雇用者**（フルタイムで働く継続的な雇用関係にある者）の比率が低下し、**非正規雇用者**★の比率が増大する傾向にあり、「労働力調査（基本集計）2023年」では、非正規雇用者の比率が2年連続の増加となっている。

11 ▶ 非正規雇用のなかでも、パート・アルバイト、契約社員、派遣社員などさまざまな雇用形態がみられ、給与体系が複雑化するとともに**給与格差**が目立つようになってきている。

12 ▶ 2015（平成27）年の「国勢調査」によると、**女性の労働力率**は25〜29歳が81.4％となり、1950（昭和25）年以降初めて8割を超えた。2020（令和2）年の同調査では87.0％である。また、2010（平成22）年でM字カーブの底となった35〜39歳の労働力率が68.0％から78.2％となり、M字カーブの底は上昇している。

33—5
34—6

13 ▶ **単独世帯**には、未婚の青年世代のほか、生涯未婚の人、「まだ結婚していない」30代〜50代の人、配偶者と離別した人、配偶者と死別した高齢者が含まれる。**単独世帯の増加**には未婚化、晩婚化、離婚の増加、高齢化などが作用している。

35—8

14 ▶ 日本の社会は、**経済成長優先**の社会から**個人生活優先**の社会へと変化してきている。**余暇時間の拡大**を求め、働き方も変化し、自分に合った暮らしのなかで余暇を楽しむ傾向となっている。また、1947（昭和22）〜1949（昭和24）年に生まれた団塊の世代を中心に退職者の数が増加し、地域活動への参加、キャリアアップのための資格の取得、大学院への進学も増えている。**余暇社会**や**生涯学習社会**、**生涯現役社会**★と呼ばれる時代が到来しつつあるといえる。

★生涯現役社会
年齢にかかわりなく能力や意欲に応じて働くことができる社会。

32—6

15 ▶ 国が非正規雇用者の待遇改善、過労死などの雇用者の就労環境の改善を目指し、多様な働き方を選択できる社会の実現を図る「**働き方改革を推進するための関係法律の整備に関する法律（働き方改革関連法）**」が2018（平成30）年に公布された。

16 ▶ **働き方改革の内容**は、①正規雇用者と非正規雇用者の待遇に不合理な差をつけることの禁止、②残業時間の上限規制、③有給休暇の取得の義務づけ、④産業医の機能の強化、⑤高度プロフェッショナル制度の制定などである。

■ 家族

17 家族とは、夫婦関係を中心として、親子、きょうだい、近親者によって構成される、第一次的な福祉追求の集団である。なお、世帯と異なり、進学、就職、単身赴任等さまざまな理由で別居している構成員も家族に含まれる。

18 家族は、家族規模（小家族・大家族）、家族構成、同居する世代の数による分類がある。家族構成による分類は**表1**のとおりである。

表1 ▶ 家族構成による分類

核家族	夫婦、夫婦と未婚の子またはひとり親と未婚の子からなる家族
拡大家族	三世代同居など、複数の核家族からなる家族
直系家族	拡大家族のうち、親と1人の既婚の子からなる縦の系列の家族
複合家族	拡大家族のうち、親と複数の既婚の子からなる家族

19 家族には、自分が生まれ育った家族（**定位家族**）と自分が結婚してつくる家族（**創設家族**または**生殖家族**）がある。

20 居住規則と財産の継承を基準とした家族類型としては、**夫婦家族制*** 、**直系家族制**、**複合家族制**の3つがある。

21 家族は結婚によって成立し、それぞれの過程において変化していく**家族周期**がある。**家族周期**は、**前期**（新婚期）、**中期**（家族拡大期、育児期、教育期）、**後期**（家族縮小期、子どもの独立期）、**孤老期**（夫婦の片方が亡くなった時期）に分けることができる。

22 家族は、その結合に着目して、①**修正直系家族**、②**任意的直系家族**、③**修正イエ的家族**などに分類することができる。**修正直系家族**はきょうだいの誰かが親と同居しなくてはならないと考える家族、**任意的直系家族**は当事者の自主的な協議による同居家族、**修正イエ的家族**は核家族として生活している親と子どもの家族との交流において、長男家族と親との結びつきが、ほかのきょうだいと比較して、密接であることを示したものをいう。

23 **世帯*** は、「住居及び生計をともにする人々の集まり」と定義され、国勢調査や家計調査、住民登録（住民基本台帳への記載）などで用いられる行政上の概念である。同居して寝食をともにする非家族員（里子や使用人）も世帯に含まれる。

+α ぷらすあるふぁ
夫婦家族制は、核家族の形態であるため、夫婦の一方または双方の死によって消滅する一代限りの家族という特徴がある。

+α ぷらすあるふぁ
経済的扶養関係にあっても、進学や単身赴任のため一時的に別居している者は同一世帯とならない。

24 親族とは、民法第725条によれば、①六親等内の血族、②配偶者、③三親等内の姻族をいう。

25 **家族の扶養義務**の範囲について、民法第877条では、①直系血族（成年の子・孫と父母・祖父母など）、②兄弟姉妹は、互いに扶養する義務があるほか、③家庭裁判所は特別の事情があるときには三親等内の親族★間でも扶養の義務を負わせることができるとされている。

26 **家族の機能**には、**表2**のようなものがある。

表2 ▶ 家族の機能

種類	機能
生命維持機能	食欲、性欲、安全や保護を求める欲求を充足する。
生活維持機能	衣食住など生活を維持するうえで必須のものを充足する。
パーソナリティの安定化機能	「家族メンバーだけで共有できるくつろぎ」のようなものであり、ほかのものでは代替できない。
ケア機能	家族が病気やけが、加齢などにより介護が必要になったときに支える。

27 子どもの養育、病人の看護機能、障害児（者）や高齢者の扶養・介護などの**家族機能の弱体化**の背景には、主婦の家庭外就業の増加、小家族化や核家族化に伴う家庭内の介護可能者の不在または減少、介護者の高齢化、老親扶養を絶対視する家制度的な意識の希薄★化、女性の自己実現欲求の強まり等がある。

28 **オグバーン**（Ogburn, W. F.）は、**家族機能縮小論**の立場から、産業化★の進行に伴い家族の機能は縮小するとした。産業化以前の家族は、「経済・地位付与・教育・保護・宗教・娯楽・愛情」という7つの機能を果たしていたが、産業化の進展に伴い、愛情以外の6つの機能は、学校など専門的な制度体に吸収され、失われるか弱体化するとした。

29 アメリカでは、高齢者が他人の家族のもとで家庭的な生活とケアを受けるフォスターファミリーケアや、友人同士やメンバーを募って老後を共同生活することが行われている。これは、家族以外で家族的ケアを充足する試みである。

30 ▶ 産業化、夫婦家族制の理念の浸透、出生率の低下などの要因により、集団としての**家族は小規模化している**。平均世帯員数は、1920（大正9）年の第1回国勢調査以降、1955（昭和30）年までは5人前後で推移してきたが、1970～80年代には3人台、1990（平成2）年以降は2人台と減少し、2020（令和2）年には2.21人になった。一方、**世帯数は増加し**、2020（令和2）年には約5583万世帯となっており、一般世帯は、2000（平成12）年以降、一貫して増加している。

31 ▶ 2022（令和4）年の「国民生活基礎調査」によると、核家族世帯57.1％（夫婦のみの世帯24.5％、**夫婦と未婚の子のみの世帯**25.8％、ひとり親と未婚の子のみの世帯6.8％）、単独世帯32.9％、三世代世帯3.8％である。

32 ▶ 「国民生活基礎調査」によると、全世帯のうち**65歳以上の者のいる世帯**は、1975（昭和50）年の21％から2022（令和4）年には50.6％に増加しており、過半数を超えている。

33 ▶ 2022（令和4）年の「国民生活基礎調査」によると、65歳以上の者のいる世帯の世帯構造は、①**夫婦のみの世帯**32.1％、②**単独世帯**31.8％、③親と未婚の子のみの世帯20.1％、④**三世代世帯**7.1％となっている。

34 ▶ 2022（令和4）年の「国民生活基礎調査」によると、65歳以上の者のいる世帯の世帯構造のうち、**夫婦のみの世帯**は**微増**、**単独世帯★**は**増加**、親と未婚の子のみの世帯は2016（平成28）年頃までは増加傾向、その後は増減を繰り返しており、**三世代世帯**は**減少傾向**にある。

35 ▶ 2021（令和3）年の「国民生活基礎調査」によると、**一人暮らし高齢者**（高齢者世帯★のうち単独世帯）は873万世帯で、高齢者世帯の51.6％となっている。

■ 社会、組織

36 ▶ **集団**（社会集団）とは、特定の共通目標を掲げ、共属★感をもち、一定の仕方で相互作用を行っている複数の人々の結合をいう。集団は社会生活の維持に不可欠であり、人間と社会とを媒介する機能を果たしている。

37 ▶ **集団**は、自生的に存在するかのように考えられる**基礎集団**と、特定の目標達成のために人為的に構成された**機能集団**の2つに大別される。

33― 5
34― 6

社会の理解

33― 5
34― 6

33― 5
34― 6

+α
ぷらすあるふぁ
65歳以上の単独世帯では、女性が64.1％と多い。

★高齢者世帯
男女65歳以上の者のみで構成するか、またはこれに18歳未満の未婚の者が加わった世帯をいう。

★共属
互いに同じ集団に属すること。

38▶ **個人化**とは、個人的価値の実現を生活場面で重視する生き方をいう。家族における個人化、職場組織における個人化などあらゆる場面で用いられ、社会における個人化は大きな流れとなっている。

39▶ **ネットワーキング**とは、異質なもの同士の共存を意味する理念として、さらにはそれを超えて相互の交流や協力関係を構築し、諸個人、諸集団間のネットワークを形成すること、またはそのための運動をいう。①境界が明確でない、②固定したリーダーがいない、③目標達成のための整然とした組織でない、など官僚制の原理に対抗するような特徴をもつ。

40▶ **ソーシャルキャピタル**（社会関係資本）とは、自分たちの周りの集団とその成員の信頼関係、結びつきをいう。

■ 地域、地域社会

● 地域、地域社会、コミュニティの概念

41▶ **マッキーバー**（MacIver, R. M.）は、**コミュニティ**は、①一定の地域性、②共同生活、③共属感情という3つの指標を満たす集団で、近隣集団、村落、都市を経て国民社会、世界社会へと同心円的な広がりをもつとした。これに対して**アソシエーション**は、特定の限定された関心を充足することを目的として人為的に構成される集団とした。

● 地域社会の集団、組織

42▶ **社会福祉法人**は、社会福祉事業を行うことを目的として、社会福祉法に基づいて設立される法人である。**社会福祉法人の設立認可**は、市長、都道府県知事または厚生労働大臣が行う。

43▶ 社会福祉法人の行う社会福祉事業には、**第一種社会福祉事業**と**第二種社会福祉事業**がある（**表3**参照）。また、社会福祉法人は経営する社会福祉事業に支障がない限り、**公益事業★**と**収益事業★**を行うことができる。

44▶ 2016（平成28）年の社会福祉法の改正によって、社会福祉法人は、①定款、**計算書類★**、事業の概要を記載した書類等の備え置きおよび国民一般に対する閲覧等にかかる規定を整備すること、②定款、計算書類、事業の概要を記載した書類等を公表しなければならないことが規定された★。

ここが変わった

2016（平成28）年度からは、公益事業を行うにあたって、日常生活または社会生活上の支援を必要とする人に対して、無料または低額な料金で、福祉サービスを積極的に提供するよう努めなければならないこととなった。

★収益事業
社会福祉事業もしくは公益事業の経営に充てることを目的とする事業のこと。

 32―119（総合）

★計算書類
財務諸表は、2016（平成28）年度から計算書類という呼び方が使われている。

ここが変わった

2016（平成28）年の社会福祉法の改正により、事業運営の透明性の向上が図られた。

表3 ▶ 社会福祉事業の分類

	経営主体	主な事業内容
第一種社会福祉事業	国、地方公共団体、社会福祉法人が原則	老人福祉法の**特別養護老人ホーム**や、障害者総合支援法の**障害者支援施設**など
第二種社会福祉事業	経営主体の制限はない	老人福祉法の**老人デイサービス事業**や、障害者総合支援法の**障害福祉サービス事業**など

注：共同募金事業は、第一種社会福祉事業である。

45 ▶ 社会福祉法人は、**解散**や**清算**、ほかの社会福祉法人と**合併**を行うことが**できる**。

46 ▶ 社会福祉法人は、**評議員**、**評議員会**、**理事**、**理事会**および**監事**を置かなければならない★（**表4**）。

表4 ▶ 社会福祉法人の機関

評議員	評議員は、社会福祉法人の適正な運営に必要な識見を有する者のうちから、定款の定めるところにより、選任する。
評議員会	法人運営の基本ルール・体制の決定と事後的な監督を行う。
理事会	すべての理事で組織する業務執行に関する意思決定機関。職務として、①社会福祉法人の業務執行の決定、②理事の職務の執行の監督、③理事長の選定および解職、を行う。
監事	理事の職務の執行を監査する。

47 ▶ 一定規模以上の社会福祉法人は、**会計監査人**を**置かなければならない**。

48 ▶ 社会福祉法人は、**理事**を**6人以上**、**監事**を**2人以上置かなければならない**。

!　ここが変わった

2016（平成28）年の社会福祉法の改正により、社会福祉法人の経営組織の見直しがされた。理事会は、理事・理事長に対して、自由な行動を抑えるなどの機能をはたらかせるよう位置づけられた。評議員会は、任意設置から必置の議決機関となった。

● 地域社会の変化（産業化、都市化、過疎化など）

49 都市化とは、特定の社会のなかで都市的な集落に住む人口の割合が増加することにより、都市自体の規模が大きくなっていくことをいう。本来は都市的集落に特有の生活様式や社会関係、意識形態が、社会全体に浸透していくことと定義できる。都市化の特徴の１つとして、マクドナルド化★、ファストフード化、あるいはコンビニ文化と表現される現象がみられる。

50 **過剰都市化現象**では、人口の過密による交通渋滞やバス・地下鉄での混雑、潤いの少ないコンクリート環境と競争社会におけるストレスを引き起こす一方で、匿名★化社会となり、犯罪も発生しやすくなる。

51 **過疎化**とは、①地域の人口（戸数）が急減し、②その影響で産業の衰退や生活環境の悪化がもたらされ、③住民意識が低下し、④最後には地域から人がいなくなる（集落が消滅する）ことをいう。過疎地域は、**過疎地域の持続的発展の支援に関する特別措置法**により、政府が「**国勢調査**」をもとに**市町村**単位で公示する。

52 **過疎問題**とは、産業化や都市化などに伴う人口流出によって、それまでの生活水準または生活のパターン（防災・教育・保健などの基礎的条件）が維持できない状態になった地域の問題をいう。**過疎地域**においては、若年層の人口流出により地域人口が高齢化し、高齢者問題が深刻になり、地域の生産機能も低下する。**限界集落**★も増加している。

■ 地域社会における生活支援

53 「社会福祉」が法令用語として初めて用いられたのは、1947（昭和22）年施行の**日本国憲法第25条**の**生存権**に関する規定である。この規定により、国民が**生存権**（福祉を利用する権利）を有し、その保障を国が義務として負っていることが明らかにされた。この規定を受けて、日本の社会福祉制度は整備されていった。

54 **セツルメント**は、19世紀後半に始まり、貧困地域に住み込んで実態調査を行いながら住民への教育や医療、生活上の援助を行う事業や施設をいう。

55 ▶ **隣保館**は、**セツルメント事業**を行う施設をいう。1890年代に欧米から導入された。1920年代から**隣保事業**と訳され、**社会福祉法**でも隣保事業と規定し、**第二種社会福祉事業**となっている。市民館、社会館、生活館などとも呼ばれ、「無料又は低額な料金でこれを利用させることその他その近隣地域における住民の生活の改善及び向上を図るための各種の事業を行うもの」と規定されている★。

56 ▶ 昭和20年代は、貨幣的ニーズに対して生活保護が中心となっていた。前半は戦争被災者等の緊急的な生活保障、後半は日本経済の復興が課題で、この時期にいわゆる**福祉三法**が成立した（**表5**参照）。

表5 ▶ **福祉三法と福祉六法**

区分		法律名	成立年
福祉六法	福祉三法	生活保護法（現・生活保護法※）	1946（昭和21）
		児童福祉法	1947（昭和22）
		身体障害者福祉法	1949（昭和24）
		精神薄弱者福祉法（現・知的障害者福祉法）	1960（昭和35）
		老人福祉法	1963（昭和38）
		母子福祉法（現・母子及び父子並びに寡婦福祉法）	1964（昭和39）

※ 現・生活保護法は1950（昭和25）年に成立

57 ▶ 1951（昭和26）年には、福祉三法の実施体制を確立するために**社会福祉事業法**（現・**社会福祉法**）が制定され、社会福祉の実施機関として、福祉事務所が各都道府県と市に設置された。

58 ▶ **福祉事務所**は、社会福祉法第14条から第17条に規定され、**都道府県および市**（特別区を含む）は、福祉事務所を**設置しなければならない**とされ、**町村**は、福祉事務所を**設置できる**とされている。福祉事務所は原則として、①所の長、②指導監督を行う所員（査察指導員）、③現業を行う所員、④事務を行う所員、を置かなければならない★。

59 ▶ 昭和30年代においても、貨幣的ニーズへの対応は福祉政策の中心であり、施設福祉も国民の最低生活の保障の意味があった。新しい福祉各法の制定で**福祉六法体制**となったものの、低所得層への対応が課題であり、生活保護の比重は依然として大きかった（**表5**参照）。

TEST 35—7

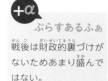
+α
ぷらすあるふぁ
戦後は財政的裏づけがないためあまり盛んではない。

TEST 33—7

TEST 33—7

TEST 32—7
36—9

+α
ぷらすあるふぁ
「指導監督を行う所員」「現業を行う所員」については、社会福祉主事でなければならない。

社会の理解

60 昭和40年代後半から認知症（痴呆性）高齢者の問題がクローズアップされた。昭和50年代は高齢化に伴う在宅の要介護老人への介護サービスに対するニーズが増大し、1982（昭和57）年には**老人保健法**（現・高齢者の医療の確保に関する法律（高齢者医療確保法））が制定された。一方、1973（昭和48）年からの第一次オイルショックによる不況で、生活保護受給者の数も微増傾向にあった。

61 昭和60年代半ば以降は、公的福祉サービスを中核としながらも、ボランティア活動や非営利団体による福祉サービス、民間シルバーサービスを加えた多元的なサービス供給体制が求められている。また、**QOL**（生活の質）を問う視点が入るようになった。

62 **1990（平成2）年**のいわゆる福祉関係八法改正によって、高齢者および身体障害者の施設への入所決定等の事務が都道府県から町村（福祉事務所を設置しない町村）に移譲され、**在宅福祉サービスと施設福祉サービスの一元化**などが図られた。

63 **1998（平成10）年**の「**社会福祉基礎構造改革について（中間まとめ）**」では、7つの改革の基本的方向が明らかにされた（**表6**参照）。

表6 ▶ 改革の基本的方向

①サービスの利用者と提供者の対等な関係の確立
②個人の多様な需要への地域での総合的な支援
③幅広い需要に応える多様な主体の参入促進
④信頼と納得が得られるサービスの質と効率性の向上
⑤情報公開等による事業運営の透明性の確保
⑥増大する費用の公平かつ公正な負担
⑦住民の積極的な参加による福祉の文化の創造

36—10

64 1951（昭和26）年に制定された**社会福祉事業法**は、**社会福祉基礎構造改革**により2000（平成12）年に大幅に改正され、法の名称も**社会福祉法**となった。

65 2000（平成12）年の社会福祉事業法の改正などによって、福祉サービスは、措置制度★から、利用者が事業者と対等な関係に基づいてサービスを選択する利用契約制度に転換された。

★措置制度
福祉サービスの提供にあたって、市町村等の行政機関がサービスの実施の要否、サービスの内容、提供主体等を決定して、行政処分として利用者にサービスを提供するしくみ。

66 ▶ 社会福祉法第1条は、**目的**として、「社会福祉を目的とする事業の全分野における共通的基本事項を定め、社会福祉を目的とする他の法律と相まって、福祉サービスの利用者の利益の保護及び地域における社会福祉（地域福祉）の推進を図るとともに、社会福祉事業の公明かつ適正な実施の確保及び社会福祉を目的とする事業の健全な発達を図り、もって社会福祉の増進に資すること」と規定されている。

67 ▶ 社会福祉法第3条は、**福祉サービスの基本的理念**として、「福祉サービスは、**個人の尊厳の保持**を旨とし、その内容は、福祉サービスの利用者が心身ともに健やかに育成され、又はその有する能力に応じ**自立した日常生活を営むことができるように支援するもの**として、良質かつ適切なものでなければならない」と規定されている。

68 ▶ 2017（平成29）年の社会福祉法の改正により、第4条に第2項（2020（令和2）年の改正により第3項となった）が追加され、地域福祉の推進にあたって、地域住民等は地域生活課題★を把握し、支援関係機関との連携などによってその解決を図るよう特に留意することとされた。

69 ▶ 社会福祉法第5条は、**福祉サービスの提供の原則**として、「社会福祉を目的とする事業を経営する者は、その提供する多様な福祉サービスについて、利用者の意向を十分に尊重し、地域福祉の推進に係る取組を行う他の地域住民等との連携を図り、かつ、保健医療サービスその他の関連するサービスとの有機的な連携を図るよう創意工夫を行いつつ、これを総合的に提供することができるようにその事業の実施に努めなければならない」と規定されている。

70 ▶ 社会福祉法第6条は、**国及び地方公共団体の責務**として、「国及び地方公共団体は、社会福祉を目的とする事業を経営する者と協力して、社会福祉を目的とする事業の広範かつ計画的な実施が図られるよう、福祉サービスを提供する体制の確保に関する施策、福祉サービスの適切な利用の推進に関する施策その他の必要な各般の措置を講じなければならない」と規定されている。社会福祉は、**基礎的自治体**である**市町村**が実施体制の中心となっている。

★地域生活課題
地域住民およびその世帯が抱える福祉、介護、介護予防、保健医療などに関する課題。

社会の理解

185

32—5
35—115（総合）

★重層的支援体制整備事業
包括的相談支援、参加支援、地域づくりに向けた支援等を一体的に実施する事業。

★福祉多元主義
福祉サービスの供給主体を国だけでなく民間も含め多元化する考え方。

＋α
ぷらすあるふぁ
自助・互助・共助・公助の考え方は、地域包括ケアシステムにおいても用いられている。公助は、自助・互助・共助では対応できない生活困窮等に国などが対応する公的な支援である。

71▶ 2020（令和2）年の社会福祉法の改正により、第6条第2項が改正され、国および地方公共団体は、地域生活課題の解決に資する支援が包括的に提供される体制の整備その他地域福祉の推進のために必要な各般の措置を講ずるよう努めるとともに、当該措置の推進にあたっては、保健医療、労働、教育、住まいおよび地域再生に関する施策その他の関連施策との連携に配慮するよう努めなければならないこととされた。

72▶ 2020（令和2）年の社会福祉法改正で第6条に第3項が追加され、国および都道府県は、市町村（特別区を含む）において重層的支援体制整備事業★その他地域生活課題の解決に資する支援が包括的に提供される体制の整備が適正かつ円滑に行われるよう、必要な助言、情報の提供その他の援助を行わなければならないこととされた。

73▶ 社会福祉法第61条に規定されている社会福祉事業経営の準則の内容は次のとおりである。①国および地方公共団体は、法律に基づくその責任を他の社会福祉事業を経営する者に転嫁し、またはこれらの者の財政的援助を求めないこと、②国および地方公共団体は、他の社会福祉事業を経営する者に対し、その自主性を重んじ、不当な関与を行わないこと、③社会福祉事業を経営する者は、不当に国および地方公共団体の財政的、管理的援助を仰がないこと。

74▶ 2020（令和2）年の社会福祉法改正により、社会福祉事業に取り組む社会福祉法人やNPO法人等を社員として、相互の業務連携を推進する社会福祉連携推進法人制度が創設された。

75▶ 福祉国家から福祉社会への移行とは、さまざまな民間部門（非営利部門や営利部門）によって個人の福祉の実現に主体的にかかわる福祉社会を実現することである。また、福祉多元主義★を受けて、住民などによる地域福祉推進の期待が高まっている。

76▶ 今日における自助・互助・共助・公助の考え方は、自助を基本として、互助・共助や公助がそれぞれの役割や機能に応じて多元的にかかわりをもちながら利用者を支援していくこととなる★。

77▶ 近年は、家族が相互扶助機能や愛情などを発揮する基盤は弱く、過度な期待を寄せることはできない。家庭内暴力（DV）、育児や介護の放棄、殺人や心中などは、家族の相互扶助機能の限界を示し、それはまた福祉がお金やサービスとして売買できない問題を家族が担うことの限界を示しているともいえる。

78 ▶ **シルバー人材センター**は、**市町村**に設置され、**臨時的かつ短期的な就業の機会の確保**を目的とし、おおむね60歳以上の者で希望する職種を登録しておくもので、福祉行政と労働行政の両分野にまたがり高齢者に仕事を提供する公益社団法人（一部地域には、公益財団法人も存在する）をいう。

一問一答 ▶ P.286

2 地域共生社会の実現に向けた制度や施策

社会福祉法では、地域福祉の推進を掲げ、地域共生社会や多文化共生社会の実現を目指している。地域住民がそれぞれに役割をもち、支え合いながら自分らしく活躍できるように、地域のためにどのような制度や施策の取り組みが行われているかを押さえておこう。

■ 地域福祉の発展

79 ▶ 2020（令和2）年の社会福祉法の改正により、第4条に第1項が追加され、**地域福祉の推進**は、地域住民が相互に人格と個性を尊重し合いながら、参加し、共生する地域社会の実現を目指して行わなければならないこととされた。これに伴い従来の第4条第1項は第2項に、同第2項は第3項に改正された。

80 ▶ **社会福祉法**第4条第2項は、**地域福祉の推進**として、「地域住民、社会福祉を目的とする事業を経営する者及び社会福祉に関する活動を行う者（地域住民等）は、相互に協力し、福祉サービスを必要とする地域住民が地域社会を構成する一員として日常生活を営み、社会、経済、文化その他あらゆる分野の活動に参加する機会が確保されるように、地域福祉の推進に努めなければならない」と規定されている（2020（令和2）年の改正により旧第1項から第2項となった）。

TEST 35—7

81 社会福祉協議会は、**社会福祉事業法**（現・**社会福祉法**）に基づき1950年代初期に発足した。地域福祉を推進するための団体である。「社会福祉協議会基本要項」において、社会福祉協議会の基本的機能は、コミュニティ・オーガニゼーションの方法を地域社会に適用することであるとしている。

■ 地域共生社会

82 地域社会とは、住むことを中心にして広がる社会関係の存在を前提にした、具体的な場所に関連づけられた社会のことであり、コミュニティとも呼ばれる。近隣、近所、地区、区域、地方、村、町内などでは表現できない地縁★的共同性の新たな意味が込められている。

★地縁
住んでいる土地に基づく関係。

TEST 34—5
35—8

83 地域共生社会は、すべての住民が支え合い、自分らしく活躍できる地域コミュニティの創出を目指すものである。

84 多文化共生社会とは、異なる国籍や民族の人々が、互いの文化的違いを認め、尊重し合い対等な関係を築こうとしながら、地域社会でともに生きていける社会を指す。

85 ヨーロッパへ移住した人々は、社会参加ができず、社会問題のひずみを受けていた。そのためアルコール依存などの社会的ストレスの問題、路上での死、孤独死、自殺などの**社会的孤立**、**外国人の排除**といった問題が各地で生じていた。その人々の状況は、社会的排除（ソーシャルエクスクルージョン）であり、それを解決しようとする理念として社会的包摂（ソーシャルインクルージョン）が登場した。社会的な孤立や排除の問題に取り組むことを通じて、今日的「つながり」の再構築を目指している。

TEST 34—8

86 地域共生社会の実現のための社会福祉法等の一部を改正する法律が、2020（令和2）年6月に公布された。改正内容は、①地域住民の複雑化・複合化した支援ニーズに対応する市町村の包括的な支援体制の構築の支援、②地域の特性に応じた認知症施策や介護サービス供給体制の整備等の推進、③医療・介護のデータ基盤の整備の推進、④介護人材確保および業務効率化の取り組みの強化、⑤社会福祉連携推進法人制度の創設等の措置が講じられ、関連する法律の改正が行われた。

■ 地域包括ケア

87 地域包括ケアシステムとは、ニーズに応じた住宅が提供されることを基本に、生活上の安全・安心・健康を確保するために、医療や介護予防のみならず、福祉サービスを含めたさまざまな生活支援サービスが日常生活の場（日常生活圏域）で適切に提供できるような地域での体制と定義される。

88 地域ケア会議★は、地域包括ケアシステムの実現のために設けられたもので、市町村または地域包括支援センターに設置される。地域ケア会議には、「個別課題解決機能」「ネットワーク構築機能」「地域課題発見機能」「地域づくり・資源開発機能」「政策形成機能」の5つの機能がある。

一問一答 ▶ P.286

★**地域ケア会議**
介護支援専門員（ケアマネジャー）、保健医療・福祉に関する専門的知識を有する者、民生委員その他の関係者、関係機関・関係団体により構成される会議。

社会の理解

③ 社会保障制度

　「社会保障の基本的な考え方」を押さえ、それが歴史的にどのような変遷を経たかを理解することが重要である。次に、年金や医療保険の概要を自分自身の生活にあてはめて理解しておくとわかりやすくなるであろう。また、日本の人口減少問題など今後の社会構造の変化に伴い、「持続可能な社会保障制度」についての考えなどもまとめておくとよい。

■ 社会保障の基本的な考え方

89 ILO（国際労働機関）では国際比較のために社会保障の基準を定め、表7の3つの基準を満たすすべての制度を社会保障制度と定義している。これに基づき各国に社会保障給付費の集計を求めている。

90 日本の社会保障制度としては、**社会保険制度**（雇用保険制度や労働者災害補償保険を含む）、**家族手当制度、公衆衛生サービス、公的扶助、社会福祉制度**などがある。

表7 ▶ ILOが定めた社会保障の基準

①制度の目的が、次のリスクやニーズのいずれかに対する給付を提供するものであること。
(1)高齢、(2)遺族、(3)障害、(4)労働災害、(5)保健医療、(6)家族、(7)失業、(8)住宅、(9)生活保護その他
②制度が法律によって定められ、それによって特定の権利が付与され、あるいは公的、準公的、もしくは独立の機関によって責任が課せられるものであること。
③制度が法律によって定められた公的、準公的、もしくは独立の機関によって管理されていること。あるいは法的に定められた責務の実行を委任された民間の機関であること。

35—8

91 **イギリスのシドニー・ウェッブ**（Webb, S.）は、20世紀初頭、賃金労働者を念頭に、政府と自治体が社会保障その他の公共政策によって**国民の最低限度の生活を保障すること（ナショナルミニマム）**を提唱し、妻ビアトリス・ウェッブ（Webb, B.）は、その範囲をすべての社会成員の健全な生活に広げ、権利としての社会保障を主張した。

92 **社会保障の目的**は、①生活の保障・生活の安定、②個人の自立支援、③家庭機能の支援である（**表8**参照）。

表8 ▶ 社会保障の目的

①生活の保障・生活の安定	社会保障は、個人の責任や自助努力では対応し難い不測の事態に対して、社会連帯の考えのもとにつくられたしくみを通じて、生活を保障し、安定した生活へと導いていくものである。
②個人の自立支援	疾病などの予期し難い事故や体力が衰えた高齢期などのように、自分の努力だけでは解決できず、自立した生活を維持できない場合等において、障害の有無や年齢にかかわらず、人間としての尊厳をもって、その人らしい自立した生活を送れるように支援すること。
③家庭機能の支援	核家族化の進展や家族規模の縮小等による家庭基盤のぜい弱化や、生活環境・意識の変化、長寿化の進展等により、私的扶養による対応のみでは限界にきている分野、例えば介護、老親扶養などの家庭機能について、社会的に支援すること。

資料:「平成11年版厚生白書の概要」を一部改変

93 **社会保障の機能**は、①社会的安全装置（社会的セーフティネット）、②所得再分配、③リスク分散、④社会の安定および経済の安定・成長である（**表9**参照）。

94 最近の社会保障制度のとらえ方は、所得保障、医療保障、社会福祉に大別できる（**表10**参照）。

表9 ▶ 社会保障の機能

①社会的安全装置（社会的セーフティネット）	病気や負傷、介護、失業や稼得能力を喪失した高齢期、不測の事故による障害など、生活の安定を損なうさまざまな事態に対して、生活の安定を図り、安心をもたらすための社会的な安全装置（社会的セーフティネット）の機能。
②所得再分配	税金や社会保障制度等を通じて、所得を個人や世帯の間で移転させることにより、所得格差を縮小したり、低所得者の生活の安定を図ったりする。高所得者から低所得者、現役世代から高齢世代へという再分配のほか、個人のライフサイクル内における再分配等もある。
③リスク分散	疾病や事故、失業などの、個人の力のみでは対応し難い危険（リスク）に対して、社会全体でリスクに対応するしくみをつくることにより、資金の提供等を通じて、リスクがもたらす影響を極力小さくする機能。
④社会の安定および経済の安定・成長	生活に安心感を与えたり、所得格差を解消したりすることから、社会や政治を安定化させること。あるいはこうした社会保障給付を通じて、経済安定化機能や経済成長を支えていく機能。

資料：「平成11年版厚生白書の概要」を一部改変

表10 ▶ 各社会保障制度の役割・機能

所得保障	所得の喪失や減少等で生活の安定を損なう事態に対して、現金給付により所得を補填し生活の安定を図る。 生活保護、年金制度、雇用保険　など
医療保障	疾病や障害の治療や健康の維持・回復のために医療機関等における保健・医療サービスを受けることを保障する。 医療保険、医療制度　など
社会福祉	個人の自己責任による解決が困難な生活上の問題に対して、行政機関がサービスを提供し、生活の安定・自己実現を支援する。 児童福祉、障害者福祉、高齢者福祉　など

日本の社会保障制度の発達

95 ▶ 日本では、1922（大正11）年に被用者★を対象に**健康保険制度**が制定され、1926（大正15）年に施行、翌1927（昭和2）年に給付を開始した。1961（昭和36）年から**国民皆保険化**が実現、同年には福祉年金が導入され**国民皆年金化**も実現した（**表11**参照）。

TEST 34—5

★被用者
雇われた人。

表11 ▶ 日本の社会保障の展開

年金保険	厚生年金保険法	1944（昭和19）年	成立
		1954（昭和29）年	全面改正
	国民年金法	1959（昭和34）年	成立
		1961（昭和36）年	国民皆年金
	基礎年金	1985（昭和60）年	導入
医療保険	国民健康保険法	1938（昭和13）年	成立
		1958（昭和33）年	全面改正
		1961（昭和36）年	国民皆保険
	老人保健法	1982（昭和57）年	成立
		2008（平成20）年	「高齢者の医療の確保に関する法律」に全面改正
介護保険	介護保険法	1997（平成9）年	成立
		2000（平成12）年	施行
雇用保険	失業保険法	1947（昭和22）年	成立
		1974（昭和49）年	「雇用保険法」に全面改正
労災保険	労働者災害補償保険法	1947（昭和22）年	成立
		1973（昭和48）年	通勤災害も対象に

96 ▶ 1985（昭和60）年の年金制度改革は、①基礎年金制度の導入による**年金制度の一元化**、②給付水準の適正化と将来の負担増の緩和、③被用者の妻のすべてに国民年金加入を**義務づけた**こと、などが中心となっている。

97 ▶ 1986（昭和61）年からは年金制度に全国民共通の基礎年金制度が実施され、被用者年金（厚生年金、各種共済組合）の被保険者も国民年金法の適用を受けることとなった。

98 ▶ 第二次世界大戦後の日本の社会保障制度の動向は、**表12**に示した5つに区分することができる。

表12 ▶ 第二次世界大戦後の日本の社会保障制度の動向

①1945年の終戦直後の10年間	「戦後の緊急援護と基盤整備」の時代
②高度経済成長期にあたる1950年代半ばから1970年代半ばまで	「国民皆保険・皆年金と社会保障制度の発展」の時代
③1970年代後半から1980年代	「社会保障制度の見直し」の時代
④1990年代	「少子高齢社会に対応した社会保障制度の再構築」の時代
⑤21世紀に入り現在まで	「財政構造改革下の社会保障改革」の時代

99 ▶ 生存権などの社会権は、自由権と異なり、社会的弱者層に位置する人々の生存の権利を守るため、**国家の積極的な介入（保障）を要求する**ものである。

100 ▶ 日本国憲法第25条の生存権の保障を国が具現するための１つとして、**生活保護法**が規定されている。同法は、貧困から救済する施策（**救貧施策**）の代表的なものである。

101 ▶ 1950（昭和25）年の**社会保障制度審議会勧告**は、社会保障制度を困窮の原因に対して保険的方法（**社会保険**）または公の負担（社会扶助）における経済保障を講じ、**国家扶助（公的扶助）**によって最低生活の保障をするとともに、**公衆★衛生**および**社会福祉**の向上を図り、国民が文化社会の成員たるに値する生活を営むことができるようにすること、とした。

102 ▶ **社会保険**は、貧困状態になることをあらかじめ防いでおく施策（**防貧施策**）の代表的なものである。保険者は国または公的団体であり、国庫負担がなされ、強制加入の要件が満たされることによって社会性を保持する。老齢・障害・死亡といった長期的事故には老齢・障害・遺族の各年金が、失業・傷病など短期的事故には失業給付、療養給付がなされ、給付内容は標準化、規格化されている。

103 ▶ 1999（平成11）年、地方分権の推進を図るための関係法律の整備等に関する法律（**地方分権一括法**）が制定された。この法律によりそれまでの国の事務を地方自治体が国の機関として実施するという**機関委任事務制度**は廃止され、**法定受託事務★**と**自治事務★**に再編された。

 35─9

★公衆
社会一般の人々。

★法定受託事務
事務の性質上、その実施が国の義務に属し国の行政機関が直接執行すべきではあるが、国民の利便性または事務処理の効率性の観点から、法律または政令の規定により地方自治体が受託して行うこととされる事務。

★自治事務
地方自治体の事務のうち、法定受託事務を除いたもので、国の直接の指揮監督はおよばず、国の地方自治体に対する関与は技術的な観点から参考意見を提示したり、相談に応じたりするものに限定されている。

104 2006（平成18）年には、**地方分権改革推進法**が制定され、地方自治体への権限移譲などの見直しが行われた。その後、2011（平成23）年から2023（令和5）年まで13次にわたる「地域の自主性及び自立性を高めるための改革の推進を図るための関係法律の整備に関する法律」が制定され、地方自治体の自主性と裁量範囲が拡大された。

■ 日本の社会保障制度のしくみの基礎的理解

● 社会保障制度の基礎

105 社会保障のしくみを大別すると、①社会保険と②社会扶助に分けることができる。①社会保険とは、公的機関が保険者となり、保険技術を用いて保険料を財源として給付を行うしくみ、②社会扶助とは、租税を財源として国や地方自治体の施策として、国民や住民に対して、現金またはサービスの提供を行うしくみである（**図1**参照）。

図1 ▶ 社会保障のしくみ

106 保険には、公的機関が保険者となる**社会保険**と、生命保険や損害保険会社が提供する**民間保険**がある。**社会保険**は国、地方自治体、公的な団体などが保険者となり、被保険者は法律に基づき加入は**強制**であるのに対し、**民間保険**は民間の会社が保険者となり、加入も**任意**であるなどの相違点がある。

107 日本には、①健康保険などの医療保険、②国民年金などの年金保険、③雇用に関する雇用保険、④労働者災害補償保険（労災保険）の4つの**社会保険制度**があった。これに加えて**1997（平成9）年**に介護保険法が成立し、寝たきりや認知症になった場合の介護サービスの保障を社会保険方式で行うこととなった。

108 ▶ 1942年に発表されたベヴァリッジ報告は、**イギリスの第二次世界大戦後の社会保障制度を準備する設計図**となった。

109 ▶ ドイツでは、ビスマルク（Bismarck, O.）首相により、1880年代に**世界で最初の社会保険制度**が実施された。一方で、社会主義運動が弾圧されたため、しばしば「飴と鞭」の政策と呼ばれた。**1883年に疾病保険、1884年に災害保険、1889年に養老及び廃疾保険を導入**し、1994年に**介護保険法**が成立、1995年から在宅介護関連給付、1996年から施設介護給付が実施されている。

110 ▶ **公的扶助**の救済対象は、法的には全国民であるが、実質的には低所得者等で貧困な生活状態にあり、独力で自立した生活ができない**要保護状態にある生活困窮者**となっている。社会保険制度との相違点は、**表13**のとおりである。

表13 ▶ 公的扶助制度と社会保険制度の相違点

項目	公的扶助制度	社会保険制度
貧困に対する機能	救貧的機能（事後的）	防貧的機能（事前的）
資力調査 （ミーンズ・テスト）	前提条件とし、困窮状態にあることを確認	前提条件とせず、拠出に対する反対給付
給付の条件	申請・費用無拠出	強制加入・費用拠出
給付の内容	最低生活基準の不足分	賃金比例額または均一額
給付の水準	国が定めた最低生活基準	公的扶助と同等以上
給付の開始	困窮の事実	事故の発生時
給付の期間	無期	おおむね有期
実施機関の裁量	一定限度内で余地がある	画一的でほとんど余地なし
財源	公費負担のみ（本人負担なし）	被保険者・事業主の保険料および公費負担

111 ▶ **社会保障の保険料**には、各人の支払い能力に応じて負担する**応能負担**と、各人の受益の程度に応じて負担する**応益負担**がある★。また、サービスを利用した際の**利用者負担**についても、応能負担と応益負担がある。

+α
ぷらすあるふぁ
被用者保険の保険料は応能性が強く、国民健康保険の保険料（税）は、応能性と応益性が混在しているといわれる。

195

★賦課方式
必要な財源を、同時期の現役世代の保険料で賄う方式のこと。

ぷらすあるふぁ
日本の年金保険は、発足当初は積立方式であったが、現在は賦課方式を基本にしている。

112 社会保険の財政方式には①賦課方式★と②積立方式がある★（表14参照）。一般に医療保険、雇用保険、労災保険は賦課方式を採用している。

表14 ▶ 社会保険の財政方式

賦課方式	**短期間で収入の均衡を図る。**賃金や物価など経済変動による影響を受けにくいが、少子高齢化により後の世代ほど保険料負担が上昇する問題が生じやすい。
積立方式	**長期間で収入の均衡を図る。**経済変動の影響を受けやすいが、少子高齢化による人口構成の変動の影響は受けにくい。

113 日本は**国民皆保険・皆年金体制**をとっている。これは、従来からあった被用者中心の社会保険制度に、被用者以外の一般住民を対象とする地域住民型の国民健康保険と国民年金が併設されたものである。

● **年金保険**

114 年金保険は、老齢、障害、死亡の事故に対して支給される**長期給付**であり、労働者・被用者（厚生年金）や自営業・非被用者（国民年金）本人およびその遺族の生活の安定を目的とする。

115 日本の年金制度は、**2015（平成27）年10月**までは、①厚生年金保険、②国家公務員共済組合、③地方公務員等共済組合、④私立学校教職員共済制度、⑤国民年金の５つの制度に分かれ、国民年金以外は**被用者年金**であった。

116 日本の年金制度は、**2015（平成27）年10月**からは、厚生年金に**公務員**および**私立学校教職員**も加入することとなった。これに伴い、①公務員等が加入していた共済年金の２階部分は厚生年金に統一、②共済年金・厚生年金の保険料率（上限18.3％）は統一、③共済年金の３階部分（職域加算部分）は廃止、された。

117 **厚生年金**は、基礎年金の支給要件を満たした場合に基礎年金に上乗せして報酬比例の給付が支給される、**２階建て**の公的年金制度である（図２参照）。

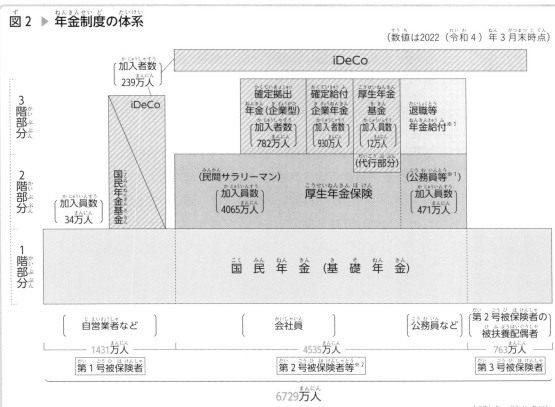

図2 ▶ 年金制度の体系

（数値は2022（令和4）年3月末時点）

※斜線部は任意加入

※1 被用者年金制度の一元化に伴い、2015（平成27）年10月1日から公務員および私学教職員も厚生年金に加入。また、共済年金の職域加算部分は廃止され、新たに退職等年金給付が創設。ただし、2015（平成27）年9月30日までの共済年金に加入していた期間分については、2015（平成27）年10月以後においても、加入期間に応じた職域加算部分を支給。

※2 第2号被保険者等とは、厚生年金被保険者のことをいう（第2号被保険者のほか、65歳以上で老齢、または、退職を支給事由とする年金給付の受給権を有する者を含む）。

資料：厚生労働省編『令和5年版 厚生労働白書（資料編）』2023年、240頁を一部改変

118▶ **国民年金の被保険者**は、①20歳以上60歳未満の自営業等の非被用者（第1号被保険者）、②厚生年金保険の被保険者（第2号被保険者）、③厚生年金保険の被保険者の被扶養配偶者で20歳以上60歳未満の者（第3号被保険者）に分けられる。被保険者の資格には国籍要件はない。

119▶ 2000（平成12）年に、一定所得以下の学生の保険料納付を申請により猶予する**学生納付特例制度★**が発足した。

120▶ 2005（平成17）年4月から2030（令和12）年6月までの時限措置として、30歳未満の第1号被保険者（配偶者がいる場合は配偶者を含めて）で一定所得以下の場合に保険料納付を申請により猶予する**若年者納付猶予制度★**が施行された。追納可能期間は10年間である。

★**学生納付特例制度**
従来の免除制度と異なり、10年以内に追納しなければ、その期間は年金額には反映されない。

+α
ぷらすあるふぁ
2016（平成28）年7月から2030（令和12）年6月までは、50歳未満の者に拡大されている。

社会の理解

197

+α
ぷらすあるふぁ

2014（平成26）年4月から遺族基礎年金は父子家庭にも支給されることになった。

ここが変わった

2017（平成29）年8月から「25年以上」が「10年以上」に短縮された。また、2020（令和2）年の改正で繰り下げ支給の上限年齢が75歳となったので注意。

★標準賞与額

その月に支払われた賞与額1000円未満を切り捨てた額で、上限は150万円である。

TEST 33—9

121 国民年金の給付の種類は、①老齢基礎年金、②障害基礎年金、③遺族基礎年金★、④寡婦年金、⑤死亡一時金、⑥付加年金である。

122 老齢基礎年金は、原則として資格期間（保険料納付済期間、保険料免除期間、合算対象期間）を満たした者が、65歳に達したときに支給される。満額受給には、加入可能年数の全期間の保険料納付が必要である。

123 老齢基礎年金の資格期間は、10年以上★である。

124 老齢基礎年金の支給開始年齢は、原則として65歳であるが、本人の希望によって60〜64歳での**繰り上げ（減額）支給**、66歳以降での**繰り下げ（増額）支給**を選択することができる。なお、2020（令和2）年の改正で、繰り下げ支給の上限年齢が70歳から75歳となった。

125 国民年金基金とは、1991（平成3）年から実施され、自営業者等の第1号被保険者が老齢基礎年金に上乗せする2階部分の年金で、加入は任意である。基本給付（物価スライドしない）、ボーナス給付、各基金独自の給付で構成される。加入後は任意に脱退できない。

126 厚生年金保険の被保険者は、適用事業所（常時5人以上の従業員を使用する個人事業所（サービス業等を除く）、国・地方公共団体・法人の事業所、船舶）に使用されている70歳未満の被用者である。

127 厚生年金保険の保険料は、2003（平成15）年4月より総報酬制が実施され、標準報酬月額に加えて、標準賞与額★も保険料率を乗じて得た額を被保険者と事業主が折半している。なお、「育児休業、介護休業等育児又は家族介護を行う労働者の福祉に関する法律（育児・介護休業法）」などに基づく育児休業期間中の保険料は免除される。

128 政府が管掌する**厚生年金保険事業**および**国民年金事業**に関する業務等を行う新たな機関として、2010（平成22）年1月に日本年金機構が発足した。本機構の設立に伴い、社会保険庁は廃止された。

● 医療保険

129 医療保険には、大きく分けると職域保険と地域保険がある（図3参照）。給付方法には、医療給付（現物給付）と現金給付がある。

図3 ▶ 医療保険の分類

医療保険 ┬ 職域保険 ── 健康保険・各種共済等
　　　　 └ 地域保険 ── 国民健康保険

130 ▶ 日本の**医療保険制度**は、①**国民健康保険**、②**健康保険**、③**船員保険**、④**各種共済**、⑤**後期高齢者医療制度**からなる（**図4**参照）。

36—11

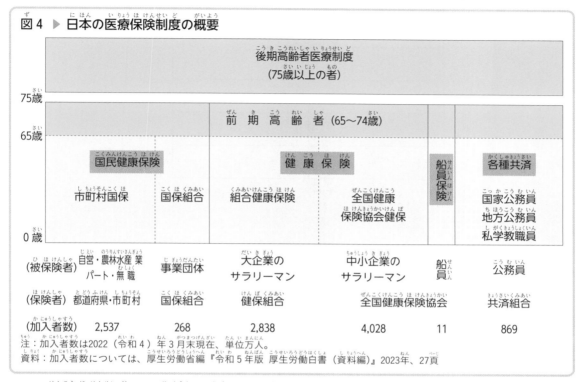

図4 ▶ 日本の医療保険制度の概要

後期高齢者医療制度（75歳以上の者）					
前期高齢者（65〜74歳）					
国民健康保険		**健康保険**		**船員保険**	**各種共済**
市町村国保	国保組合	組合健康保険	全国健康保険協会健保		国家公務員 地方公務員 私学教職員

（被保険者）	自営・農林水産業 パート・無職	事業団体	大企業の サラリーマン	中小企業の サラリーマン	船員	公務員
（保険者）	都道府県・市町村	国保組合	健保組合	全国健康保険協会		共済組合
（加入者数）	2,537	268	2,838	4,028	11	869

注：加入者数は2022（令和4）年3月末現在、単位万人。
資料：加入者数については、厚生労働省編『令和5年版 厚生労働白書（資料編）』2023年、27頁

131 ▶ **健康保険制度**は、被用者医療保険制度の中心で総人口の過半数の人々を対象とし、**全国健康保険協会管掌健康保険**（旧・政府管掌健康保険）と**組合管掌健康保険**からなる。政府管掌健康保険は、2008（平成20）年10月から全国健康保険協会に事業が引き継がれた。

132 ▶ 医療にかかる費用のうち患者の**自己負担割合**については、**表15**のとおりである。

133 ▶ 健康保険と国民健康保険の給付の種類は**表16**とおりである。

134 ▶ **高額療養費**は、国民健康保険、健康保険などの医療保険制度において療養に際して支払った一部負担金の額が一定の限度額を超え、高額となった場合に支給される**現金給付**をいう。

135 ▶ 2012（平成24）年4月から**高額療養費**は、外来療養についても、同一医療機関での同一月の窓口負担が高額療養費の自己負担限度額を超える場合は、患者が高額療養費を事後に申請して受給する手続きに代えて、保険者から医療機関に高額療養費を支給することで、窓口での支払いを自己負担限度額までにとどめる取り扱い（**現物給付化**）が導入された。

社会の理解

表15 ▶ 医療費の自己負担割合

年齢	負担割合
0～2歳	2割
3～6歳※1	
6※1～69歳	3割
70～74歳	2割※2
75歳以上※3	2割※4

※1　6歳になった日以降の最初の3月31日を区切りとする
※2　現役並み所得者は3割
※3　一定の障害状態にある65～74歳を含む
※4　現役並み所得者は3割

136 **傷病手当金**は、病気やけがの療養のため労務につけず、4日以上その状態が続き、報酬が支給されないときに給付される。支給額は、1日につき**標準報酬日額**★の3分の2であり、**支給期間は通算して1年6か月が限度**である。退職しても被保険者期間が1年以上あれば、継続して受給期間満了まで受給できる。**健康保険では法定給付、国民健康保険では任意給付**で、市町村では実施していない。

137 **傷病手当金**は、同じ病気やけがで障害厚生年金・障害手当金を受けることができる場合は支給されない。また、労災保険の休業補償給付受給中に傷病手当金の受給権が発生しても、その期間は傷病手当金は支給されない。

138 健康保険の被保険者本人が出産したときは、**出産育児一時金**が支給される（国民健康保険では一部の保険者で実施されている）。健康保険の配偶者や家族が出産したときは、**家族出産育児一時金**が支給される。**出産育児一時金**は、健康保険では**50万円**★（国民健康保険は条例で定める額）が給付される。

139 **出産手当金**は、健康保険の被保険者のみが対象であり、出産の日以前42日（多胎妊娠の場合は98日）、出産の日後56日以内、労務に服さず、**賃金・給料が得られないとき**に支給される。1日につき**標準報酬日額**の3分の2に相当する額が支給される。

+α
ぷらすあるふぁ
標準報酬日額は、支給開始前の12か月の平均標準報酬月額の30分の1である。出産手当金も同様。

+α
ぷらすあるふぁ
産科医療補償制度に加入していない医療機関等で出産した場合または在胎週数22週未満の分娩の場合は48.8万円となる。

表16 ▶ 健康保険と国民健康保険の給付の種類

区分		健康保険の給付の種類		国民健康保険の給付の種類
		被保険者	被扶養者	
医療給付（病気やけがの治療に対する給付）	現物給付（患者は原則として患者負担金のみ医療機関の窓口で支払う）	療養の給付 訪問看護療養費 入院時食事療養費 入院時生活療養費 保険外併用療養費	家族療養費（入院時食事療養費、入院時生活療養費、保険外併用療養費を含む） 家族訪問看護療養費	療養の給付 訪問看護療養費 入院時食事療養費 入院時生活療養費 保険外併用療養費
	現金給付（患者が医療費全額をいったん支払い、後日保険者から現金が還付される）	療養費 高額療養費 高額介護合算療養費	家族療養費 高額療養費 高額介護合算療養費	療養費 特別療養費 高額療養費 高額介護合算療養費
	治療のための患者移送	移送費	家族移送費	移送費
医療以外の給付（休業補償給付または慶弔に伴う給付）	傷病の治療のための休業	傷病手当金		傷病手当金（一部の保険者で実施。現在、市町村では支給しているところはない）
	出産のための休業	出産手当金		
	出産費用の補てん	出産育児一時金	家族出産育児一時金	出産育児一時金（一部の保険者で実施）
	死亡	埋葬料（費）	家族埋葬料	葬祭費（一部の保険者で実施）
継続給付（退職後一定期間保証された給付）		傷病手当金、出産手当金、出産育児一時金、埋葬料（費）		

資料：社会福祉士養成講座編集委員会編『新・社会福祉士養成講座⑰保健医療サービス（第5版）』中央法規出版、2017年、169頁を一部改変

140 ▶ 健康保険の被保険者は、適用事業所（常時5人以上の従業員を使用する事業所（サービス業等を除く）、国・地方公共団体・法人の事業所）に勤める被用者である。被保険者の扶養家族も、被扶養者として保険給付が行われる。

ここが
変わった

2018（平成30）年から、都道府県は、市町村（特別区を含む）とともに、国民健康保険を行う保険者となった。

+α
ぷらすあるふぁ
国民健康保険組合を設立している業種は、医師、歯科医師、薬剤師、食品販売業、土木建築業、理容美容業、浴場業、弁護士等である。

141 ▶ **健康保険の保険料**は、被保険者の標準報酬月額および標準賞与額に保険料率をかけた額である。

142 ▶ **国民健康保険の保険者**★は、都道府県および市町村（特別区を含む）と国民健康保険組合である。都道府県および市町村は、国民健康保険を実施する法的義務が課せられており、国民健康保険の主な実施主体である。

143 ▶ 国民健康保険の保険者のうち、**国民健康保険組合**★は、**同種の事業または業務に従事する者**300人以上を組合員とする公法人である。被保険者は、組合員および組合員の世帯に属する者である。

144 ▶ 都道府県および市町村の行う**国民健康保険の被保険者**は、農業者や自営業者、**外国人**（短期滞在者を除く）等その都道府県内に住所を有する者である。加入は**強制**である。ただし、**生活保護世帯に属する者**などは適用除外される。

145 ▶ 1982（昭和57）年の**老人保健法**制定の背景には、①保健医療対策が医療費保障に偏り、疾病の予防からリハビリテーションに至る一貫した保健医療対策となっていなかったこと、②医療保険各制度間で老人の加入率に違いがあり、医療費負担に不均衡が生じていたこと、などがある。

146 ▶ 2008（平成20）年に**老人保健法**が**高齢者の医療の確保に関する法律（高齢者医療確保法）**と改称された。同法は、国民の高齢期における適切な医療の確保を図るため、国民の共同連帯の理念等に基づいて、前期高齢者にかかる保険者間の費用負担の調整や後期高齢者に対する医療の給付等を行う制度を設け、国民保健の向上および高齢者の福祉の増進を図ることを目的としている。これによって後期高齢者の医療制度が大幅に変わることとなった。

147 ▶ **後期高齢者医療制度の運営主体**は、都道府県単位ですべての市町村が加入する後期高齢者医療広域連合である。

148 ▶ **後期高齢者医療制度の被保険者**は、**表17**のとおりである。なお、生活保護を受けている世帯に属する者は適用除外となる。

表17 ▶ **後期高齢者医療制度の被保険者**

①後期高齢者医療広域連合の区域内に住所を有する75歳以上の者
②後期高齢者医療広域連合の区域内に住所を有する65歳以上75歳未満の者であって、一定の程度の障害の状態にある旨の後期高齢者医療広域連合の認定を受けたもの

 36—11

35—10

33—70（発達）
36—11

149 **後期高齢者医療制度の費用負担**は、**保険料**が1割、各医療保険制度（現役世代の保険料＝**後期高齢者支援金**）が4割、**公費**が5割（国：都道府県：市町村＝4：1：1）である。なお、後期高齢者支援金は段階的に引き上げられ、2017（平成29）年度には全面総報酬割★となった。

150 国や地方公共団体が、医療受益者に代わってその医療費を負担する公費負担医療制度のうち、更生医療、育成医療については、**障害者の日常生活及び社会生活を総合的に支援するための法律（障害者総合支援法）**の自立支援医療に組み込まれている（**404**参照）。

● 労働者災害補償保険

151 労災保険は、労働者の**業務災害**や**通勤災害**に対して、必要な給付を行うことにより、被災労働者の社会復帰の促進、被災労働者とその遺族の援護等を図ることを目的とするものである。

152 労災保険は、通常の社会保険と異なり、保険料を負担するのは事業主のみで、**労働者本人の負担はない**。しかし、業務上または通勤災害といった事故発生に伴い負傷・死亡した場合、給付を受けるのは**労働者**である。

153 労災保険の適用を受ける労働者は、適用事業所に使用され賃金を支払われる者であり、**職業の種類、雇用形態（常用、パートやアルバイトの臨時雇用など）、雇用期間を問われない**。保険事故が発生したときには、例外なく保険給付を受けられる。

154 **労災保険の適用を受けない者**でも業務実態等から保護の必要が認められる者に対して、**特別加入制度**がある。特別加入ができる者は、中小事業主とその家族従業者、一人親方等★、特定作業従事者、海外派遣者等である。

155 **労災保険給付**には、療養補償給付、休業補償給付、傷病補償年金、障害補償給付、介護補償給付、遺族補償給付、葬祭料、二次健康診断等給付などがある。

156 **労災保険**は政府が管掌する。**公務員以外の労働者**を使用する事業に対して強制適用される。ただし、農林水産業のうち、常時5人未満の労働者を使用する事業の一部については、労災保険に加入するかどうかは、事業主の意思または労働者の過半数の意思に任されている。**公務員**については国家公務員災害補償法または地方公務員災害補償法の適用を受けるため**適用除外**とされている。

★**総報酬割**
保険者が負担する支援金等を、加入者の総報酬額に比例して負担するしくみ。加入者割よりも、保険者の財政力に応じた負担となる。

★**一人親方等**
個人タクシー業者や個人貨物運送業者、大工、とび職人などのこと。

社会の理解

● 雇用保険

157 雇用保険は、労働者が失業した場合や雇用の継続が困難となる事由が生じた場合の現金給付、職業に関する教育訓練を受けた場合や子を養育するための休業をした場合に必要な給付等を行うものである。

158 雇用保険は、政府が管掌する。農林水産業の零細事業（雇用労働者数が5人未満）は任意適用だが、その他は全産業が適用事業となっている。国家公務員、地方公務員は適用除外である。

● 児童手当

159 次代を担う児童の健全な育成と資質の向上を目的として、1971（昭和46）年に児童手当法が成立した。児童手当制度は、2010（平成22）年度から子ども手当制度となったが、2012（平成24）年度からは実質的には児童手当制度の復活となった（**表18**参照）。

表18 ▶ 児童手当の支給額（2012（平成24）年4月から）

3歳未満	月額1万5000円
3歳以上小学校修了前（第1子・第2子）	月額1万円
3歳以上小学校修了前（第3子以降）	月額1万5000円
中学生	月額1万円

※所得制限限度額以上、所得上限限度額未満の世帯は月額一律5000円、所得上限限度額以上の世帯は支給なし。
※なお、2024（令和6）年の法改正で、①支給対象を高校生までとする、②所得制限を撤廃する、③第3子以降の支給額を月額3万円とするなどとなった（2024（令和6）年10月1日施行予定）。

■ 現代社会における社会保障制度の課題

● 人口動態の変化、少子高齢化

★**老年人口**
65歳以上の高齢者数のことをいう。

160 人口構造の高齢化は急速に進み、高齢化率（老年人口★の割合）は、1970（昭和45）年に7%を、1994（平成6）年には**14%**を超えた。これは欧米に比べきわめて速い。2023（令和5）年10月現在の「人口推計」によると高齢化率は29.1%である。

161 2023（令和5）年の「日本の将来推計人口」では、高齢化率は、出生が低位の場合は2037（令和19）年に33.8%、中位の場合は2038（令和20）年に33.9%、高位の場合は2039（令和21）年に33.7%となると予測される。

162 ▶ 65歳以上75歳未満を**前期高齢者**（前期老年人口）、75歳以上を**後期高齢者**（後期老年人口）という。後期高齢者の有病率や寝たきり率は前期高齢者に比べてはるかに高い。

 33—70(発達)

163 ▶ 2023（令和5）年10月現在の「人口推計」によると、日本で**高齢化率の高い地域**は秋田（39.0％）、高知（36.3％）、山口および徳島（35.3％）の各県、一方、**高齢化率の低い地域**は東京（22.8％）、沖縄（23.8％）、愛知（25.7％）の各都県があげられる。

164 ▶ 日本の**平均寿命**は世界でもトップグループに属し、2022（令和4）年の「簡易生命表」によると**男性**は81.05歳、**女性**は87.09歳である。

165 ▶ 0〜14歳を**年少人口**、15〜64歳を**生産年齢人口**、65歳以上を**老年人口**という。2023（令和5）年10月現在の「人口推計」によると、それぞれ11.4％、59.5％、29.1％である。1997（平成9）年に**年少人口比率**が**老年人口比率より少なくなり**、2014（平成26）年に**老年人口**が**年少人口の2倍を超えた**。人口ピラミッドは、すそが次第に狭まる**逆ひょうたん型**である。2011（平成23）年以降、毎年10月1日現在の**総人口は減少し**てきている。2015（平成27）年には、第1次ベビーブーム世代（団塊の世代）が**65歳以上**に達した。

 34—7

166 ▶「人口動態統計」によると、**1人の女性が生涯に産むと推計される平均的な子どもの数**を示す**合計特殊出生率**は、2022（令和4）年は1.26であった。1975（昭和50）年以降は**2.0を超えていない**（図5参照）。

167 ▶ 国立社会保障・人口問題研究所の「人口統計資料集（2023）」によると、2021（令和3）年の**人口置換水準★**は2.07となっている。

★人口置換水準
現在の人口を維持できる合計特殊出生率の目安。

● 社会保障の給付と負担

168 ▶ 日本の**社会保障の部門別給付割合**は、**年金：医療：福祉等**が5：3：2程度となることが目標となっている。なお、国立社会保障・人口問題研究所の「令和3年度 社会保障費用統計」によると、**社会保障給付費★**の総額は毎年増加を続け、2021（令和3）年度は138兆7433億円となっており、その給付割合は**年金**が40.2％、**医療**が34.2％、**福祉その他**が25.6％、**介護対策**が8.1％であった。社会保障給付費は、国の一般会計当初予算を上回っている。

 32—8
33—8

★社会保障給付費
年金や医療、福祉などの社会保障制度を通じて1年間に国民に給付される現金またはサービスの総額。

社会の理解

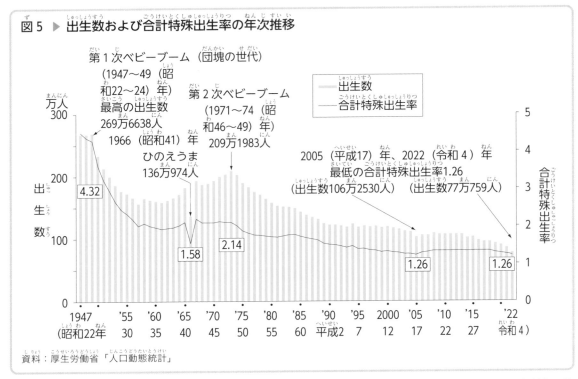

図5 ▶ **出生数および合計特殊出生率の年次推移**

第1次ベビーブーム（団塊の世代）
(1947〜49（昭和22〜24）年）
最高の出生数
269万6638人
1966（昭和41）年
ひのえうま
136万974人

第2次ベビーブーム
(1971〜74（昭和46〜49）年）
209万1983人

2005（平成17）年、2022（令和4）年
最低の合計特殊出生率1.26
（出生数106万2530人）（出生数77万759人）

凡例：
出生数
合計特殊出生率

4.32
1.58
2.14
1.26
1.26

万人
300
200
100
0

出生数

合計特殊出生率
5
4
3
2
1
0

1947
(昭和22年)　30　'55　35　'60　40　'65　45　'70　50　'75　55　'80　60　'85　平成2　'90　7　'95　12　2000　17　'05　22　'10　27　'15　令和4　'22

資料：厚生労働省「人口動態統計」

★**高齢者関係給付費**
社会保障給付費のうち、高齢者を対象としたもので、年金保険給付費、高齢者医療給付費などを合わせたもの。

 32—8

 32—8

★**社会保障関係費**
国の一般会計予算における医療や年金、介護、生活保護などの社会保障関係の経費。社会保障の費用に対する国の税金からの負担分を表す。

---

169 日本の2021（令和3）年度の**社会支出**（人々の厚生水準が極端に低下した場合にそれを補うために個人や世帯に対して財政支援や給付をする制度による支出）**の対国内総生産比**は、25.97％を占めている（国立社会保障・人口問題研究所「令和3年度　社会保障費用統計」）。

170 社会保障給付費のうち**高齢者関係給付費★**は、83兆4322億円で、全体の60.1％を占めている。内訳は、**年金保険給付費等**が67.5％、**高齢者医療給付費**が18.9％を占めている（国立社会保障・人口問題研究所「令和3年度　社会保障費用統計」）。

171 **社会保障財源**は総額163兆4389億円で、内訳は、**社会保険料**が46.2％、**公費負担**が40.4％、資産収入などのほかの収入が13.3％である（国立社会保障・人口問題研究所「令和3年度　社会保障費用統計」）。

172 わが国の一般会計予算の歳出で最大のものは**社会保障関係費★**である。2010（平成22）年以降は、一般会計予算に占める社会保障関係費の割合が30％を超えている。ただし、2020（令和2）年度においては新型コロナウイルス感染症対策予備費が補正予算で組み込まれたため、25.3％となった（「日本の財政関係資料（令和2年7月）」）。

173 2024（令和6）年度の予算における**社会保障関係費**は、37兆7193億円台、年金給付費が35.5％、医療給付費が32.4％、介護給付費が9.9％となっている。

32—8

174 日本の2020（令和2）年度の租税負担と社会保障負担を合わせた**国民負担率**（対国民所得比）は47.9％で、内訳は租税負担28.2％、社会保障負担19.8％となっている（「令和5年版　厚生労働白書」）。アメリカ・イギリスより高いが、主要先進国のなかでは低い。

34—7

一問一答 ▶ P.287

4 高齢者福祉と介護保険制度

　利用者や家族から質問されたときに答えられるように、介護保険制度のしくみの理解は重要となる。特に制度の改正内容はよく問われるので歴史的変遷や制度の概要なども含めまとめておこう。また、介護保険サービスの利用契約など近年は実務的な内容がかなり出題されているので、実際の現場がどうなっているのかといった組織、介護支援専門員や各機関等の役割もきちんと押さえておこう。

■ 高齢者福祉の動向

175 2005（平成17）年の介護保険法の改正では、法の目的に要介護高齢者等の**尊厳の保持**が加わったほか、**表19**のような改正が行われた。

176 2008（平成20）年の介護保険法の改正では、介護サービス事業者の不正事案の再発を防止し、**介護事業運営の適正化**を図るため、**表20**のような改正が行われた。

177 2011（平成23）年の介護保険法の改正では、高齢者が可能な限り住み慣れた地域でその有する能力に応じ自立した日常生活を営むことができるよう、医療、介護、予防、住まい、生活支援サービスが切れ目なく有機的かつ一体的に提供される**地域包括ケアシステム**の構築がなされることとなった。具体的には、**表21**のような改正が行われた。

社会の理解

表19 ▶ 2005（平成17）年の介護保険法改正の主な内容

予防重視型システムへの転換	高齢者が要介護状態になることを予防する介護予防の重視（新予防給付の創設、地域支援事業の創設（ 311 参照））
施設給付の見直し	在宅との負担のバランスを図るために、施設の食費・居住費の見直し（ 237 参照）、低所得者等に対する措置
新たなサービス体系の確立	住み慣れた地域で地域の特性に応じたサービスとして地域密着型サービスの創設、地域包括支援センターの創設（ 314 参照）、居住系サービスの充実（有料老人ホームの見直し等）、医療と介護の連携の強化
サービスの質の確保・向上	情報開示の標準化、事業者規制の見直し、ケアマネジメントの見直し
負担のあり方・制度運営の見直し	第1号保険料の見直し、市町村の保険者機能の強化、要介護認定の見直し、介護サービスの適正化・効率化

表20 ▶ 2008（平成20）年の介護保険法改正の主な内容

①法令遵守等の業務管理体制整備の義務づけ
②事業者の本部等に対する立入検査権の創設
③不正事業者による処分逃れ対策（事業の廃止・休止届の提出を事後届出制から事前届出制に改めた）

表21 ▶ 2011（平成23）年の介護保険法改正の主な内容

①定期巡回・随時対応型訪問介護看護の創設（ 282 参照）
②複合型サービスの創設（ 292 参照）
③介護予防・日常生活支援総合事業の導入

178 ▶ 2014（平成26）年の介護保険法の改正では、地域包括ケアシステムを構築することを通じ、地域における医療および介護の総合的な確保を推進するために、**表22**のような改正が行われた。

179 ▶ 2017（平成29）年の介護保険法の改正では、高齢者の自立支援と要介護状態の重度化防止、地域共生社会の実現を図るとともに、制度の持続可能性を確保することに配慮し、サービスを必要とする人に必要なサービスが提供されるようにするため、**表23**のような改正が行われた。

208

表22 ▶ 2014（平成26）年の介護保険法改正の主な内容

①全国一律の予防給付（訪問介護・通所介護）を地域支援事業に移行し、多様化（313参照）。在宅医療・介護連携推進事業を位置づけるなどの包括的支援事業の充実
②特別養護老人ホームの「新規」入所者を、原則要介護3以上に重点化（297参照）
③低所得者の保険料の軽減割合を拡大
④一定所得のある第1号被保険者の自己負担を2割に引き上げ
⑤低所得の施設利用者の食費・居住費を補う「補足給付」の要件に資産などを追加し、対象者を縮小　など

表23 ▶ 2017（平成29）年の介護保険法改正の主な内容

①保険者機能の強化等の取組の推進
・介護保険事業計画（介護保険事業支援計画）策定の際、国から提供されたデータを分析したうえで、計画に介護予防・重度化防止等の取組内容と目標を記載
・財政的インセンティブ★の付与★の規定の整備
②介護医療院の創設（294）（表38）参照）
③共生型サービスの創設（293）（表36、表37）参照）
④2割負担者のうち特に所得の高い層の自己負担を3割に引き上げ
⑤介護納付金への総報酬割の導入　など

高齢者福祉に関する制度

180 ▶ 1946（昭和21）年に、連合国軍最高司令官総司令部（GHQ）から「社会救済に関する覚書」（SCAPIN775）が示された。これにより旧生活保護法が成立した。1947（昭和22）年に児童福祉法、1949（昭和24）年に身体障害者福祉法が成立し、いわゆる福祉三法体制となった。

181 ▶ 昭和30年代は、金銭給付が福祉政策の中心であった。施設福祉も国民の最低生活の保障の意味があった。1960（昭和35）年に精神薄弱者福祉法（現・知的障害者福祉法）、1963（昭和38）年に老人福祉法、1964（昭和39）年に母子福祉法（現・母子及び父子並びに寡婦福祉法）が成立し、福祉六法体制となった。

182 ▶ 1961（昭和36）年に国民皆保険・皆年金体制が確立した。低所得者層への対応が課題であり、生活保護の比重は依然として大きかった。

社会の理解

★インセンティブ
意欲を引き出すために外部から与える刺激をいう。

ぷらすあるふぁ
財政的インセンティブの付与とは、市町村の自立支援や介護予防などの取組や都道府県の市町村に対する支援などの取組について実績を評価し、国から交付金が交付されること。

 33—7

 34—5

34—5

183 高度経済成長は、国民生活に産業化・都市化・核家族化の影響をもたらした。1973（昭和48）年に、経済社会基本計画が策定され、政府は同年を福祉元年にすると宣言した。年金給付水準の引上げ（物価スライド・賃金スライド）、高額療養費支給制度、老人医療費支給制度（70歳以上の者と65歳以上の寝たきりの者への無料化）が行われた。

184 1979（昭和54）年、「新経済社会7カ年計画」により、日本型福祉社会の創造が求められていることが示された。

185 高齢化に伴い、在宅の要援護高齢者への介護サービスに対するニーズが増大し、その対応が重要な課題となった。1982（昭和57）年には老人保健法（現・高齢者の医療の確保に関する法律）が制定され、高齢者に定額の自己負担が課せられることとなった。

186 1989（平成元）年に、「今後の社会福祉のあり方について」の意見具申がなされ、市町村の役割の重視や在宅福祉サービスの充実等が提言され、「高齢者保健福祉推進十か年戦略（ゴールドプラン）」が策定された。

187 1994（平成6）年に「ゴールドプラン」の見直しが行われ、「新・高齢者保健福祉推進十か年戦略（新ゴールドプラン）」となり、高齢者介護サービス基盤の整備目標の引き上げ等が行われた。

188 1999（平成11）年度には、「新ゴールドプラン」が終了したが、2000（平成12）年には世界最高水準の高齢化率となっていた。そこで、高齢者保健福祉施策のいっそうの充実を図るため、「今後5か年間の高齢者保健福祉施策の方向（ゴールドプラン21）」が策定された。

189 戦後の社会福祉の変化に対応する改革が意図され、1998（平成10）年に「社会福祉基礎構造改革について（中間まとめ）」が出された。1990年代における福祉改革の総決算として位置づけられた。

190 1995（平成7）年に、「社会保障体制の再構築に関する勧告——安心して暮らせる21世紀の社会を目指して」がとりまとめられた。社会保障制度の理念として「広く国民に健やかで安心できる生活を保障すること」を掲げ、社会保険方式による公的介護保障制度の導入が唱えられた。1997（平成9）年12月には介護保険法が成立し、2000（平成12）年4月から施行となった。

191 介護保険制度は、**介護の社会化を図る**ことを大きな目的としている。**介護の社会化**とは、経済的、精神的、肉体的に家族に依拠してきた高齢者の介護が、家族の小規模化や**老老介護**★などにより一家族で介護を行うことが困難な状況となったことを受け、国民に共通する生活リスクを社会全体で分担し、介護が必要なときに十分なサービスを利用できる社会のしくみを構築し、高齢者介護を社会全体で支えていくことをいう。

■ 介護保険制度

192 介護保険制度のしくみの概要は、**図6**に示すとおりである。

● 介護保険制度の目的

193 **介護保険法**は、少子高齢化の進展とそれに伴う在宅介護・家族介護の限界に近い状況を受け、1997（平成9）年に成立した（施行は2000（平成12）年）。これにより、寝たきりや認知症になった場合の介護サービスの保障を社会保険方式で行うこととなった。

194 介護保険制度は、社会全体で介護を支える**介護の社会化**、介護サービスの措置から**利用契約制度**への転換、保健・医療・福祉で分立していた**介護サービスの統一**、サービス供給主体の多様化による競争原理の導入による**質の向上**、ケアマネジメントの導入による介護の科学化などを目的として創設された。

195 介護保険法第1条では、制度の**目的**として、「加齢に伴って生ずる心身の変化に起因する疾病等により要介護状態となり、入浴、排せつ、食事等の介護、機能訓練並びに看護及び療養上の管理その他の医療を要する者等」が「**尊厳を保持**★し、その有する能力に応じ自立した日常生活を営むことができるよう、必要な保健医療サービス及び福祉サービスに係る給付を行うため」「**国民の共同連帯の理念に基づき介護保険制度を設け**」るとしている。

35—8

★老老介護
高齢者が高齢者を介護すること。超高齢社会のなかで、今後ますます増加していくことが予測され、介護者の過労や、要介護者への虐待等に発展する可能性も視野に入れた対応が必要となる。

35—8

！　ここが変わった
2005（平成17）年の介護保険法の改正により、目的に要介護状態となった高齢者等の尊厳の保持が理念として明確に規定された。

社会の理解

図6 ▶ 介護保険制度のしくみの概要

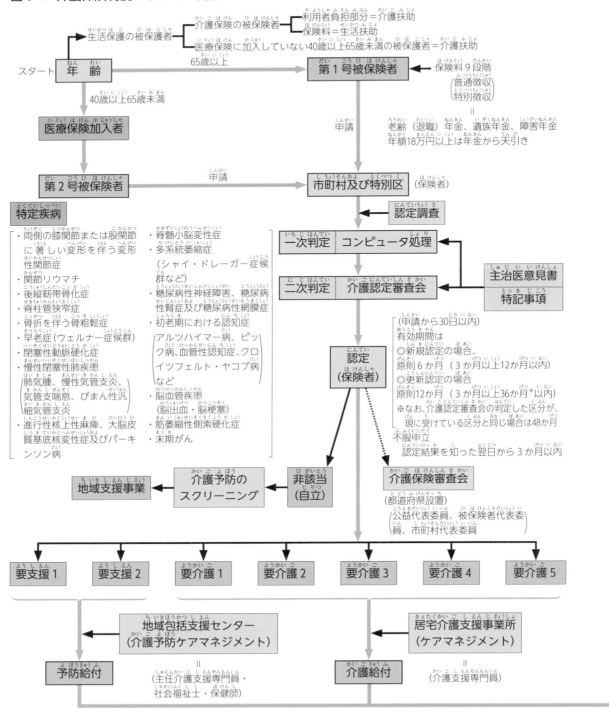

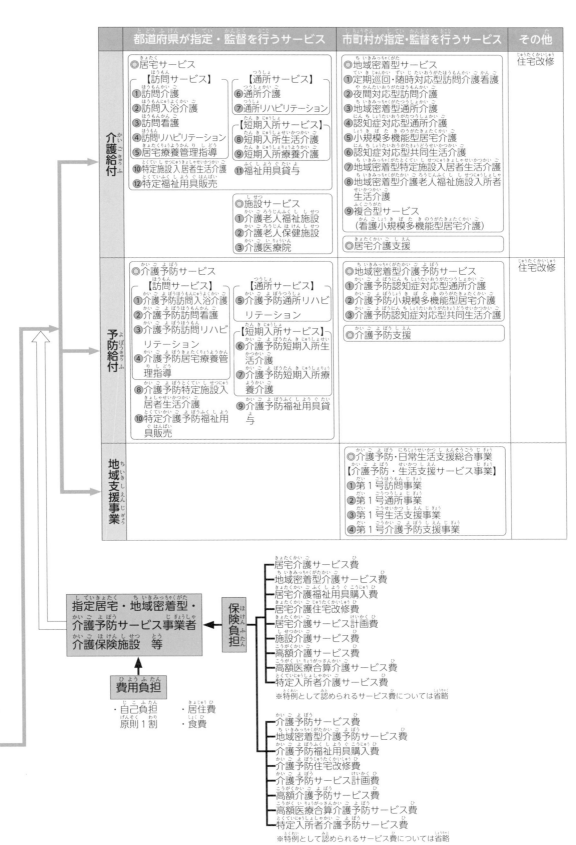

	都道府県が指定・監督を行うサービス	市町村が指定・監督を行うサービス	その他
介護給付	◎居宅サービス 【訪問サービス】 ①訪問介護 ②訪問入浴介護 ③訪問看護 ④訪問リハビリテーション ⑤居宅療養管理指導 ⑩特定施設入居者生活介護 ⑫特定福祉用具販売 【通所サービス】 ⑥通所介護 ⑦通所リハビリテーション 【短期入所サービス】 ⑧短期入所生活介護 ⑨短期入所療養介護 ⑪福祉用具貸与 ◎施設サービス ①介護老人福祉施設 ②介護老人保健施設 ③介護医療院	◎地域密着型サービス ①定期巡回・随時対応型訪問介護看護 ②夜間対応型訪問介護 ③地域密着型通所介護 ④認知症対応型通所介護 ⑤小規模多機能型居宅介護 ⑥認知症対応型共同生活介護 ⑦地域密着型特定施設入居者生活介護 ⑧地域密着型介護老人福祉施設入所者生活介護 ⑨複合型サービス （看護小規模多機能型居宅介護） ◎居宅介護支援	住宅改修
予防給付	◎介護予防サービス 【訪問サービス】 ①介護予防訪問入浴介護 ②介護予防訪問看護 ③介護予防訪問リハビリテーション ④介護予防居宅療養管理指導 ⑧介護予防特定施設入居者生活介護 ⑩特定介護予防福祉用具販売 【通所サービス】 ⑤介護予防通所リハビリテーション 【短期入所サービス】 ⑥介護予防短期入所生活介護 ⑦介護予防短期入所療養介護 ⑨介護予防福祉用具貸与	◎地域密着型介護予防サービス ①介護予防認知症対応型通所介護 ②介護予防小規模多機能型居宅介護 ③介護予防認知症対応型共同生活介護 ◎介護予防支援	住宅改修
地域支援事業		◎介護予防・日常生活支援総合事業 【介護予防・生活支援サービス事業】 ①第1号訪問事業 ②第1号通所事業 ③第1号生活支援事業 ④第1号介護予防支援事業	

指定居宅・地域密着型・介護予防サービス事業者
介護保険施設　等

費用負担
・自己負担　　・居住費
原則1割　　　・食費

保険負担

居宅介護サービス費
地域密着型介護サービス費
居宅介護福祉用具購入費
居宅介護住宅改修費
居宅介護サービス計画費
施設介護サービス費
高額介護サービス費
高額医療合算介護サービス費
特定入所者介護サービス費
※特例として認められるサービス費については省略

介護予防サービス費
地域密着型介護予防サービス費
介護予防福祉用具購入費
介護予防住宅改修費
介護予防サービス計画費
高額介護予防サービス費
高額医療合算介護予防サービス費
特定入所者介護予防サービス費
※特例として認められるサービス費については省略

35—10

196 介護保険制度により、保健医療サービスおよび福祉サービスの給付は、**利用契約制度**を中心としたシステムに再編されたが、やむを得ない理由により、事業者・施設との自由契約によるサービス利用が著しく困難と認められる場合には、老人福祉法に基づいて**市町村**が**措置★**を行い、サービスを提供することもある（費用は公費によるが、利用者から負担能力に応じた費用を徴収）。養護老人ホームは、措置制度である。

★措置
物事を適切に処理する意。社会福祉においては、行政機関がその権限によりサービスなどを決定すること。

● 介護保険制度の実施体制（国・都道府県・市町村の役割）

197 介護保険制度における**国の事務**は、表24のとおりである。

表24 ▶ 国の事務

①保険給付に対する定率の国庫負担、調整交付金の交付、都道府県の財政安定化基金への国庫負担、市町村・都道府県への財政的インセンティブの付与
②市町村介護保険事業計画等のもととなる、保険給付の円滑な実施を確保するための**基本指針**の策定、介護サービス基盤整備についての財政上の措置等の支援
③社会保険診療報酬支払基金の行う介護保険関係業務に関する指導・監督
④国民健康保険団体連合会の行う介護保険事業関係業務に関する指導・監督
⑤医療保険者からの報告徴収
⑥市町村、都道府県に対する援助のほか、制度の基本的枠組みの設定として、**要介護認定の基準**、介護報酬の額や支給限度額、事業者・施設の基準を都道府県・市町村が定めるにあたって**従うべき基準★**等、第１号事業に関する基準、第２号被保険者保険料率の設定など**各種基準の設定**

ここが変わった
地域主権改革一括法により、2012（平成24）年から、厚生労働省令で定められていたサービスの基準の一部を都道府県または市町村が独自に条例で定められることとなった。

198 介護保険制度における**都道府県の事務**は、表25のとおりである。

表25 ▶ 都道府県の事務

①市町村支援にかかわる事務
②居宅サービス事業者・介護保険施設等の基準の設定、指定・許可等にかかわる事務
③介護サービス情報の公表の事務
④介護支援専門員の登録等にかかわる事務
⑤財政支援にかかわる事務
⑥都道府県介護保険事業支援計画の策定にかかわる事務
⑦介護保険審査会の設置
⑧その他の事務（国民健康保険団体連合会の指導・監督）

35—10

199 **都道府県**は、**財政支援にかかわる事務**として**財政安定化基金**を設置するほか、要介護認定・要支援認定の結果や保険料の決定などに**不服がある場合の審査請求機関**として**介護保険審査会**を設置する。

200 介護保険審査会は、被保険者を代表する委員3人、市町村を代表する委員3人、公益を代表する委員3人以上（政令で定める基準に従い、条例で定める人数）で構成される。

201 介護保険審査会の委員は、都道府県知事が任命し、非常勤の特別職に属する地方公務員である。任期は3年で、守秘義務が課され、違反した場合には罰則が適用される。公益代表委員のうちから委員が選挙する会長が1人置かれる。

202 都道府県介護保険事業支援計画は、基本指針★に基づいて定められる介護保険事業にかかる保険給付の円滑な実施の支援に関する計画のことであり、3年を1期とする（表26参照）。

★基本指針
厚生労働大臣（国）が定める「介護保険事業に係る保険給付の円滑な実施を確保するための基本的な指針」のこと。

表26 ▶ 都道府県介護保険事業支援計画の内容

- ・各年度の介護保険施設等の種類ごとの見込み量を定める。
- ・介護予防、重度化防止等の取り組み内容と目標を記載する。
- ・都道府県老人福祉計画と一体のものとして作成される。　など

203 介護保険制度における保険者（市町村および特別区）の事務は表27のとおりである。

表27 ▶ 保険者の事務

①被保険者の資格管理に関する事務
②第1号被保険者の保険料徴収に関する事務
③要介護認定・要支援認定に関する事務
④保険給付に関する事務
⑤地域密着型サービス事業者・居宅介護支援事業者等の基準の設定、指定等にかかわる事務
⑥地域支援事業および保健福祉事業に関する事務
⑦市町村介護保険事業計画の策定に関する事務
⑧会計等に関する事務
⑨条例・規則等に関する事務

204 介護保険制度における保険者（市町村および特別区）の役割は図7のとおりである。

205 市町村介護保険事業計画は、基本指針に基づいて定められる介護保険事業にかかる保険給付の円滑な実施に関する計画のことであり、3年を1期とする（表28参照）。

社会の理解

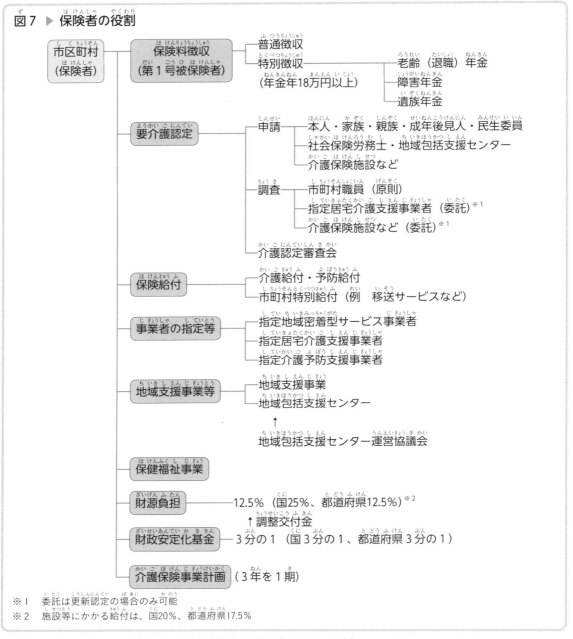

図7 ▶ 保険者の役割

市区町村（保険者）

保険料徴収（第1号被保険者）
- 普通徴収
- 特別徴収（年金年18万円以上）
  - 老齢（退職）年金
  - 障害年金
  - 遺族年金

要介護認定
- 申請
  - 本人・家族・親族・成年後見人・民生委員
  - 社会保険労務士・地域包括支援センター
  - 介護保険施設など
- 調査
  - 市町村職員（原則）
  - 指定居宅介護支援事業者（委託）※1
  - 介護保険施設など（委託）※1
- 介護認定審査会

保険給付
- 介護給付・予防給付
- 市町村特別給付（例　移送サービスなど）

事業者の指定等
- 指定地域密着型サービス事業者
- 指定居宅介護支援事業者
- 指定介護予防支援事業者

地域支援事業等
- 地域支援事業
- 地域包括支援センター
  ↑
  地域包括支援センター運営協議会

保健福祉事業

財源負担 — 12.5%（国25%、都道府県12.5%）※2
↑調整交付金

財政安定化基金 — 3分の1（国3分の1、都道府県3分の1）

介護保険事業計画（3年を1期）

※1　委託は更新認定の場合のみ可能
※2　施設等にかかる給付は、国20%、都道府県17.5%

表28 ▶ 市町村介護保険事業計画の内容

- 各年度の介護給付等対象サービスの種類ごとの見込み量を定め、第1号被保険者の保険料算定の基礎とする。
- 地域支援事業の見込み量を定める。
- 介護予防、重度化防止等の取り組み内容と目標を記載する。
- 市町村老人福祉計画と一体のものとして作成される。
- 被保険者の意見を反映させるための措置を講じる。　など

206 2020（令和2）年の介護保険法の改正により、介護保険事業（支援）計画の作成にあたり、市町村の人口構造の変化の見通しの勘案、高齢者向け住まい（有料老人ホーム・サービス付き高齢者向け住宅）の設置状況が記載事項に追加されることとなった。

207 介護保険法第4条は、**国民の努力及び義務**を規定し、国民は、要介護状態になることを予防するため、健康の保持増進に努め、要介護状態になった場合もリハビリテーション等を利用して能力の維持向上に努めるとしている。また、国民は、共同連帯の理念に基づき、介護保険事業に要する費用を公平に負担するものとするとしている。

● 国民健康保険団体連合会の役割

208 国民健康保険団体連合会は、国民健康保険法に規定されており、国民健康保険にかかわる審査支払事務を主な業務としている。介護保険法では、介護報酬の審査支払事務、利用者からの**苦情への対応**、苦情に基づくサービス事業者への指導と助言などを行う。

33—9
35—10

● 保険者と被保険者

209 介護保険の**保険者**は、**市町村および特別区**とされ、介護保険特別会計を設置して介護保険に関する収入と支出を管理することとされている。ただし、小規模な市町村については、**広域連合や一部事務組合**などの特別地方公共団体である広域自治体も保険者となることができる。

33—9

210 介護保険の**被保険者**は、①市町村の区域内に住所を有する65歳以上の者（**第1号被保険者**）、②市町村の区域内に住所を有する40歳以上65歳未満の医療保険加入者（**第2号被保険者**）である。**被保険者の資格喪失**については**表29**のとおりである。

32—9
33—70（発達）

表29 ▶ 被保険者の資格喪失の時期と届出

資格喪失の時期	・市町村の区域内に住所を有しなくなった日の翌日から ・市町村の区域内に住所を有しなくなった日に他の市町村の区域内に住所を有するに至ったときは、その日から ・第2号被保険者は、医療保険加入者でなくなった日から
届出	・第1号被保険者は、被保険者の資格の取得および喪失に関する事項などを市町村に届け出なければならない ・第1号被保険者の属する世帯の世帯主は、第1号被保険者に代わって届け出ることができる

211 介護保険施設（**295**参照）、特定施設（有料老人ホーム、軽費老人ホーム、養護老人ホーム）などに入所または入居することにより、施設所在地に住所を移した者は、施設入所前の住所地の市町村を保険者とする。2か所以上の施設を移った場合は、最初の施設入所前の住所地の**市町村を保険者**とする（**住所地特例**）。

● 財源と利用者負担

 32—9

212 介護保険は、**社会保険方式**により給付と負担の関係を明確にし、国民の理解を得やすいしくみとして創設された。社会保険であるため強制的に保険料が徴収され、保険料の支払いは拒否できない。しかし、すべてを**保険料**で賄うのではなく、保険料方式を中心として、公費負担、**利用者負担**などを混合する財政システムをとっている。

 34—10

213 介護保険の基本的な財源構成は、**2分の1を保険料**（第1号保険料、第2号保険料）で賄い、残りの**2分の1を公費**（税財源）で補うしくみとなっている。公費の内訳は、**介護給付費**は、国の負担が25.0%を占め、都道府県と市町村の負担はそれぞれ12.5%（**施設等給付費**は、国が20.0%、都道府県が17.5%、市町村が12.5%）となる（**図8**、**図9**参照）。

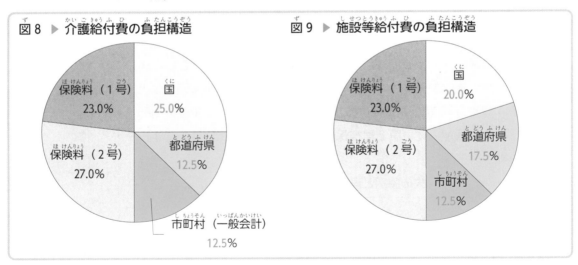

図8 ▶ 介護給付費の負担構造

- 保険料（1号）23.0%
- 国 25.0%
- 都道府県 12.5%
- 市町村（一般会計）12.5%
- 保険料（2号）27.0%

図9 ▶ 施設等給付費の負担構造

- 保険料（1号）23.0%
- 国 20.0%
- 都道府県 17.5%
- 市町村 12.5%
- 保険料（2号）27.0%

214 国の負担のうち5%分は、保険者間の財源調整のため、財政調整交付金として市町村に交付されるものである。

215 地域支援事業の財源は、公費と保険料である。

218

216 市町村は、介護保険事業に要する費用（財政安定化基金拠出金の納付に要する費用を含む）に充てるため、**第1号被保険者**から**保険料**✱を**徴収**しなければならない。保険料は市町村ごとに定められ所得段階に応じて徴収される。この保険料は、おおむね3年を通じ財政の均衡を保つことができるものでなければならない。

 32—9

217 保険料の徴収は、**第1号被保険者**の場合、一定額以上（年額18万円以上）の年金受給者であれば年金から天引きされる**特別徴収**の方法を原則とする。特別徴収の対象は、**老齢・退職年金**のほか、**遺族年金**、**障害年金**も含まれる。

 36—115(総合)

> **！ ここが変わった**
> 2014（平成26）年の介護保険法の改正により、低所得者の保険料軽減の拡充がなされた。

218 保険料の徴収は、第1号被保険者のうち、無年金者や低年金者などの場合は、**普通徴収**の方法による。**普通徴収**は、市町村が納付書を発行して金融機関経由で納付する方法である。コンビニエンスストアからの納付も可能である。また、第1号被保険者が属する世帯の**世帯主**および第1号被保険者の**配偶者**は、保険料の**連帯納付義務**を負う。

219 **第2号被保険者**の保険料は、**医療保険者**が医療保険料として徴収し、**社会保険診療報酬支払基金（支払基金）**に介護給付費・地域支援事業支援納付金（介護納付金）として納付する。支払基金は、**市町村**に対し、介護給付費交付金および地域支援事業支援交付金を交付する。なお、健康保険加入者は事業主負担、国民健康保険加入者は国庫負担がある。

 32—9
33—9

220 介護納付金は各医療保険者の「加入者数に応じた負担」であったが、2017（平成29）年8月分から、「報酬額に比例した負担」が段階的に導入され、2020（令和2）年度からは、全面的に「報酬額に比例した負担」となった。

221 **第1号被保険者**が保険料を**滞納**している場合は、**表30**のような措置がとられる。

表30 ▶ 第1号被保険者が保険料を滞納している場合

滞納期間	措置
1年以上	給付が**償還払い**となる。
1年6か月以上	給付が**一時差止め**となる。
2年以上	給付が**減額**され、高額介護サービス費等の支給が停止される。

注：2年以上滞納すると、保険料を納めることができなくなる。

社会の理解

222 第2号被保険者が保険料を滞納している場合は、**表31**のような措置がとられる。

表31 ▶ **第2号被保険者が保険料を滞納している場合**

- ・給付が償還払いとなる。
- ・給付が一時差止めとなる。

223 都道府県は、市町村の介護保険の財政の安定化に資するため、**財政安定化基金**を設け、一定の事由により市町村の介護保険の財政に不足が生じた場合に資金の交付または貸付を行う。財源は、国、都道府県および市町村（第1号被保険者の保険料）が、それぞれ**3分の1**ずつ負担する。

TEST 32—10

224 保険給付は、①被保険者の要介護状態に関する保険給付（**介護給付**）、②被保険者の要支援状態に関する保険給付（**予防給付**）、③その他、要介護状態または要支援状態の軽減または悪化の防止に資する保険給付として、市町村独自のサービスを条例で定めるもの（**市町村特別給付**）となっている。

225 市町村は、要介護被保険者のうち居宅において介護を受けるもの（居宅要介護被保険者）が、指定居宅サービス事業者が提供する指定居宅サービスを受けたときは、**居宅介護サービス費**を支給する。

TEST 36—115（総合）

226 **居宅介護サービス費の額**は、サービスの種類ごとに、介護報酬基準額の原則**9割**＊に相当する額と定められている。

227 市町村は、要介護被保険者が指定地域密着型サービス事業者から指定地域密着型サービスを受けたときは、**地域密着型介護サービス費**を支給する。

ここが変わった
自己負担は原則1割だが、2015（平成27）年から、一定所得のある第1号被保険者の自己負担は2割となった。さらに、2018（平成30）年8月から、2割負担者のうち特に所得が高い層の自己負担が3割となった。

228 **地域密着型介護サービス費**の額は、サービスの種類ごとに、介護報酬基準額の原則**9割**に相当する額と定められているが、市町村はその額を超えない範囲でその市町村における地域密着型介護サービス費を定めることができる。

229 市町村は、居宅要介護被保険者が、**特定福祉用具** **278** ・ **279** （**表34**）参照）の販売に関する指定居宅サービス事業者から特定福祉用具を購入したときは、**居宅介護福祉用具購入費**を支給する。

230 居宅介護福祉用具購入費は、現に特定福祉用具の購入に要した費用の額の原則 9 割に相当する額（実際にかかった費用が、毎年 4 月 1 日からの12か月の間で支給限度基準額を超える場合は基準額の原則 9 割に相当する額）が支給される。

231 市町村は、居宅要介護被保険者が、手すりの取り付け等厚生労働大臣が定める種類の住宅改修を行ったときは、居宅介護住宅改修費を支給する（下巻「生活支援技術」 **51** （表6）参照）。

232 居宅介護住宅改修費の額は、実際に住宅改修にかかった費用の原則 9 割に相当する。限度額が設けられており、実際にかかった費用が支給限度基準額を超える場合は基準額の原則 9 割に相当する額が支給される。支給を受けようとする場合、あらかじめ費用の見積もりや改修内容等を記載した書類を提出しなければならない。

TEST 36─118（総合）

＋α ぷらすあるふぁ
支給限度基準額は20万円となっている。

233 市町村は、居宅要介護被保険者が、指定居宅介護支援事業者から居宅サービス計画の作成等の居宅介護支援を受けたときは、居宅介護サービス計画費を支給する。

234 居宅介護サービス計画費は、介護報酬基準額の10割に相当する額が支給される（限度額の考え方はない）。

※ 介護予防サービス費、地域密着型介護予防サービス費、介護予防福祉用具購入費、介護予防住宅改修費、介護予防サービス計画費は、**225**～**234**に準じるため省略。

235 市町村は、要介護被保険者が指定または許可を受けた介護保険施設から指定施設サービスを受けたときは、施設介護サービス費を支給する。

236 施設介護サービス費の額★は、サービスの種類ごとに、介護報酬基準額の原則 9 割に相当する額と定められている。

237 2005（平成17）年の介護保険法の改正により、介護保険施設等における食費および居住費について、施設介護サービス費等の対象とせず**利用者が負担する**こととなった（低所得者については、所得に応じて負担額の軽減制度がある）。

238 高額介護サービス費は、要介護被保険者が受けた居宅サービス、地域密着型サービスまたは施設サービスに要した費用の合計額が一定の額を超えた場合に、所得に応じて、申請により要介護被保険者に支給される。

社会の理解

＋α ぷらすあるふぁ
食事の提供に要する費用、居住に要する費用その他の日常生活費は該当しない。

> !　ここが
> 変わった
>
> 2014（平成26）年の介護保険法の改正により、特定入所者介護サービス費については、一定額を超える預貯金がある場合には対象外とするなどの見直しが行われた。

★現物給付
物およびサービスを現物の形態で給付すること。

★償還払い
利用者が費用の全額をサービス提供事業者に支払い、その後申請により、自己負担分を除いた額について保険者から払戻しを受けること。

★現金給付
金銭の形態で給付すること。

239 高額医療合算介護サービス費は、要介護被保険者の介護サービス利用者負担額（高額介護サービス費が支給される場合はその額を除く）および医療保険の患者負担額（高額療養費が支給される場合はその額を除く）の合計額が一定の額を超えた場合に、所得に応じて、申請により支給される。

240 市町村は、要介護被保険者のうち**市町村民税世帯非課税者、生活保護受給者**等が、特定介護サービス（指定介護福祉施設サービス、介護保健施設サービス、介護医療院サービス、地域密着型介護老人福祉施設入所者生活介護、短期入所生活介護、短期入所療養介護）を受けたときは、**食費および居住費等**について、**特定入所者介護サービス費★**を支給する。

※　高額介護予防サービス費、高額医療合算介護予防サービス費、特定入所者介護予防サービス費は **238** ～ **240** に準じるため省略。

241 要介護者への**介護給付**は、原則として**現物給付★**である。ただし、**表32**のような場合は**償還払い★**となるため、**現金給付★**の扱いとなる。

表32 ▶ 償還払いとなる介護給付

①居宅介護福祉用具購入費
②居宅介護住宅改修費
③高額介護サービス費
④高額医療合算介護サービス費
⑤要介護認定申請後、認定結果が出るまでにサービスを利用して費用の10割を負担した場合など、何らかの理由で受けられるべき「現物給付」が受けられなかったとき

242 **日常生活費**（理美容代、教養娯楽費等）については保険給付されず、**全額利用者負担**となっている。なお、**おむつ代**は、施設サービス、短期入所サービス、地域密着型介護老人福祉施設入所者生活介護では保険給付される。

243 居宅サービスの保険給付には、要介護・要支援状態区分ごとの**支給限度額**が定められている。ただし、居宅療養管理指導、特定施設入居者生活介護、居宅介護支援、施設サービスなどについては、他のサービスで代替できないなどの理由から、支給限度額の対象外である。

244 ▶ 生活保護の被保護者で介護保険の被保険者は、介護保険が優先的に適用され、自己負担分は介護扶助（ 512 ▶（表81）参照）による給付となる。なお、保険料は生活扶助（ 512 ▶（表81）参照）による給付となる。医療保険に加入していないため、介護保険の被保険者とならない40歳以上65歳未満の生活保護の被保護者は、費用はすべて介護扶助による給付となる。

● 受給権者（要介護者・要支援者）

245 ▶ 介護保険給付の対象となるのは、被保険者のうち、要介護状態または要支援状態と認定された者である。

246 ▶ 介護保険法第7条第1項において、要介護状態とは、身体上または精神上の障害があるために、入浴、排泄、食事等の日常生活における基本的な動作の全部または一部について、6か月間にわたり継続して★常時介護を要すると見込まれる状態であって、要介護状態区分のいずれかに該当するもの（要支援状態に該当するものを除く）をいう。

247 ▶ 介護保険法第7条第2項において、要支援状態とは、①身体上もしくは精神上の障害があるために入浴、排泄、食事等の日常生活における基本的な動作の全部もしくは一部について、6か月間にわたり継続して★常時介護を要する状態の軽減もしくは悪化の防止に特に資する支援を要すると見込まれる状態、または②身体上もしくは精神上の障害があるために6か月間にわたり継続して★日常生活を営むのに支障があると見込まれる状態であって、要支援状態区分のいずれかに該当するものをいう。

248 ▶ 要介護・要支援者とは、①要介護・要支援状態にある65歳以上の者（第1号被保険者）、②要介護・要支援状態にある40歳以上65歳未満の者（第2号被保険者）であって、その要介護・要支援状態が特定疾病★によって生じたものであるものをいう。

● 利用手続き

249 ▶ 介護給付を受けようとする被保険者は、市町村の認定（要介護認定）を受け、市町村に置かれる介護認定審査会★で介護が必要と認定されなければならない。また、予防給付を受けようとする被保険者は、市町村の認定（要支援認定）を受けなければならない。

＋α ぷらすあるふぁ
第2号被保険者で、末期のがんによる要介護状態、要支援状態の継続が見込まれ、その期間が6か月に満たないと判断される場合は死亡までの間とする。

★特定疾病
加齢に伴って生ずる心身変化に起因する疾病であって政令で定めるもの（ 192 ▶（図6）参照）。

＋α ぷらすあるふぁ
審査判定業務を行うことが困難な市町村については、その業務を都道府県に委託することが認められている。この場合、都道府県に介護認定審査会を置き、そこで審査判定が行われる。

TEST 33—10

250 被保険者が介護保険によるサービスを受けようとする場合、被保険者本人やその家族、成年後見人、民生委員、社会保険労務士などが、申請書に被保険者証を添えて市町村に申請する。この場合、担当窓口に直接行く、電話をするなどの方法と、地域包括支援センターに申請を依頼する方法がある。

251 2005（平成17）年の介護保険法の改正により、委託を受けて申請の代行ができるのは、指定居宅介護支援事業者、地域密着型介護老人福祉施設もしくは介護保険施設（ **295** 参照）であって、要介護認定の申請に関する援助の規定に違反したことがないもの、または地域包括支援センターに限定されることとなった。

252 新規認定の場合は、市町村から認定調査員（職員）が被保険者を訪問し、本人や家族から74項目にわたる調査票による聞き取り（認定調査）を行う。

 33—10

253 要介護・要支援認定の審査・判定は、一次判定の結果に基づき、介護認定審査会の二次判定によって行われる。なお、一次判定は、全国一律の認定調査票を用いた認定調査と主治医意見書★に基づいて行われる。

 33—10

254 市町村は、一次判定の結果と主治医意見書をもとに、介護認定審査会に要介護・要支援認定の審査と判定を求める。介護認定審査会は、委員のうちから会長が指名する者より構成される合議体で、要介護状態に該当するか、要支援状態に該当するか、あるいは介護サービスを必要としないのかを最終的に判断する（二次判定）。

255 介護認定審査会は、保健・医療・福祉に関する学識経験者で構成され、市町村長が任命する。

256 二次判定によって、要支援1・2、要介護1〜5の7段階と非該当のいずれに該当するかの判定を受ける。要支援者は予防給付、要介護者は介護給付を受けることとなる。

257 市町村は、要介護・要支援認定の結果を被保険者に通知する。原則として申請のあった日から30日以内に通知しなければならない。申請から認定まで1か月近くかかるため、緊急その他やむを得ない理由により介護サービスを受ける必要が生じた場合は、要介護・要支援認定を受ける前でも介護サービスの利用ができる。この場合の費用は利用者が立て替え、あとで原則その9割が戻ってくる。

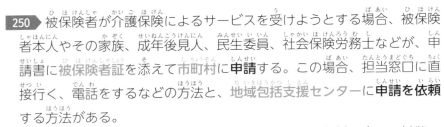

+α
ぷらすあるふぁ
市町村は、かかりつけ医（主治医）または市町村が指定する医師に、被保険者の疾病や負傷の状況など医学的な意見について、主治医意見書に記入するよう求める。

258▶ 要介護・要支援認定がなされると、その申請のあった日にさかのぼって効力が生じる。また、要介護状態や要支援状態に該当しないと認められたときは、理由を付して被保険者に通知されるとともに、被保険者証が返付される。

259▶ 要介護・要支援認定の**認定有効期間**は表33のとおりである。

表33▶ 要介護・要支援認定の認定有効期間

申請区分等		原則の認定有効期間	設定可能な認定有効期間の範囲
新規申請		6か月	3～12か月
区分変更申請		6か月	3～12か月
更新申請	前回要支援→今回要支援	12か月	3～36か月*
	前回要介護→今回要介護	12か月	3～36か月*
	前回要支援→今回要介護	12か月	3～36か月
	前回要介護→今回要支援	12か月	3～36か月

260▶ 要介護認定を受けた後、利用者の状態に変化が生じた場合などには、要介護認定の区分変更を介護保険の保険者に申請することができる。月途中や有効期間が残っている場合でも区分変更の申請は可能である。

261▶ 要介護・要支援認定がなされると、介護支援専門員（ケアマネジャー）などにより、ケアプラン（介護サービス計画）が作成されサービス利用となる。

262▶ ケアプラン（介護サービス計画) には、その利用するサービスの種類別に、居宅サービス計画、介護予防サービス計画、施設サービス計画がある。

263▶ 居宅サービス計画は、介護支援専門員（ケアマネジャー）が作成する以外に、**利用者が自分で作成してもよい**。また、居宅サービス計画を作成していなくても、償還払いによりサービスを利用することができる。

！ ここが変わった

2021（令和3）年4月から、介護認定審査会の判定した区分が、現に受けている区分と同じである場合は48か月まで可能となった。

35―10

33―10

社会の理解

264 介護保険法第 8 条第 1 項に規定する**居宅サービス**および同法第 8 条の 2 第 1 項に規定する**介護予防サービス**は 192 図 6 のとおりである。

265 **訪問介護（ホームヘルプサービス）**とは、居宅*で介護を受ける要介護者（以下、居宅要介護者）の居宅において介護福祉士や訪問介護員（ホームヘルパー）等により行われる入浴、排泄、食事等の介護、調理、洗濯、掃除等の家事、**生活等に関する相談および助言**その他の必要な日常生活上の世話（定期巡回・随時対応型訪問介護看護の一部または夜間対応型訪問介護に該当するものを除く）をいう。

266 訪問介護（ホームヘルプサービス）における**生活援助**とは、**調理、洗濯、掃除などの日常生活の援助**である。**生活援助**は、その家庭の生活文化にかかわる援助であり、利用者の生活習慣や意思の尊重に努める必要がある。

267 介護保険制度の**生活援助**で介護給付費が支給されるのは、利用者が単身の世帯に属している場合、または家族等の障害、疾病などの理由により、利用者や家族等が家事を行うことが困難な場合とされている。**不適切事例**としては、家具・電気器具の移動、大掃除、草むしりなどがある。

268 **訪問入浴介護**とは、居宅要介護者の居宅を訪問し、浴槽を提供して行われる入浴の介護をいう。

269 **訪問看護**とは、居宅要介護者（主治医が病状が安定期にあり、居宅において療養上の世話等が必要であると認めたものに限る）の居宅において看護師、保健師、准看護師、理学療法士、作業療法士、言語聴覚士により行われる療養上の世話または必要な診療の補助をいう。

270 **訪問リハビリテーション**とは、居宅要介護者（主治医が病状が安定期にあり、居宅において、医学的管理の下における理学療法等が必要であると認めたものに限る）の居宅において、その心身の機能の維持回復を図り、日常生活の自立を助けるために行われる、理学療法、作業療法その他必要なリハビリテーションをいう。

271 **居宅療養管理指導**とは、居宅要介護者について、病院、診療所または薬局の医師、歯科医師、薬剤師、歯科衛生士、保健師、看護師、准看護師、管理栄養士により行われる療養上の管理および指導をいう。

+α
ぷらすあるふぁ
居宅には、老人福祉法に規定している軽費老人ホーム、有料老人ホーム、養護老人ホームにおける居室が含まれる。

TEST 32—13

272 ▶ 通所介護（デイサービス）とは、居宅要介護者について、特別養護老人ホーム、養護老人ホームおよび老人福祉センター等の施設または老人デイサービスセンターに通わせ、当該施設において入浴、排泄、食事等の介護、生活等に関する相談および助言、健康状態の確認その他の必要な日常生活上の世話、機能訓練を行うことをいう。利用定員が19人以上であるものに限る★。また、単に「通所介護」という場合、認知症対応型通所介護に該当するものは含まれない。

273 ▶ 通所リハビリテーションとは、居宅要介護者（主治医が病状が安定期にあり、施設において医学的管理の下における理学療法等が必要であると認めたものに限る）について、介護老人保健施設、介護医療院、病院、診療所に通わせ、その心身の機能の維持回復を図り、日常生活の自立を助けるために行われる理学療法、作業療法その他必要なリハビリテーションをいう。

274 ▶ 短期入所生活介護（ショートステイ）とは、居宅要介護者について、特別養護老人ホーム、養護老人ホーム等の施設または老人短期入所施設に短期間入所させ、入浴、排泄、食事等の介護その他の日常生活上の世話および機能訓練を行うことをいう。

275 ▶ 短期入所療養介護（ショートステイ）とは、居宅要介護者（病状が安定期にあり、施設に短期間入所して、看護等を必要とするものに限る）について、介護老人保健施設、介護医療院、療養病床を有する病院等に短期間入所させ、看護、医学的管理の下における介護、機能訓練その他必要な医療や日常生活上の世話を行うことをいう。

276 ▶ 特定施設入居者生活介護とは、特定施設（有料老人ホーム、軽費老人ホーム、養護老人ホームであって、地域密着型特定施設でないもの）に入居している要介護者について、提供するサービスの内容、担当者、要介護者の健康上、生活上の問題点や解決すべき課題などを定めた計画に基づき行われる入浴、排泄、食事等の介護、洗濯、掃除などの家事や生活等に関する相談および助言、その他の必要な日常生活上の世話、機能訓練および療養上の世話をいう。

277 ▶ 福祉用具貸与とは、居宅要介護者について行われる、福祉用具★のうち厚生労働大臣が定めるものの貸与をいう。

278 ▶ 特定福祉用具販売とは、居宅要介護者について行われる、福祉用具のうち**入浴または排泄の用に供するもの**その他の厚生労働大臣が定めるものの販売をいう。

ここが
変わった

2014（平成26）年の介護保険法改正により、利用定員18人以下の地域密着型通所介護が創設された。

　32—13

　36—48（認知）

社会の理解

★福祉用具
心身の機能が低下し日常生活を営むのに支障がある要介護者等の日常生活上の便宜を図るための用具、および要介護者等の機能訓練のための用具であって、要介護者等の日常生活の自立を助けるためのもの。

227

279 福祉用具貸与にかかる**福祉用具**および特定福祉用具販売にかかる**特定福祉用具**★の種目は**表34**のとおりである。

表34 ▶ 介護保険における福祉用具および特定福祉用具の給付対象種目

福祉用具貸与	特定福祉用具販売
・車いす ・車いす付属品 ・特殊寝台 ・特殊寝台付属品 ・床ずれ防止用具 ・体位変換器 ・手すり ・スロープ ・歩行器 ・歩行補助つえ ・認知症老人徘徊感知機器 ・移動用リフト（つり具の部分を除く） ・自動排泄処理装置★	・腰掛便座 ・自動排泄処理装置の交換可能部品★ ・排泄予測支援機器 ・入浴補助用具 　入浴用椅子 　浴槽用手すり 　浴槽内椅子 　入浴台 　浴室内すのこ 　浴槽内すのこ 　入浴用介助ベルト ・簡易浴槽 ・移動用リフトのつり具の部分 ・スロープ ・歩行器（歩行車を除く） ・歩行補助つえ（松葉づえを除く）

280 福祉用具貸与および特定福祉用具販売は、居宅要介護者が福祉用具を選定するにあたって、**福祉用具専門相談員**から福祉用具に関する助言を受けて行われる。福祉用具専門相談員とは、**表35**の資格取得者と**福祉用具専門相談員指定講習**★を受講した者である。

表35 ▶ 福祉用具専門相談員に該当する資格

保健師、看護師、准看護師、理学療法士、作業療法士、社会福祉士、介護福祉士、義肢装具士

※ 介護予防訪問入浴介護、介護予防訪問看護、介護予防訪問リハビリテーション、介護予防居宅療養管理指導、介護予防通所リハビリテーション、介護予防短期入所生活介護、介護予防短期入所療養介護、介護予防特定施設入居者生活介護、介護予防福祉用具貸与、特定介護予防福祉用具販売の内容は、**268** ～ **271** ・ **273** ～ **280** に準じるため省略。

● 地域密着型サービス・地域密着型介護予防サービスの種類・内容

281 地域密着型サービスおよび地域密着型介護予防サービスは 192 図 6 のとおりである。なお、保険給付の対象は、地域密着型サービス事業の指定を行った市町村の被保険者に限られる。

282 定期巡回・随時対応型訪問介護看護は、居宅要介護者の在宅生活を支えるため、日中・夜間を通じて、訪問介護（ホームヘルプサービス）と訪問看護が密接に連携しながら、短時間の定期巡回訪問と随時の対応を行うものである。

283 夜間対応型訪問介護とは、居宅要介護者について、夜間の定期的な巡回訪問により、または通報を受け、居宅において介護福祉士や訪問介護員（ホームヘルパー）等により行われる入浴、排泄、食事等の介護、生活等に関する相談および助言その他の必要な日常生活上の世話をいう（定期巡回・随時対応型訪問介護看護に該当するものを除く）。

284 地域密着型通所介護とは、居宅要介護者について、特別養護老人ホーム、養護老人ホーム、老人福祉センター等の施設または老人デイサービスセンターに通わせ、入浴、排泄、食事等の介護、生活等に関する相談および助言、健康状態の確認その他の必要な日常生活上の世話、機能訓練を行うこと（利用定員が18人以下であるものに限り、認知症対応型通所介護に該当するものを除く）をいう。

285 認知症対応型通所介護とは、居宅要介護者であって、認知症であるものについて、特別養護老人ホーム、養護老人ホームおよび老人福祉センター等の施設または老人デイサービスセンターに通わせ、入浴、排泄、食事等の介護、生活等に関する相談および助言、健康状態の確認その他の必要な日常生活上の世話、機能訓練を行うことをいう。

286 小規模多機能型居宅介護とは、居宅要介護者について、心身の状況、置かれている環境等に応じて、本人の選択に基づき、居宅において、または機能訓練や日常生活上の世話を適切に行うことができるサービスの拠点に通わせ、もしくは短期間宿泊させ、入浴、排泄、食事等の介護、調理、洗濯、掃除等の家事、生活等に関する相談および助言、健康状態の確認その他の必要な日常生活上の世話、機能訓練を行うことをいう。

287 認知症対応型共同生活介護（グループホーム）とは、要介護者であって認知症であるもの（その者の認知症の原因となる疾患が急性の状態にある者を除く）について、共同生活を営むべき住居において、入浴、排泄、食事等の介護その他の日常生活上の世話や機能訓練を行うことをいう。

288 認知症対応型共同生活介護（グループホーム）は、原則として1以上3以下の**共同生活住居★**を有し、家事等を利用者と共同して行う。1つの共同生活住居の入居定員は5人以上9人以下、居室は原則として個室、居間・食堂・台所・浴室・消火設備などが設けられている。

> ！ ここが変わった
>
> 2021（令和3）年の改正により、経営の安定性の観点からユニット数は、「原則1または2、必要と認められる場合は3」から「1以上3以下」に改正された。

289 **地域密着型特定施設入居者生活介護**とは、地域密着型特定施設に入居している要介護者について、提供するサービスの内容、担当者、要介護者の健康上、生活上の問題点、解決すべき課題や目標等を定めた計画に基づき行われる入浴、排泄、食事等の介護、洗濯、掃除等の家事、生活等に関する相談および助言その他の必要な日常生活上の世話、機能訓練や療養上の世話をいう。

290 **地域密着型特定施設**とは、有料老人ホーム、養護老人ホーム、軽費老人ホームで、入居者が**要介護者**とその**配偶者**等に限られる介護専用型特定施設のうち、入居定員が29人以下であるものをいう。

291 **地域密着型介護老人福祉施設**とは、特別養護老人ホーム（入所定員が29人以下であるものに限る）であって、入所する要介護者について、提供するサービスの内容、担当者、要介護者やその家族の生活に対する意向、援助の方針等を定めた計画（地域密着型施設サービス計画）に基づいて、入浴、排泄、食事等の介護その他の日常生活上の世話、機能訓練、健康管理および療養上の世話（**地域密着型介護老人福祉施設入所者生活介護**）を行うことを目的とする施設をいう。

> ！ ここが変わった
>
> 看護小規模多機能型居宅介護のサービス内容が2024（令和6）年4月から明確化された。

> ！ ここが変わった
>
> 複合型サービスは、現状では訪問看護と小規模多機能型居宅介護の組み合わせしかないため、2015（平成27）年4月から「看護小規模多機能型居宅介護」と呼ばれることとなった。

292 **複合型サービス**とは、居宅要介護者について、居宅サービスや地域密着型サービスを2種類以上組み合わせることにより提供されるサービスのうち、訪問看護および小規模多機能型居宅介護を一体的に提供することにより、居宅において、またはサービスの拠点に通わせ、もしくは短期間宿泊させ、日常生活上の世話および機能訓練ならびに療養上の世話または診療の補助を行うサービス★（**看護小規模多機能型居宅介護★**）をいう。

※ 介護予防認知症対応型通所介護、介護予防小規模多機能型居宅介護、介護予防認知症対応型共同生活介護の内容は、**285**～**288**に準じるため省略。

● 共生型サービスの種類・内容

293 2017（平成29）年の介護保険法の改正により、共生型サービスが創設された。共生型サービスとは、高齢障害者の介護保険サービスの円滑な利用を促進する観点から、介護保険優先原則が適用される**介護保険と障害福祉両方の制度に相互に共通するサービス**のことである（表36、表37参照）。

TEST 32—13 33—13

表36 ▶ 共生型居宅サービス・共生型介護予防サービス

	介護保険サービス		障害福祉サービス等
ホームヘルプサービス	訪問介護	⇔	居宅介護 重度訪問介護
デイサービス	通所介護	⇔	生活介護※1 自立訓練（機能訓練・生活訓練） 児童発達支援※2 放課後等デイサービス※2
ショートステイ	短期入所生活介護（予防を含む）	⇔	短期入所

※1　主として重症心身障害者を通わせる事業所を除く。
※2　主として重症心身障害児を通わせる事業所を除く。
資料：厚生労働省資料

表37 ▶ 共生型地域密着型サービス・共生型地域密着型介護予防サービス

	介護保険サービス		障害福祉サービス等
デイサービス	地域密着型通所介護	⇔	生活介護※1 自立訓練（機能訓練・生活訓練） 児童発達支援※2 放課後等デイサービス※2
	療養通所介護	⇔	生活介護※3 児童発達支援※4 放課後等デイサービス※4

※1　主として重症心身障害者を通わせる事業所を除く。
※2　主として重症心身障害児を通わせる事業所を除く。
※3　主として重症心身障害者を通わせる事業所に限る。
※4　主として重症心身障害児を通わせる事業所に限る。
資料：厚生労働省資料

社会の理解

● 施設サービスの種類・内容

33—10
34—118（総合）
36—12

294 介護保険法で施設に入所している要介護者が受けることができる施設サービスは、**表38**に掲げるとおりである。

表38 ▶ 施設サービス

施設サービス	サービスの内容
①介護福祉施設サービス	介護老人福祉施設（入所定員が30人以上である特別養護老人ホーム）において、施設サービス計画★に基づいて行われる入浴、排泄、食事等の介護その他の日常生活上の世話、機能訓練、健康管理および療養上の世話をいう。
②介護保健施設サービス	都道府県知事の許可を受けた介護老人保健施設において、施設サービス計画★に基づいて行われる看護、医学的管理の下における介護および機能訓練その他必要な医療並びに日常生活上の世話をいう。
③介護医療院サービス	都道府県知事の許可を受けた介護医療院において、施設サービス計画★に基づいて行われる療養上の管理、看護、医学的管理の下における介護および機能訓練その他必要な医療並びに日常生活上の世話をいう。

★施設サービス計画
介護老人福祉施設、介護老人保健施設または介護医療院に入所している要介護者について、施設が提供するサービスの内容などを施設の介護支援専門員（ケアマネジャー）が定めた計画をいう。

295 介護保険施設とは、**指定介護老人福祉施設**、**介護老人保健施設**および**介護医療院**をいう。

36—117（総合）

296 介護保険施設の入所対象者は**表39**のとおりである。

表39 ▶ 介護保険施設の入所対象者

介護保険施設	入所対象者
介護老人福祉施設	要介護者（原則要介護3以上）
介護老人保健施設	要介護者であって、要介護1から要介護5に該当し、主としてその心身の機能の維持回復を図り、居宅における生活を営むことができるようにするための支援が必要である者（病状が安定期にあり、看護、医学的管理の下における介護および機能訓練その他必要な医療を要する要介護者）
介護医療院	要介護者であって、要介護1から要介護5に該当し、主として長期にわたり療養が必要である者（病状が比較的安定期にあり、介護医療院において、療養上の管理、看護、医学的管理の下における介護および機能訓練その他必要な医療を要する要介護者※）

ぷらすあるふぁ
主な利用対象者を、「重篤な身体疾患を有する者、身体合併症を有する認知症高齢者等」とする療養病床相当のⅠ型、「それ以外の者」とする介護老人保健施設相当以上のⅡ型に分かれる。

297 2014（平成26）年の介護保険法の改正により、**特別養護老人ホーム**は、在宅での生活が困難な中重度の要介護者を支える施設となり、新規入所者は原則**要介護3**以上となった（要介護1・2でも一定の場合は入所可能）。

● 居宅介護支援・介護予防支援の内容

298 居宅介護支援とは、居宅要介護者が指定居宅サービス、指定地域密着型サービス等を適切に利用することができるよう、**居宅介護支援事業者**の**介護支援専門員（ケアマネジャー）**が居宅要介護者の依頼を受けて**居宅サービス計画**を作成し、計画に基づく指定居宅サービス等の提供が確保されるよう、指定居宅サービス事業者、指定地域密着型サービス事業者等との連絡調整などを行うことをいう。

299 介護予防支援とは、居宅で支援を受ける要支援者（以下、居宅要支援者）が指定介護予防サービス、指定地域密着型介護予防サービス、特定介護予防・日常生活支援総合事業等を適切に利用することができるよう、**地域包括支援センター**の職員で保健師その他介護予防支援に関する知識を有する者★または居宅介護支援事業者の介護支援専門員（ケアマネジャー）★が、居宅要支援者の依頼を受けて、**介護予防サービス計画★**（介護予防ケアプラン）を作成し、計画に基づく指定介護予防サービス等の提供が確保されるよう、指定介護予防サービス事業者、指定地域密着型介護予防サービス事業者その他の者との連絡調整などを行うことをいう。

300 地域包括支援センターが介護予防支援事業者である場合には、**介護予防サービス計画**（介護予防ケアプラン）の作成等については、居宅介護支援事業者の介護支援専門員（ケアマネジャー）に委託することができる。

301 居宅サービス計画は、保健・福祉・医療などの公的サービスだけでなく、ボランティアや近隣の支援などインフォーマルなサービスとも調整し、在宅生活を支える総合的な計画として作成される。必要な援助が複合的に提供されるように作成されなければならない。

302 居宅サービス計画の原案の内容については、**文書**で利用者の同意を得なければならず、作成された居宅サービス計画は**利用者**および**居宅サービス**等の担当者に**交付**しなければならない。

+α ぷらすあるふぁ
保健師以外では、介護支援専門員（ケアマネジャー）、社会福祉士、経験ある看護師、高齢者保健福祉に関する相談業務等に3年以上従事した社会福祉主事。

！ ここが変わった
2024（令和6）年4月から、居宅介護支援事業者も介護予防支援事業者の指定を受けられるようになった。

★介護予防サービス計画
要支援者が介護予防サービスを適切に利用できるように、地域包括支援センター等によって作成されるもの。

社会の理解

303 ▶ 居宅サービス計画を立てるにあたっては、利用者およびその家族が主体的に参加し、最終的には利用者の同意を得たものであることが必要である。居宅サービス計画の見直しは状況の変化に応じて適宜行われる。
※ 介護予防サービス計画の内容は、**301**～**303**に準じるため省略。

● サービス事業者・施設

304 ▶ 指定居宅サービス事業者、指定介護予防サービス事業者の指定は、各事業を行う者の申請により事業所ごとに都道府県知事が行う。

305 ▶ 指定介護予防支援事業者の指定は、地域包括支援センターの設置者または居宅介護支援事業者★の申請により、指定地域密着型サービス事業者、指定地域密着型介護予防サービス事業者または指定居宅介護支援事業者★の指定は、事業を行う者の申請により、事業所ごとに市町村長がその指定を行う。

306 ▶ 指定サービス事業者の指定等について欠格要件が規定されており、サービス事業者は6年ごとに指定の更新を受けなければならない。また、都道府県知事または市町村長は指定居宅サービス事業者等に対し、立入検査等を行うことができる★。

307 ▶ 指定サービス事業者は、利用者と介護保険サービスの利用契約を締結する。利用契約を締結する際の留意点は**表40**のとおりである。

表40 ▶ 利用契約を締結する際の留意点

> ・あらかじめ、利用者または家族に対し、重要事項説明書を交付してサービス内容を説明する。そのうえで、利用者の同意を得る。
> ・利用者または家族の承諾を得た場合は、重要事項説明書の交付に代えて、メールでの送信やCD-ROMなど、利用申込者または家族が出力して文書を作成することができるもの★により提供してもよい。
> ・認知症などによって判断力が低下している利用者との利用契約は、成年後見制度などを活用する。

308 ▶ 指定居宅サービス事業者等は、利用者の要介護度や利用料の支払いの困難度を理由にサービスの提供を拒否できない。ただし、サービスを提供する余裕がない場合や通常サービスの実施区域外の場合などサービスを提供することが困難な場合は、他の事業者の紹介など必要な措置を速やかに講じなければならない。

309 ▶ 特別養護老人ホームは老人福祉法に定められる老人福祉施設の1つで、介護保険法上の指定介護老人福祉施設となるには、都道府県知事の指定を受けることになる。

ここが変わった
2024（令和6）年4月から、居宅介護支援事業者も介護予防支援事業者の指定を受けられるようになった。

36—12

ここが変わった
指定居宅介護支援事業者の指定は、以前は都道府県知事が行っていたが、2018（平成30）年からは市町村長が行うこととなった。

ぷらすあるふぁ
地域密着型サービス事業者（予防を含む）、居宅介護支援事業者、介護予防支援事業者に対し、立入検査等を行うことができるのは、市町村長である。

ぷらすあるふぁ
「電話での説明」などは、出力して文書を作成することができないものであり、重要事項説明書の代わりにはならない。

36—12

310 介護老人保健施設と介護医療院は、介護保険法に設置の根拠があり、同法により都道府県知事の開設許可を受けた施設と位置づけられている。したがって、許可を受ければ、指定を受けることなく施設給付の対象となる。

● 地域支援事業

311 地域支援事業*は、市町村が実施主体となって、その責任のもとに実施する。被保険者が要介護状態または要支援状態となることを予防し、社会に参加しつつ、地域において自立した日常生活を営むことができるよう支援することを目的とする。

312 地域支援事業*は、①介護予防・日常生活支援総合事業、②包括的支援事業*（地域包括支援センターの運営、社会保障充実分）、③任意事業から構成される（表41参照）。

表41 ▶ 地域支援事業

地域支援事業	①介護予防・日常生活支援総合事業（総合事業） ●介護予防・生活支援サービス事業（第1号事業） ・第1号訪問事業（訪問型サービス） ・第1号通所事業（通所型サービス） ・第1号生活支援事業（その他生活支援サービス） ・第1号介護予防支援事業（介護予防ケアマネジメント）※1 ●一般介護予防事業
	②包括的支援事業 ●地域包括支援センターの運営として行われる事業 ・第1号介護予防支援事業（介護予防ケアマネジメント）※2 ・総合相談支援業務* ・権利擁護業務 ・包括的・継続的ケアマネジメント支援業務 ●社会保障を充実させるための事業 ・在宅医療・介護連携推進事業 ・生活支援体制整備事業 ・認知症総合支援事業 ・地域ケア会議推進事業
	③任意事業 ・介護給付等費用適正化事業 ・家族介護支援事業 ・その他の事業

※1：要支援1・2、基本チェックリスト該当者を対象としている。
※2：基本チェックリスト該当者を対象としている。

 33—23（介護）
36—12

 ここが変わった
2005（平成17）年の介護保険法の改正により、地域支援事業が行われることとなった。また、2011（平成23）年の改正により、介護予防・日常生活支援総合事業が加えられた。

＋α ぷらすあるふぁ
2023（令和5）年の介護保険法の改正により、被保険者、介護サービス事業者その他の関係者が被保険者に係る情報を共有し、及び活用することを促進する事業が地域支援事業に追加される（2023（令和5）年5月19日から起算して4年を超えない範囲において政令で定める日から施行予定）。

＋α ぷらすあるふぁ
包括的支援事業は、老人介護支援センターの設置者（市町村社会福祉協議会、社会福祉法人等）などの法人に委託することができる。

ここが変わった
2023（令和5）年の介護保険法の改正により、2024（令和6）年4月から、地域包括支援センターは、総合相談支援業務の一部を居宅介護支援事業者に委託できることとなった。

社会の理解

TEST 32—10

313 2014（平成26）年の介護保険法の改正により、**予防給付（訪問介護・通所介護）**が地域支援事業に移行され、新しい**介護予防・日常生活支援総合事業**が実施されることとなった（施行は2015（平成27）年）。これに伴い、これまで市町村は介護予防事業と介護予防・日常生活支援総合事業のいずれかを判断して行っていたが、**すべての市町村**が新しい介護予防・日常生活支援総合事業を行うこととなった。

● 地域での支援体制

TEST 35—7
35—17
36—9

314 2005（平成17）年の介護保険法の改正により、新たに**地域包括支援センター**が設置された。**地域包括支援センター**は、第1号介護予防支援事業や**包括的支援事業**などを実施し、地域住民の心身の健康の保持および生活の安定のために必要な援助を行うことにより、保健医療の向上および福祉の増進を包括的に支援することを目的とする。

TEST 32—10
35—17

315 **地域包括支援センター**は、**包括的支援事業**として、①**第1号介護予防支援事業**、②**総合相談支援業務**、③**権利擁護業務**、④**包括的・継続的ケアマネジメント支援業務**などの事業を行う（上巻「介護の基本」**159**（**表18**）参照）。その他、指定介護予防支援として**介護予防サービス計画**（介護予防ケアプラン）の作成などを行う。

316 市町村ごとに**地域包括支援センター運営協議会**が設置され、センターの運営の中立性・公正性を担保し、関係機関との連携、人材確保などの支援を行う。

+α
ぷらすあるふぁ
2005（平成17）年の介護保険法の改正により創設された。

317 **地域包括支援センターの人員配置基準**は、担当区域の第1号被保険者の数がおおむね3000人以上6000人未満ごとに常勤専従の**社会福祉士**、**保健師**、**主任介護支援専門員**をそれぞれ1名置くこととされている（これらに準ずる者も含む）。職員等には守秘義務が課されている。

318 2014（平成26）年の介護保険法の改正により、包括的支援事業の包括的・継続的ケアマネジメント支援業務を効果的に実施するために、**地域ケア会議**が法律上に位置づけられた。

● 介護サービス情報の公表

★介護サービス情報
介護サービスの内容および運営状況に関する情報であって、介護サービスを利用し、または利用しようとする要介護者等が適切かつ円滑に介護サービスを利用する機会を確保するために公表されることが必要なもの。

319 **介護サービス情報の公表制度★**では、事業者に対して、利用者の権利擁護、サービスの質の向上等に資する情報提供の環境整備を図るため、**介護サービス情報★**の公表を義務づけている。

● 介護保険制度における介護支援専門員の役割

320 介護支援専門員（ケアマネジャー）は、要介護者等からの相談に応じ、要介護者等がその心身の状況等に応じ適切なサービスを利用できるよう市町村およびサービス事業者等との連絡調整等を行い、要介護者等が自立した日常生活を営むのに必要な援助に関する専門的知識および技術を有する者である。

321 介護支援専門員（ケアマネジャー）とは、都道府県が指定した法人が最低1年に一度行う実務研修受講試験に合格した後、都道府県が実施する**実務研修**を修了し、**都道府県知事**の**登録**を受け、**介護支援専門員証**の交付を受けた者をいう。

322 介護支援専門員（ケアマネジャー）の資格の有効期間は5年で、更新研修を受けなければならない。

323 介護支援専門員（ケアマネジャー）の義務・禁止事項は**介護保険法**で定められている（**表42**参照）。

表42 ▶ 介護支援専門員の義務・禁止事項

- （サービスが偏らないような）公正かつ誠実な業務
- 基準遵守業務★
- 介護支援専門員証の不正使用・名義貸しの禁止
- 信用失墜行為の禁止
- 秘密保持義務
- 資質向上の努力義務

324 表43の事業者は、介護支援専門員（ケアマネジャー）を置かなければならない。

表43 ▶ 介護支援専門員を置かなければならない事業者

サービスの種類	事業者
居宅介護支援	指定居宅介護支援事業者★
居宅サービス	特定施設入居者生活介護事業者
地域密着型サービス	①小規模多機能型居宅介護、②認知症対応型共同生活介護、③地域密着型特定施設入居者生活介護、④地域密着型介護老人福祉施設入所者生活介護、⑤看護小規模多機能型居宅介護の事業者
施設サービス	①指定介護老人福祉施設、②介護老人保健施設、③介護医療院

★**基準遵守業務**
①要介護状態の軽減または悪化の防止に資すること、②医療サービスとの連携への十分な配慮、③自らの支援の質の評価と改善。

 33—11

！ ここが変わった
指定居宅介護支援事業者の管理者は、2018（平成30）年4月からは、主任介護支援専門員でなければならなくなった。ただし、主任介護支援専門員の確保が著しく困難な場合は、介護支援専門員でも可能となった。

社会の理解

325 介護支援専門員（ケアマネジャー）は、居宅介護支援（ケアマネジメント）の機能の要となる役割を担うとともに、サービス担当者会議を開催して居宅サービス計画を作成し、その作成上の責任を負う存在と位置づけられている。

326 居宅サービス計画の作成者（指定居宅介護支援事業者）には介護支援専門員（ケアマネジャー）が置かれる。

一問一答 ▶ P.288

5 障害者福祉と障害者保健福祉制度

　障害者自立支援制度の創設の背景に始まり、障害者基本法、障害者総合支援法の制度やしくみの基礎的な理解、障害福祉サービス利用の流れなどを押さえておこう。新出題基準で障害者福祉の動向や法律・制度の歴史的変遷が加えられ、第36回でも早速出題された。これまでの障害者自立支援制度がどのようなしくみであったか、どのような歴史的背景があったか、その制度にはどのような問題点があるのかを考え、さらに新しく改正された部分がどういう内容なのか学習を進めていくとよいであろう。

■ 障害者の定義

327 障害者の日常生活及び社会生活を総合的に支援するための法律（障害者総合支援法）では、障害者とは、「身体障害者福祉法第４条に規定する身体障害者（18歳以上の者）」「知的障害者福祉法にいう知的障害者のうち18歳以上である者」「精神保健及び精神障害者福祉に関する法律第５条第１項に規定する精神障害者（発達障害者支援法第２条第２項に規定する発達障害者*を含み、知的障害者福祉法にいう知的障害者を除く。）のうち18歳以上である者」「治療方法が確立していない疾病その他の特殊の疾病であって政令で定めるもの（難病等*）による障害の程度が主務大臣が定める程度である者であって18歳以上であるもの」と規定されている。

ここが変わった

2010（平成22）年の改正により、発達障害を含むことが明確化され、2012（平成24）年の改正により、難病等が新たに加えられた。

238

■ 障害者福祉に関する制度

● 障害者に対する施策の歴史的変遷

328 1995（平成7）年、障害者対策推進本部によって「障害者プラン〜
ノーマライゼーション7か年戦略〜」が策定され、1996（平成8）年度
から2002（平成14）年度までの7年間実施された。これは**障害者基本法**
に規定されている障害者基本計画の策定がきっかけとなっている。

329 社会福祉基礎構造改革による2000（平成12）年の社会福祉事業法の
改正（社会福祉法に名称変更）などによって、障害者分野の福祉サービ
スが、行政処分によってサービス内容を決定する措置制度から利用者が
事業者との利用契約に基づいてサービスを選択する**支援費制度**に転換す
ることとなった。

 36—10

330 **措置制度**は、公平という観点からサービスを提供する点では優れて
いるが、利用者の主体性を尊重するシステムにはなっていないため、福
祉サービス利用の主体は利用者自身であるという新しい福祉の考え方に
はなじまないとされた。そこで、障害者を福祉サービス利用の主体と
し、利用するサービスごとに支援費の支給を受け、事業者との契約を交
わす支援費制度が制定された。

36—10

331 ①障害者施策を**3障害一元化**、②利用者本位のサービス体系に再
編、③就労支援の抜本的強化、④支給決定の透明化、明確化、⑤安定的
な財源の確保、といった視点から**障害者自立支援法**（現・障害者総合支
援法）が制定され、2006（平成18）年から段階的に施行されることと
なった。

332 2002（平成14）年に**新しい障害者基本計画**が策定された。「障害者
対策に関する新長期計画」（新長期計画）におけるリハビリテーション
およびノーマライゼーションの理念を継承し、障害者の社会への参加、
参画に向けた施策の推進を図るため、2003（平成15）年度から2012（平
成24）年度までの施策の基本的方向について定めた計画であった。

333 2006（平成18）年、第61回国連総会本会議で障害者の権利に関する
条約（障害者権利条約）が採択された。同条約は、障害者の権利および
尊厳を促進・保護するための包括的・総合的な国際条約である。

TEST 36—13

334 障害者権利条約は、2007（平成19）年3月から署名と批准が始まっており、日本政府は、2007（平成19）年9月28日、本条約に**署名した**★。2008（平成20）年4月3日に条件となる20か国が批准したため、5月3日に**発効となった**。日本は、2013（平成25）年12月、国会の承認によって2014（平成26）年1月20日に同条約の批准書を寄託し、2月19日から**効力を生ずることとなった**。

335 2013（平成25）年、障害を理由とする差別の解消の推進に関する法律（障害者差別解消法）が成立した。この法律は、障害を理由とする差別の解消を推進することにより、すべての国民が障害の有無によって分け隔てられることなく、相互に人格と個性を尊重し合いながら共生する社会の実現を目指すことを目的とし、差別の解消の推進に関する基本方針、行政機関や事業者における障害を理由とする差別解消措置などを定めている。

TEST 35—11
35—12
36—13
36—56（障害）

336 障害者差別解消法では、国の行政機関や地方公共団体などに不当な差別的取り扱いを禁止し、**社会的障壁の除去**について必要かつ合理的な配慮を求めている。また、民間事業者にも、不当な差別的取り扱いを禁止し、社会的障壁の除去については必要かつ合理的な配慮をするように努めることとしていたが、2021（令和3）年の改正により、社会的障壁の除去についての必要かつ合理的な配慮を義務とすることとなった★（**表44**参照）。

+α ぷらすあるふぁ

日本では、条約の締結に必要な国内法の整備をはじめとする障害者の制度改革などのために、2009（平成21）年12月に障がい者制度改革推進本部が設置された。2011（平成23）年には、障害者基本法の改正が行われるなど、国内法の整備が行われた。障害者差別解消法は、障害者基本法の基本的な理念を具体的に実施するために制定された。

！ ここが変わった

民間事業者は、2024（令和6）年3月まで努力義務だったが、同年4月から義務となったので注意。

表44 ▶ 障害を理由とする差別の禁止

	国の行政機関および地方公共団体など	民間事業者
不当な差別的取り扱い	禁止	禁止
社会的障壁の除去についての必要かつ合理的な配慮	義務	義務※

※ 2024（令和6）年4月1日から努力義務が義務となった。

337 2023（令和5）年3月、2023（令和5）年度から2027（令和9）年度を計画期間とする**障害者基本計画（第5次）**が閣議決定された。基本的な考え方として①2020年東京オリンピック・パラリンピックのレガシー継承、②新型コロナウイルス感染症拡大とその対応、③持続可能で多様性と包摂性のある社会の実現といった社会情勢の変化に対応し、障害者による情報の取得及び利用並びに意思疎通に係る施策の推進に関する法律（障害者情報アクセシビリティ・コミュニケーション施策推進法）の規定に基づき同法の趣旨を踏まえて策定された。

● 身体障害者に対する施策

338 **身体障害者手帳**は、居住地または現在地の**都道府県知事（指定都市市長・中核市市長）**に、定められた医師の診断書を添えて**申請**し、審査され**交付**される。偽りやその他不正な手段により手帳の交付を受けた者、または受けさせた者は、懲役★または罰金に処せられる。

339 **身体障害者手帳の申請**は、市または福祉事務所を設置する町村内に居住地を有する者は**福祉事務所長**、福祉事務所を設置しない町村内に居住地を有する者は**町村長**を経由して行う。

340 **身体障害者更生相談所**は、身体障害者福祉法に規定され、**身体障害者の更生援護の利便**のため、また**市町村の援護の適切な実施の支援**のため、**都道府県**に設けなければならない。

341 2002（平成14）年、身体障害者の施設や公共交通機関の利用の円滑化を図り、身体障害者の自立および社会参加の促進に寄与するために**身体障害者補助犬法**が成立した。身体障害者補助犬は**盲導犬**、**介助犬**、**聴導犬**である。

342 国または独立行政法人などの施設や公共交通事業者、不特定多数の者が利用する施設の管理者等は、身体障害者がその施設等を利用する場合、身体障害者補助犬の同伴を**拒否してはならない**こととされている。

+α
ぷらすあるふぁ
2022（令和4）年の改正で、「懲役」が「拘禁刑」に改められる（2025（令和7）年6月1日から施行予定）。

 33—15

社会の理解

● 知的障害者に対する施策

343 ▶ 知的障害者福祉法は、2000（平成12）年の改正により、**知的障害者の自立と社会経済活動への参加の促進**を法律の目的として明示するとともに、新たに「すべての知的障害者は、その有する能力を活用することにより、進んで社会経済活動に参加するよう努めなければならない」「すべての知的障害者は、社会を構成する一員として、社会、経済、文化その他あらゆる分野の活動に参加する機会を与えられるものとする」と規定された。

344 ▶ **知的障害者更生相談所**は、知的障害者福祉法に規定されている。都道府県に必ず置かれ、知的障害者に関する**専門的な知識や技術を必要とする相談・指導**、18歳以上の知的障害者の**医学的、心理学的、職能的判定**などを行う特別地方機関である。

● 精神障害者に対する施策

345 ▶ 1987（昭和62）年に精神衛生法が改正され、**1988（昭和63）年**から精神保健法として施行された。その際、入院制度に人権上の配慮を加えることなどが規定された。さらに**1995（平成7）年**に法の名称が精神保健及び精神障害者福祉に関する法律（精神保健福祉法）★となった。

346 ▶ 精神保健福祉法に規定されている**精神障害者の入院形態**は、表45のとおりである。

+α
ぷらすあるふぁ
精神障害者福祉が法律の名称に取り入れられ、精神障害者等の自立と社会経済活動への参加の促進が法の目的に加えられた。

TEST 32—120（総合）
34—117（総合）

表45 ▶ 精神障害者の入院形態

任意入院	本人の同意に基づいて行われる入院。この形態が原則
措置入院	2名以上の精神保健指定医の診察結果の一致により、自傷他害のおそれが認められる場合に都道府県知事により行われる入院
緊急措置入院	急速を要し、通常の措置入院の手続きを踏むことができない場合、精神保健指定医の診察を経て、72時間を限度に都道府県知事により行われる入院
医療保護入院	精神保健指定医が入院の必要を認め、家族等が同意した場合に行われる入院※1、※2
応急入院	急速を要し、家族等の同意をすぐに得ることができない場合、精神保健指定医の診察を経て、72時間を限度に精神科病院の管理者により行われる入院

※1　2022（令和4）年の改正で、家族等が同意・不同意の意思表示を行わない場合にも、市町村長の同意により医療保護入院を行うことが可能となった。

※2　2022（令和4）年の改正で、医療保護入院に入院期間（入院開始から6か月が過ぎるまでは3か月以内、6か月が過ぎてからは6か月以内）が定められ、一定の期間ごとに入院要件の確認を行うこととなった。

347▶ 2022（令和4）年の精神保健福祉法の改正で、入院者訪問支援事業が創設された。都道府県知事等が行う研修を修了した入院者訪問支援員が、患者本人の希望により、精神科病院を訪問し、本人の話を丁寧に聴いたり、生活相談に応じることなどで、患者の孤独感の軽減、権利擁護などを図る事業である。

348▶ 精神保健福祉センターは、精神保健福祉に関する知識の普及、調査研究、相談および援助のうち**複雑または困難なもの**などを行う機関であり、都道府県（指定都市）に設置が義務づけられている。

349▶ 2005（平成17）年の障害者自立支援法（現・障害者総合支援法）の成立により、**精神保健福祉センター★**では、自立支援医療費の支給認定にかかる専門的審査を行うこととなった。また、そのほかにも精神医療審査会の事務、精神障害者保健福祉手帳の申請に関する専門的業務を行っている。

350▶ 2003（平成15）年、**心神喪失等の状態で重大な他害行為を行った者の医療及び観察等に関する法律（医療観察法）**が成立した（施行は2005（平成17）年）。心神喪失等の状態で重大な**他害行為★**を行った者に対し、その適切な処遇を決定するための手続等を定めることにより、継続的かつ適切な医療ならびにその確保のために必要な観察および指導を行うことによって、その病状の改善とこれに伴う同様の行為の再発の防止を図り、対象者の社会復帰を促進するものである。

● 発達障害者に対する施策

351▶ 発達障害者支援センター★は、発達障害者支援法上の施設であり、①発達障害の早期発見・早期発達支援などにつなげるための発達障害者とその家族その他の関係者への相談や情報提供、助言、②専門的な発達支援と就労支援、③発達障害についての情報提供と研修、などを行うものである。

352▶ 発達障害者支援センターの利用対象者は、自閉症、アスペルガー症候群その他の広汎性発達障害、学習障害（LD）、注意欠陥多動性障害（ADHD）その他これに類する脳機能の障害等の発達障害を有する障害児（者）およびその家族となっている。

353▶ 発達障害者支援センターの実施主体は、都道府県または指定都市で、事業の全部または一部について発達障害者支援法上の指定社会福祉法人、特定非営利活動法人等に委託できる。

+α ぷらすあるふぁ
必ずしも「精神保健福祉センター」という名称を用いなくてもよい。

★他害行為
他人に害を及ぼす行為。

+α ぷらすあるふぁ
地域の実情を踏まえ、発達障害者支援センター等の業務を行うにあたって、可能な限り身近な場所で必要な支援が受けられるよう配慮しなければならない。

● 特別支援教育

354 盲・ろう教育の義務制は1948（昭和23）年に、養護学校教育（肢体不自由・知的障害・病弱）の義務制は1979（昭和54）年にそれぞれ実現した。

355 2006（平成18）年の学校教育法の改正により、**特別支援教育**☆のシステムが制度化された。児童生徒等の個々のニーズに柔軟に対応し、適切な指導および支援を行うものである。

356 2006（平成18）年の学校教育法の改正により、これまでの盲・ろう・養護学校が見直され、障害種別を超えた**特別支援学校**が創設された。教員免許制度も総合化され、特別支援学校免許状となった。また、特別支援学校は、地域の特別支援教育のセンター的役割を担うものと位置づけられた。

357 特別支援学校は、視覚障害者、聴覚障害者、知的障害者、肢体不自由者または病弱者（身体虚弱者を含む）に対して、幼稚園、小学校、中学校または高等学校に準じる教育を行うとともに、障害による学習上または生活上の困難を克服し、自立を図るために必要な知識・技能を授けることを目的とする。

● 障害者等の所得保障・経済負担の軽減

358 **障害基礎年金**☆は、被保険者の障害等級が**1級・2級**の状態になったときに、国民年金の保険料納付済期間（免除期間を含む）が**加入期間の3分の2以上**あれば支給される。20歳未満で障害の状態となったものは、20歳になってから障害基礎年金を受給できる。

359 **障害厚生年金**は、障害基礎年金支給の対象となる障害が、**厚生年金保険の加入中に初診日のある傷病**により生じたときに、上乗せして支給される。また、1級・2級に該当しない軽度の場合も、**3級**の障害厚生年金または障害手当金が支給される。

360 2004（平成16）年、**特定障害者に対する特別障害給付金の支給に関する法律**が成立した。同法は、国民年金制度の発展過程において生じた特別な事情に応じて、障害基礎年金等の受給権を有していない障害者に特別障害給付金を支給することにより、その福祉の増進を図るためのものである。

ぷらすあるふぁ
従来の特殊教育の対象者に加え、学習障害（LD）、注意欠陥多動性障害（ADHD）、高機能自閉症等が対象となった。

ぷらすあるふぁ
18歳未満の子がいる受給者には、子の人数に応じた加算がある。

361 特別児童扶養手当は、精神または身体に障害を有する児童に支給することにより福祉の増進を図ることを目的とする。20歳未満の1級・2級の障害児を家庭で監護している父母または父母に代わって養育している者に対して支給される。

362 特別障害者手当は、20歳以上であって精神または身体に著しく重度の障害を有し、日常生活において常時特別の介護を必要とする在宅者に支給される。

363 障害児福祉手当は、20歳未満であって精神または身体に重度の障害を有し、日常生活において常時の介護を要する在宅者に支給される。

● 障害者の雇用・就労

364 障害者雇用率制度とは、事業主に雇用されている労働者のうち障害者が一定の割合を占めるよう、障害者の雇用の促進等に関する法律（障害者雇用促進法）において義務づけられた制度である。

365 現行の障害者雇用率（法定雇用率）は、国および地方公共団体2.6%、教育委員会2.5%、特殊法人2.6%、民間企業2.3%である★。

366 2002（平成14）年の障害者雇用促進法の改正により、障害者就業・生活支援センターにおける支援事業が創設された。身近な地域で、雇用、福祉、教育等の関係機関が連携し、障害者に対して日常生活上の相談と併せて就業面での相談等を一体的に行うとされた。

367 2002（平成14）年の障害者雇用促進法の改正により、障害者が職場に適応することを容易にするために援助を行う者として職場適応援助者（ジョブコーチ）が創設された。

368 2005（平成17）年の障害者雇用促進法の改正によって、精神障害者★を障害者雇用率の算定対象とすることとなった。2013（平成25）年の障害者雇用促進法の改正によって、事業主の障害者雇用義務の対象に精神障害者が加わった。

369 2016（平成28）年の障害者雇用促進法の改正により、事業者に対して、障害者が職場で働くにあたっての支障を改善するための措置を講ずる合理的配慮の提供が義務づけられた★。「車いすを利用する者に合わせて、机や作業台の高さを調整する」などが想定されている。

+α **ぷらすあるふぁ**
2023（令和5）年の改正で、国および地方公共団体3.0%、教育委員会2.9%、特殊法人3.0%、民間企業2.7%とすることとされた（2024（令和6）年4月1日施行）。ただし、経過措置として2026（令和8）年6月30日までの間、国および地方公共団体2.8%、教育委員会2.7%、特殊法人2.8%、民間企業2.5%とされる。

+α **ぷらすあるふぁ**
精神障害者の把握・確認は、精神障害者保健福祉手帳で行われる。

+α **ぷらすあるふぁ**
事業主に対して過重な負担を及ぼすことになる場合は該当しないとされている。

■ 障害者総合支援制度

● 障害者総合支援制度の目的

370 ▶ 障害者総合支援法は、第１条で「障害者基本法の基本的な理念にのっとり（中略）、障害者及び障害児が基本的人権を享有する個人としての尊厳にふさわしい日常生活又は社会生活を営むことができるよう、必要な障害福祉サービスに係る給付、地域生活支援事業その他の支援を総合的に行い、もって障害者及び障害児の福祉の増進を図るとともに、障害の有無にかかわらず国民が相互に人格と個性を尊重し安心して暮らすことのできる地域社会の実現に寄与することを目的とする」と規定している★。

371 ▶ 2012（平成24）年の障害者自立支援法（現・障害者総合支援法）の改正により、第１条の２に基本理念が加えられ、この法律に基づく日常生活・社会生活の支援が、共生社会を実現するために、障害児・者の社会参加の機会の確保、地域社会における共生および社会的障壁の除去に資するよう、総合的かつ計画的に行われるべき旨が新たに掲げられた。

372 ▶ 2010（平成22）年の障害者自立支援法（現・障害者総合支援法）と児童福祉法の改正により、これまで障害者自立支援法の対象であった精神障害（発達障害を含む）のある児童（18歳未満の者）は、児童福祉法の対象にもなった。

● 障害者総合支援制度の実施体制

373 ▶ 国の主な機能、役割は、**表46**のとおりである。

表46 ▶ 国の主な機能、役割

- 自立支援給付や地域生活支援事業などの業務が適正かつ円滑に行われるよう、市町村と都道府県に必要な助言や情報の提供などを行わなければならない。
- 障害福祉サービスや相談支援、地域生活支援事業の提供体制の確保に努めなければならない。

374 ▶ 都道府県の主な機能、役割は、**表47**のとおりである。

375 ▶ 市町村の主な機能、役割は、**表48**のとおりである。

ここが変わった

2010（平成22）年の改正により「その有する能力及び適性に応じ」が削除された。2012（平成24）年の改正により、基本的人権の尊重などが新たに加えられた。

表47 ▶ 都道府県の主な機能、役割

- 自立支援給付と地域生活支援事業が適正かつ円滑に行われるよう、市町村に必要な助言や情報の提供などを行う。
- 市町村と連携を図り、自立支援医療費の支給・地域生活支援事業を総合的に行う。
- 障害者等に関する相談と指導のうち、専門的な知識と技術が必要なものを行う。
- 障害福祉サービス事業者などの指定または指定の取り消しを行う。
- 介護給付費などの不服の審査請求に対して、それを取り扱う不服審査会を置く。

表48 ▶ 市町村の主な機能、役割

- 自立支援給付と地域生活支援事業を総合的かつ計画的に行う。
- 障害者等の福祉に関して、情報の提供、相談、調査、指導などを行う。
- 意思疎通支援や虐待の防止とその早期発見などに関する援助を行う。
- 給付の審査判定業務を行わせるため、市町村審査会（ 389 参照）を置く。
- 給付の支給決定と支給を行う。
- 障害福祉サービス事業者等への支払いに関する事務を、国民健康保険団体連合会に委託できる。
- 基幹相談支援センター（ 376 参照）を設置するように努める。

376 2010（平成22）年の障害者自立支援法（現・障害者総合支援法）の改正により、相談支援体制の強化を目的として基幹相談支援センター★が設置された。市町村は基幹相談支援センターを設置するように努める★。また、市町村から委託を受けた者は基幹相談支援センターを設置することができる。

377 主務大臣（内閣総理大臣および厚生労働大臣）は、障害福祉サービス・地域生活支援事業の提供体制の整備と円滑な実施を確保するための基本指針を定め、これに即して市町村は市町村障害福祉計画を、都道府県は都道府県障害福祉計画を定める★（表49参照）。

378 2023（令和5）年に「障害福祉サービス等及び障害児通所支援等の円滑な実施を確保するための基本的な指針」（基本指針）が告示された。基本指針に即し、2024（令和6）年度から2026（令和8）年度までの3年間を対象とする第7期障害福祉計画、第3期障害児福祉計画が市町村、都道府県によって作成されることとなった。

★**基幹相談支援センター**
地域における相談支援の中核的な役割を担い、相談支援事業、成年後見制度利用支援事業および身体障害者・知的障害者・精神障害者等にかかわる相談支援を総合的に行う。

！ ここが変わった
2022（令和4）年の改正で、設置が努力義務となった（2024（令和6）年4月1日施行）。

33—15
35—7
36—17

32—11

+α ぷらすあるふぁ
基本指針、市町村障害福祉計画、都道府県障害福祉計画は、児童福祉法に基づく基本指針、市町村障害児福祉計画、都道府県障害児福祉計画と一体のものとして策定することができる。

表49 ▶ 基本指針・市町村障害福祉計画・都道府県障害福祉計画

	定める内容
基本指針	①障害福祉サービス・相談支援の提供体制の確保に関する基本的事項 ②障害福祉サービス・相談支援・地域生活支援事業の提供体制の確保に係る目標に関する事項 ③市町村障害福祉計画と都道府県障害福祉計画の作成に関する事項 ④その他自立支援給付と地域生活支援事業の円滑な実施を確保するために必要な事項
市町村障害福祉計画	①障害福祉サービス・相談支援・地域生活支援事業の提供体制の確保に係る目標に関する事項 ②各年度における障害福祉サービス・地域相談支援・計画相談支援の種類ごとの必要な量の見込み ③地域生活支援事業の種類ごとの実施に関する事項
都道府県障害福祉計画	①市町村障害福祉計画の①に同じ ②市町村障害福祉計画の②に同じ ③市町村障害福祉計画の③に同じ ④各年度の障害者支援施設の必要入所定員総数

ここが変わった

2010（平成22）年の改正で「自立支援協議会」が法律上に定められ、2012（平成24）年の改正で「協議会」に名称が変わり、「設置できるもの」から「設置するよう努めなければならないもの」となった。

ここが変わった

2022（令和4）年の改正で、「適切な支援に関する情報」の共有が加わった（2024（令和6）年4月1日施行）。

32—11

379 市町村と都道府県は**障害福祉計画**の作成・変更において、**協議会**★の意見を聴くように努めなければならない。**協議会**は、地域の適切な支援に関する情報★と支援体制に関する課題について情報を共有し、地域の支援体制の整備について協議を行う場であり、市町村と都道府県が設置するよう努めなければならない。

● 児童福祉法の実施体制

380 **2016（平成28）年の児童福祉法の改正**により、障害児のサービスにかかる提供体制の計画的な構築を推進するため、自治体において障害児福祉計画を策定することとなった。

381 内閣総理大臣は、障害児通所・入所支援、障害児相談支援の提供体制の整備や円滑な実施を確保するための**基本的な指針（基本指針）**を定める。

382 **市町村・都道府県**は、基本指針に即して、それぞれ**市町村障害児福祉計画・都道府県障害児福祉計画**を策定する★（**表50**参照）。

+α

ぷらすあるふぁ

基本指針、市町村障害児福祉計画、都道府県障害児福祉計画は、障害者総合支援法に基づく基本指針、市町村障害福祉計画、都道府県障害福祉計画と一体のものとして策定することができる。

32—11

表50 ▶ 市町村障害児福祉計画と都道府県障害児福祉計画

市町村障害児福祉計画	・障害児通所支援や障害児相談支援の提供体制の確保にかかる目標に関する事項 ・各年度における障害児通所支援や障害児相談支援の種類ごとの必要な量の見込み
都道府県障害児福祉計画	・障害児通所・入所支援、障害児相談支援の提供体制の確保にかかる目標に関する事項 ・都道府県が定める区域ごとの各年度の障害児通所支援や障害児相談支援の種類ごとの必要な量の見込み ・各年度の障害児入所施設等の必要入所定員総数

383 ▶ 2016（平成28）年の児童福祉法の改正により、地方公共団体は、医療的ケアを要する児童が、地域において必要な支援を円滑に受けることができるよう、保健、医療、福祉その他の各関連分野の支援を行う機関との連絡調整を行うための体制の整備に関し、必要な措置を講ずるように努めなければならないとされた。

● 財源と利用者負担

384 ▶ 自立支援給付は、市町村によって給付されるが、国および都道府県の負担および補助について、表51のように規定されている。

表51 ▶ 負担および補助

国	都道府県
・障害福祉サービス費等負担対象額、自立支援医療費等および補装具費の50％を負担する。 ・予算の範囲内において、地域生活支援事業に要する費用等の50％以内を補助することができる。	・障害福祉サービス費等負担対象額、自立支援医療費等および補装具費の25％を負担する。 ・予算の範囲内において、市町村地域生活支援事業に要する費用の25％以内を補助することができる。

385 ▶ 2010（平成22）年の障害者自立支援法（現・障害者総合支援法）の改正により、障害福祉サービス等を利用した場合の負担は家計の負担能力に応じたもの（応能負担）★とすることを原則とし、また、自立支援医療費および補装具費の給付についても同様の見直しがなされた。なお、食費、居住費、滞在費その他の日常生活に要する費用、創作的活動もしくは生産活動に要する費用等（特定費用）は実費となる★。

+α **ぷらすあるふぁ**
政令で、所得に応じた1月あたりの負担上限額が設定されている（サービスにかかった費用の1割に相当する額がこれに満たない場合は、1割相当額）。

+α **ぷらすあるふぁ**
2010（平成22）年の児童福祉法の改正で、障害児入所支援を受けた場合の利用者負担について、月額上限付きの負担から、利用者の負担能力に応じたもの（応能負担）を原則とし、障害児の保護者の負担となった。なお、食費、居住費または滞在費その他の日常生活に要する費用等および治療費（入所特定費用）は実費となる。

TEST 35—14

社会の理解

386 介護給付費または訓練等給付費は、市町村に申請し、支給決定を受け、有効期間内に、都道府県知事の指定する指定障害福祉サービス事業者または指定障害者支援施設から障害福祉サービスを受けたときに支給される。なお、支給は、代理受領方式による現物給付が基本となる。

387 自立支援医療費は、一定所得以上の場合は認定を受けられない。その場合、医療保険による給付となり、3割の自己負担となる。ただし、重度かつ継続的に相当額の負担がある場合は支給される。

388 利用者負担を軽減するための高額障害福祉サービス等給付費は、表52に示す支給対象者について、障害福祉サービスおよび介護保険法に規定する介護給付等対象サービスのうち政令で定めるもの並びに補装具の購入等★に要した費用の合計額が著しく高額である場合に支給される。

表52 ▶ 高額障害福祉サービス等給付費の支給対象者

> ①支給決定障害者等（介護給付費等の支給決定を受けた障害者もしくは障害児の保護者）
> ②65歳に達する前に長期間にわたり障害福祉サービスにかかる支給決定を受けていた障害者であって、介護保険法に規定する介護給付等対象サービスを受けているもののうち、所得の状況および障害の程度などの事情を勘案して政令で定めるもの※

※ 2016（平成28）年の改正で、表中②の者が支給対象者に加わった。

● 利用手続き

389 介護給付費の利用手続きは、図10のとおりである。
①介護給付費等の支給を受けようとする障害者等は、市町村に申請をする。
②市町村は、障害支援区分の認定および支給要否決定を行う。一次判定（コンピューター判定）★では、80項目の認定調査項目と医師意見書（てんかん・精神症状の評価・麻痺・拘縮等）で評価する。
③市町村は、市町村審査会が行う障害支援区分に関する二次判定で、特記事項と医師意見書（一次判定で評価した項目を除く）の審査および判定の結果に基づき、障害支援区分の認定を行う。
④市町村は、障害者等の障害支援区分、介護者の状況、障害福祉サービスの利用に関する意向その他の事項を勘案して支給要否決定を行う。

ここが変わった
2010（平成22）年の障害者自立支援法の改正により、補装具費が合算の対象となった。

32—12
33—15
33—124(総合)
35—13

＋α

ぷらすあるふぁ
知的障害者や精神障害者は、コンピューターによる一次判定で低く判定される傾向があったため、障害特性をより反映できる認定調査項目の追加・統合・削除、選択肢の統一、判断基準の見直しが行われ、全国一律の「新たな判定式（コンピューター判定式）」の構築がなされた。

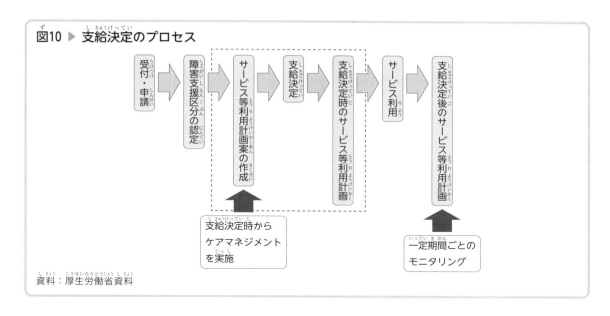

図10 ▶ 支給決定のプロセス

受付・申請 → 障害支援区分の認定 → サービス等利用計画案の作成 → 支給決定 → 支給決定時のサービス等利用計画 → サービス利用 → 支給決定後のサービス等利用計画

支給決定時からケアマネジメントを実施

一定期間ごとのモニタリング

資料：厚生労働省資料

390▶ 市町村は、支給要否の決定を行うにあたって必要と認められる場合、指定を受けた**特定相談支援事業者**が作成する**サービス等利用計画案**＊の提出を障害者または障害児の保護者に求め、その計画案を勘案して支給決定を行う。

391▶ **障害支援区分**とは、障害者等の障害の多様な特性その他の心身の状態に応じて必要とされる標準的な支援の度合を総合的に示す区分をいう。区分1から区分6までの6段階である。必要度は、区分1が低く、区分6が高い。

392▶ 各障害福祉サービスの対象となる**障害支援区分**は**表53**のとおりである。

● **自立支援給付の種類・内容**

393▶ 障害者自立支援法（現・障害者総合支援法）では、従来の居宅サービス、施設サービスといった区分が改められ、**障害福祉サービス**という概念が導入された。サービスを昼間と夜間のサービスに分け、施設に入所している場合でも、居宅で暮らす障害者と同様の福祉サービスが提供されることになった。

394▶ 障害者総合支援法では、**自立支援給付**（介護給付、訓練等給付、相談支援、自立支援医療、補装具など）と**地域生活支援事業**の2つの支援が行われる（**図11**参照）。

36—57（障害）

ぷらすあるふぁ

サービス等利用計画案の作成は、相談支援専門員が行う。

社会の理解

表53 ▶ 各障害福祉サービスの対象となる障害支援区分

サービス	対象となる障害支援区分
①居宅介護 （ホームヘルプサービス）	・区分1以上 ・ただし、通院等介助（身体介護を伴う場合）は区分2以上
②重度訪問介護	・居宅における介護等および外出時における移動中の介護を行った場合は、区分4以上 ・病院・診療所・助産所または介護老人保健施設・介護医療院における意思疎通支援などを行った場合（入院または入所前からサービスを受けていた利用者に限る）は、区分4以上※
③同行援護	・移動障害があり、かつ、視力障害・視野障害・夜盲のいずれかに障害がある場合に対象となる（区分認定は必要なし）
④行動援護	・区分3以上
⑤療養介護	・筋萎縮性側索硬化症（ALS）患者等気管切開を伴う人工呼吸器による呼吸管理を行っている場合は、区分6 ・進行性筋萎縮症（筋ジストロフィー）の患者、重症心身障害者などの場合は、区分5以上
⑥生活介護	・区分3以上（施設入所者は区分4以上） ・50歳以上の場合は、区分2以上（施設入所者は区分3以上）
⑦短期入所 （ショートステイ）	・区分1以上
⑧重度障害者等包括支援	・区分6
⑨施設入所支援	・区分4以上 ・50歳以上の場合は、区分3以上 ・自立訓練等を受ける場合は、区分認定は必要なし

※ 2024（令和6）年4月から区分4・5の利用者も対象に追加された。

395 ▶ 障害者総合支援法において、**障害福祉サービス**とは、介護給付と訓練等給付を併せたものをいう。

396 ▶ **介護給付費**の支給対象となる障害福祉サービスは、**表54**に掲げるサービスである。なお、申請後、支給決定の効力が生じた日の前日までの間に、緊急等により指定障害福祉サービス等を受けたときや基準該当障害福祉サービスを受けたときなどには**特例介護給付費**が支給される。

397 ▶ 2010（平成22）年の障害者自立支援法（現・障害者総合支援法）の**改正**により、介護給付費の支給対象となる障害福祉サービスに規定されていた児童デイサービスは、障害福祉サービスから児童福祉法による通所サービスへ**移行**された。

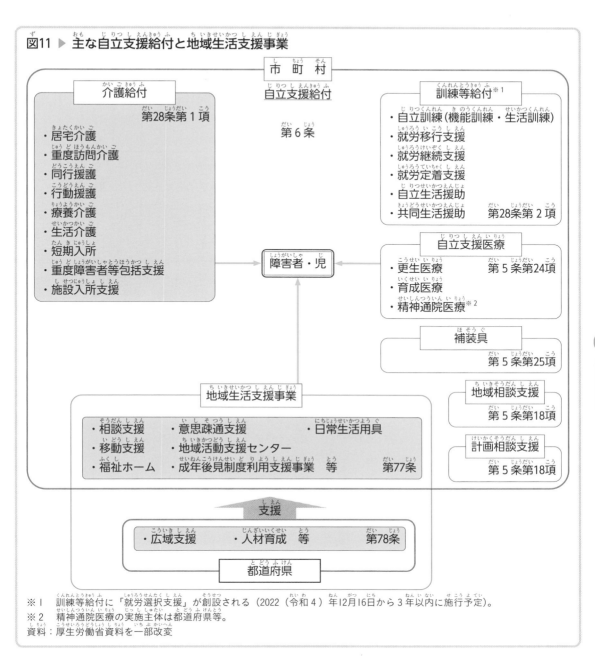

図11 ▶ 主な自立支援給付と地域生活支援事業

市町村

自立支援給付

第6条

介護給付

第28条第1項

・居宅介護
・重度訪問介護
・同行援護
・行動援護
・療養介護
・生活介護
・短期入所
・重度障害者等包括支援
・施設入所支援

訓練等給付※1

・自立訓練（機能訓練・生活訓練）
・就労移行支援
・就労継続支援
・就労定着支援
・自立生活援助
・共同生活援助　　第28条第2項

自立支援医療

・更生医療　　　　第5条第24項
・育成医療
・精神通院医療※2

障害者・児

補装具

第5条第25項

地域相談支援

第5条第18項

計画相談支援

第5条第18項

地域生活支援事業

・相談支援　　・意思疎通支援　　・日常生活用具
・移動支援　　・地域活動支援センター
・福祉ホーム　・成年後見制度利用支援事業　　等　　第77条

支援

・広域支援　　・人材育成　　等　　第78条

都道府県

※1　訓練等給付に「就労選択支援」が創設される（2022（令和4）年12月16日から3年以内に施行予定）。
※2　精神通院医療の実施主体は都道府県等。
資料：厚生労働省資料を一部改変

398▶ **訓練等給付費**の支給対象となる障害福祉サービスは、**表55**に掲げる
サービスである。給付は基本的に18歳以上の障害者を対象とする。な
お、申請後、支給決定の効力が生じた日の前日までの間に、緊急等によ
り指定障害福祉サービス等を受けたときや基準該当障害福祉サービスを
受けたときなどには**特例訓練等給付費**が支給される。

32―13
32―91（障害）
34―12
36―14
36―56（障害）

社会の理解

表54 ▶ 介護給付費の支給対象となる障害福祉サービス

支給対象サービス	サービスの内容	
①居宅介護 （ホームヘルプサービス）	障害者・障害児を対象とした、入浴、排泄または食事の介護など、居宅での生活全般にわたる援助サービス	訪問系 サービス
②重度訪問介護※	重度の肢体不自由者や、重度の知的障害または精神障害により行動上著しい困難があり、常時介護を必要とする障害者を対象とした、居宅における介護や外出時の移動支援、または医療法に規定する病院・診療所・助産所ならびに介護保険法に規定する介護老人保健施設・介護医療院における意思疎通支援などを行う総合的なサービス	
③同行援護	視覚障害により、移動に著しい困難を有する障害者・障害児を対象とした、外出時に同行して行う必要な視覚的情報の提供、移動の援護、排泄・食事の介護など外出時に必要な援助	
④行動援護	知的障害または精神障害により行動上著しい困難があり常時介護を必要とする障害者・障害児を対象とした、行動の際に生じ得る危険回避のための援護や、外出時における移動中の介護　など	
⑤療養介護	医療を要する障害者で常時介護を要するものを対象とした、主として日中に病院などの施設で行われる機能訓練、療養上の管理、看護、医学的管理下での介護や日常生活上の世話。医療にかかるものを「療養介護医療」という	日中活動系 サービス
⑥生活介護	常時介護を要する障害者を対象とした、主として日中に障害者支援施設などで行われる、入浴・排泄・食事の介護や、創作的活動または生産活動の機会の提供　など	
⑦短期入所 （ショートステイ）	障害者・障害児を対象とした、介護者が病気の場合などにおける、障害者支援施設などへの短期入所による、入浴・排泄・食事の介護　など	
⑧重度障害者等包括支援	常時介護を要する障害者・障害児であって、介護の必要の程度が著しく高いものを対象とした、居宅介護をはじめとする障害福祉サービスの包括的支援	訪問系 サービス
⑨施設入所支援	施設に入所する障害者を対象とした、主として夜間に行われる、入浴・排泄・食事の介護　など	施設系 サービス

※　2018（平成30）年からは、重度訪問介護は居宅以外に医療機関への入院時も対象となっている。
注：①③④⑦⑧のサービスについては、障害児も利用できる。障害児の通所サービス・入所サービスについては、児童福祉法に基づくサービスを利用することができる（**410** （表60）・**412** （表61）参照）。

表55 ▶ 訓練等給付費の支給対象となる障害福祉サービス

支給対象サービス	サービスの内容	
①自立訓練	自立した日常生活や社会生活を営むことを目的とした、一定期間にわたる、身体機能や生活能力の向上のための訓練　など	訓練系・就労系サービス※1
②就労移行支援※2	通常の事業所に雇用されることが可能と見込まれる障害者を対象とした、一定期間にわたる、職場実習などを通じての就労に必要な知識・能力の向上のための訓練　など	
③就労継続支援※2	通常の事業所に雇用されることが困難な障害者を対象とした、就労機会の提供および就労に必要な知識・能力の向上のための訓練　など	
④就労定着支援	通常の事業所に新たに雇用された障害者を対象とした、一定期間にわたる、就労の継続を図るために必要な事業所の事業主、障害福祉サービス事業を行う者、医療機関などとの連絡調整　など	
⑤自立生活援助	施設入所支援または共同生活援助を受けていた障害者などが居宅における自立した日常生活を営むうえでの問題について、一定期間にわたり、定期的な巡回訪問や随時通報を受けることにより、障害者からの相談に応じ、必要な情報の提供および助言などの援助を行うこと	居住支援系サービス
⑥共同生活援助※3（グループホーム）	主として夜間に、共同生活を営む住居における相談、入浴、排泄または食事の介護などの日常生活上の援助	

※1 就労アセスメントの手法を活用して、本人の希望、就労能力や適性等にあった選択を支援する新たなサービス（就労選択支援）が追加される（2022（令和4）年12月16日から3年以内に施行予定）。

※2 2024（令和6）年4月からは、対象者に、通常の事業所に雇用されている障害者で、事業所での就労に必要な知識および能力の向上のための支援を一時的に必要とするものが追加された。

※3 2024（令和6）年4月からは、支援内容に、居宅における自立した日常生活への移行を希望する入居者に対する支援や、退居後の一人暮らし等の定着のための相談等の支援を行うことが追加された。

注：共同生活援助（グループホーム）の利用には、居住費が助成される。

399 ▶ **2016（平成28）年の障害者総合支援法の改正**により、就労定着支援と自立生活援助が**訓練等給付費**の支給対象となる障害福祉サービスに追加された。

36—55（障害）

400 ▶ **2022（令和4）年の障害者総合支援法の改正**により、就労選択支援が訓練等給付の支給対象となる障害福祉サービスに追加される（2022（令和4）年12月16日から3年以内に施行予定）。

401 2017（平成29）年の障害者総合支援法の改正により、共生型サービスが創設された。共生型サービスとは、①障害者が65歳以上になっても、使い慣れた事業所においてサービスを利用しやすくするという観点や、②福祉に携わる人材に限りがあるなかで、地域の実情に合わせて人材をうまく活用しながら適切にサービス提供を行うという観点から創設された、**介護保険と障害福祉両方の制度に相互に共通するサービス**のことである（**表56**参照）。

表56 ▶ 共生型障害福祉サービス

	介護保険サービス		障害福祉サービス等
ホームヘルプサービス	訪問介護	⇔	居宅介護 重度訪問介護
デイサービス	通所介護 地域密着型通所介護	⇔	生活介護※1 自立訓練（機能訓練・生活訓練）
	療養通所介護	⇔	生活介護※2
ショートステイ	短期入所生活介護 （予防を含む）	⇔	短期入所
「通い・訪問・泊まり」といったサービスの組み合わせを一体的に提供するサービス	(看護) 小規模多機能型居宅介護（予防を含む） ・通い	⇒	生活介護※1 自立訓練（機能訓練・生活訓練）｝（通い）
	・泊まり	⇒	短期入所　　　　（泊まり）
	・訪問	⇒	居宅介護 重度訪問介護｝（訪問）

※1　主として重症心身障害者を通わせる事業所を除く。
※2　主として重症心身障害者を通わせる事業所に限る。
資料：厚生労働省資料

★基本相談支援
相談、情報提供、助言、連絡調整等の便宜を総合的に供与することをいう。

402 2010（平成22）年の障害者自立支援法（現・障害者総合支援法）の改正により、相談支援の充実としてこれまでの相談支援の定義の見直しが行われ、**基本相談支援★**、**地域相談支援**および**計画相談支援**の３つに分けられた（**表57**参照）。

403 **基本相談支援**と**地域相談支援**のいずれも行う事業を**一般相談支援事業**、**基本相談支援**と**計画相談支援**のいずれも行う事業を**特定相談支援事業**という。

表57 ▶ 地域相談支援と計画相談支援の概要

地域相談支援	地域移行支援	障害者支援施設等に入所している障害者または精神科病院に入院している精神障害者等に対して、住居の確保や地域生活に移行するための活動に関する相談　など
	地域定着支援	居宅において単身等で生活する障害者に対して、常時の連絡体制を確保し、障害の特性に起因して生じた緊急事態の際の相談　など
計画相談支援	サービス利用支援	障害者の心身の状況等を勘案し、サービス等利用計画案を作成し、支給決定等が行われた後に、支給決定等の内容が反映されたサービス等利用計画を作成すること
	継続サービス利用支援	サービス等利用計画が適切であるかどうかを一定期間ごとに検証し、その結果等を勘案してサービス等利用計画の見直しを行い、サービス等利用計画の変更を行うこと　など

404 ▶ 自立支援医療費は、育成医療・更生医療・精神通院医療に対して支給される（**表58**参照）。

 36—11

表58 ▶ 自立支援医療費

育成医療	身体障害児に対し、育成医療を担当する指定育成医療機関を定め、育成のための医療を給付するもの。
更生医療	身体障害者が更生するために医療が必要であると認めるときに、必要な医療の給付または更生医療に必要な費用を支給するもの。
精神通院医療	精神障害者に対し、病院または診療所へ入院することなく行われる医療を給付するもの。

405 ▶ 補装具の種目は、**表59**のとおりである。

表59 ▶ 補装具の種目

①義肢、②装具、③座位保持装置、④視覚障害者安全つえ、⑤義眼、⑥眼鏡、⑦補聴器、⑧人工内耳（人工内耳用音声信号処理装置の修理に限る。）、⑨車いす、⑩電動車いす、⑪座位保持いす※、⑫起立保持具※、⑬歩行器、⑭頭部保持具※、⑮排便補助具※、⑯歩行補助つえ、⑰重度障害者用意思伝達装置

※　これらの補装具については、身体障害児のみが対象となる。

社会の理解

257

● 障害児を対象としたサービスの種類・内容

406 2005（平成17）年の障害者自立支援法（現・障害者総合支援法）の制定に伴い、障害福祉サービスを利用した**障害児**に対しては、市町村（特別区を含む）から自立支援給付として**介護給付費**が支給されることとなった。なお、自立支援給付のうち訓練等給付については、基本的に障害児を対象としていない。介護給付費の支給対象については **396** **表54**のとおりである。

407 介護給付費の支給を受けようとする者が**障害児**の場合は、その**保護者**が市町村に申請して支給決定を受け、その有効期間内に都道府県知事の指定する指定障害福祉サービス事業者から障害福祉サービスを受けたときに市町村から支給される。

408 2010（平成22）年の児童福祉法の改正により、障害児支援について見直しが行われた。旧・障害者自立支援法の児童デイサービスや、児童福祉法の通所サービスが、児童福祉法の**障害児通所支援**として再編された。

409 2010（平成22）年の児童福祉法の改正により、入所サービスが、児童福祉法の**障害児入所支援**（福祉型・医療型）として再編された。

410 **障害児通所支援**には、**表60**のようなサービスがある。

411 2012（平成24）年から、障害種別等に分かれていた障害児施設は、重複障害に対応するとともに、身近な地域で支援を受けられるよう、入所による支援を行う施設は障害児入所施設に、通所による支援を行う施設は児童発達支援センターにそれぞれ**一元化**された。

412 **障害児入所支援**が行われる**障害児入所施設**は、福祉型障害児入所施設と医療型障害児入所施設に区分されている（**表61**参照）。

413 **児童発達支援センター**は、地域の障害児の健全な発達において中核的な役割を担う機関として、障害児を日々保護者の下から通わせて、高度の専門的な知識および技術を必要とする児童発達支援を提供し、あわせて障害児の家族、指定障害児通所支援事業者その他の関係者に対し、相談、専門的な助言その他の必要な援助を行うことを目的とする施設とすることとなった。

表60 ▶ 障害児通所支援のサービス

サービスの種類	サービスの内容
①児童発達支援	児童発達支援センター（ 413 参照）などの施設に通わせ、日常生活における基本的な動作および知識技能の習得、集団生活への適応のための支援を供与し、または肢体不自由のある児童に対し、児童発達支援センターにおいて治療を行うこと
②放課後等デイサービス※1	学校に就学している障害児を対象とし、授業の終了後または休業日に児童発達支援センターなどの施設に通わせ、生活能力の向上のために必要な訓練、社会との交流の促進などの便宜を供与すること
③居宅訪問型児童発達支援※2	重度の障害児などであって、上記①〜②を受けるために外出することが著しく困難なものを対象とし、居宅を訪問し、日常生活における基本的な動作の指導、知識技能の付与、生活能力の向上のために必要な訓練などの便宜を供与すること
④保育所等訪問支援	保育所などの児童が集団生活を営む施設に通う障害児または乳児院などの児童が集団生活を営む施設に入所する障害児※3を対象とし、施設を訪問し、当該施設における障害児以外の児童との集団生活への適応のための専門的な支援などの便宜を供与すること

※1 2022（令和4）年の改正で、対象となる障害児に、専修学校等に就学している障害児のうち、休業日等に支援が必要と認める者が追加された。
※2 2016（平成28）年の改正で、居宅訪問型児童発達支援が新たに創設された。
※3 2016（平成28）年の改正で、保育所等訪問支援の対象が乳児院などに入所している障害児に拡大された。

414 2017（平成29）年の児童福祉法の改正により、共生型サービスが創設された。共生型サービスとは、福祉に携わる人材に限りがあるなかで、地域の実情に合わせて人材をうまく活用しながら適切にサービス提供を行うという観点などから創設された、**介護保険と障害福祉両方の制度に相互に共通するサービス**のことである（**表62**参照）。

● サービス事業者、施設

415 **指定障害福祉サービス事業者**と**指定障害者支援施設**は、都道府県知事が指定を行う。都道府県障害福祉計画の達成に支障が生ずるおそれがある場合は指定しないことができる。**指定の更新**は、6年ごとに受けなければならない。

表61 ▶ 障害児入所施設の種類と行われる支援

種類	行われる支援
福祉型障害児入所施設	保護、日常生活における基本的な動作および独立自活に必要な知識技能の習得のための支援
医療型障害児入所施設	保護、日常生活における基本的な動作、独立自活に必要な知識技能の習得のための支援ならびに治療

表62 ▶ 共生型障害児通所支援

介護保険サービス		障害福祉サービス等
通所介護 地域密着型通所介護	⇔	児童発達支援※1 放課後等デイサービス※1
療養通所介護	⇔	児童発達支援※2 放課後等デイサービス※2
（看護）小規模多機能型居宅介護 （予防を含む） ・通い	⇒	児童発達支援※1 放課後等デイサービス※1

※1　主として重症心身障害児を通わせる事業所を除く。
※2　主として重症心身障害児を通わせる事業所に限る。
資料：厚生労働省資料

416 ▶ 指定障害福祉サービス事業者と指定障害者支援施設は、提供する障害福祉サービスの質の評価を行うことその他の措置を講ずることにより、障害福祉サービスの質の向上に努めなければならない。

417 ▶ 指定障害福祉サービス事業者と指定障害者支援施設の人員・設備・運営の基準については、都道府県の条例で定められている。

● 地域生活支援事業

418 ▶ 障害者や障害児の地域生活を支援するための事業として地域生活支援事業が法定化された。地域生活支援事業には市町村地域生活支援事業と都道府県地域生活支援事業がある。

419 ▶ 市町村地域生活支援事業については、表63のとおりである。

表63 ▶ 市町村地域生活支援事業の内容

> [必須事業]
> ①理解促進研修・啓発事業
> ②自発的活動支援事業
> ③相談支援事業
> ④成年後見制度利用支援事業
> ⑤成年後見制度法人後見支援事業
> ⑥意思疎通支援事業
> ⑦日常生活用具給付等事業
> ⑧手話奉仕員養成研修事業
> ⑨移動支援事業
> ⑩地域活動支援センター機能強化事業
> [任意事業]（福祉ホームの運営、訪問入浴サービス、障害支援区分認定等事務など）

420 ▶ 市町村地域生活支援事業の**日常生活用具給付等事業**は、身体障害者（児）、知的障害者（児）、精神障害者、難病患者等に対し、自立生活支援用具等の日常生活用具を給付または貸与する事業であり、**表64**の6種の用具を給付または貸与する。

表64 ▶ 給付・貸与の対象用具

> ①介護・訓練支援用具（特殊寝台、特殊マット等）
> ②自立生活支援用具（入浴補助用具、聴覚障害者用屋内信号装置等）
> ③在宅療養等支援用具（電気式たん吸引器、盲人用体温計等）
> ④情報・意思疎通支援用具（点字器、人工喉頭等）
> ⑤排泄管理支援用具（ストーマ装具等）
> ⑥居宅生活動作補助用具（居宅生活動作等を円滑にする用具であって、設置に小規模な住宅改修を伴うもの）

421 ▶ 市町村地域生活支援事業の**移動支援事業**とは、障害者等であって、市町村が外出時に移動の支援が必要と認めた者に対し、**社会生活上必要不可欠な外出**および**余暇活動等の社会参加のための外出**の際の移動を支援する事業である。

 36—122（総合）

422 ▶ 市町村地域生活支援事業の**地域活動支援センター**とは、障害者等を通わせ、**創作的活動**または**生産活動**の機会の提供、**社会との交流**の促進その他の主務省令（内閣府令・厚生労働省令）で定める便宜を図る施設である。

 36—17

423 ▶ **都道府県地域生活支援事業**については、**表65**のとおりである。

表65 ▶ 都道府県地域生活支援事業の内容

[必須事業]
①専門性の高い相談支援事業
②専門性の高い意思疎通支援を行う者の養成研修事業
③専門性の高い意思疎通支援を行う者の派遣事業
④意思疎通支援を行う者の派遣に係る市町村相互間の連絡調整事業
⑤広域的な支援事業
[サービス・相談支援者、指導者育成事業]
[任意事業] (福祉ホームの運営、矯正施設等を退所した障害者の地域生活への移行促進など)

一問一答 ▶ P.290

6 介護実践に関連する諸制度

本項目も非常に幅が広い。まずは、「成年後見制度」「高齢者虐待防止法」「障害者虐待防止法」を中心に学習しておくとよい。保健医療福祉に関する施策は、ほかの科目と重複することが多いのでまとめて学習しておくとよい。また、「生活保護の概要」に関しては、生活保護法を中心に目的や基本原理、生活保護の種類と主な内容、生活困窮者への施策を中心に押さえておこう。さらに、社会手当や生活福祉資金貸付制度の概要をまとめておくとよい。

■ 個人の権利を守る制度

● 社会福祉法における権利擁護のしくみ

424 ▶ 2000（平成12）年の社会福祉事業法（現・社会福祉法）の改正により、厚生大臣（現・厚生労働大臣）は、福祉サービスの提供の方法、利用者等からの苦情への対応その他の社会福祉施設の運営に関する必要な最低の基準を定めなければならないこととされた。施設の最低の基準には、施設外の第三者を組み込んだ施設における苦情解決システムの導入が盛り込まれている。

425 2000（平成12）年の社会福祉事業法（現・社会福祉法）の改正で、**苦情解決**のしくみが導入され、社会福祉サービスに対する利用者の苦情や意見を幅広く汲み上げ、サービスの改善を図る観点から、①社会福祉事業経営者の苦情解決の責務が明確化され、②第三者が加わった施設内における苦情解決のしくみの整備が、社会福祉事業の経営者の義務とされ、③前記方法での解決困難な事例に対応するため、運営適正化委員会が都道府県社会福祉協議会に設置されることとなった。

426 社会福祉法では、**福祉サービスの質の向上**のための措置に関して規定し、社会福祉事業の経営者は、自らその提供する**福祉サービスの質の評価**を行うことその他の措置を講ずるよう努めなければならないこととしている。

427 **第三者評価機関**は、供給されているサービスの評価を行い、その結果を公表することによって、サービスの質の管理や利用者の選択のための情報提供を行う。ただし、第三者評価事業は都道府県が実施主体で各都道府県ごとにガイドラインが定められているため、そのシステムは一様ではない。

● 個人情報保護に関する制度

428 2003（平成15）年、**個人情報の保護に関する法律（個人情報保護法）**が制定された。同法では、個人情報取扱事業者は個人情報を取り扱う場合、利用目的をできる限り特定しなければならず、**特定の範囲を超える場合**にはあらかじめ本人の同意を得なければならないと規定されている。

429 個人情報保護法において**個人情報取扱事業者**とは、個人情報データベース等を事業に活用している者をいう。ただし、①国の機関、②地方公共団体、③独立行政法人等、④地方独立行政法人は除かれる。

430 **2015（平成27）年の個人情報保護法の改正**により、個人情報とは生存する個人に関する情報であって、①当該情報に含まれる氏名、生年月日その他の記述等★に記載や記録され、または音声や動作その他の方法を用いて表された一切の事項によって、特定の個人を識別することができるもの、②個人識別符号が含まれるもの（マイナンバーなど）、に該当するものとなった（上巻「介護の基本」 **63** （表9）参照)。

ぷらすあるふぁ

文書、図画、もしくは電磁的記録（電子的方式、磁気的方式、その他の知覚によって認識できない方式でつくられる記録）である。

431 ▶ 医療・介護・福祉関係事業者に対する具体的な個人情報保護のために、厚生労働省は、「**医療・介護関係事業者における個人情報の適切な取扱いのためのガイダンス**」などを策定した。また、公益社団法人日本介護福祉士会でも倫理綱領のなかで、個人情報保護について規定している。

● 成年後見制度

ぷらすあるふぁ
成年後見制度が十分に利用されていないことから、その利用を促進するために「成年後見制度の利用の促進に関する法律」が2016（平成28）年に施行された。

432 ▶ 2000（平成12）年に施行された**成年後見制度**＊は、ノーマライゼーションの理念に基づき、**民法**の改正（従前の禁治産・準禁治産的考え方と用語の廃止、後見・保佐制度の改正）、**任意後見契約に関する法律**および**後見登記等に関する法律**の制定により構築された。

433 ▶ **成年後見制度**は**法定後見制度**と**任意後見制度**からなる（**図12**参照）。法定後見制度は、法律の定めによる後見制度をいう。任意後見制度は、契約による後見の制度である。いずれの制度を利用するかは本人の判断能力に応じて選択することとなる。

図12 ▶ 後見制度の種別

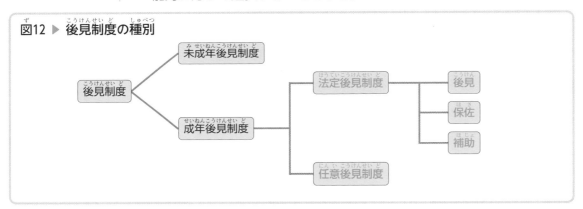

434 ▶ **法定後見制度**は、すでに判断能力が不十分な状態になっている認知症高齢者・知的障害者・精神障害者等が対象であるが、対象者の判断能力の程度に応じて、**後見**、**保佐**または補助のうちのいずれかを選択して制度を利用する（**表66**参照）。

 36—50（障害）

435 ▶ **法定後見制度**では、①家族等一定の請求権者が**家庭裁判所**へ後見・保佐・補助開始の審判を申し立て、②**家庭裁判所**による審査を経たうえで、**家庭裁判所**が判断能力の低下・喪失した者を成年被後見人、被保佐人および被補助人と**審判**し、成年後見人、保佐人、補助人が選任される。

表66 ▶ 後見・保佐・補助制度の概要

		後見	保佐	補助
要件	対象者 （判断能力）	精神上の障害※により判断能力を欠く常況にある者	精神上の障害※により判断能力が著しく不十分な者	精神上の障害※により判断能力が不十分な者
開始の手続き	申立権者	本人、配偶者、四親等内の親族、検察官、市町村長等 任意後見受任者、任意後見人、任意後見監督人		
	本人の同意	不要		必要
名称	本人	成年被後見人	被保佐人	被補助人
	保護者	成年後見人	保佐人	補助人
	監督人	成年後見監督人	保佐監督人	補助監督人
責務	①身上配慮義務 ②意思尊重義務	本人の心身の状態および生活の状況に配慮する義務 本人の意思を尊重する義務		

※ 認知症・知的障害・精神障害等

436 成年後見人等には、本人の親族以外にも、法律・福祉の専門家その他の第三者や、福祉関係の法人が選ばれる場合がある。成年後見人等を複数選ぶことも可能である。

437 「成年後見関係事件の概況（令和5年1月～12月）」（最高裁判所事務総局家庭局）によれば、後見、保佐、補助のうち最も多い申し立ては、後見である。

438 「成年後見関係事件の概況（令和5年1月～12月）」（最高裁判所事務総局家庭局）によれば、成年後見人等と本人との関係は、親族18.1%に対し、親族以外が81.9%となっている。親族以外の内訳は、司法書士（35.9%）、弁護士（26.8%）、社会福祉士（18.4%）などの順となっている。

 34—14

439 成年後見人等の仕事は、財産管理と身上監護にかかわる法律行為を代理したり、同意したり取り消したりすることである。食事や入浴等の世話、手術の方法の決定などは身上配慮義務に当たらず、成年後見人等の本来の仕事ではないとされる。

32—15

社会の理解

440 2016（平成28）年の「成年後見の事務の円滑化を図るための民法及び家事事件手続法の一部を改正する法律」により、**成年被後見人の死亡後の成年後見人の権限**が加えられた。成年被後見人が死亡した場合、成年後見人は相続人が相続財産を管理するまで、相続財産の保存に必要な行為、相続財産に属する債務（弁済期が到来しているもの）の弁済、火葬または埋葬に関する契約の締結等の一定の行為ができるとした★。なお、成年被後見人の埋葬をとり行うことはできない。

441 **任意後見制度**とは、本人が契約締結に必要な判断能力を有している間に、加齢等に伴う判断能力の低下・喪失に備え、事前に自己の身辺介護や財産管理を支援する**任意後見人**を自ら選んでおく制度をいう。

442 **任意後見契約**は、本人と任意後見人との間で公証人の作成する**公正証書**によって締結される。本人の判断能力が低下・喪失した場合には、本人・配偶者・四親等内の親族あるいは任意後見受任者の**家庭裁判所へ**の申し立てにより、**任意後見監督人**を家庭裁判所が選任し、その時から任意後見契約は効力を発揮することとなる。

443 **任意後見人の事務**は、生活、療養看護または財産管理に関する**法律行為**である。

444 **任意後見人の資格**に、特に法律上の制限はなく、誰を後見人に選任するかは、本人の自由な選択による。また、個人に限らず、**公益法人等**でもよい。

445 成年後見に伴う鑑定料、登記料、**成年後見人への報酬**等については、**成年後見制度利用支援事業**により国庫補助を行う制度がある。この制度は、高齢者については地域支援事業、障害者については地域生活支援事業として実施される。

● 消費者保護に関する制度

446 消費者を保護する法律として、**消費者基本法、消費者安全法、消費者契約法、金融商品の販売等に関する法律（金融商品販売法）**などがある。

＋α
ぷらすあるふぁ
一部については、家庭裁判所の許可を得なければならない。

TEST 32—15

TEST 32—15
36—55（障害）

447 消費者契約法では、事業者が契約の締結を勧誘するに際し、**重要事項について事実と異なる説明をして契約した場合**や消費者が事業者から告げられた内容を事実であると誤認した場合、**消費者はその契約を取り消すことができる**。また、将来の変動が不確実なことを断定したり、消費者に不利益になることを故意に告げなかったりした場合や退去してほしいと事業者に言っているのに退去しないなどの場合も取り消すことができる。

448 2008（平成20）年に成立した**特定商取引に関する法律及び割賦販売法の一部を改正する法律**は、近年多発している高齢者に対する**悪質訪問販売**による高額被害や、**インターネット取引**など通信販売に関するトラブルの防止および**個別クレジット**を利用した訪問販売等のトラブルを防ぐためのものである★。

449 最近の**消費者問題**は、販売・勧誘に関するものが多く、とかく高齢者は対象になりがちである。**悪質商法**と呼ばれるもののなかにはマルチ商法やSF（催眠）商法★、ネガティブ・オプション（送りつけ商法）、無料商法、内職商法などがある。

450 消費者がいったん訪問販売などで申し込みや契約をした場合でも、ある一定の期間内であれば消費者が販売業者に対し、書面によって無条件で申し込みの撤回や契約の解除ができる**クーリング・オフ制度**がある。相談窓口としては、**国民生活センター**や**消費生活センター**などがある（下巻「生活支援技術」 **303** （**表49**）参照）。

● **虐待防止に関する制度**

451 2005（平成17）年、**高齢者虐待の防止、高齢者の養護者に対する支援等に関する法律（高齢者虐待防止法）**が制定された。高齢者に対する虐待が深刻な状況にあり、高齢者の尊厳の保持のために高齢者虐待を防止することがきわめて重要であることからこの法が制定された。

452 **高齢者虐待防止法**は、高齢者虐待の防止等に関する国等の責務、高齢者虐待を受けた高齢者に対する保護のための措置、養護者の負担の軽減を図ること等の養護者に対する養護者による高齢者虐待の防止に資する支援（**養護者に対する支援**）のための措置等を定めている。

+α
ぷらすあるふぁ
承諾をしていない消費者に対する通信販売におけるファクシミリ広告の提供は禁止されている。

★**SF（催眠）商法**
閉め切った会場に人を集めて日用品を配り、雰囲気を盛り上げて最終的には高額商品を売る商法。

TEST 36—15

社会の理解

453 高齢者虐待防止法における**高齢者虐待**とは、65歳以上の者に対する、①家庭で現に養護する者（養護者）、②施設等の職員（養介護施設従事者等）による虐待行為をいう。養護者による高齢者虐待の定義は、**表67**のとおりである。なお、**養介護施設**入所・利用または**養介護事業**のサービス提供を受ける65歳未満の障害者については、**高齢者とみなし**、養介護施設従事者等による高齢者虐待に関する規定が適用される。

表67 ▶ 養護者による高齢者虐待の種類と定義

種類	定義
①身体的虐待	高齢者の身体に外傷が生じ、または生じるおそれのある暴行を加えること
②ネグレクト（介護・養護の放棄）	高齢者を衰弱させるような著しい減食または長時間の放置、養護者以外の同居人による①、③、④に掲げる行為と同様の行為の放置等養護を著しく怠ること
③心理的虐待	高齢者に対する著しい暴言または著しく拒絶的な対応その他の高齢者に著しい心理的外傷を与える言動を行うこと
④性的虐待	高齢者にわいせつな行為をすることまたは高齢者をしてわいせつな行為をさせること
⑤経済的虐待	養護者または高齢者の親族が高齢者の財産を不当に処分することその他高齢者から不当に財産上の利益を得ること

注：養介護施設従事者等による高齢者虐待の定義は、②のネグレクトにおいて、同居人に関する規定がない点、「高齢者を養護すべき職務上の義務を著しく怠ること」と規定している点、⑤の経済的虐待において、親族に関する規定がない点を除いて、養護者による定義とほぼ同様である。

454 高齢者虐待防止法における**養護者**による高齢者虐待の防止、養護者に対する支援等に関しては、**表68**のとおりである。

表68 ▶ 養護者による高齢者虐待の防止、養護者に対する支援等

①市町村による養護者と虐待を受けた高齢者への相談・指導・助言
②養護者による高齢者虐待を受けたと思われる高齢者を発見し、その高齢者の生命または身体に重大な危険が生じている場合の市町村への**通報義務**
③②の場合のほか、養護者による高齢者虐待を受けたと思われる高齢者を発見した場合の市町村への**通報努力義務**
④市町村による安全確認や事実確認のための措置
⑤生命または身体に重大な危険が生じている場合には、市町村による高齢者の一時保護とそのための居室確保
⑥地域包括支援センター職員などによる立ち入り調査、質問
⑦⑥を行う場合に必要があると認められる場合には、市町村長による**警察署長への援助要請**　など

注：他の法律などで定められている守秘義務は、②③の通報を妨げない。

455 高齢者虐待防止法における**養介護施設従事者等**による高齢者虐待の防止等に関しては、**表69**のとおりである。

TEST 33—16 35—16

表69 ▶ 養介護施設従事者等による高齢者虐待の防止等

①養介護施設の設置者等による養介護施設従事者等の研修の実施、苦情処理体制の整備、その他の養介護施設従事者等による高齢者虐待の防止等のための措置
②業務に従事する養介護施設従事者等による高齢者虐待を受けたと思われる高齢者を発見した場合の市町村への通報義務　など

456 厚生労働省の2022（令和4）年度の「『高齢者虐待の防止、高齢者の養護者に対する支援等に関する法律』に基づく対応状況等に関する調査結果」では、**表70**の傾向が明らかになっている。

表70 ▶ 高齢者虐待の傾向

	養介護施設従事者等	養護者
虐待判断数	856件	1万6669件
相談・通報件数	2795件	3万8291件
相談・通報者	①当該施設職員、②当該施設管理者等	①警察、②介護支援専門員、③家族・親族
虐待の発生要因	①教育・知識・介護技術等に関する問題、②職員のストレスや感情コントロールの問題、③虐待を助長する組織風土や職員間の関係の悪さ、管理体制等	①被虐待者の「認知症の症状」、②虐待者の「介護疲れ、ストレス」、③理解力の不足や低下
種類（多い順）	①身体的虐待、②心理的虐待、③介護等放棄、④経済的虐待、⑤性的虐待	①身体的虐待、②心理的虐待、③介護等放棄、④経済的虐待、⑤性的虐待
虐待者の続柄	―	①息子、②夫、③娘
被虐待高齢者の状況	・女性が多い ・要介護3以上が多い	・女性が多い ・虐待者と同居している場合が多い

資料：厚生労働省「令和4年度『高齢者虐待の防止、高齢者の養護者に対する支援等に関する法律』に基づく対応状況等に関する調査結果」2023年

社会の理解

457 2011（平成23）年、**障害者虐待の防止、障害者の養護者に対する支援等に関する法律（障害者虐待防止法）**が制定された（施行は2012（平成24）年）。同法は、障害者に対する虐待が障害者の尊厳を害するものであり、障害者の自立および社会参加にとって障害者に対する虐待を防止することが重要であることから、障害者に対する虐待の禁止、障害者虐待の予防および早期発見その他の障害者虐待の防止等に関する国等の責務、障害者虐待を受けた障害者に対する保護および自立の支援のための措置、負担の軽減等の養護者に対する養護者による障害者虐待の防止のための支援を目的としたものである。

458 障害者虐待防止法における**障害者虐待**とは、①養護者、②障害者福祉施設従事者等、③使用者★による障害者虐待をいう。

459 **障害者虐待の種類**としては、身体的虐待、性的虐待、心理的虐待、ネグレクト、経済的虐待の5つがある。

460 障害者虐待防止法における**養護者**と**障害者福祉施設従事者等**による障害者虐待の防止等に関しては、基本的には高齢者虐待防止法における養護者と養介護施設従事者等と同じである。

461 障害者虐待防止法における**使用者**による障害者虐待の防止等に関しては**表71**のとおりである。

★使用者
障害者を雇用する事業主または事業の経営担当者その他その事業の労働者に関する事項について事業主のために行為をする者をいう。

33—93（障害）
35—51（障害）

表71 ▶ 使用者による障害者虐待の防止等

①障害者を雇用する事業主による労働者の研修の実施、苦情処理体制の整備、その他の使用者による障害者虐待の防止等のための措置
②使用者による障害者虐待を受けたと思われる障害者を発見した場合の市町村または都道府県への**通報義務**など

462 **医療機関の管理者**は、医療機関を利用する障害者に対する虐待を防止するために必要な措置を講ずることとされる。

463 2022（令和4）年の精神保健福祉法の改正で、精神科病院の患者に対する虐待への対応のため、精神科病院の管理者に従事者への研修等の虐待防止等のための措置の実施が義務付けられ、また、従事者による虐待を受けたと思われる患者を発見した者に、速やかに都道府県に通報することが義務付けられることとなった。

■ 地域生活を支援する制度

● バリアフリー法

464 ▶ **高齢者、障害者等の移動等の円滑化の促進に関する法律（バリアフリー★新法）**は、道路や施設などの一体的な整備を推進し、移動等円滑化に関する国民の理解の増進および協力の確保を図るための措置などを講ずることにより、高齢者、障害者等の日常生活および社会生活における移動上および施設の利用上の利便性と安全性の向上の促進を図り、公共の福祉の増進に資することを目的とするものである。

465 ▶ **バリアフリー新法の対象となる施設**とは、公共交通機関、道路、路外駐車場、公園施設、建築物の構造および設備の改善、一定の地区における旅客施設、建築物等、駅前広場、通路その他の施設である。

● 日常生活自立支援事業

466 ▶ **社会福祉基礎構造改革**により、利用者保護制度として**地域福祉権利擁護制度**が創設された。その後、2000（平成12）年の社会福祉事業法（現・社会福祉法）の改正で福祉サービス利用援助事業として第二種社会福祉事業となった。市町村社会福祉協議会、社会福祉法人などがこの事業を行うことができるが、全国的に実施するために都道府県・指定都市社会福祉協議会の事業として規定され、2007（平成19）年度からは**日常生活自立支援事業**として行われている。

467 ▶ **日常生活自立支援事業**については、**表72**のとおりである。

468 ▶ **成年後見制度（法定後見）**と日常生活自立支援事業との相違点・特徴は**表73**のとおりである。

● 高齢者住まい法等

469 ▶ 2001（平成13）年、**高齢者の居住の安定確保に関する法律（高齢者住まい法）**が制定された。この法律の目的は、①高齢者が日常生活を営むために必要な福祉サービスの提供を受けることができる良好な居住環境を備えた高齢者向けの賃貸住宅等の登録制度を設けること、②良好な居住環境を備えた高齢者向けの賃貸住宅の供給を促進すること、③高齢者が安定的に居住することができる終身建物賃貸借制度を設けること、の３つである。

 35—8

★バリアフリー
高齢者や障害者が社会生活をしていくうえで、バリア（障壁）となるものをフリー（除去）にすること。

 36—10

 34—125（総合）
35—43（認知）

 36—55（障害）

社会の理解

271

表72 ▶ 日常生活自立支援事業の概要

実施主体	都道府県社会福祉協議会または指定都市社会福祉協議会（窓口業務等は市町村社会福祉協議会等で実施）
対象者	認知症高齢者、知的障害者、精神障害者等で、日常生活を営むのに必要なサービスを利用するための情報の入手、理解、判断等を適切に行うことが困難であって、この事業の契約内容について判断し得る能力がある人
援助内容	・福祉サービスの利用援助 ・苦情解決制度の利用援助 ・住宅改造、居住家屋の賃借、日常生活上の消費契約および住民票の届出等の行政手続に関する援助 ・定期的な訪問による生活変化の察知 ・日常的な金銭管理 ・その他福祉サービスの適切な利用のために必要な一連の援助
援助方法	・専門員は、利用者の意向を確認しつつ、援助内容や実施頻度等の具体的な支援を決める支援計画を策定し、本事業の契約を締結する。利用者の判断能力の変化等の状況を踏まえ支援計画を定期的に見直していく。 ・生活支援員は、情報提供、助言、福祉サービス等の契約手続の援助、利用手続等の同行・代行を行う。 ・契約締結審査会は、契約内容や利用者の判断能力の確認等を行い、契約の適正化を図る。

 34—9

 ここが変わった

2014（平成26）年の介護保険法の改正により、有料老人ホームに該当するサービス付き高齢者向け住宅についても住所地特例（211▶参照）の対象となった。

470 ▶ 2011（平成23）年の高齢者住まい法の改正により、高齢者向け優良賃貸住宅の供給計画の認定制度、高齢者円滑入居賃貸住宅・高齢者専用賃貸住宅の登録制度は**廃止**され、サービス付き高齢者向け住宅の登録制度の創設、終身建物賃貸借制度の見直しなどが行われた。

471 ▶ サービス付き高齢者向け住宅★は、高齢者の居住の安定を確保するため、バリアフリー構造等を有し、**状況把握サービスや生活相談サービス**などを提供する住宅である。高齢者向けの賃貸住宅または有料老人ホームに高齢者を入居させ、サービスを提供する事業を行う者が、都道府県知事の登録を受けることとなる。

472 ▶ 有料老人ホームとは、老人を入居させ、入浴、排泄もしくは食事の介護、食事の提供またはその他の日常生活上必要な便宜を供与する事業を行う施設であって、**老人福祉施設、認知症対応型老人共同生活援助事業を行う住居その他厚生労働省令で定める施設でないもの**をいう（**老人福祉法**第29条）。

表73 ▶ 成年後見制度（法定後見）と日常生活自立支援事業の相違点・特徴

	成年後見制度（法定後見）	日常生活自立支援事業
担い手	・補助人、保佐人、成年後見人 ・親族、弁護士・司法書士・社会福祉士等の専門職、法人（家庭裁判所が選任）	・都道府県社会福祉協議会または指定都市社会福祉協議会 ・窓口業務等は市町村社会福祉協議会等で実施（専門員、生活支援員による援助の実施）
利用開始の手続き	・家庭裁判所に申し立て、家庭裁判所の審判 ・申し立てできるのは、本人、配偶者、四親等内の親族、市町村長等	・基幹的社会福祉協議会に相談・申し込み ・利用者本人または成年後見人等と社会福祉協議会の契約
対象者の判断能力の判定	・医師の診断書・鑑定書に基づき家庭裁判所が判断	・「契約締結判定ガイドライン」により専門員が判定 ・判定が困難な場合には、専門家からなる契約締結審査会で判断
監視、監督	・家庭裁判所	・契約締結審査会 ・運営適正化委員会
費用負担	・申し立て費用は申し立て者負担が原則（本人に求償可） ・後見報酬は利用者負担が原則（家庭裁判所が額を決定する）	・契約前の相談は無料、契約後の援助は利用者負担 ・1回あたり1000〜1200円程度 ・生活保護受給者は無料

473 有料老人ホームを設置しようとする者は、設置予定地やサービス内容等を、あらかじめその施設を設置しようとする地の都道府県知事に届け出なければならない。なお、**2005（平成17）年の介護保険法の改正**に伴う運営指針の改定により、居室の個室化が推進されたほか、**類型**を、①介護付（一般型特定施設入居者生活介護）、②介護付（外部サービス利用型特定施設入居者生活介護）、③住宅型★、④健康型★の4つとし、さらに広告時における類型表示、入居要件等の**表示規定**等が示された。

474 **2011（平成23）年の老人福祉法の改正**により、認知症対応型老人共同生活援助事業および有料老人ホームの利用者保護のため、「**権利金等の受領禁止**」「**短期間での契約解除の場合の返還ルール**」が規定された。また、有料老人ホームも**サービス付き高齢者向け住宅**として登録できるよう改正された。

★**住宅型**
食事・掃除・見守り・緊急時の対応などのサービスが受けられる。介護が必要な場合は、外部の介護サービスを利用する。

★**健康型**
基本的には自立した人を受け入れている。食事・掃除などのサービスが受けられる。介護が必要となった場合、契約を解除し退去しなければならない。

社会の理解

■ 保健医療に関する制度

● 高齢者医療制度と特定健康診査等

34—15
36—17

475 地域住民の健康の保持および増進に寄与することを目的とする地域保健法において、**保健所**と**市町村保健センター**の設置について定められている（**表74**、**表75**参照）。

表74 ▶ 保健所

設置者	・都道府県・指定都市・中核市などが設置する。
事業内容等	・所長は医師である。 ・医師、獣医師、薬剤師、保健師、精神保健福祉士、栄養士などが配置される。 ・人口動態統計などの統計、栄養改善・食品衛生、環境衛生、医事・薬事、母子保健、歯科保健、精神保健、難病対策、結核等の感染症対策などの事業を行う。 ・地域の医療機関や市町村保健センター等の活動を調整して、地域住民に必要なサービスを提供するしくみづくりや健康危機管理の拠点となる。

表75 ▶ 市町村保健センター

設置者	・市町村が設置できる。
事業内容等	・センター長は医師である必要はない。 ・保健師、看護師、栄養士等が配置される。 ・住民に対し、健康相談、保健指導及び健康診査その他地域保健に関し必要な事業を行う。

476 **高齢者の医療の確保に関する法律**では、保険者が実施年度において40歳以上75歳未満の加入者に対して、**メタボリックシンドローム**に着目した**特定健康診査★**および**特定保健指導★**を行うことが規定されている。

477 **特定健康診査**および**特定保健指導**は、保険者（健康保険組合など）に実施が義務づけられている。国民健康保険加入者には保険者である各自治体などが実施する。**腹囲**が男性85㎝、女性90㎝以上など一定の条件を満たした場合は、生活習慣改善を指導する。

★**特定健康診査**
糖尿病その他政令で定める生活習慣病に関する健康診査。

★**特定保健指導**
特定健康診査の結果により健康の保持に努める必要がある者に対する保健指導。指導には医師・保健師・管理栄養士があたる。

● 生活習慣病予防と健康づくり

478 2002（平成14）年に健康増進法が公布され、**受動喫煙★の防止**が定められた。

479 健康増進法が2018（平成30）年に改正され、受動喫煙の防止のために、施設の類型・場所ごとに対策を実施することとされた。

480 2012（平成24）年に「**国民の健康の増進の総合的な推進を図るための基本的な方針**」が改正された。この方針は、21世紀のわが国において少子高齢化や疾病構造の変化が進むなかで、生活習慣および社会環境の改善を通じて、子どもから高齢者まですべての国民が共に支え合いながら希望や生きがいをもち、ライフステージに応じて、**健やかでこころ豊かに生活できる活力ある社会を実現**し、その結果、**社会保障制度が持続可能**なものとなるよう、国民の健康の増進の総合的な推進を図るための基本的な事項を示し、「**21世紀における第二次国民健康づくり運動（健康日本21（第二次））**」を推進した。さらに、2023（令和5）年に「基本的な方針」が全部改正され、2024（令和6）年度からは「健康日本21（第三次）」が推進されることとなった。

● 難病対策等

481 2014（平成26）年に公平で安定的な医療費助成の制度を確立するために、**難病の患者に対する医療等に関する法律（難病医療法）**が成立した★。同法において**難病**は、「発病の機構が**明らか**でなく、かつ、治療方法が**確立していない**希少な疾病であって、当該疾病にかかることにより**長期にわたり**療養を必要とすることとなるもの」と定義された。

482 難病医療法により、難病のうち**医療費助成の対象となるもの**が**指定難病**とされ、医療費が支給される。対象となるのは、①患者数が人口の0.1％程度に達しないこと、②客観的な診断基準が**確立している**こと、である。旧制度からの主な変更点は**表76**のとおりである。

483 介護保険制度の要介護状態・要支援状態や障害者自立支援制度（当時）の障害支援区分に該当しない**難病患者**は、それまで難病患者等居宅生活支援事業として福祉サービスが提供されてきた。しかし、2013（平成25）年からは、**障害者総合支援法の障害の範囲に難病等が含まれること**になったため、障害者総合支援制度において福祉サービスが提供されることとなった。

★**受動喫煙**
室内またはこれに準ずる環境において、他人のたばこの煙を吸わされること。

！ ここが変わった
難病医療法の成立以前は、特定疾患治療研究事業によって医療費の助成が行われていた。なお、難病医療法の指定難病となっていない一部の疾患については、引き続き同事業によって医療費の助成が行われる。

社会の理解

ここが変わった
児童福祉法の改正以前は、小児慢性特定疾患治療研究事業によって医療費の助成が行われていた。

表76 ▶ 難病医療法による医療費助成制度

	旧制度	新制度
対象疾病	56疾患	341疾病※
医療費負担割合	3割	2割
医療費助成の財源	裁量的経費★	義務的経費★

※ 2024（令和6）年4月現在

484 2014（平成26）年の児童福祉法の改正により、公平で安定的な医療費助成の制度を確立するために、**小児慢性特定疾病医療費**の支給が法定化された★。旧制度からの主な変更点は**表77**のとおりである。

表77 ▶ 小児慢性特定疾病医療費助成制度

	旧制度	新制度
対象疾病	11疾患群514疾患	16疾患群788疾病※
医療費負担割合	3割	2割
医療費助成の財源	裁量的経費	義務的経費

※ 2021（令和3）年11月現在

485 **小児慢性特定疾病**とは、「児童又は児童以外の満20歳に満たない者（児童等）が当該疾病にかかっていることにより、長期にわたり療養を必要とし、及びその生命に危険が及ぶおそれがあるものであって、療養のために多額の費用を要するものとして厚生労働大臣が社会保障審議会の意見を聴いて定める疾病をいう」とされた。

486 2021（令和3）年に、**医療的ケア児及びその家族に対する支援に関する法律**が成立した。これは医療技術の進歩に伴って医療的ケア児★が増加し、医療的ケア児およびその家族への支援が必要となったことによる。①国、地方公共団体による措置、②保育所の設置者、学校の設置者等による措置、③医療的ケア児支援センターの設置などについて定められている。これにより医療的ケア児の成長、家族の離職防止等も目的とする。

★医療的ケア児
日常生活および社会生活を営むために恒常的に医療的ケア（人工呼吸器による呼吸管理、喀痰吸引その他の医療行為）を受けることが不可欠である児童（18歳以上の高校生等を含む）。

● 結核・感染症対策

487 結核・感染症については、**感染症の予防及び感染症の患者に対する医療に関する法律（感染症法）** において、一類から五類と新型インフルエンザ等感染症、指定感染症、新感染症に分類されている。

488 2006（平成18）年の感染症法の改正により、**結核予防法は感染症法へ統合**され、結核＊は**二類感染症**とされた。

 36—17

489 近年では、エボラ出血熱やSARS（**重症急性呼吸器症候群**）、新型インフルエンザ、新型コロナウイルス感染症などのこれまで知られていなかった感染症（**新興感染症**）が数多く出現し、また、克服されると考えられてきた結核、マラリアなどの感染症（**再興感染症**）が再び増加し、脅威となっている。

● 母子保健

490 **母子保健法**において**市町村**は、①満1歳6か月を超え満2歳に達しない幼児、②満3歳を超え満4歳に達しない幼児に対し**健康診査**を行わなければならないこと、この健康診査のほかに、必要に応じ、妊産婦または乳児もしくは幼児に対して健康診査を行い、または健康診査を受けることを勧奨しなければならないとしている。

491 乳幼児期の健康診査では、早期新生児を対象とした先天性代謝異常症や先天性甲状腺機能低下症（クレチン症）等の疾患＊に対し、**マス・スクリーニング検査**を実施し、フェニルケトン尿症、クレチン症などを早期に発見し治療を行うことにより知的障害等の心身障害を予防することとしている。

■ 介護と関連領域との連携に必要な制度

● 医療関係法規

492 **医療法**は、医療を受ける者の利益の保護および良質かつ適切な医療を効率的に提供する体制の確保を図り、国民の健康の保持に寄与することを目的とする法律である。

社会の理解

493 医療法は、**保健医療サービスの目標**を、生命の尊重と個人の尊厳の保持を旨とし、医師、歯科医師、薬剤師、看護師その他の医療の担い手と医療を受ける者との信頼関係に基づき、医療を受ける者の心身の状況に応じて行われるとともに、その内容は、単に治療のみならず、疾病の予防のための措置およびリハビリテーションを含む良質かつ適切なものでなければならないと規定している。

494 医療法は、保健医療サービスが提供される場について「医療は、国民自らの健康の保持増進のための努力を基礎として、医療を受ける者の意向を十分に尊重し、病院、診療所、介護老人保健施設、介護医療院、調剤を実施する薬局その他の医療を提供する施設（**医療提供施設**）、医療を受ける者の居宅等において、医療提供施設の機能に応じ効率的に、かつ、福祉サービスその他の関連するサービスとの有機的な連携を図りつつ提供されなければならない」と規定している。

495 医療法は、**医療施設に関する規定**（病床種別の定義、人員配置基準、構造設備基準など）があり、病院、診療所、助産所の開設および管理に関して必要な事項を規定している。

496 **病院**は、医師または歯科医師が、公衆または特定多数人のために医業・歯科医業を行う場所として規定されている。わが国では20人以上の患者を入院させる施設（病床数20床以上）が病院とされ、病床数により区別される。

497 **診療所**は、医師または歯科医師が、公衆または特定多数人のために医業・歯科医業を行う場所であって、患者を入院させるための施設を有しないもの（**無床診療所**）または19人以下の患者を入院させるための施設を有するもの（**有床診療所**）とされている。

498 **病院**は、精神科病院、一般病院から構成される。**病床**には、①精神病床、②感染症病床、③結核病床、④療養病床、⑤一般病床がある（**表78**参照）。

499 **特定機能病院**は、①高度の医療を提供する能力、②高度の医療技術の開発および評価を行う能力、③高度の医療に関する研修を行わせる能力があること、などの要件に該当する病院で、400人以上の患者を入院させるための施設を有する病院である。**厚生労働大臣**により承認される。

表78 ▶ 病床の種別

①精神病床	精神疾患を有する者を入院させるためのもの
②感染症病床	感染症法に規定する一類感染症、二類感染症（結核を除く）、新型インフルエンザ等感染症および指定感染症の患者（患者とみなされる者）、新感染症の所見がある者を入院させるためのもの
③結核病床	結核の患者を入院させるためのもの
④療養病床	長期にわたり療養を必要とする患者を入院させるためのもの
⑤一般病床	①〜④の病床以外のもの

500 ▶ 地域医療支援病院は、地域の他の医療機関を支援することを目的としている。①ほかの病院の医療従事者の診療、研究、研修のための体制が整備されていること、②救急医療を提供する能力があること、③地域の医療従事者の資質の向上を図るための研修を行わせる能力があること、などの要件に該当する病院が、**都道府県知事**により承認される。

501 ▶ **回復期リハビリテーション病棟**は、回復期リハビリテーションの必要性の高い患者★を 8 割以上入院させ、集中的かつ効果的にリハビリテーションを行い、日常生活動作の改善、在宅復帰と寝たきりの防止を目的とする病棟である（一般病棟または療養病棟の病棟単位で行う）。リハビリテーション科の医師、理学療法士（PT）および作業療法士（OT）が適切に配置されていることが条件となる。

502 ▶ **緩和ケア病棟★**は、主に悪性腫瘍患者またはエイズに罹患している患者を入院させ、緩和ケアを行う病棟である。緩和ケアを担当する常勤の医師が 1 名以上配置されている必要がある。病棟には、患者家族の控え室、患者専用の台所、面談室、一定の広さを有する談話室を備えている必要がある。

503 ▶ **在宅療養支援診療所★**は、2006（平成18）年の診療報酬の改定によって新たに設けられ、**24時間体制**で往診や訪問看護が可能な診療所である。

社会の理解

+α
ぷらすあるふぁ
脳血管疾患や大腿骨頸部骨折などにより身体機能の低下をきたした患者。

★緩和ケア病棟
痛みや苦しみの緩和を目的とする病棟である。

+α
ぷらすあるふぁ
2012（平成24）年の改定では、常勤医師 3 名以上配置などの要件を満たす機能強化型の在宅療養支援診療所・病院が創設されている。

504 2014（平成26）年の**医療法・介護保険法等の改正**により、高度急性期から在宅医療・介護までの一連のサービスを地域において総合的に確保することで**地域における適切な医療・介護サービスの提供体制を実現**し、患者の早期の社会復帰を進め、**住み慣れた地域での継続的な生活を可能とする**ことを目指すこととなった。

32—2（尊厳）
32—107（ここ）

505 **インフォームドコンセント**は「**説明に基づく同意**」と訳される。治療内容は、医師の専門家としての判断と裁量権が重要ではあるが、**インフォームドコンセント**は、患者の生命、身体の最終決定権は患者自身にあるという考え方に基づいている。患者の権利と深くかかわるものである。具体的には**表79**のような内容が含まれる。

表79 ▶ インフォームドコンセントの内容

①診断の結果に基づいた患者の現在の病状を患者に正しく伝える。
②治療に必要な検査の目的と内容を患者にわかる言葉で説明する。
③治療の危険性やリスクを説明する。
④成功の確率を説明する。
⑤その治療処置以外の方法があれば説明する。
⑥あらゆる治療法を拒否した場合にどうなるかを伝える。　　など

506 患者の権利を守るために、**セカンド・オピニオン**が制度化されている。その目的は、①主治医の診断や方針の確認、②専門医に聞くことによる治療の妥当性の確認、③主治医の示した方法以外の選択肢を知る、などがある。主治医以外の医師の意見を得ることで、患者が納得して治療が受けられるようにするしくみである。

507 **セカンド・オピニオン**は、主治医との良好な関係を保ちつつ他の医師の意見を得ることであり、**主治医の変更を前提とするものではない**。

■ 貧困と生活困窮に関する制度

● 生活保護法

32—16
34—16

508 **生活保護**は、日本国憲法第25条の生存権の実現を目的とし、国家責任を前提として、**国家責任・無差別平等・最低生活保障・保護の補足性**の**4つの基本原理**と、**申請保護・基準及び程度・必要即応・世帯単位**の**4つの保護の原則**に基づき、資力調査を要件として要否が決定され、実施される（**表80**参照）。

表80 ▶ 生活保護の基本原理・原則

原理・原則	条数	条文
国家責任の原理	第1条	国が生活に困窮するすべての国民に対し、その困窮の程度に応じ、必要な保護を行い、その**最低限度の生活を保障する**とともに、その自立を助長する。
無差別平等の原理	第2条	すべて国民は、この法律の定める要件を満たす限り、この法律による**保護を、無差別平等に受ける**ことができる。
最低生活保障の原理	第3条	この法律により保障される最低限度の生活は、**健康で文化的な生活水準を維持する**ことができるものでなければならない。
保護の補足性の原理	第4条第1項	保護は、生活に困窮する者が、その**利用し得る資産、能力その他あらゆるもの**を、その**最低限度の生活の維持のために活用する**ことを要件として行われる。
	第2項	民法に定める扶養義務者の扶養及び他の法律に定める扶助は、すべてこの法律による保護に優先して行われるものとする。
申請保護の原則	第7条	保護は、要保護者、その扶養義務者又はその他の同居の親族の**申請に基いて開始する**ものとする。但し、要保護者が急迫した状況にあるときは、保護の申請がなくても、必要な保護を行うことができる。
基準及び程度の原則	第8条第1項	保護は、厚生労働大臣の定める基準により測定した要保護者の需要を基とし、そのうち、その者の金銭又は物品で満たすことのできない**不足分を補う程度**において行うものとする。
	第2項	前項の基準は、要保護者の年齢別、性別、世帯構成別、所在地域別その他保護の種類に応じて必要な事情を考慮した最低限度の生活の需要を満たすに十分なものであって、且つ、これをこえないものでなければならない。
必要即応の原則	第9条	保護は、要保護者の年齢別、性別、健康状態等その個人又は世帯の**実際の必要の相違を考慮**して、有効且つ適切に行うものとする。
世帯単位の原則	第10条	保護は、**世帯を単位として**その要否及び程度を定めるものとする。但し、これによりがたいときは、個人を単位として定めることができる。

社会の理解

509 生活保護法において、被保護者とは現に保護を受けている者をいい、要保護者とは現に保護を受けているといないとにかかわらず、保護を必要とする状態にある者をいう。

34—16

510 金銭給付とは、金銭の給与または貸与によって、保護を行うことをいう。

34—16

511 現物給付とは、医療サービスや介護サービスの提供その他金銭給付以外の方法で保護を行うことをいう。

512 生活保護の種類は、表81の8種類である。

表81 ▶ 生活保護の種類と主な内容

種類	給付方法（原則）	主な内容
生活扶助	金銭給付	飲食物費、被服費、光熱水費、移送のための費用など日常生活の生活費としての基本的な費用
教育扶助	金銭給付	学校給食費、通学交通費、教材代、学習支援費など義務教育の修学に必要な費用
住宅扶助	金銭給付	借家・借間の場合の家賃、間代または自己所有の住居に対する土地の地代など住居の確保の費用や、住宅維持費　など
医療扶助	現物給付	疾病や負傷により入院または通院によって治療を必要とする場合に、最低生活に必要な診察、薬剤、治療材料、医学的処置・手術等の治療、施術、看護、移送　など
介護扶助	現物給付	要介護状態または要支援状態により介護サービスを必要とする場合に、最低生活に必要な居宅介護、介護予防、福祉用具、住宅改修、施設介護、移送　など
出産扶助	金銭給付	助産、分娩に伴って必要となる一定額範囲内の費用、ガーゼ等衛生材料費　など
生業扶助	金銭給付	稼働能力を引き出すために必要な生業★費、技能修得費、就職支度費　など
葬祭扶助	金銭給付	死亡者に対しての遺体の検案、運搬、火葬、埋葬等の費用

★生業
生活のための仕事。

513 生活保護における相談援助活動は、福祉事務所で行われる。福祉事務所の生活保護を担当する現業員（ケースワーカー）によって最低生活保障と自立助長のための相談などが行われる。

 36—18

514 生活保護受給者は、正当な理由がなければ、すでに決定された保護を不利益に変更されることはなく、租税その他の公課の禁止、すでに受けた保護金品等の差し押さえの禁止などの**権利**を有する。同時に、保護を受ける権利の譲渡禁止、生活の維持向上に努めなければならない、届出、指示等に従う、などの**義務**も有する。

515 保護施設は、生活保護法に基づき、居宅において生活を営むことが困難な者を入所させ、または利用させるもので5種類ある。入所は本人の意思に従って行われる（**図13**参照）。

 36—17

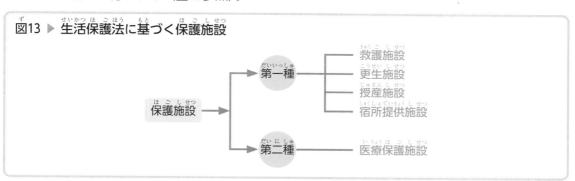

図13 ▶ 生活保護法に基づく保護施設

516 保護施設は、都道府県・市町村・地方独立行政法人のほかに、社会福祉法人と日本赤十字社が設置できる。

● 生活困窮者自立支援法

517 2013（平成25）年、生活困窮者自立支援法が成立した。これは、**生活保護に至る前の段階の自立支援策の強化**を図るため、生活困窮者に対し、自立相談支援事業の実施、住居確保給付金の支給その他の支援を行うことで、生活困窮者の自立の促進を図ることを目的としている。

 36—18

518 **2018（平成30）年の生活困窮者自立支援法の改正**により、**表82**のように生活困窮者の自立支援の基本理念が明確化された。

519 生活困窮者自立支援法において、「**生活困窮者**」とは、**就労**の状況、心身の状況、地域社会との関係性その他の事情により、現に経済的に困窮し、**最低限度の生活**を維持することができなくなるおそれのある者をいう。

 32—7
35—18

社会の理解

283

表82 ▶ 生活困窮者の自立支援の基本理念

①生活困窮者の尊厳の保持
②就労の状況、心身の状況、地域社会からの孤立の状況といった生活困窮者の状況に応じた、包括的・早期の支援
③地域における関係機関、民間団体との緊密な連携等支援体制の整備（生活困窮者支援を通じた地域共生社会の実現に向けた地域づくり）

 34—125（総合）
35—18

520 生活困窮者自立支援法の実施主体は、**都道府県、市、福祉事務所を設置する町村**であり、**必須事業**と**任意事業**は**表83**のとおりである。

● **生活福祉資金**

521 低所得者、障害者、高齢者等に対し、その経済的自立と生活意欲の助長促進、在宅福祉や社会参加の促進を図り、安定した生活を営むことができるように資金の貸付と必要な相談支援を行う**生活福祉資金貸付制度**がある。

522 **生活福祉資金貸付制度**における資金の種類には、総合支援資金、福祉資金、教育支援資金、不動産担保型生活資金がある。

 34—125（総合）

523 地域の住民が**生活福祉資金**の借り入れを申し込む場合は、担当の民生委員または**市区町村社会福祉協議会**を通じて申し込み、**都道府県社会福祉協議会**において決定される。

表83 ▶ 生活困窮者自立支援法による事業

必須事業	生活困窮者自立相談支援事業	・就労支援等の自立に関する相談、情報提供、助言、関係機関との連絡調整 ・認定生活困窮者就労訓練事業の利用あっせん ・自立支援計画の作成および自立支援のための援助
	生活困窮者住居確保給付金	離職により住居を失ったか家賃の支払いが困難になった者に、就職を容易にするため住居確保のための給付金を支給
任意事業	生活困窮者就労準備支援事業※	雇用による就業が著しく困難な生活困窮者に、就労に必要な知識・能力の向上のために必要な訓練を実施
	生活困窮者家計改善支援事業※	・家計の状況を適切に把握することの支援 ・家計の改善の意欲を高めることの支援 ・生活に必要な資金の貸付けのあっせん
	生活困窮者一時生活支援事業	・一定の住居を持たない生活困窮者に対し、宿泊場所の供与、食事の提供等を行う ・宿泊場所の供与を受けていた者や住居を失うおそれがあり地域社会から孤立している者に対する訪問等による必要な情報の提供や助言等
	子どもの学習・生活支援事業	・生活困窮者である子どもに対する学習の援助 ・生活困窮者である子どもやその保護者に対する、子どもの生活習慣や育成環境の改善に関する助言(生活困窮者自立相談支援事業に該当するものを除く) ・生活困窮者である子どもの進路選択その他の教育や就労に関する問題について、子どもやその保護者からの相談に応じ、必要な情報の提供や助言、関係機関との連絡調整(生活困窮者自立相談支援事業に該当するものを除く)
	その他の事業	その他生活困窮者の自立の促進を図るために必要な事業

※ 2018(平成30)年の改正で、「生活困窮者就労準備支援事業」「生活困窮者家計改善支援事業」を実施する努力義務が創設された。

注:「生活困窮者住居確保給付金」以外の事業については、社会福祉法人、一般社団法人、一般財団法人、特定非営利活動法人などに委託が可能である。

一問一答 ▶ P.290

社会の理解

⭕❌ 実力チェック！ 一問一答

1 社会と生活のしくみ

問1 2007（平成19）年に策定された「仕事と生活の調和（ワーク・ライフ・バランス）憲章」によって、多様な働き方・生き方が選択できる社会を目指し、働き方の見直しを通じた少子化対策や労働力確保につなげることとなった。

▶ ⭕ → 5

問2 単独世帯の増加には未婚化、晩婚化、離婚の増加などが作用している。

▶ ⭕ → 13

問3 日本の社会は、個人生活優先の社会へと変化し、余暇社会、生涯学習社会、生涯現役社会と呼ばれる時代が到来しつつある。

▶ ⭕ → 14

問4 拡大家族とは、夫婦、夫婦と未婚の子またはひとり親と未婚の子からなる家族をいう。

▶ ❌ → 18 （表1）

問5 世帯は、「住居及び生計をともにする人々の集まり」と定義され、住民登録などで用いられる行政上の概念である。

▶ ⭕ → 23

問6 2022（令和4）年の「国民生活基礎調査」によると、65歳以上の者のいる世帯の世帯構造は、①夫婦のみの世帯、②単独世帯、③親と未婚の子のみの世帯、④三世代世帯の順になっている。

▶ ⭕ → 33

問7 社会福祉法人は、経営する社会福祉事業に支障がない限り、公益事業と収益事業を行うことができる。

▶ ⭕ → 43

問8 過疎地域とは、高齢化率が50％以上であり、共同体機能の維持が困難な状態におかれている集落になった地域をいう。

▶ ❌ → 52

2 地域共生社会の実現に向けた制度や施策

問9 多文化共生社会とは、異なる国籍や民族の人々が、互いの文化的違いを認め、尊重し合いながら、ともに生きていける社会をいう。

▶ ⭕ → 84

③ 社会保障制度

問10 ナショナルミニマムとは、シドニー・ウェッブ（Webb, S.）が提唱した、政府と自治体が社会保障その他の公共政策により国民の最低限度の生活を保障するという概念をいう。

▶ ○ → 91

問11 国民健康保険法の改正、国民年金法の制定により、1961（昭和36）年から日本の国民皆保険・皆年金が実現した。

▶ ○ → 95（表11）

問12 1950（昭和25）年の社会保障制度審議会勧告は、社会保障制度を社会保険、国家扶助、公衆衛生および医療、社会福祉で構成するとした。

▶ ○ → 101

問13 公務員および私立学校教職員は、2015（平成27）年から厚生年金に加入することとなった。

▶ ○ → 116

問14 2000（平成12）年に発足した、一定所得以下の学生の国民年金の保険料納付を申請により猶予する制度を若年者納付猶予制度という。

▶ × → 119 120

問15 医療保険の給付方法には、医療給付（現物給付）と現金給付がある。

▶ ○ → 129

問16 国民健康保険の被保険者は、自営業者や無職者などである。

▶ ○ → 130（図4）

問17 医療保険制度における自己負担額が一定額を超えた場合に支給される現金給付を、高額介護合算療養費という。

▶ × → 134

問18 2018（平成30）年から、都道府県は、市町村（特別区を含む）とともに、国民健康保険を行う保険者となった。

▶ ○ → 142

問19 労働者災害補償保険（労災保険）の適用を受ける労働者には、パートやアルバイトも含まれる。

▶ ○ → 153

問20 2021（令和3）年度の社会保障給付費のうち、高齢者関係給付費は5割以上を占めている。

▶ ○ → 170

社会の理解

問21 2021（令和 3 ）年度の社会保障財源に占める社会保険料は、 3 割未満である。 ▶ × → 171

4 高齢者福祉と介護保険制度

問22 2017（平成29）年の介護保険法の改正の内容として、介護医療院の創設がある。 ▶ ○ → 179 （表23）

問23 2017（平成29）年の介護保険法の改正の内容として、介護保険と障害福祉両方の制度に共通する共生型サービスの創設がある。 ▶ ○ → 179 （表23）

問24 介護保険の利用者負担について、2017（平成29）年の介護保険法の改正により、 2 割負担者のうち特に所得の高い層の自己負担が 3 割となった。 ▶ ○ → 179 （表23）

問25 要介護認定等に不服がある場合は、市町村に審査請求することができる。 ▶ × → 199

問26 介護保険法上で、介護報酬の審査支払事務、利用者からの苦情の対応などを行うのは、介護保険審査会である。 ▶ × → 208

問27 介護保険の基本的な財源構成は、 2 分の 1 を保険料で賄い、残りの 2 分の 1 を公費（税財源）で補うしくみとなっている。 ▶ ○ → 213

問28 居宅要介護被保険者に対する手すりの取り付けなどの費用の支給を、居宅介護住宅改修費の支給という。 ▶ ○ → 231

問29 特定入所者介護サービス費は、市町村民税世帯非課税者などが特定介護サービスを受けた場合に支給される。 ▶ ○ → 240

問30 介護保険では、生活保護の被保護者の自己負担部分は生活扶助により給付される。 ▶ × → 244

問31 特定疾病とは、介護保険法における、加齢に伴って生じる心身の変化に起因する疾病であって政令で定めるものをいう。 ▶ ○ → 248

問32 介護保険の保険給付にあたって、要介護・要支援認定の審査判定を行うために市町村が設置する機関を、介護保険審査会という。　▶ × → 249 199

問33 要介護認定（要支援認定）の二次判定により、要支援1・2、要介護1～5の7段階と非該当に分けられる。　▶ ○ → 256

問34 訪問看護とは、居宅要介護者について、病院等の医師、管理栄養士などにより行われる療養上の管理および指導等をいう。　▶ × → 269 271

問35 福祉用具貸与は、居宅要介護者が福祉用具を選定するにあたって、福祉用具専門相談員から助言を受けて行われる。　▶ ○ → 280

問36 夜間対応型訪問介護や小規模多機能型居宅介護は、地域密着型サービスに含まれる。　▶ ○ → 281

問37 地域密着型特定施設入居者生活介護とは、居宅において、またはサービスの拠点に通わせ、もしくは短期間宿泊させ、介護や家事、機能訓練を行うサービスである。　▶ × → 286 289

問38 介護医療院の対象者は、居宅における生活を営むことができるようにするための支援が必要である者のうち、医療を要する要介護者である。　▶ × → 296 (表39)

問39 特別養護老人ホームの新規入所者は、原則要介護4以上でなければならない。　▶ × → 297

問40 地域支援事業とは、被保険者が要介護状態等となることを予防するために、市町村が行う事業である。　▶ ○ → 311

問41 地域包括支援センターは、権利擁護業務、包括的・継続的ケアマネジメント支援業務などの事業を行う。　▶ ○ → 315

問42 介護支援専門員を置かなければならない事業者として、認知症対応型共同生活介護があげられる。　▶ ○ → 324 (表43)

⑤ 障害者福祉と障害者保健福祉制度

問43 2012（平成24）年の障害者の日常生活及び社会生活を総合的に支援するための法律（障害者総合支援法）の改正により、障害者の範囲に難病等が加えられた。　　　　▶ ○ → 327

問44 障害を理由とする差別の解消の推進に関する法律（障害者差別解消法）では、社会的障壁の除去についての必要かつ合理的な配慮を、2024（令和6）年4月から民間事業者にも義務づける法改正が行われた。　　　　▶ ○ → 336 (表44)

問45 障害者等に対する障害福祉サービスの必要性を明らかにするために、障害支援区分は4段階に区分されている。　　　　▶ × → 391

問46 重度訪問介護には、外出時における移動中の介護も含まれる。　　　　▶ ○ → 396 (表54)

問47 就労継続支援とは、一定期間にわたり、職場実習などを通じての就労に必要な知識・能力の向上のための訓練などの支援が行われる障害福祉サービスである。　　　　▶ × → 398 (表55)

問48 就労定着支援とは、雇用される前の障害者を対象とした障害福祉サービスである。　　　　▶ × → 398 (表55)

問49 共生型サービスは、障害者が65歳以上になっても使い慣れた事業所においてサービスを利用しやすくするという観点から創設された。　　　　▶ ○ → 401

問50 日常生活用具給付等事業は、身体障害者などに対し、自立生活支援用具等の日常生活用具を給付または貸与する事業である。　　　　▶ ○ → 420

⑥ 介護実践に関連する諸制度

問51 個人情報保護法において、マイナンバーなどの個人識別符号は、個人情報ではないとされる。　　　　▶ × → 430

問52 「成年後見関係事件の概況（令和5年1月～12月）」（最高裁判所事務総局家庭局）によれば、成年後見人等として活動している人が最も多い職種は司法書士である。

▶ ○ → 438

問53 本人と任意後見人との間で公証人の作成する公正証書によって締結される契約を、成年後見契約という。

▶ × → 442

問54 高齢者虐待の防止、高齢者の養護者に対する支援等に関する法律（高齢者虐待防止法）によれば、養護者による高齢者虐待を受けたと思われる高齢者を発見した場合の通報先は、市町村である。

▶ ○ → 454 （表68）

問55 日常生活自立支援事業の対象者は、利用者本人が事業の契約内容について判断できる能力がある認知症高齢者等である。

▶ ○ → 467 （表72）

問56 医療技術の進歩により医療的ケア児が増加し、医療的ケア児支援センターの設置などが行われることとなった。

▶ ○ → 486

問57 診療所は、20人以上の患者を入院させるための施設を有する医療施設である。

▶ × → 496 497

問58 在宅療養支援診療所は、夜間の往診には対応していない。

▶ × → 503

問59 生活保護法では「保護は、要保護者、その扶養義務者又はその他の同居の親族の申請に基いて開始するものとする」として、申請保護の原則が規定されている。

▶ ○ → 508 （表80）

問60 生活困窮者自立支援法は、最低限度の生活ができなくなるおそれのある者を対象としている。

▶ ○ → 519

社会の理解

受験勉強ワンポイント

文章で覚えることの大切さ

　よく、「文字が多いと覚えられません」という声を聞きます。確かに、本を開いたときに文字だらけの本と、図がたくさんある本とでは、最初に受ける印象は大きく異なり、つい易しくみえる参考書に飛びついたりします。しかし、国家試験では、文章を読んで○か×かを答えなければなりません。最近は、事例文から解く問題も多くなりました。また、試験問題のなかには、記憶があいまいでも、文章を読み解く力（国語力・文章読解力）があれば正解できるものもあります。

　図表は知識を整理するのには役立ちますが、文章を読んで答える力を身につけるには、文章を読み慣れておく必要があります。文章を読んで図表に整理する、図表を文章に書き直すなど、日頃から文章で覚えるように意識することも大切です。

発達と老化の理解

傾向と対策

傾向

『発達と老化の理解』は、人間の発達に関する心理学や医学の基礎知識を学ぶ科目である。人が生まれてから死に至るまでのそれぞれの発達段階における特徴や発達課題、また、生涯発達の考え方についての理解が求められる。特に、老年期の特徴や老化に伴うさまざまな変化、またそれらが及ぼす影響に関する出題が多い。

第36回国家試験では、「人間の成長と発達の基礎的理解」から3問、「老化に伴うこころとからだの変化と生活」から5問出題された。エイジズムや健康寿命などの用語の意味や、高齢者に多い疾患の特徴を問う基本的な問題が多く、このような出題傾向は今後も続くことが予想される。

出題基準と出題実績

出題基準		
大項目	中項目	小項目（例示）
1 人間の成長と発達の基礎的理解	1) 人間の成長と発達の基礎的知識	・成長・発達 ・発達段階と発達課題
	2) 発達段階別に見た特徴的な疾病や障害	・胎児期 ・乳児期 ・幼児期 ・学童期 ・思春期 ・青年期 ・成人期
	3) 老年期の基礎的理解	・老年期の定義 ・老化の特徴 ・老年期の発達課題（人格と尊厳、老いの価値、喪失体験、セクシュアリティなど）

　「人間の成長と発達の基礎的理解」については、乳幼児期の心身の発達と、老年期の発達課題や特徴を丁寧に学習しておこう。

　「老化に伴うこころとからだの変化と生活」については、老化という現象の理解とともに、医学や心理学の基礎知識の学習が必要である。老化に伴う心身の機能の変化が、高齢者の心理や日常生活にどのような影響を及ぼすのかを学び、それらの変化に合わせて、どのような対応や配慮が必要であるか理解を深めておきたい。高齢者の健康に関しては、『こころとからだのしくみ』の科目と重複する内容であるが、高齢者の心身の変化や疾病について、老化の視点からも理解を深めておくことが大切である。

出題実績				
第32回 (2020年)	第33回 (2021年)	第34回 (2022年)	第35回 (2023年)	第36回 (2024年)
乳幼児期における社会的参照【問題69】			社会的参照【問題31】 コールバーグによる道徳性判断【問題32】 標準的な発育をしている子どもの体重【問題33】	スキャモンの発達曲線【問題31】
	学習障害【問題69】	愛着行動【問題69】 乳幼児期の言語発達【問題70】		広汎性発達障害のある園児への対応【問題32】
高齢者の年齢規定【問題70】	医療や福祉の法律での年齢【問題70】 高齢期の喪失体験と悲嘆【問題71】		ストローブとシュトによる悲嘆のモデル【問題34】	生理的老化【問題33】

大項目	中項目	小項目（例示）
2 老化に伴うこころと からだの変化と生活	1）老化に伴う身体的・心理的・社会的変化と生活	・老化に伴う心身の変化と特徴（予備力、防衛力、回復力、適応力、恒常性機能、フレイルなど） ・身体的機能の変化と生活への影響 ・心理的機能の変化と生活への影響 ・社会的機能の変化と日常生活への影響 ・認知機能、知的機能の変化と日常生活への影響 ・高齢者の心理的理解（喪失、身近な人の死など）
	2）高齢者と健康	・高齢者の健康 ・健康寿命 ・サクセスフルエイジング ・プロダクティブエイジング ・アクティブエイジング
	3）高齢者に多い症状・疾患の特徴と生活上の留意点	・高齢者の症状、疾患の特徴 ・老年症候群 ・高齢者に多い疾患
	4）保健医療職との連携	・保健医療職との連携、介護福祉士の役割

出題実績				
第32回（2020年）	第33回（2021年）	第34回（2022年）	第35回（2023年）	第36回（2024年）
加齢に伴う嚥下機能の低下の原因【問題71】 老年期の記憶と注意機能【問題72】	加齢による味覚の変化【問題72】 意欲が低下した高齢者の動機づけ【問題73】 高齢者の転倒【問題75】	適応（防衛）機制【問題72】 記憶【問題73】 老化に伴う感覚機能や認知機能の変化【問題74】 高齢者の睡眠【問題75】	加齢の影響を受けにくい認知機能【問題35】	
		日本の寿命と死因【問題71】		エイジズム【問題34】 健康寿命【問題36】
心不全【問題73】 褥瘡の状態と対応【問題74】 高齢者の栄養状態を良好に維持するための対応【問題75】	高齢者の便秘【問題74】 高齢者の糖尿病【問題76】	高齢者の肺炎【問題76】	高齢期の腎・泌尿器系の状態や変化【問題36】 老年期の変形性膝関節症【問題37】 高齢者の脱水【問題38】	心筋梗塞【問題35】 前立腺肥大症【問題37】 高齢期に多い筋骨格系の疾患【問題38】
専門職の役割【問題76】				

発達と老化の理解

押さえておこう！ 重要項目

① 人間の成長と発達の基礎的理解

　人間の成長や発達には、一定の原則性や法則性がある。身体的な成長の特徴や、人間の発達段階と発達課題について整理しておこう。

■ 人間の成長と発達の基礎的知識

35—33

1 標準的な発育をしている子どもの体重は、生後 3 か月で出生時の約 2 倍、生後 1 年で出生時の約 3 倍になる。

36—31

2 スキャモン（Scammon, R. E.）は、器官や臓器によって発達のパターンが異なることを図 1 の発達曲線で示した。

3 運動機能の発達は、生後 3 か月頃から首がすわり、7 か月頃から 1 人で座れるようになり、9 か月頃からつかまり立ちがみられ、その後 1 人歩きができるようになる。

32—69
34—70

4 言語の発達は、一般的に生後 1 ～ 2 か月頃から声を出すようになり、「うー」「あー」などのクーイングがはじまる。生後 6 か月頃から「ま、ま、ま」などの喃語になっていく。1 歳頃に意味のある単語を言いはじめて一語文が始まり、1 歳半頃に語彙爆発★が起きて 2 つの言葉を組み合わせた二語文を言いはじめる。

★語彙爆発
語彙を学習する速度が急に速くなる現象のこと。急激に単語数が増加する。

32—69
35—31

5 社会的行動の発達は、生後 9 か月より前では二項関係（自分と他者、自分とものなどの二者間の関係）でコミュニケーションをとるが、9 か月以後は三項関係（自分と他者とものなどの三者間の関係）が可能になる。生後 1 歳前後から、親や周囲の表情や反応を手がかりに、その感情状態を確かめながら行動する社会的参照がみられるようになる。

34—69

6 特定の大人との間で情緒的絆による関係を形成することを愛着と呼ぶ。愛着を形成するための行動（愛着行動）は生後すぐにみられる。

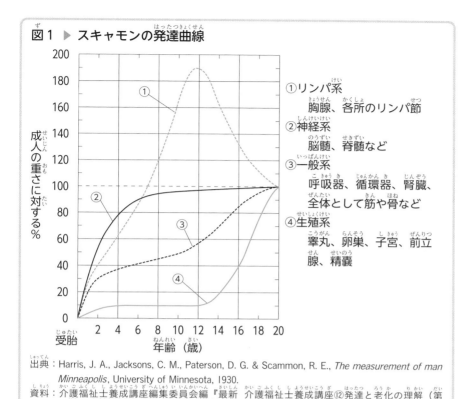

図1 ▶ スキャモンの発達曲線

①リンパ系
　　胸腺、各所のリンパ節
②神経系
　　脳髄、脊髄など
③一般系
　　呼吸器、循環器、腎臓、
　　全体として筋や骨など
④生殖系
　　睾丸、卵巣、子宮、前立
　　腺、精嚢

出典：Harris, J. A., Jacksons, C. M., Paterson, D. G. & Scammon, R. E., *The measurement of man Minneapolis*, University of Minnesota, 1930.
資料：介護福祉士養成講座編集委員会編『最新　介護福祉士養成講座⑫発達と老化の理解（第2版）』中央法規出版、2022年、8頁

7 ▶ **ストレンジ・シチュエーション法**とは、愛着行動の有無や質を測定するために、実験室で子どもから養育者が離れるなどして、操作的に子どもの愛着行動を引き出す方法である（**表1**参照）。

 34―69

表1 ▶ **愛着行動の個人差**

Aタイプ（回避型）	養育者がいなくても関係なく遊んでいる。分離後に母親が近づくと避けようとする。
Bタイプ（安定型）	養育者が一緒にいることで安心し、いなくなると泣き出したり、探したりする。養育者と再会すると接触し、再度遊びはじめる。
Cタイプ（抵抗型）	養育者がいなくなると泣いたり、不安を示したりするが、養育者と再会しても機嫌が直らず、養育者を叩くなどの行為がみられることもある。
Dタイプ（無秩序型）	愛着行動の一貫性がなく、ABCにあてはまらない。

資料：介護福祉士養成講座編集委員会編『最新　介護福祉士養成講座⑫発達と老化の理解（第2版）』中央法規出版、2022年、61頁

8 ▶ **コールバーグ**（Kohlberg, L.）は、道徳性判断の発達段階を**表2**の3水準6段階にまとめた。

表2 ▶ **コールバーグによる道徳性判断の発達段階**

水準1　前慣習的水準 　段階1　罰と服従志向 　　　　罰を回避し、権威に服従する 　段階2　道具主義的相対主義者志向 　　　　取引や有効性の観点から判断する
水準2　慣習的水準 　段階3　対人関係の調和あるいは「良い子」志向 　　　　多数意見や承認されることを重視した判断をする 　段階4　「法と秩序」志向 　　　　規則や社会的秩序を守ることを重視する
水準3　脱慣習的水準 　段階5　社会契約的遵法主義志向 　　　　個人の権利や社会全体の価値に従って合意することを重視する 　段階6　普遍的な倫理的原理志向 　　　　人間の権利や平等性などの倫理に従って判断する

出典：Kohlberg, L., 'Stage and sequence: the cognitive-development approach to socialization', In Goslin, D. A. Ed., *Handbook of socialization theory and research*, Rand McNally, p.378, 1969.
資料：介護福祉士養成講座編集委員会編『最新　介護福祉士養成講座⑫発達と老化の理解（第2版）』中央法規出版、2022年、64頁

9 ▶ **エリクソン**（Erikson, E. H.）の発達段階説では、発達の概念を**生涯発達（ライフサイクル）**へと拡張し、**心理・社会的側面の発達を表3**の8つの段階にまとめ、各段階において達成するべき**発達課題**と、課題が達成できなかった場合に直面する心理社会的危機を設定した。

10 ▶ **ピアジェ**（Piaget, J.）は、誕生から青年期に至るまでの認知発達を、**表4**の4つの段階にまとめた。

表3 ▶ エリクソンの発達段階

段階	年齢	心理社会的危機	獲得される人格的強さ
乳児期	0～1歳頃	「基本的信頼」対「基本的不信」	希望
幼児前期	1～3歳頃	「自律性」対「恥・疑惑」	意志
遊戯期（幼児後期）	3～6歳頃	「自主性」対「罪悪感」	目的
学童期	7～11歳頃	「勤勉性」対「劣等感」	適格
青年期	12～20歳頃	「同一性獲得」対「同一性拡散」	忠誠
前成人期	20～30歳頃	「親密」対「孤立」	愛
成人期	30～65歳頃	「世代性」対「停滞」	配慮
老年期	65歳頃～	「統合」対「絶望」	英知

出典：Erikson, E. H., Erikson, J. M., & Kivnick, H. Q., *Vital Involvement in Old Age*, W. W. Norton & Company, 1994. より作成
資料：介護福祉士養成講座編集委員会編『最新　介護福祉士養成講座⑫発達と老化の理解（第2版）』中央法規出版、2022年、26頁を一部改変

表4 ▶ ピアジェの認知発達理論

段階	年齢の目安	知的機能の特徴
感覚運動期	0～2歳頃	・直接何らかの動作をすることにより、刺激と感覚器官との結びつきを通して外界とかかわる。 ・対象の永続性★が獲得される。
前操作期	2～6歳頃	・自己以外の視点に立って物事を考えることができない自己中心性が特徴である。 ・量や数の保存が欠如しているため、見た目による判断を優先させる。 ・模倣などの象徴遊びができる。
具体的操作期	6～12歳頃	・自分と異なる他者の視点を理解できるようになり、社会化された思考ができる。 ・量や数の保存の概念★が獲得される。 ・具体的なものに関する論理的な思考ができる。
形式的操作期	12歳以降	・抽象的な概念の理解や、論理的思考ができる。 ・具体的な場面を離れ、仮説を立てて思考する仮説的思考ができる。

★**対象の永続性**
ものが隠されて目の前から消えても、そのもの自体が消えてなくなるのではなく、どこかで存在し続けているととらえること。

★**保存の概念**
ものの形や形状を変えても重量や体積は変化しないととらえること。

発達段階別にみた特徴的な疾病や障害

● 胎児期・乳児期

11 ▶ 胎児期や乳児期の疾病や障害には、遺伝的要因、胎児期の環境的要因、出産時の要因、出生後の疾病や事故などによるものがある。これらの要因が複合して、相互作用による場合もある。

12 ▶ ダウン症候群★は、先天的な<u>染色体異常</u>による疾患である。知的発達の遅れや特有の顔立ちが特徴であり、難聴や視覚障害を伴うことも多い。

13 ▶ 先天性代謝異常は、遺伝子の異常により発症し、特定の代謝機能がうまくはたらかないことにより発達上の影響が生じる。乳幼児の代表的な疾患には、先天性のアミノ酸代謝異常による<u>フェニルケトン尿症</u>がある。

14 ▶ 脳性麻痺は、胎児期から出生 4 週間後までに、脳の運動中枢が損傷することによって生じる運動機能の障害である。原因には遺伝的要因、胎児期の環境的要因、出産時の低酸素状態などがあり、<u>知的障害</u>を合併している場合もある。

● 幼児期・学童期

15 ▶ 幼児期には、社会的場面での行動が増えることで、発達上の障害が明確になることもある。小学校に就学する**学童期**には、発達障害の症状が表面化しやすくなり、学習や生活への支援が必要になる。

16 ▶ 発達障害は、脳機能の障害であって、その症状が通常<u>低年齢</u>において発現する。発達障害には、<u>自閉症スペクトラム障害（ASD）、学習障害（LD）、注意欠陥多動性障害（ADHD）</u>などがある（**表 5** 参照）。

表 5 ▶ 主な発達障害

自閉症スペクトラム障害（ASD）	社会的なコミュニケーションおよび相互関係における持続的障害と、限定された反復する行動・興味・活動を特徴とする障害。
学習障害（LD）	読み、書き、算数の特異的な障害★であり、知的障害は伴わない。
注意欠陥多動性障害（ADHD）	不注意、多動性、衝動性を特徴とする障害。

★ダウン症候群
21トリソミーと呼ばれ、21番目の常染色体が 3 本になる染色体異常。

33—69
35—54(障害)
36—32

★算数の障害
数字の概念、数値または計算を習得することの困難さや、数学的推論の困難さのこと。

17 ▶ **知的障害**は、全般的な知能の発達に遅れがみられ、社会生活にうまく適応できない障害である。概念的な思考、社会的な行動、実用的・日常的な行動についての障害がみられるが、症状の程度や現れ方には個人差が大きい。

● **思春期・青年期**

18 ▶ **思春期・青年期**は、身体的な発達の加速とともに性機能の成熟期にあたり、精神的に不安定な時期である。**統合失調症**やうつ病もこの時期から増えていく。

● **成人期**

19 ▶ **生活習慣病**は、食事、運動、ストレス、喫煙、飲酒などの生活習慣が発症や進行に関与する病気の総称である。糖尿病、高血圧症、脂質異常症、心臓病、脳卒中などが含まれる。

20 ▶ **更年期障害**には、閉経の前後の期間に生じる身体的症状（ほてり、のぼせ、めまい、動悸など）や精神的症状（気分の落ち込み、意欲の低下など）がある。症状の現れ方や程度には個人差がみられる。

■ 老年期の基礎的理解

21 ▶ **老人福祉法**は、原則として65歳以上の者を施策の対象としている。

 32—70
33—70

22 ▶ **介護保険法**では、**第1号被保険者**を65歳以上の者とし、**第2号被保険者**を40歳以上65歳未満の医療保険加入者と定めている。

 33—70

23 ▶ **高年齢者等の雇用の安定等に関する法律（高年齢者雇用安定法）**では、55歳以上の者を高年齢者としている。定年年齢を65歳未満としている事業主に、継続雇用を希望する高年齢者に対して65歳までの雇用を義務づけ、70歳までの就業機会確保を努力義務としている。

 32—70

24 ▶ **高齢者虐待の防止、高齢者の養護者に対する支援等に関する法律（高齢者虐待防止法）**では、65歳以上を高齢者としている。

 32—70

25 ▶ **高齢者の医療の確保に関する法律（高齢者医療確保法）**による**後期高齢者医療制度**では、75歳以上の高齢者を**後期高齢者**としている。

 32—70
33—70

32—70
36—39（認知）

26 ▶ **道路交通法**では、運転免許証を更新しようとする70歳以上の者に高齢者講習の受講が、加えて75歳以上の者には認知機能検査の受検が義務づけられている。2020（令和2）年の改正により、75歳以上で一定の交通違反歴がある者は実車試験である**運転技能検査**が義務づけられた。

★老性自覚
加齢による心身の変化に対する主観的な自覚。

27 ▶ **老性自覚★**は、**自分が「高齢者」であるということに気づく**、きわめて個人的な体験である。一般的に外的要因（定年退職・引退、近親者・配偶者の死、年金の通知など）と内的要因（身体機能の低下、疾病、精神機能の衰え、活動性の低下など）によってもたらされる。

 36—33

28 ▶ 加齢に伴い、いったん成熟した組織や機能が低下することを**生理的老化**という。生理的老化には、**表6**のような特徴がある。

表6 ▶ **生理的老化の特徴**

老化の特徴	説明
内在性	老化現象は、環境因子によって引き起こされるものではなく、遺伝的にプログラムされて必然的に生じる現象であること。
普遍性	生命体にすべて生じる現象であること。
進行性	一度生じた変化は元に戻ることはないこと。
有害性	その個体の機能低下を引き起こして、その個体の生命活動にとって有害である。

出典：Strehler, B. L., *Time, Cells and Aging*, Academic Press. 1962. をもとに作成
資料：介護福祉士養成講座編集委員会編『最新　介護福祉士養成講座⑫発達と老化の理解（第2版）』中央法規出版、2022年、76頁

 33—71

29 ▶ 高齢者の**喪失感**は、**表7**の**喪失体験**などから生じ、孤独感や不安、戸惑いなどの要因にもなりやすい。不眠等の症状が伴うこともある。

33—71
35—34

30 ▶ **ストローブ**（Stroebe, M. S.）と**シュト**（Schut, H.）による悲嘆の**二重過程モデル**では、**喪失志向コーピング★**（喪失に対する**心理的対処**）と**回復志向コーピング**（喪失に伴う日常生活の変化や**生活の立て直しへの対処**）がある。どちらに焦点をあてるかについて、本人自身が迷いながら決めていくことが重要とされている。

★コーピング
上巻「人間関係とコミュニケーション」
14▶参照

表7 ▶ 喪失体験に結びつきやすい老年期のライフイベント

領域	喪失体験に結びつきやすいライフイベント
友人関係	友人との死別 友人の施設への入所
家族関係	家族との死別（特に配偶者） 家族との別居・同居 家族関係の悪化 家族の介護
仕事・職業	退職や職業生活の引退 組織のなかでの地位や役割の変更
生活環境	住み慣れた自宅の処分や引っ越し 施設への入居 使い慣れた設備の変更やリフォーム
その他	病気への罹患や悪化 事故 犯罪被害 入院生活 閉経・性機能の低下 物忘れによる失敗やトラブル

資料：介護福祉士養成講座編集委員会編『最新 介護福祉士養成講座⑫発達と老化の理解（第2版）』
中央法規出版、2022年、89頁

一問一答 ▶ P.324

発達と老化の理解

2 老化に伴うこころとからだの変化と生活

老化に伴う心理的な変化や、身体の生理的機能の変化について、丁寧な学習が必要である。

また、高齢者に多くみられる症状や疾患とその特徴について整理し、適切な対応や生活上の留意点などについても理解を深めておきたい。

■ 老化に伴う身体的・心理的・社会的変化と生活

32—71
35—36

33—114（総合）

31 ▶ 加齢により生理的機能が全体的に低下する（**表8**参照）。

32 ▶ 加齢により心身が衰えた状態のことを**フレイル**といい、疲労感、体重減少、身体活動の低下などの身体的問題だけでなく、意欲低下などの心理的問題や認知機能の低下などを含む。フレイルは**健常から要介護状態に移行する中間の段階**と考えられている。

33—72
34—74

33 ▶ **感覚の加齢変化**は、感覚全般において現れ、個人差はあるが一般的にそれらの**鈍化**を特徴とする（**表9**参照）。

34—74

34 ▶ 加齢に伴う視力の低下では、近くのものがぼやけて見える、細かい字がかすんで見えにくい、薄暗い部屋では細かい作業をしにくいなどの**老視**（老眼）になる。

34—74
35—76（コミ）

35 ▶ 加齢に伴う聴力の低下では、聞こえにくいだけでなく、**音がゆがんではっきりと聞こえなくなる**感音性難聴が多い。大きな声で話しかけられても、かえって聞こえにくいことがある。

33—72

36 ▶ 高齢者の**味覚変化**は、疾病や内服薬の副作用、喫煙や口腔の清潔状態の悪化、唾液分泌量の減少、口腔粘膜の不良、義歯の不具合、亜鉛不足などが関係していると考えられている。

表8 ▶ 老化に伴う機能的な変化

免疫機能	細菌などの病原体から人体を守る免疫機能が低下することにより、感染症にかかりやすく、重症化することが多くなる。
咀嚼機能	歯の摩耗や喪失、歯周病、唾液分泌量の減少、咬★筋力の低下などにより咀嚼機能が低下すると食物をかみ砕きにくくなる。
嚥下機能	嚥下するときの喉頭挙上が不十分になり、喉頭閉鎖が弱まることで誤嚥しやすくなる。
消化・吸収機能	消化酵素の減少、胃壁の運動や腸管の蠕動運動の低下などにより、便秘や下痢を起こしやすく、栄養素の消化吸収の低下が起こりやすくなる。
運動機能	筋量の減少、関節可動域の制限、反応速度の低下、身体の柔軟性の低下などにより、動きにくさを感じる。それによって生活が不活発になると、意欲低下や廃用症候群が生じやすくなる。
循環器の機能	高血圧になりやすく、不整脈の頻度が増加する。
呼吸器の機能	肺実質の弾力性の低下、呼吸筋の活動の不足などにより、肺活量や換気量の低下が起こり、軽い運動でも息切れしやすくなる。
泌尿器の機能	腎臓の機能が低下すると、体内の老廃物を濾過する機能が低下して、薬剤が排出されにくくなり、薬剤の作用・副作用が増大する。尿の濃縮力が低下する。
造血機能	骨髄の造血機能が低下し、赤血球の数が減少する。赤血球の減少により酸素運搬量が低下するため、息切れや動悸、貧血が起こりやすい。

★咬
かむ、かじる。

37 ▶ 加齢とともにメラトニンというホルモンの分泌量が減少すると、体内時計による概日リズム★が変化して不眠の原因になることもある。

38 ▶ 注意機能には、1つの対象に対して注意を向ける選択的注意や、複数の対象に注意を分散させる分散的注意などがある。

39 ▶ 加齢に伴い、注意機能は低下する。老年期では、複数のことを同時に行うことが難しくなる。また、騒がしい場所での作業効率は、若年者より高齢者が低い。

★概日リズム
朝になると目覚めて活動を始め、夜になると眠くなるリズムのこと。サーカディアンリズムともいう。

 34—75

 32—72
35—35

 32—72

表9 ▶ 感覚の加齢変化

感覚	加齢変化
視覚	・視力・調節力が低下する、視野が狭くなる。 ・奥行きや対象移動の知覚力が低下する。 ・順応が遅くなる（明順応・暗順応が低下）。 ・寒色系統、彩度・明度★の低い色が識別しにくくなる。
聴覚	・高音域から感度が低下する。 ・音の識別力（似た音を聞き分ける力）が低下する。
嗅覚	・嗅感覚が低下する。
味覚	・甘味・苦味・酸味・塩味・旨味ともに感受性が低下する。 ・味覚の変化がみられる（濃い味を好むようになる）。
皮膚感覚	・温度覚（温点、冷点）が減少する。 ・痛覚が低下する。

★彩度・明度
彩度は色のあざやかさやまじりけのなさをいう。明度は色の明るさのことをいう。

TEST 34—73
35—48（認知）

40 ▶ **短期記憶**とは、ほんの数秒程度、限られた容量のことを覚えておく記憶のことである。**長期記憶**とは長期間覚えている記憶のことで、容量に制限はない（**図2**参照）。

★宣言的記憶
言語的な長期記憶のこと。陳述記憶ともいう。

★非宣言的記憶
言葉によらない長期記憶のこと。非陳述記憶ともいう。

★作業記憶（ワーキングメモリ）
情報の記憶と処理を同時に行うことを求められる記憶。

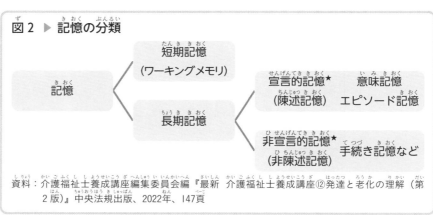

図2 ▶ 記憶の分類

記憶
├ 短期記憶（ワーキングメモリ）
└ 長期記憶
　├ 宣言的記憶★（陳述記憶）　意味記憶　エピソード記憶
　└ 非宣言的記憶★（非陳述記憶）　手続き記憶など

資料：介護福祉士養成講座編集委員会編『最新　介護福祉士養成講座⑫発達と老化の理解（第2版）』中央法規出版、2022年、147頁

TEST 32—72
35—35
35—48（認知）

41 ▶ **短期記憶**は、加齢の影響をほとんど受けないと考えられているが、**作業記憶（ワーキングメモリ）★**には、加齢の影響が顕著にみられる。作業記憶の低下により、同時に複数のことを行う能力が低下する。

TEST 34—73
35—48（認知）

42 ▶ **長期記憶**には、**意味記憶**（一般的な知識や概念に関する記憶）や**手続き記憶**（運動技能に関する記憶）、**エピソード記憶**（経験や出来事に関する時間空間的情報が伴う記憶）が含まれる（**図2**参照）。

43 長期記憶のうち、意味記憶と手続き記憶は加齢の影響を受けにくいと考えられているが、エピソード記憶には、加齢による影響が顕著にみられる。

32—72
34—73
35—35

44 知能の加齢変化として、流動性知能には低下が認められる。結晶性知能には、成人期以降も加齢に伴い上昇し続ける特徴があり、高齢期でも比較的よく維持される（**表10**参照）。

35—35

表10 ▶ 知能の分類

	流動性知能	結晶性知能
能力	・新しいことを学習したり、新しい環境に適応したりするためにはたらく能力 ・情報処理と問題解決の基本能力	・学習、教育、経験などによって獲得された能力 ・人生を通じて学習されたものを発揮する能力
例	新しい知識、それに対する反応の速さ・正確さ　など	経験を通して得られた言葉の意味、社会性を帯びた知識　など
特徴	生まれつきの能力と強く関係している。	学校教育や社会経験と深く結びついて育っていく。
加齢変化	加齢とともに低下する。	比較的よく維持される。

45 ライチャード（Reichard, S.）は、老齢期の男性高齢者の性格を5つに分類した（**表11**参照）。

35—19（ここ）

表11 ▶ ライチャードの5つの性格類型

老齢期に適応的	①円熟型	現在の自分や自分の人生を受け入れ、定年退職後も積極的に社会参加を行い、未来志向的・建設的に暮らそうと努力している。
	②依存型（安楽いす型）	定年退職を歓迎しており、他人に依存して受身的に暮らそうとする。
	③防衛型（装甲型）	老化への不安を、活動し続けることで抑圧して自己防衛している。自分にできる仕事や役割を求め、やり遂げる努力をする。
老齢期に不適応的	④憤慨型（外罰型）	自分の過去や老化を受け入れることができずに、人生で達成できなかったことを他人のせいにして非難する。
	⑤自責型（内罰型）	自分の人生を失敗とみなし、その原因は自分にあると考える。

発達と老化の理解

46 高齢者のパーソナリティに**影響を与える**ものとしては、①**脳障害**（脳外傷、脳血管障害などの後遺症、認知症など）、②**身体的健康度**、③**環境的条件**（家庭内や社会的な人間関係・生活環境の変化、役割の喪失や新しい役割の獲得など）が考えられる。

■ 高齢者と健康

34—71
47 2022（令和4）年における**わが国の平均寿命**は、男性が81.05歳、女性が87.09歳である。平均寿命とは、0歳の人の**平均余命**のことをいう。

36—36
48 **健康寿命**は、平均寿命から介護期間（自立した生活を含めない）を差し引いたものであり、健康上の問題で制限されることなく生活ができる期間のことをいう。

49 老化にうまく適応した幸せな生き方を、**サクセスフル・エイジング**と呼ぶ。その構成要素は、長寿であること、QOL（生活の質）が高いこと、社会貢献をしていること、とされており、身体的健康、精神的健康、社会的機能や生産性、**主観的幸福感**などが指標となる。

36—34
50 **アンチ・エイジング**とは、老化に抵抗して、健康的に生きようとすることである。加齢に伴う心身の機能低下を予防するための取り組みを指すこともある。

36—34
51 **プロダクティブ・エイジング**とは、高齢になっても生産的な活動を行うことである。

36—34
52 **アクティブ・エイジング**とは、加齢を受容して、活動的に生きようとすることである。

36—34
53 **エイジズム**とは、高齢を理由にして、偏見をもったり差別したりすることである。

■ 高齢者に多い症状・疾患の特徴と生活上の留意点

33—75
54 高齢者の症状、疾患の特徴は、**表12**のとおりである。

55 **老年症候群**とは、加齢に伴い高齢者に多くみられ、医師の診察や看護、介護を必要とする症状・徴候の総称である。

表12 ▶ 高齢者の症状、疾患の特徴

①複数疾患の合併が多い。
②症状が非定型的で、現れ方は教科書どおりではない。
③症状が長期化・慢性化することが多い。
④寝たきり状態につながりやすい。
⑤身体疾患にうつ症状等の精神・神経症状が伴ったり、加わったりする。
⑥多剤服用が多い。
⑦薬剤の反応性が若年者と異なり、薬剤の効果・副作用が強く出やすい。
⑧服用する薬剤と転倒は関連がある。
⑨疾患の予後が、環境・社会的な面に影響を受ける。

● 骨格系・筋系

56 ▶ 加齢により**骨密度が低下**すると、**骨粗鬆症**を生じやすく、転倒などによって骨折しやすくなる。骨粗鬆症は、**女性**に多い。

 36—38

57 ▶ **高齢者の骨折部位**の主なものには、**大腿骨頸部骨折、脊椎圧迫骨折、橈骨遠位端骨折、上腕骨近位部骨折**などがある（下巻「こころとからだのしくみ」 142 ▶（図14）参照）。

 33—75

58 ▶ **大腿骨頸部骨折**は、足のつけ根の大腿骨の骨折である。**転倒**したときに股関節あたりに痛みがあって立ち上がれないときにはこの骨折を疑う。寝たきりになる可能性が高いため、原則として**手術をする**ことで臥床期間の短縮を目指す。

 32—101（ここ）

59 ▶ **変形性関節症**は、老化のため関節の骨や軟骨がすり減り、関節に変形が生じるために起こる有痛性の疾患である。変形性膝関節症、変形性股関節症、肩関節周囲炎（五十肩）などがある。

60 ▶ **変形性膝関節症**は、**女性**に多い。主な症状は、膝関節痛と関節可動域制限であり、**内反変形（○脚）**が認められやすい。生活上の留意点は、**表13**のとおりである。

 35—37
36—38

表13 ▶ 変形性膝関節症の生活上の留意点

①膝への負荷の軽減★	⑤散歩をする
②転倒を予防する	⑥肥満を避ける
③正座を避ける	⑦膝を冷やさない　など
④適度な運動をする	

+α
ぷらすあるふぁ
膝への負荷の軽減として、杖を用いると楽に行動できる。

61 ▶ **関節リウマチ**の特徴は、**表14**のとおりである。

発達と老化の理解

表14 ▶ 関節リウマチの特徴

- 原因不明の難治性・全身性の炎症性疾患である。
- 多発性の関節の痛み、腫れ、変形、可動域制限を起こす。
- 関節のこわばりは朝方に強く、季節や天候に左右される。
- 手足の小さい関節から左右対称に始まる。
- 進行するとADL（日常生活動作）がほとんど不可能になる。
- 30〜50歳代の女性に多く発症する。

TEST 35—99（生活）
36—38
36—81（生活）

★**自己免疫システム**
細菌などの異物が身体の中に入ってきたときに、それを駆逐する生体の防御機構のこと。

62 ▶ 関節リウマチは、何らかの自己免疫システム★に異常が生じることにより発症するといわれており、関節の中に滑膜炎が生じ、軟骨が破壊されて関節が変形する。生活上の留意点は、**表15**のとおりである。

表15 ▶ 関節リウマチの生活上の留意点

①安静	⑤転倒予防
②関節をゆっくりと動かす	⑥関節を冷やさない
③無理に関節を動かさない	⑦自助具の使用
④関節への負荷の軽減	⑧家屋改造　など

TEST 36—38

★**間欠性跛行**
歩行中に大腿部や下腿部に痛みやしびれ、疲労感が出現する状態のこと。しばらく休息すると治まるが、また歩き続けると症状が現れる。

63 ▶ 脊柱管狭窄症は、高齢者に多い腰の疾患であり、下肢のしびれや排尿・排便障害が起こることもある。間欠性跛行★が特徴である。

64 ▶ 脊柱管狭窄症の原因は、椎間板や椎間関節、黄色靭帯の加齢・老化肥大によって生じる脊柱管の狭窄（狭くなること）である。生活上の留意点は、**表16**のとおりである。

表16 ▶ 脊柱管狭窄症の生活上の留意点

①安静	④転倒予防
②正しい姿勢の指導と保持	⑤杖の使用
③手押し車や自転車の利用	⑥腰まわりの筋肉を鍛える　など

TEST 36—38

65 ▶ サルコペニアとは、加齢に伴う骨格筋量の減少と骨格筋力の低下のことである。年齢が高くなるほど、サルコペニアの有病率は増加する。

● **脳・神経系**

TEST 34—92（障害）

66 ▶ パーキンソン病は、中脳の神経細胞が変性し、神経伝達物質のドーパミンが欠乏して起こる。四大徴候は**表17**のとおりである。そのほかに、嚥下障害、起立性低血圧、便秘、排尿障害などの症状もみられる。

表17 ▶ パーキンソン病の四大徴候

安静時振戦	静止時に手、足、身体全体にふるえが起こる
筋強剛（筋固縮）	筋肉の緊張が高くなりこわばる、仮面様顔貌★
無動・寡動	動作が緩慢になる、動作がなかなか開始できない
姿勢反射障害★	前かがみ姿勢、小刻み歩行、突進現象、すくみ足など

67 ▶ 脳血管疾患の原因は、大きく脳梗塞★と脳出血★に分けられる。症状には頭痛、嘔吐、意識障害、麻痺やしびれがある。麻痺は左右どちらかの手足に起こり、しゃべりにくくなることもある。

● 感覚器系

68 ▶ 水晶体が濁った状態のことを白内障という。最も多いのは加齢によるものであり、程度の差はあるが70歳を過ぎるとほぼ全員にみられる。霧視（かすんで見えること）や羞明（まぶしく感じること）、物が二重、三重に見えるなどの症状があり、点眼薬・内服薬での治療を行う。日常生活に支障をきたすようになれば手術を行う。

69 ▶ 緑内障は、視神経が障害され、視野が狭くなる疾患である。**眼圧の上昇**が原因の１つとされているが、眼圧の上昇を伴わないものもある。自覚症状はほとんどないが、急性の緑内障発作では目の痛み、頭痛、吐き気などの症状を伴い、進行すると失明することもある。治療法は、点眼療法、レーザー治療（光線力学的療法）、手術がある。

70 ▶ 加齢により、網膜の中心である黄斑部に萎縮や変性が起こる病気が**加齢黄斑変性症**であり、高齢者の**失明の原因の１つ**である。主な症状には、変視症（ゆがんで見えること）、**中心暗点**（見ようとするものの中心部が欠けて見えないこと）がある。**治療によって視力が正常に改善することはない。**

● 皮膚

71 ▶ 皮膚掻痒症とは、発疹などはなく、かゆみだけが強い皮膚疾患である。高齢者では、皮脂欠乏性皮膚炎が最も多い。保湿外用剤を使用し、症状に応じてステロイド外用剤や抗ヒスタミン剤の内服治療をする。皮膚をかくと悪化するため、高齢者の**爪は短く切る**ようにする。

★仮面様顔貌
まばたきが減って無表情になる状態のこと。顔の筋肉が固縮する（こわばる）ことによって、表情が乏しくなる。

 32—114（総合）
36—35

★姿勢反射障害
バランスがとりづらくなり、姿勢を維持することが難しくなること。

★脳梗塞
脳の血管が詰まり、その血管が支配する脳神経組織に血液がいかなくなり、神経細胞が死んでしまう病気である。

★脳出血
加齢や高血圧などにより脆くなった脳血管が急に破れたときに起こる病気である。

発達と老化の理解

313

72 ▶ 疥癬は、疥癬虫（ヒゼンダニ）による皮膚寄生虫感染である。指間や腋窩などに小丘疹がみられ、夜間の激しいかゆみが特徴的である。近年、介護を要する寝たきり高齢者の増加により、院内や介護施設での集団感染や、介護者への感染の拡大が問題となっている。

73 ▶ 白癬は、真菌（カビ）の一種である白癬菌の感染によって起こる。足白癬は「水虫」、からだにできると「タムシ」、頭皮にできると「しらくも」などと呼ばれる。日常生活上の留意点として、足白癬では、足を乾燥させるようにする。

74 ▶ 褥瘡とは、長時間の圧迫や寝具による摩擦、皮膚の湿潤、低栄養によって起こる血液循環障害のことをいう。皮膚の発赤が起こり、進行すると疼痛、壊死、潰瘍が発生する。褥瘡は骨の隆起部に起こりやすく、仰臥位では仙骨部が最も頻度が高い。

● 循環器系

75 ▶ 日本高血圧学会のガイドラインによると、診察室で測った場合の血圧が、収縮期（最高）血圧140mmHg以上または拡張期（最低）血圧90mmHg以上、家庭で測った場合は、収縮期（最高）血圧135mmHg以上または拡張期（最低）血圧85mmHg以上が**高血圧**である。高血圧の判定では、診察室血圧値よりも家庭血圧値のほうが優先される。

76 ▶ 虚血性心疾患とは、心筋への血液供給を行う冠状動脈の狭窄や閉塞による血液量の不足、もしくは停止による病態をいう。数分以内の一過性の心筋虚血である狭心症と、30分以上の虚血の結果、心筋が壊死に陥る心筋梗塞に分けられる。

77 ▶ 狭心症は、胸痛・胸部圧迫感、締めつけられるような痛み等の症状がある。運動などの労作によって起こる**労作性狭心症★**と安静時に起こる**安静狭心症★**があり、日本では安静狭心症の発生頻度が高い。

★労作性狭心症
冠状動脈硬化による狭窄性狭心症。

★安静狭心症
冠状動脈攣縮による冠攣縮性狭心症。

78 ▶ **狭心症の発作**は、数分以内に治まることが多い。薬（ニトログリセリン）を処方されている場合、速やかに使用する。

79 ▶ **急性心筋梗塞**は、**安静やニトログリセリンの舌下投与でも軽快しない突発的な30分以上持続する胸痛**があり、不整脈やショック等のため死亡率が高い。胸痛にはモルヒネが用いられる。高齢者では、痛みを伴わない無痛性心筋梗塞も少なくない。

80▶ 不整脈とは、心臓の拍動が通常と異なり、速くなったり、遅くなったり、不規則になったりする状態である。心拍数が速くなる不整脈を頻脈性不整脈、遅くなる不整脈を徐脈性不整脈、不規則になる不整脈を期外収縮という。

81▶ 心房細動は、加齢とともに増加し、男性に多い。高血圧などの心疾患があると発生しやすく、頻脈になることが多い不整脈の状態である。心臓に血栓ができやすく、血栓が心臓壁からはがれると動脈で運ばれ、脳の血管に詰まって脳塞栓となる。

82▶ 心不全とは、心臓のポンプ機能の障害のため必要な血液量を全身に供給できなくなった状態のことである。左心室の機能不全によるものを左心不全、右心室の機能不全によるものを右心不全と呼ぶ。

83▶ 左心不全では、動悸、疲労感、四肢の冷感、チアノーゼ★、意識障害などがみられる。右心不全（心臓の右側のはたらきが悪くなる）では、吐き気や嘔吐、食欲不振、下肢や顔面の浮腫、腹水貯留、うっ血肝（肝臓の腫れ）などが現れる。

 32—73

★チアノーゼ
皮膚や粘膜が赤紫色になる状態のこと。口唇、耳たぶ、指先などに現れる。

● 呼吸器系

84▶ 高齢期にみられる慢性の咳の原因で最も多いのは、慢性閉塞性肺疾患（COPD）★である。長期間の喫煙によって、気管支の慢性的炎症や肺胞の破壊が起こり、気管支の狭窄と肺の弾性収縮力が失われた結果、肺の空気がうまく吐き出せなくなった状態である。

★慢性閉塞性肺疾患（COPD）
従来、慢性気管支炎や肺気腫と呼ばれてきた病気の総称。

85▶ 肺炎とは、病原微生物（細菌・ウイルスなど）により肺が急性炎症をきたした状態のことである。呼吸困難、頻呼吸、痰、咳、高熱などの症状が典型的である。

 34—76
36—35

86▶ 高齢者の肺炎では、典型的な症状がみられないことがあり、全身のだるさや、食欲の急激な低下、突然の意識混濁などが現れることもある。

 34—76

87▶ 高齢者は誤嚥による肺炎を起こしやすい。飲食物と一緒に口腔内の細菌が気管支に侵入することで起こる肺炎を誤嚥性肺炎という。

 34—76

88▶ 肺結核は、結核菌による感染症で、咳・痰・血痰のほかに微熱、寝汗などがみられる。高齢者の肺結核の特徴として咳、痰、発熱などの呼吸器症状が出るとは限らず、食欲低下、体重減少、だるさなど全身症状だけの場合もあり、重症になるまで発見されないことが珍しくない。

発達と老化の理解

● 消化器系

89 ▶ **消化性潰瘍**とは、胃や十二指腸の内面の粘膜が消化液で浸食されて、傷ができた状態のことである。高齢者では**胃潰瘍**の頻度が高く、突然吐血して発症し、痛みが強く現れないことがある。

35—89（生活）
36—35

★呑酸
酸っぱい液体が口まで上がってきて、げっぷが出ること。

90 ▶ **逆流性食道炎**は、強酸性の胃液や胃で消化途中の食物が食道に逆流して、食道が炎症を起こし、胸やけや呑酸★、喉の痛みや違和感、咳などの症状が生じる。

91 ▶ **ウイルス性肝炎**は、肝炎ウイルスによる感染症である。急性肝炎ではA型とB型の肝炎ウイルスによるものが多く、自然経過で治癒する症例が多い。慢性肝炎ではC型の肝炎ウイルスによるものが多い（**表18**参照）。

表18 ▶ **ウイルス性肝炎の分類**

	A型肝炎	B型肝炎	C型肝炎
感染経路	経口	血液	血液
経過	慢性化しない	まれに慢性化する	多くは慢性化する

92 ▶ 高齢者ではC型肝炎が多く、長い時間を経て、**肝硬変**に進行したり、**肝がん**を発症したりする可能性がある。

93 ▶ 多量の飲酒を続けると、アルコールの代謝産物のアセトアルデヒドにより肝細胞が障害されて**アルコール性肝障害**が起こる。悪化すると、慢性肝炎から肝線維症になり、最終的には**アルコール性肝硬変**になる。

94 ▶ **肝硬変**は、長年にわたる慢性炎症で、肝臓の細胞が壊れて線維に置き換えられ硬くなった状態をいう。肝臓内部の血液循環に異常が生じ、肝臓のはたらきが果たせなくなる。肝がんの合併や、黄疸、消化管出血、肝性脳症、腹水などの症状がある。

95 ▶ **急性の便秘**の原因として、環境変化や薬剤の一時的な影響のほか、腸閉塞などの疾病が考えられる。

33—74

96 ▶ **慢性の便秘**には、がんや手術後の癒着などによって腸管が狭くなることで排便困難になる**器質性便秘**、生活習慣や運動量の低下、老化現象による腹筋の筋力低下などにより腸の動きが悪くなる**機能性便秘**、薬剤の副作用として起こる**薬剤性便秘**がある。高齢者の場合、**機能性便秘**が大半を占めている。

97 ▶ 腸の動きが悪くなるために起こる機能性便秘には、**表19**のようなものがある。

表19 ▶ **機能性便秘の種類**

	状態	原因
弛緩性便秘	大腸の蠕動運動の低下により便の通過時間が長くなっている。	腸管の緊張低下、食物繊維不足、腹筋の筋力低下、運動不足など
痙攣性（緊張性）便秘	大腸が痙攣を起こして狭くなり、便が通過できない。	過敏性腸症候群、ストレスなど
直腸性（習慣性）便秘	直腸の排便反射が鈍くなり、直腸に便があっても便意を催さない。	便意を我慢する習慣、下剤の乱用など

● 腎・泌尿器系

98 ▶ **前立腺肥大症**は、前立腺の尿道近接部から発生する良性腫瘍で、**排尿障害**がみられる。主な症状には排尿躊躇、細い尿線、尿勢の低下、腹圧排尿、残尿、排尿時間の延長、排尿中断、尿意切迫感、**頻尿**、夜間頻尿、切迫性尿失禁などがある。

99 ▶ **尿路感染症**は、**女性**に多く、尿路組織内に病原体（細菌など）が侵入したために起こる炎症反応のことであり、**膀胱炎**と**腎盂腎炎**がその代表的な疾患である。

100 ▶ **急性腎盂腎炎**は、突然に**悪寒戦慄（寒気とふるえ）**を訴え、体温が38〜40℃に急上昇し、片側背面のCVA（肋骨脊柱角）領域に自発痛や圧痛を生じ、排尿痛、排尿時のしぶり、頻尿、尿意切迫感など膀胱刺激症状を認める。

101 ▶ **慢性腎臓病（CKD）**とは、**腎機能の低下**と**腎障害**のいずれか、または両方が続く状態のことをいう。自覚症状のないまま進行して、腎臓のはたらきが弱くなると**腎不全**という状態になる。末期になると**透析療法**（人工透析）や腎臓移植が必要になる。

102 ▶ 排尿障害における**排尿困難**には、機能的原因による**神経障害**（脳血管障害、糖尿病等）と**薬物**（抗うつ薬、抗不整脈薬、総合感冒薬のような市販の医薬品等）によるものがある。日常生活では、**下半身の冷え**や**飲酒**が危険因子となる。

33—74

35—36
36—37

35—36

35—36

発達と老化の理解

103 尿失禁は、膀胱から尿を無意識に漏らす状態をいう。男女ともに高齢者では、尿意が起こると我慢できず、その結果トイレに間に合わずに漏れてしまう切迫性尿失禁の頻度が高くなる。女性では腹圧性尿失禁も多い（下巻「こころとからだのしくみ」 **337** （表49）参照）。

● 内分泌・代謝系

104 糖尿病とは、さまざまな原因によるインスリンの分泌不足、またはインスリンの作用が十分に発揮されないために、高血糖が持続することを主因とする疾患である。

105 糖尿病は、初期には自覚症状のないことが多い。高血糖による症状としては、口渇、多飲、多尿、夜間頻尿、倦怠感、体重減少などがある。また、糖尿病の患者は化膿を起こしやすく、皮膚感染症がよくみられる。

106 糖尿病は、中高年に多く、食事や運動などの生活習慣が関係する2型糖尿病と、若い人に多く、生活習慣とは関係せず、インスリンの分泌がなくなる1型糖尿病がある（表20参照）。

表20 ▶ 1型糖尿病と2型糖尿病

1型糖尿病 （インスリン依存型）	膵臓のランゲルハンス島のβ細胞破壊によって、インスリンの生産能力が障害されることにより発症する。インスリン注射を必要とする。
2型糖尿病 （インスリン非依存型）	インスリンの分泌低下や作用不足により発症する。日常の生活習慣が関与する。食事療法や運動療法で治療可能な場合もある。

★壊疽
人体の一部分の組織が腐敗することによって起こる。

107 糖尿病の三大合併症は、網膜症、腎症、神経障害である（表21参照）。また、血糖値が高いことによる動脈硬化により、狭心症などの心疾患や脳梗塞などの脳血管疾患も合併しやすい。

表21 ▶ 糖尿病三大合併症

糖尿病性網膜症	網膜の血流が低下することで視力が低下する。重症化すると、失明の危険がある。
糖尿病性腎症	腎臓の糸球体が傷つくことにより発症する。重症化すると、腎不全から透析導入や腎移植が必要になる（人工透析導入に至る原因の第1位）。
糖尿病性神経障害	末梢神経が障害されると、四肢末端の知覚障害、しびれ、疼痛などの症状が、自律神経が障害されると、起立性低血圧、排尿障害などの症状がみられる。重症化すると壊疽★による下肢切断や突然死の危険がある。

108 ▶ **高齢者の糖尿病**では、口渇、多尿、全身倦怠感などの**症状が出にくい**。低血糖時には冷汗、動悸、手のふるえなどの典型的な**症状が現れにくく**、ふらふら感、めまい、目がかすむなどの症状が出ることもある。

 33—76

109 ▶ **糖尿病の治療法**には、**食事療法、運動療法、薬物療法**がある。**食事療法**と**運動療法**で改善しない場合は、**薬物療法★**が行われる。治療中に注意するものに**低血糖症状**（**冷汗・動悸・手足のふるえ・昏睡**）があり、その場合、糖分を摂取する。

 33—76

＋α **ぷらすあるふぁ**
薬物療法では、経口血糖降下薬（内服薬）かインスリン治療が行われる。

110 ▶ **脂質異常症（高脂血症）**は、血液中のコレステロールや中性脂肪などの脂質が異常値を示す病気である。自覚症状がほとんどなく、放置すると血管の壁に血液中のコレステロールが付着して**動脈硬化**が進行し、**心筋梗塞**や**脳梗塞**などを起こしやすくなる。

111 ▶ **脂質異常症の原因**は、遺伝的な要因や過食、運動不足、肥満、喫煙、飲酒などの生活習慣のほか、糖尿病や腎臓病などの疾患や、ホルモンの分泌異常などもある。

112 ▶ **脂質異常症の治療**では、血中の脂質の濃度が正常範囲になるように運動療法、食事療法、生活習慣の改善、薬物治療を行い、**動脈硬化**を予防する。

113 ▶ **痛風**は、プリン体代謝異常としての**高尿酸血症**を基盤にして、**急性関節炎**を主症状とする。過剰な**尿酸**が関節で結晶化して、足の親指の付け根に激しい痛み、発赤、腫脹を起こす。**中年男性**に多く、関連因子は年齢、環境、遺伝、食生活である。

● 歯・口腔疾患

114 ▶ 加齢、歯周疾患などにより歯ぐきが退縮し、歯根（歯の根）が露出しているため、**歯根の虫歯**が多くなる。部分義歯（入れ歯）を入れている場合、義歯のクラスプ（留め金）のかかった歯に歯垢がたまりやすく、虫歯になりやすい。

115 ▶ **嚥下障害**とは、食べ物を上手に飲み込めない状態のことである。食事中に**むせる**、固形物をかんで飲み込めなくなる、食事をすると疲れる、食事後に声がかれる、食べる量が減って低栄養状態になりやすい、などの症状があり、**誤嚥★**を引き起こす原因にもなる。

★誤嚥
食物や飲み物、唾液等が、食道ではなく、誤って気道に入ってしまうこと。

発達と老化の理解

116 **嚥下障害の原因**は、加齢による咀嚼や嚥下に必要な**筋力**の衰え、食べ物の通過を妨げる構造上の問題（口内炎や喉頭がんによる腫瘍、炎症など）のほか、器官の構造そのものには問題がなく、それらを動かす筋肉や神経の問題（脳血管障害やパーキンソン病など）も考えられる。

 32—75

117 低栄養や体重減少の原因の１つとして、**口腔機能の低下**がある。歯科健康診査を受けて、咀嚼機能、舌・口唇機能、嚥下機能などを維持・向上させることが、高齢者の栄養状態を良好に維持する対応になる。

● 悪性新生物（がん）

 34—71

118 わが国における三大死因は、**悪性新生物（がん）**、心疾患、老衰である。全死亡100％中の割合で最も多いのは、**悪性新生物（がん）**である（**表22**参照）。

表22 ▶ わが国における三大死因

順位	疾患名	全死亡100％中の割合
1	悪性新生物（がん）	24.6％
2	心疾患	14.8％
3	老衰	11.4％

資料：厚生労働省 2022（令和４）年「人口動態統計」

119 男性と女性を合わせた**がんの死亡率**は、①肺がん、②大腸がん、③胃がんの順である。

120 **男性**のがんの死亡率は、①肺がん、②大腸がん、③胃がんの順である。男性に固有の**前立腺がん**は増加傾向にある（**図３**参照）。**女性**のがんの死亡率は、①大腸がん、②肺がん、③膵臓がんの順である。

121 **肺がん**は、気管支や肺胞の細胞が何らかの原因でがん化したものをいう。肺から発生した原発性肺がんと、ほかの臓器から転移した転移性肺がんに分けられる。喫煙のほか、大気汚染や職業的曝露（仕事で石綿やラドンなどに長期間さらされること）による原因物質の吸入などが危険因子である。

122 **大腸がん**は、結腸・直腸に発生するがんである。動物性食品の過剰摂取や多量の飲酒、運動不足のほか、遺伝的要因が原因になる。

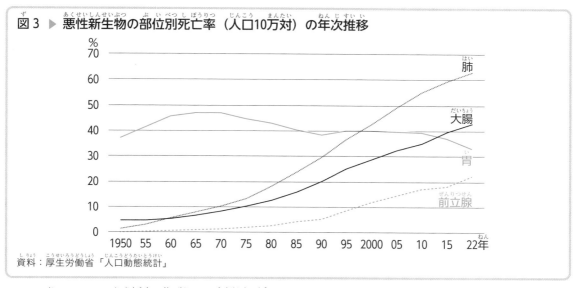

図3 ▶ 悪性新生物の部位別死亡率（人口10万対）の年次推移

資料：厚生労働省「人口動態統計」

123 **胃がん**は、胃粘膜に発生する悪性腫瘍である。ヘリコバクター・ピロリ（ピロリ菌）による感染、食生活や喫煙、大量の飲酒、運動不足などの生活習慣が大きく関与している。

● 感染症

124 **感染症**とは、体内に細菌などの微生物が侵入し、人の抵抗力を超えて、発熱、食欲不振などの全身の症状や感染した内臓の症状が出た状態をいう。これに対して、微生物が感染・付着しているだけで、何ら症状がない場合は**保菌状態**という。

125 **インフルエンザ**は、インフルエンザウイルスによる感染症で、突然の高熱、節々の痛み（関節痛）、筋肉痛を伴うことが多い。年次的に流行の型があり、集団感染による高齢者、乳幼児の死亡が心配される。

126 **感染性胃腸炎**は、ノロウイルスなどのウイルスや細菌、寄生虫による感染症である。発熱、吐き気、嘔吐、下痢などの症状がみられる。

● その他

127 **脱水症**とは、体内の水分と電解質が不足した状態のことをいう。発熱や**下痢**・嘔吐、発汗、水分摂取の低下などが原因で起こる。皮膚や粘膜の乾燥、ふらつき、めまい、活動性の低下、尿量の減少、**体重減少**、体温上昇などの症状がみられる。重度の場合には、意識障害や身体の痙攣が起こる。

 35—38

128 ▶ 熱中症とは、気温の上昇に対して体温を適正に保つことができず、高体温状態となってめまいや吐き気などさまざまな症状を引き起こす状態をいう。重度になると脳機能障害を生じ、意識障害や昏睡、場合によっては死に至ることもある。

TEST 35—38

129 ▶ 高齢者は加齢に伴って体温調節機能が弱まること、**体内水分量が減少**しているため容易に**脱水状態**になりやすいこと、温度感覚（温冷感）や喉の渇きを感じ取る感覚が鈍くなって、水分が十分に補給されにくくなることが原因となって**熱中症になりやすい。**

130 ▶ めまいの原因として考えられるものには、**表23**のようなものがある。そのほかにも低血糖や脱水、不安、ストレス、薬剤の副作用などによって、めまいが起こることもある。

表23 ▶ めまいの症状と原因疾患

症状	原因疾患
回転性のめまい	メニエール病、良性発作性頭位めまい症
動揺感を伴うめまい	脳動脈硬化、脳梗塞の発作直後
立ちくらみや失神を伴うめまい	降圧剤の過量投与による低血圧、心不全による低血圧、不整脈による血流低下、一過性の低血圧★　など

131 ▶ 耳鳴りや難聴を伴うめまいで有名な**メニエール病**は、耳鼻科で治療を受ける**回転性めまい疾患**であるが、高齢者では頻度は低い。

132 ▶ 高齢者の回転性のめまいで、頻度の高い原因疾患は、**良性発作性頭位めまい症**である。ある決まった頭の位置をとると起こり、時には非回転性のめまいが数秒から数十秒起こる。

133 ▶ 動揺感を伴うめまいは、**脳動脈硬化**が進んだ高齢者によくみられる。

134 ▶ めまいは、転倒・転落事故や骨折に直接つながる可能性があるため、**転んでもけがをしないように室内環境を整える。**

135 ▶ **全身性浮腫★**がみられる頻度が高い疾患として、**心臓・腎臓・肝臓**の機能が低下する疾患がある（**表24**参照）。甲状腺などのホルモン異常、血管の疾患、栄養障害、薬剤などが原因となることもある。

136 ▶ **甲状腺機能低下症★**では、**粘液水腫**と呼ばれる浮腫が主な症状としてみられる。指で圧迫してもすぐもとに戻る特徴がある。

+α ぷらすあるふぁ
低血圧や不整脈によるめまいには、耳鳴りや頭痛の症状は認めにくい。

★全身性浮腫
全身性疾患によって起こるむくみ（皮下組織の部分に余分な水がたまっているために起こる）のこと。

★甲状腺機能低下症
血液中の甲状腺ホルモンが不足した状態をいう。

表24 ▶ 浮腫がみられる頻度が高い疾患の例

心臓機能障害	心不全　など
腎機能障害	ネフローゼ症候群、腎不全　など
肝機能障害	肝硬変　など

■ 保健医療職との連携

137 ▶ 高齢者の心身の状態の変化を察知したときは、看護師をはじめとする保健医療職につなげる。報告するときには客観的なバイタルサインの数値など、必要な情報をそろえて、具体的に伝える。

138 ▶ 介護福祉職が医療的ケアを実施したり、利用者がよりよい健康状態で生活したりするためには、保健医療職との連携が必要となる。

一問一答 ▶ P.324

発達と老化の理解

実力チェック！一問一答

※解答の ▶ は重要項目（P.298～323）の番号です。

1 人間の成長と発達の基礎的理解

問1 標準的な発育をしている子どもの体重が、出生時の約２倍になるのは生後６か月である。
▶×→1

問2 スキャモン（Scammon, R. E.）の発達曲線では、生殖器系の組織は12歳頃から急速に発達する。
▶○→2（図１）

問3 乳幼児期の言語発達において、喃語を発するようになるのは１歳頃である。
▶×→4

問4 特定の大人との間で情緒的絆による関係を形成することを愛着と呼ぶ。
▶○→6

問5 エリクソン（Erikson, E. H.）の発達段階説において、人の心理・社会的側面の発達は６段階に分けられている。
▶×→9（表３）

問6 ピアジェ（Piaget, J.）の発達段階説によると、形式的操作期の特徴は、自己以外の視点に立って物事を考えることができない自己中心性である。
▶×→10（表４）

問7 発達障害の症状は、通常低年齢において発現する。
▶○→16

問8 介護保険法では、50歳以上を第２号被保険者としている。
▶×→22

問9 高齢者の医療の確保に関する法律（高齢者医療確保法）では、後期高齢者を75歳以上としている。
▶○→25

問10 生理的老化は、遺伝的にプログラムされた現象である。
▶○→28（表６）

2 老化に伴うこころとからだの変化と生活

問11 老化に伴い高血圧になりやすい。
▶○→31（表８）

問12 高齢者は貧血になりにくい。
▶×→31（表８）

問13 フレイルとは、寝たきりの状態のことである。
▶×→32

問14 高齢者の聴力低下は、高音域から始まる。　　　　　　　　　　　▶ ○ → 33 (表9)

問15 複数のことを同時に行う能力は、加齢の影響を受けにくい。　　　▶ × → 39

問16 エピソード記憶は、加齢の影響を受けにくい。　　　　　　　　　▶ × → 43

問17 経験や学習で得られた結晶性知能は、加齢の影響を受けにくい。　▶ ○ → 44 (表10)

問18 ライチャード（Reichard, S.）の5つの人格特性のうち、円熟型、依存型（安楽いす型）、防衛型（装甲型）は、老齢期に適応的な人格タイプである。　　　　　　　　　　　　　　　　　　　　　▶ ○ → 45 (表11)

問19 平均寿命とは、0歳の人の平均余命のことをいう。　　　　　　　▶ ○ → 47

問20 健康寿命は、自宅で生活ができる期間のことであり、介護期間も含まれる。　　　　　　　　　　　　　　　　　　　　　　　　　　▶ × → 48

問21 サクセスフル・エイジングは、身体的健康、精神的健康、社会的機能や生産性、主観的幸福感が指標となる。　　　　　　　　　　　　▶ ○ → 49

問22 エイジズムとは、高齢になっても生産的な活動を行うことである。　▶ × → 53

問23 変形性膝関節症は、男性に多い特徴がある。　　　　　　　　　　▶ × → 60

問24 関節リウマチのある人は、関節を速く動かす運動をするとよい。　▶ × → 62 (表15)

問25 脊柱管狭窄症は、間欠性跛行が特徴である。　　　　　　　　　　▶ ○ → 63

問26 サルコペニアとは、加齢に伴う骨量の低下のことである。　　　　▶ × → 65

問27 パーキンソン病の四大徴候は、悪寒戦慄（寒気とふるえ）、筋強剛（筋固縮）、無動・寡動、姿勢反射障害である。　　　　　　　　▶ × → 66 (表17)

問28 脳血管疾患の原因は、大きく脳梗塞と脳出血に分けられる。　　　▶ ○ → 67

問29 加齢黄斑変性症とは、主に加齢が原因で、水晶体が濁る目の疾患をいう。　　　　　　　　　　　　　　　　　　　　　　　　　▶ × → 68 ▶ 70

問30 突発的な30分以上持続する胸痛を特徴とするのは狭心症である。　▶ × → 78 ▶ 79

問31 高齢期にみられる慢性の咳の原因として最も多い疾患は、慢性閉塞性肺疾患（COPD）である。　　　　　　　　　　　▶ ○ → 84

問32 高齢者は誤嚥による肺炎を起こしやすい。　　　　　　　　▶ ○ → 87

問33 逆流性食道炎では、胸やけや呑酸、喉の痛みや違和感、咳などの症状が生じる。　　　　　　　　　　　　　　　　　　　▶ ○ → 90

問34 高齢者に多いウイルス性肝炎は、A型肝炎である。　　　　▶ × → 92

問35 大腸がんは、機能性便秘の原因になる。　　　　　　　　　▶ × → 96

問36 糖尿病三大合併症とは、網膜症、腎症、認知症である。　　▶ × → 107

問37 高齢者の糖尿病では、低血糖時に、冷汗や動悸などの典型的な症状が現れにくい。　　　　　　　　　　　　　　　　　　　▶ ○ → 108

問38 男性のがんの死亡率で最も高いのは、大腸がんである。　　▶ × → 120

問39 高齢者は体内水分量が多いため、脱水状態になりにくい。　▶ × → 129

問40 良性発作性頭位めまい症では、回転性のめまいが起こる。　▶ ○ → 130 (表23)、132

認知症の理解

傾向と対策

『認知症の理解』は、認知症ケアを適切に行うため、認知症に関する基本を学習する科目である。国家試験では毎回10問出題されており、認知症の基礎疾患や具体的な症状などの医学的知識を問う問題、BPSD（行動・心理症状）の理解や具体的な対応、介護やコミュニケーションの留意点などを問う問題は頻出である。近年はユマニチュードやバリデーションなどの認知症ケアの理論や方法、認知症に関する施策や諸制度に関する問題などの出題が増えている。

第36回国家試験では、「認知症の医学的・心理的側面の基礎的理解」に関する問題が最も多く、6問出題された。今後も、認知症に関する医学的・心理的側面の知識を問う問題を中心に、認知症ケアの理論や制度に関する出題が続くと思われる。

出題基準と出題実績

出題基準		
大項目	中項目	小項目（例示）
1 認知症を取り巻く状況	1）認知症ケアの歴史	・社会的環境と価値観の変化と認知症の捉え方
	2）認知症ケアの理念	・パーソンセンタード・ケア
	3）認知症のある人の現状と今後	・認知症のある人の数の推移など
	4）認知症に関する行政の方針と施策	・認知症のある人への支援対策（認知症施策推進総合戦略、権利擁護対策など）
2 認知症の医学的・心理的側面の基礎的理解	1）認知症の基礎的理解	・脳の構造、機能 ・認知症の定義・診断基準 ・認知機能検査

　『認知症の理解』は出題数も多く、広い範囲から出題されるため、時間をかけて丁寧に学習することが必要である。毎回出題数の多い「認知症の医学的・心理的側面の基礎的理解」では、認知症の中核症状とBPSDとの違いを理解し、それぞれの種類について整理しておこう。また、認知症の原因となる主な疾患ごとに、症状の特徴や検査の方法、治療の可否などを関連づけて整理しておくことが望ましい。

　「認知症に伴う生活への影響と認知症ケア」では、認知症のある人への適切な対応やコミュニケーションの留意点とともに、認知症のある人を理解するための考え方や生活をアセスメントする方法、意思決定支援、認知症ケアの技法なども学習しておく必要がある。

　また、認知症の人が地域でその人らしく暮らすためのサポート体制や、認知症の人を介護する家族への支援についても学びを深めておきたい。2024（令和6）年1月に施行された「共生社会の実現を推進するための認知症基本法」のポイントも押さえておこう。

出題実績				
第32回（2020年）	第33回（2021年）	第34回（2022年）	第35回（2023年）	第36回（2024年）
認知症高齢者数と認知症高齢者数に関する推計値【問題77】	日本での認知症【問題79】			
			認知症施策推進大綱の5つの柱【問題39】	高齢者の自動車運転免許【問題39】
	慢性硬膜下血腫の診断に有用な検査【問題84】			

大項目	中項目	小項目（例示）
	2）認知症のさまざまな症状	・中核症状の理解 ・BPSDの理解
	3）認知症と間違えられやすい症状・疾患	・うつ病、せん妄など
	4）認知症の原因疾患と症状	・アルツハイマー型認知症 ・血管性認知症 ・レビー小体型認知症 ・前頭側頭型認知症 ・その他（正常圧水頭症、慢性硬膜下血腫、クロイツフェルト・ヤコブ病など）
	5）若年性認知症	・発症期（初老期、若年期）別の課題
	6）認知症の予防・治療	・認知症の危険因子 ・軽度認知機能障害 ・薬物療法（薬の作用・副作用）
	7）認知症のある人の心理	・認知症が及ぼす心理的影響 ・認知症のある人の特徴的なこころの理解（不安、喪失感、混乱、怯え、孤独感、焦燥感、怒り、悲しみなど）
3 認知症に伴う生活への影響と認知症ケア	1）認知症に伴う生活への影響	・認知症のある人の生活のアセスメント ・認知症のある人の日常生活と社会生活

第32回（2020年）	第33回（2021年）	第34回（2022年）	第35回（2023年）	第36回（2024年）
認知症の行動・心理症状（BPSD）【問題78】	認知症に伴う注意障害【問題85】		見当識障害【問題40】 アルツハイマー型認知症のある人の記憶【問題48】	アルツハイマー型認知症の特徴【問題44】 認知機能障害による生活への影響【問題45】 行動・心理症状（BPSD）であるアパシー症状【問題40】
高齢者のせん妄の特徴【問題79】	うつ病による仮性認知症と比べて認知症に特徴的な事柄【問題77】			せん妄【問題41】
認知症の初期症状【問題80】 前頭側頭型認知症の症状のある人への対応【問題83】	日本における認知症の原因【問題78】 クロイツフェルト・ヤコブ病【問題81】 レビー小体型認知症【問題82】	レビー小体型認知症の幻視の特徴【問題78】	アルツハイマー型認知症のもの盗られ妄想【問題41】 慢性硬膜下血腫【問題42】	レビー小体型認知症における歩行障害【問題42】
		若年性認知症【問題80】		若年性認知症の特徴【問題43】
認知症の発症リスクを低減させる行動【問題81】 抗認知症薬【問題82】		軽度認知障害【問題79】 行動・心理症状（BPSD）に対する抗精神病薬を用いた薬物療法の副作用【問題81】		
		認知症ケアにおける「ひもときシート」【問題77】		アルツハイマー型認知症のある人の介護を検討するときに優先すること【問題47】

認知症の理解

出題基準		
大項目	中項目	小項目（例示）
	2）認知症ケアの実際	・本人主体のケア（意思決定支援） ・認知症のある人とのコミュニケーション ・認知症のある人への生活支援（食事、排泄、入浴・清潔の保持、休息と睡眠、活動など） ・環境への配慮
	3）認知症のある人への関わり	・リアリティ・オリエンテーション（RO）、回想法、音楽療法、バリデーション療法など
4　連携と協働	1）地域におけるサポート体制	・地域包括支援センターの役割と機能 ・コミュニティ、地域連携、まちづくり ・ボランティアや認知症サポーターの役割 ・認知症疾患医療センター、認知症初期集中支援チーム
	2）多職種連携と協働	・多職種協働の継続的ケア ・認知症ケアパス ・認知症ライフサポートモデル
5　家族への支援	1）家族への支援	・家族の認知症の受容の過程での支援 ・家族の介護力の評価 ・家族のレスパイト

第32回（2020年）	第33回（2021年）	第34回（2022年）	第35回（2023年）	第36回（2024年）
	施設で看取るときの介護福祉職の対応【問題86】	アルツハイマー型認知症のある人への声かけ【問題83】 認知症の人に配慮した施設の生活環境【問題85】		
		リアリティ・オリエンテーション【問題82】	ユマニチュード【問題44】	バリデーション【問題46】
	認知症初期集中支援チーム【問題80】	認知症初期集中支援チーム【問題86】	日常生活自立支援事業【問題43】 認知症サポーター【問題45】	
認知症対応型共同生活介護の介護福祉職の役割【問題85】			認知症ケアパス【問題46】 認知症ライフサポートモデル【問題47】	
家族への助言【問題84】【問題86】	家族への言葉かけ【問題83】	アルツハイマー型認知症のある人の家族への助言【問題84】		在宅介護を続けるために家族に提案する介護サービス【問題48】

認知症の理解

333

1 認知症を取り巻く状況

現在の認知症ケアについて、パーソン・センタード・ケアの理念や認知症高齢者の現状について理解を深めておこう。また、制度や施策については、『社会の理解』において学習する内容であるが、基礎知識を事例などで応用できるように理解を深めておく必要がある。

■ 認知症ケアの歴史と理念

1▶ 日本が本格的に高齢社会に突入した1970年代から、認知症ケアは医療から福祉へ、そして施設から地域へとサービスが整備されてきた。2000（平成12）年から介護保険制度が導入され、認知症ケアの質の改善が進められている。

2▶ 2003（平成15）年に**高齢者介護研究会報告書★**のなかで、今後の認知症ケアについて、住み慣れた地域でサービスが受けられる地域包括ケアシステムが提唱された。

3▶ 2020（令和2）年の社会福祉法の一部改正により、地域共生社会の実現に向けた取り組みが始まり、今後、認知症の人への支援を含め、高齢者、障害者、児童、生活困窮者へ総合的に支援をすることになった。

4▶ 2023（令和5）年6月に「**共生社会の実現を推進するための認知症基本法（認知症基本法）**」が成立し、2024（令和6）年1月に施行された。この法律は共生社会の実現を推進することを目的としており、政府に対して、認知症施策の総合的かつ計画的な推進を図るための認知症施策推進基本計画の策定を義務づけている。

5▶ 2023（令和5）年9月に、認知症施策に当事者や関係者の声を反映させるため、政府は「**認知症と向き合う『幸齢社会』実現会議**」を立ち上げた。総理を議長とし、認知症に関連する研究機関、当事者団体、認知症の人や家族を支援するサポート機関などの代表が参加している。

★**高齢者介護研究会報告書**
「2015年の高齢者介護〜高齢者の尊厳を支えるケアの確立に向けて〜」のことである。

6 ▶ キットウッド（Kitwood, T.）が提唱したパーソン・センタード・ケアとは、年齢や健康状態にかかわらず、すべての人々に価値があることを認め尊重し、一人ひとりの個性に応じた取り組みを行い、認知症の人を重視し、人間関係の重要性を重視したケアのことである。

■ 認知症のある人の現状と今後

7 ▶ 2015（平成27）年に発表された「認知症施策推進総合戦略（新オレンジプラン）〜認知症高齢者等にやさしい地域づくりに向けて〜」では、高齢者の約4人に1人が「認知症の人又はその予備群」であるとし、2012（平成24）年の認知症高齢者数は462万人（約7人に1人）、2025（令和7）年には約700万人（約5人に1人）と推計している（**表1**参照）。

TEST 32—77

表1 ▶ 認知症の人の将来推計

年	2012年	2015年	2020年	2025年	2030年	2040年	2050年	2060年
各年齢の認知症有病率が一定の場合の将来推計 人数／（率）	462万人 15.0%	517万人 15.7%	602万人 17.2%	675万人 19.0%	744万人 20.8%	802万人 21.4%	797万人 21.8%	850万人 25.3%
各年齢の認知症有病率が上昇する場合の将来推計 人数／（率）		525万人 16.0%	631万人 18.0%	730万人 20.6%	830万人 23.2%	953万人 25.4%	1016万人 27.8%	1154万人 34.3%

資料：厚生労働省「認知症施策推進総合戦略（新オレンジプラン）〜認知症高齢者等にやさしい地域づくりに向けて〜の概要」2015年を一部改変

認知症の理解

335

■ 認知症に関する行政の方針と施策

8 ▶ 2015（平成27）年に厚生労働省が発表した「**認知症施策推進総合戦略（新オレンジプラン）**」では、認知症の人の意思が尊重され、できる限り住み慣れた地域のよい環境で自分らしく暮らし続けることができる社会の実現を目指して、**表2**の7つの柱が示された。

表2 ▶ 「新オレンジプラン」の7つの柱

①認知症への理解を深めるための普及・啓発の推進
②認知症の容態に応じた適時・適切な医療・介護等の提供
③若年性認知症施策の強化
④認知症の人の介護者への支援
⑤認知症の人を含む高齢者にやさしい地域づくりの推進
⑥認知症の予防法、診断法、治療法、リハビリテーションモデル、介護モデル等の研究開発及びその成果の普及の推進
⑦認知症の人やその家族の視点の重視

TEST 35—39

★認知症施策推進
　関係閣僚会議
2018（平成30）年、認知症にかかわる課題について、関係府省庁による横断的な対策を協議することを目的として、政府内に設置された。

9 ▶ 2019（令和元）年に認知症施策推進関係閣僚会議★において決定された「**認知症施策推進大綱**」では、認知症の発症を遅らせ、認知症になっても希望をもって日常生活を過ごせる社会を目指して、**表3**の5つの柱が示された。

表3 ▶ 認知症施策推進大綱の5つの柱

①普及啓発・本人発信支援
②予防
③医療・ケア・介護サービス・介護者への支援
④認知症バリアフリーの推進・若年性認知症の人への支援・社会参加支援
⑤研究開発・産業促進・国際展開

10 ▶ 2024（令和6）年1月に施行された「**共生社会の実現を推進するための認知症基本法（認知症基本法）**」に基づき、今後、内閣に設置される認知症施策推進本部や、認知症施策推進関係者会議において具体的な施策が検討され、**認知症施策推進基本計画**が策定される予定である。

11 ▶ **認知症施策推進関係者会議**には、認知症の人および家族、認知症の人の保健、医療または福祉の業務に従事する者などが参加することが**認知症基本法**に定められている。

一問一答 ▶ P.362

336

2 認知症の医学的・心理的側面の基礎的理解

この項目からの出題頻度は高く、なかでも認知症の中核症状（記憶障害、見当識障害、計算力の低下、判断力の低下など）や、認知症の原因疾患（アルツハイマー型認知症、血管性認知症、レビー小体型認知症、前頭側頭型認知症など）に関する出題が多い。それぞれの認知症の特徴的な症状、経過や治療について、丁寧に整理しておく必要がある。

せん妄やうつ病に関する問題も繰り返し出題されている。原因、危険因子、特徴など、認知症との違いを確認しながら学習しておこう。

また、近年、認知症の行動・心理症状（BPSD）に関する問題も多く出題されている。認知症の中核症状とBPSDについて、それぞれ丁寧に整理しておこう。

■ 認知症の基礎的理解

● 脳の構造、機能

12 ▶ 脳は、大脳（皮質★と白質★）、大脳中心部に位置する大脳基底核、脳幹（中脳・橋・延髄）と後方に位置する小脳（皮質と白質）に分けられる（図1参照）。

13 ▶ 大脳辺縁系は、大脳の深部に位置し、主に扁桃体は情動、海馬は記憶にかかわる。

14 ▶ 脳は全体が1つのシステムとしてはたらく。脳のある部位が壊れるとその壊れた部位に特有の症状が現れる。

● 認知症の定義

15 ▶ 認知症とは、認知機能が発達して成人になった後に障害を受けて認知機能が低下し、その結果、生活に支障が生じた状態をいう。

★皮質
脳の表面近くにある灰白質の層（神経細胞が集まっている）

★白質
脳の内側の白質の層（神経細胞の連絡路：軸索）

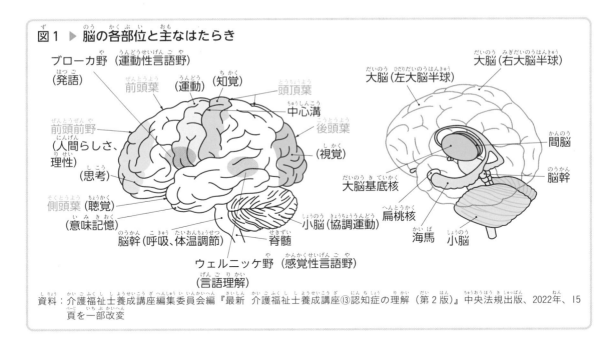

図1 ▶ 脳の各部位と主なはたらき

ブローカ野（運動性言語野）
（発語）
前頭葉
（運動）（知覚）
頭頂葉
中心溝
前頭前野
（人間らしさ、理性）
後頭葉
（思考）
（視覚）
側頭葉（聴覚）
（意味記憶）
脳幹（呼吸、体温調節）
脊髄
小脳（協調運動）
ウェルニッケ野（感覚性言語野）
（言語理解）

大脳（右大脳半球）
大脳（左大脳半球）
間脳
大脳基底核
脳幹
扁桃核
海馬
小脳

資料：介護福祉士養成講座編集委員会編『最新　介護福祉士養成講座⑬認知症の理解（第2版）』中央法規出版、2022年、15頁を一部改変

16 ▶ 認知症の診断基準としては、①認知機能が低下している、②生活に支障が出ている、③一時的ではなく症状が持続している、④意識が清明で覚醒している、⑤うつ病などの精神疾患でない、がある（**表4** 参照）。

17 ▶ 認知症の診断には、各種**検査**が必要であり、検査結果は医師による診断が第一歩となる。

18 ▶ 認知症における検査には、質問式として、改訂長谷川式簡易知能評価スケール、ミニ・メンタル・ステイト検査（MMSE）がある。また、認知症の重症度を評価する場合に、本人の日常生活にみられる行動の観察に基づいて行う評価法として、CDR、FAST、認知症高齢者の日常生活自立度判定基準がある（**表5** 参照）。

表4 ▶ 認知症の定義・診断基準

定義されている診断基準等	主な内容
介護保険法第5条の2★	アルツハイマー病その他の神経変性疾患、脳血管疾患その他の疾患により日常生活に支障が生じる程度にまで認知機能が低下した状態として政令で定める状態をいう。せん妄、うつ病その他の気分障害、精神作用物質による急性中毒またはその依存症、統合失調症、妄想性障害、神経症性障害、知的障害その他これらに類する精神疾患は認知症に分類されない。
ICD-10 （WHO：世界保健機関）	①記憶障害があること ②意識混濁がないこと（意識障害ではないこと） ③日常生活動作や遂行能力に支障をきたす症状などが6か月以上継続していること　　　　など
DSM-5-TR （アメリカ精神医学会診断基準）	A　認知障害（注意、学習と記憶など6領域のうち1領域以上で明確な障害） B　認知障害にもとづく生活障害（自立した生活の困難） C　意識障害（せん妄ではない） D　精神疾患（認知障害は精神疾患に起因するものではない）

★認知症基本法での定義
認知症基本法でも、第2条において、同様の定義がなされている。

表5 ▶ 認知症の診断および原因疾患、重症度の評価に用いられる主な尺度

名称	主な内容
改訂長谷川式簡易知能評価スケール	認知症か否かを診断する簡易なスケール。 9つの設問（記憶、見当識、計算など）から構成され、正しい答えに点を与え、誤答やできない場合を0点として得点を加算し評価点とする。30点満点のうち、20点以下の場合に認知症を疑う。
ミニ・メンタル・ステイト検査（MMSE）	国際的にも広く使われている。日付や計算等11項目から構成されている。図形模写がある。
Clinical Dementia Rating（CDR）	「記憶」「見当識」「判断力と問題解決」「社会適応」「家族状況および趣味」「介護状況」の6項目について、健康（CDR：0）、認知症の疑い（CDR：0.5）、軽度認知症（CDR：1）、中等度認知症（CDR：2）、高度認知症（CDR：3）の5段階で評価する、観察式の評価尺度である。
Functional Assessment Staging（FAST）	アルツハイマー型認知症の症状ステージを、生活機能面から分類した観察式の評価尺度である。その分類は、7段階ある。FASTの進行ステージではアルツハイマー型認知症の経過がわかりやすく表されている。
認知症高齢者の日常生活自立度判定基準	厚生労働省が提案するもので、日常生活に関する支障に関して、具体的な目安を提示している。

■ 認知症のさまざまな症状

32—78
32—118（総合）
33—77
34—115（総合）
35—40
35—120（総合）
36—45

+α

ぷらすあるふぁ

中核症状と行動・心理症状（BPSD）の区別は問われやすいため、整理しておく必要がある。

34—79

19 ▶ 認知症の中核症状★とは、多少の差はあるが、認知症になると誰にでも認められる中心となる症状である（**表6**参照）。

20 ▶ 加齢に伴うもの忘れは、体験の一部分を忘れるものであるが、認知症にみられるもの忘れは、体験の全体をすっかり忘れる。これはエピソード記憶の障害といわれる（**表7**参照）。

21 ▶ 加齢に伴うもの忘れも、短期間に増えたり、心理テストで年齢相応の記憶低下を超える所見がある場合には、認知症に発展する可能性が高いとされる。軽度認知障害（MCI：Mild Cognitive Impairment）といわれる状態である。

22 ▶ MCIとは、アルツハイマー型認知症等の前段階として、本人や家族からもの忘れの訴えがあり、年齢相応ではない記憶力の低下がみられるが、ADL（日常生活動作）や全般的な認知機能は正常である状態のことである★。

表6 ▶ 認知症の中核症状

記憶障害	もの忘れが病的に悪化する。まず、**最近の日常生活に関する出来**事の記憶が障害され、次に**古い**記憶にまで及ぶ。
見当識障害	**時間、場所、人物等**の日常生活に必要な情報を理解する能力が失われる★。
遂行機能障害	計画を立て実行することができなくなる。
失語・失行・失認など	**失語**：構音器官や聴覚に障害がないのに、言語機能としての、話す・聞く・書く・読む機能が選択的に失われる。認知症では、軽度から現れる。 **失行**：運動機能は損なわれていないのに、目的に沿った適切な行動がとれなくなる。衣服を適切に着ることができない**着衣失行**などがある。 **失認**：感覚機能は損なわれていないのに、見たり聞いたりしたことが正しく認識できなくなる。鏡に映った自分が誰だかわからない**鏡像認知障害**や顔を見ても誰かわからない**相貌失認**などがある。
理解・判断力の障害	ものを考えることに障害が起きる。 考えるスピードが遅くなる。 いつもと違うできごとで混乱しやすくなる。
計算力の低下	数字・計算に関することができなくなり、**買い物**などが難しくなる。

表7 ▶ 加齢に伴うもの忘れと認知症のもの忘れ

加齢に伴うもの忘れ	認知症のもの忘れ
一部のもの忘れ もの忘れの自覚がある もの忘れが進行しない 日常生活に支障がない	全部のもの忘れ もの忘れの自覚がない もの忘れが進行する 日常生活に支障がある

資料：社会福祉士養成講座編集委員会編『新・社会福祉士養成講座⑬高齢者に対する支援と介護保険制度（第5版）』中央法規出版、2016年、18頁を一部改変

■ 認知症と間違えられやすい症状・疾患

23 ▶ 認知症と間違えられやすい症状としては、うつ病とせん妄がある。

33—77

 36—40

32—79

32—79
36—41

★**仮性認知症**
うつ病に伴い認知症と似た状態になること。快復すると元に戻るため、真の認知症とは区別される。

24 うつ病に伴い、**仮性認知症**★が認められることがある（**表8** 参照）。

表8 ▶ 仮性認知症の特徴

①身体の不調（不眠・倦怠感など）を自分から訴えることが多い（認知症では、自分から訴えることは少ない）
②もの忘れについて肯定することが多い（認知症では、もの忘れについて否定することが多い）
③ひきこもることが比較的多い（認知症では、ひきこもることは比較的少ない）
④口数が少なくなり、悲観的で愚痴っぽくなる（認知症では、元気に笑ったり、大きい声で話したりする）
⑤食欲が減ることが多い
⑥夕方より午前中に具合が悪いことが多い
⑦症状が急速に進行することが多い
⑧抗うつ薬の投与で改善する

25 アパシーの症状はうつ病と似ているが、区別が必要である。アパシーの症状には、無気力である自覚が乏しい、無感情、悲哀的でないなどがある。**血管性認知症**に多く出現する傾向があるが、どの型の認知症でも重度になると出現する。

26 せん妄になると、認知症と似た状態となることがあるが、快復すると元に戻るため、認知症とは区別されている（**表9** 参照）。

表9 ▶ せん妄の特徴

①意識の混濁（覚醒水準の低下）がみられる（認知症は、意識が清明である）
②幻覚を伴うことがある
③発症が急激である（認知症は、急激には起こらない）
④1日のなかで症状が変動する（日内変動がみられる）
⑤夜間に起こることが多いので、夜間せん妄といわれる
⑥失禁が起こりやすい（認知症では、一般的に末期の状態になってから起こる）

27 **せん妄の主な原因**は、脳梗塞など脳の循環障害であるが、そのほかに心筋梗塞、肺炎等の感染症、高熱、脱水状態、栄養失調などの体調の変化、薬剤の過剰投与、アルコール中毒などの誘因がある。

■ 認知症の原因疾患と症状

● アルツハイマー型認知症

28 ▶ アルツハイマー型認知症は、精神科医師アルツハイマー（Alzheimer, A.）によって報告された認知症疾患である。大脳皮質の神経細胞が消失し、脳萎縮が生じる疾患である。

29 ▶ アルツハイマー型認知症では、神経学的所見として、老人斑、神経原線維変化、神経細胞萎縮が生じる。これらの変化は大脳皮質に一様に生じるのではなく、側頭葉から頭頂葉にかけて著しく生じ、進行すると前頭葉に及ぶ。

30 ▶ アルツハイマー型認知症では頭頂連合野の機能低下が早期からみられるので、視点取得困難や空間認知障害が現れる。

31 ▶ アルツハイマー型認知症では、記憶に関与する、側頭葉の内側の海馬、大脳辺縁系に明らかな病変がみられる。一方、運動や感覚の中枢変化は軽く、末期を除けば運動機能は保持される。

32 ▶ アルツハイマー型認知症では、**失語・失行・失認**などの脳の特定の領域における機能が失われることによる**巣症状★**がみられる。

33 ▶ アルツハイマー型認知症では、認知機能の低下が高度になった場合でも、にこやかに対応したり、あいさつの言葉をかわしたりするなど、**人格の水準が比較的保たれる。**

34 ▶ アルツハイマー型認知症では、筋強剛★、歩行障害などの神経症状がみられる。末期には、自発性の喪失、寝たきり、嚥下機能低下、発語のみられない状態となる。

35 ▶ アルツハイマー型認知症の発症時期は明確ではなく、いつとなくもの忘れが始まり**ゆっくり**進行する。アルツハイマー型認知症の主な症状が起こる段階は**表10**のとおりである。

36 ▶ アルツハイマー型認知症の発病から終末期までの経過は、平均8年とされる（約3年から20年の幅がある）。死亡原因としては、感染症、心不全によるものが多い。

● 血管性認知症

37 ▶ **血管性認知症**とは、脳の血液の流れが障害されて起きる脳血管障害を基盤として起こる認知症をいう。脳血管障害には、脳出血（脳内出血）・くも膜下出血・脳梗塞等がある。

★巣症状
大脳半球の一部が障害されることにより生じる症状。全体的に障害された場合は意識障害という。

★筋強剛
筋肉の緊張が高まっている状態。

 34―115(総合)
35―40

 32―80

表10 ▶ アルツハイマー型認知症の主な症状が起こる段階

段階	症状
軽度	・不安やうつ状態、もの盗られ妄想、作話がみられる ・料理の手順を間違える（遂行機能障害） ・家計の管理や買い物等に支障を来す（計算力の低下）
中等度	・適切な衣服を選んで着ることができない ・大声をあげる、感情障害、徘徊、不眠などの行動・心理症状（BPSD）
やや高度	・着衣、入浴などに介助が必要になる ・失禁
高度	・理解できる単語が1つになる ・歩行障害 ・座位の保持ができなくなる ・昏迷、昏睡

38 ▶ 血管性認知症は、血管障害の病変の部位によって、多様な障害を起こす。大脳皮質の1か所に限定された脳梗塞は認知症ではなく、病変部位にあたる特定の高次★脳機能障害を示し、**脳卒中の発作を何回か繰り返すことによって認知症になる。**階段状に症状が悪化する。

★高次
高い次元・程度。

39 ▶ 多発性脳梗塞や大脳白質虚血による症状は、アルツハイマー型認知症と同様にゆっくり進行する特徴がある。

40 ▶ 血管性認知症は、記憶障害や見当識障害のほかに感情失禁、妄想、せん妄、抑うつなどの症状や言語障害、知覚障害、片麻痺などの神経症状を伴うこともある。症状の現れ方にむらがある（まだら認知症）。

 33—79

41 ▶ **アルツハイマー型認知症と血管性認知症の違いは表11のようなもの**がある。

● レビー小体型認知症

42 ▶ レビー小体型認知症は、脳全体にレビー小体といわれる異常物質が沈着して生じるが、病態の原因は不明である。

43 ▶ レビー小体型認知症は、後頭葉の機能低下がほかの部位より強いので、**幻視**など視覚に関する症状が出る。

表11 ▶ アルツハイマー型認知症と血管性認知症の違い

	アルツハイマー型認知症	血管性認知症
発症年齢	70歳以上に多い	60〜70歳に多い
男女比	女性に多い	男性に多い
自覚症状	なし	初期の段階にある（頭痛、めまい、もの忘れなど）
合併する病気	糖尿病、高血圧、脳卒中後遺症、腰痛症　など	高血圧、糖尿病、心疾患、動脈硬化　など
特徴的な症状	落ち着きがない、多弁、奇異な屈託のなさ	感情失禁、うつ状態、せん妄

資料：介護福祉士養成講座編集委員会編『新・介護福祉士養成講座⑫認知症の理解（第3版）』中央法規出版、2016年、64頁を一部改変

44▶ レビー小体型認知症では、**パーキンソン症状**として、身体全体の動きが悪くなる、**すくみ足、小刻み歩行（最初の一歩が踏み出しにくい）、前傾姿勢、急に止まれない**などの症状があり、転倒を繰り返すことがある。また、現実的で繰り返して起こる**幻視体験★**、注意や覚醒レベルの変動を伴う認知機能の動揺がみられる。誤嚥性肺炎の合併が多い。

45▶ レビー小体型認知症は、失神、症状の**日内変動**、一過性の意識障害などを起こすといった特徴がある。

● 前頭側頭型認知症（ピック病など）

46▶ **前頭側頭型認知症**（ピック病など）は、初老期に発症する代表的な認知症疾患であるといわれている。前頭葉と側頭葉に限定して脳が萎縮していく疾患である。初期には記憶低下や生活障害は軽度であるが、**人格変化**が特徴的な症状である。

47▶ 人格変化の症状として、**人が変わったような奇妙な行動**を繰り返す（万引き・無精な生活・自分勝手・わがまま・性的行動）といった理性や感情をコントロールする抑制が外れる**脱抑制**が生じることがある。行動には決まった食事しかとらない等の**決まりごと**がよくみられる。進行すると、言葉の意味が理解できないなどの症状がみられるが、動作についての記憶や**見当識★**は保たれる。

32—118（総合）
33—82
34—78
36—42

+α ぷらすあるふぁ
幻視体験は、否定せず、不安解消等必要な対応をとる。薄暗い部屋を明るくするなども効果的である。

認知症の理解

32—80

36—114（総合）

★見当識
日付や場所・人物などを総合的に判断し、自分がおかれている状況を理解する能力。

48 前頭側頭型認知症の特徴の 1 つとして、**常同行動**がある。これは中期の段階でみられるもので、毎日同じ行動を行わないと気がすまないなどの症状である。

● クロイツフェルト・ヤコブ病

49 **クロイツフェルト・ヤコブ病**は、クロイツフェルト（Creutzfeldt, H. G.）とヤコブ（Jakob, A. M.）によって報告された**急速に進行する**認知症の原因疾患である。発症は50〜60歳代に多く、初発症状から 6 〜12か月で死に至る。

50 クロイツフェルト・ヤコブ病の原因は、細菌やウイルスではない、特異な性質をもつ**プリオンたんぱく**による感染症と考えられている。症状には、認知障害と運動失調があり、筋強剛、運動麻痺、舞踏病様運動、興奮、幻覚等の多様な症状がみられる。治療法は見つかっていない。

● 慢性硬膜下血腫

51 **慢性硬膜下血腫**とは、脳を包む 3 枚の薄い膜（硬膜・くも膜・軟膜）のうち一番外側の硬膜の下に血腫ができる疾患をいう。原因は転倒による脳の**打撲**がある。打撲時には痛みのほかに症状がみられない。頭部CT検査で診断が可能である。簡単な脳手術で血腫を取り除くことができ、**治る認知症**の代表的疾患である。

52 症状の進行は、打撲により硬膜の血管が破れてじわじわと出血し、血液の塊ができ、それが脳を圧迫し神経細胞に障害をきたす。**徐々に**進行し、打撲後 1 〜 3 か月くらいで、**頭痛やもの忘れ**の症状がみられる。尿失禁や寝たきりを誘発しやすい。**抗凝固薬**の使用はリスクとなる。

● 正常圧水頭症

53 **正常圧水頭症**は、脳脊髄液の吸収障害や循環の異常により髄液が頭蓋腔内にたまる疾患である。主な症状には、認知障害、歩行障害、尿失禁がある。シャント手術により改善が期待できる。

● その他

54 その他、認知症の原因となる主な疾患には、**甲状腺機能低下症**などがある。早期の診断によって、**症状の改善や根本的な治療が可能**な場合がある。

TEST 32—114（総合）

55 **甲状腺機能低下症**の症状では、もの忘れがみられる。

■ 若年性認知症

56 **若年性認知症**（若年認知症）とは、65歳未満で発症した認知症をいい、さらに、初老期（40〜64歳）と若年期（18〜39歳）に分類される★。

+α
ぷらすあるふぁ
推定発症年齢の平均は約54歳である。

57 若年性認知症の特徴としては、**表12**のようなものがある。

TEST 34—80 36—43

表12 ▶ 若年性認知症の特徴と課題

特徴	・老年期認知症と比べて、有病率が著しく低い。 ・老年期認知症と比べて、進行は速い。 ・遺伝する可能性は低い★。 ・発症は男性に多い。 ・不安やうつを伴うことが多い。 ・原因としては、アルツハイマー型認知症、血管性認知症が多い。 ・その他の原因としては、頭部外傷後遺症、前頭側頭型認知症、アルコール性認知症、レビー小体型認知症などがある。 ・在職中は、職場の人の気づきによって早期発見されることが多い。
課題	・子ども世代に与える心理的影響が大きい。 ・身体的機能の低下がないため、暴力や徘徊の移動距離が長いなど、家族の介護負担は大きい。 ・若年性認知症に特化した社会的支援が少ない。 ・子どもが介護者となる場合もある（ヤングケアラー）。 ・発症後退職する人が多く、収入が減少する。 ・就労支援が必要になることが多い。

+α
ぷらすあるふぁ
若年性認知症の原因として、遺伝する家族性アルツハイマー型認知症がある。

認知症の理解

58 国は若年性認知症支援コーディネーターを配し、就労支援を進めている。

■ 認知症の予防・治療

59 ▶ **軽度の認知症**においては、IADL（手段的日常生活動作）のアセスメントが有効である。

60 ▶ アルツハイマー型認知症の治療には、軽度から高度の患者を対象とする**ドネペジル塩酸塩（アリセプト®）**、軽度、中等度の患者を対象とするガランタミン臭化水素酸塩（レミニール®）、リバスチグミン（イクセロン®、リバスタッチ®）、中等度以上の患者を対象とする**メマンチン塩酸塩（メマリー®）**が用いられる。

61 ▶ 2023（令和 5）年アルツハイマー型認知症の原因物質に直接働きかける薬として**レカネマブ（レケンビ®）**が承認された。対象は軽度認知障害やアルツハイマー型認知症の発症後早い段階の人とされている。

 32—82

62 ▶ **ドネペジル塩酸塩（アリセプト®）**は、アルツハイマー型認知症やレビー小体型認知症の**症状進行を抑制する**。副作用として、食欲低下、消化不良、下痢などの胃腸障害がある。

 32—82

63 ▶ 認知症の薬物療法は、病気の進行を完全に止めることができるものではなく、**病気の進行を抑制するもの**である。

★過鎮静
薬物が効きすぎてふらつきなどが起こること。

64 ▶ アルツハイマー型認知症の**行動・心理症状（BPSD）**に用いられる薬物であるリスペリドン（リスパダール®）では、**パーキンソン症候群**や**過鎮静★**が**副作用**としてある。

 33—79

65 ▶ 認知症の代表的疾患であるアルツハイマー型認知症と血管性認知症には、**危険因子★**（リスクファクター）と呼ばれるものがある。認知症予防対策として、**危険因子をコントロール**し、その対応策として緩和因子を強めることがある（**表13**参照）。

 34—81

66 ▶ BPSDに対して、抗精神病薬を使用する場合、副作用としてパーキンソニズムを生じ、**転倒や誤嚥**のリスクが高まる。

★危険因子
ある条件をもつ人が、そうでない人に比べて、ある疾患にかかる率が高い場合の条件。

67 ▶ **認知症予防**の考え方には、健康的な人も含めた**ポピュレーションアプローチ**と、疾患を発症しやすいリスクの高い人を対象とした**ハイリスクアプローチ**がある。

表13 ▶ アルツハイマー型認知症と血管性認知症の危険因子等の比較

	アルツハイマー型認知症	血管性認知症
加齢	加齢に伴って増加する。	加齢に伴って増加するが、アルツハイマー型ほど密接ではない。
性差	発症率、有病率ともに、若干女性が高い。	男性にやや多い。
人種差・生育地差	日本および東洋における有病率は欧米より低いという報告が多い。	
家族の病歴	アルツハイマー型認知症の近親者には、出現頻度が高いとされる。	
栄養	不飽和脂肪酸と抗酸化作用をもつ食物は、危険因子を減らす効果があるとされる。	
運動習慣	運動習慣のある人は発症が少ない。運動は前頭葉や海馬など脳血流や代謝を改善する。	
知的活動	文章を読む、日記を書くなどの活動が発症の危険度を低くしている。知的活動が記憶を担う神経細胞ネットワークを強化するとされている。	
高血圧		最も重要な危険因子である高血圧に関与する、塩分過剰摂取・喫煙・運動不足はコントロール可能な危険因子である。
肥満・糖尿病・脂質異常症		重要な危険因子となる。

■ 認知症のある人の心理

68 ▶ BPSD (Behavioral and Psychological Symptoms of Dementia) は**認知症の行動・心理症状**と訳され、認知症のある人にしばしば生じる知覚認識障害、思考内容障害、気分障害、行動障害による症状のことである。

 32—78

認知症の理解

69 ▶ BPSDの行動症状とは、観察によって明らかにされる症状のことであり、徘徊、焦燥・攻撃性、介護に対する抵抗、不適切な性的行動、破局反応（突然の怒りの爆発）、夕暮れ症候群、叫声、不穏、文化的に不釣り合いな行動、収集癖、ののしり、つきまといなどがある（**表14**参照）。

70 ▶ BPSDの心理症状とは、認知症のある人やその家族との面談によって明らかにされる症状のことであり、妄想、誤認、幻覚、うつ、アパシー、不眠、不安などがある（**表14**参照）。

表14 ▶ 主要なBPSD（認知症の行動・心理症状）

暴言・暴力・易怒性	怒りっぽくなる。不満が蓄積されていると暴言や暴力に結びつくこともある。
徘徊・無断外出	徘徊とは本来「目的なく歩き回ること」を意味するが、認知症のある人はその人なりの目的をもって行動している（行動意図が明確でない場合もある）。
不穏・焦燥	イライラしながら質問を繰り返したり、うろつきまわるような行動がみられる。
拒否	介護を拒否する。
不安	漠然とした不安を感じる。レビー小体型認知症では幻視が不安をもたらすこともある。
うつ	悲観的に考える。アルツハイマー型認知症では初期にうつになりやすい傾向があり、レビー小体型認知症や血管性認知症では初期からうつが合併することがある。
アパシー	意欲がなく、自発性に欠けた状態になる。感情の起伏もみられない。
妄想	事実ではないことを直感的に確信して思い込む。アルツハイマー型認知症では健忘に起因するもの盗られ妄想が主体であり、レビー小体型認知症では幻視に起因する誤認妄想がみられる。
幻視	何もないところに人物や動物などが見える。レビー小体型認知症では現実感のある幻視が特徴である。
異食	本来食べられないものを口に入れる、あるいは食べる。

71 ▶ **BPSDの背景因子**には、遺伝的要因（遺伝子異常）、神経生物学的要因（脳の神経化学的変化や脳の病理学的変化など）、心理学的要因（その人の性格やストレスに対する反応など）、社会的要因（環境や介護者の要因）がある。

72 ▶ 血管性認知症やレビー小体型認知症の**不安・うつ**は、**脳病変**と密接に関連している。アルツハイマー型認知症の不安やうつは、脳病変の影響だけでなく、**失敗体験**によって二次的にもたらされる部分もある。

73 ▶ BPSDを抑制・禁止することは不安感を助長させてしまうため、認知症高齢者の言動をよく観察・分析し、行動の**背景**を理解するように努める。

74 ▶ **認知症の人の気持ちに影響を与える要因**には、中核症状のほかに、**表15**のようなものがある。

表15 ▶ **認知症の人の気持ちに影響を与える要因**

体調や薬の影響	便秘、不眠、脱水、薬の副作用などで混乱する
環境の影響	壁とトイレの扉が同色でトイレが見つけにくい、テレビとBGMが両方でうるさい、まぶしいなど
天気の影響	昼間なのに雨で薄暗く夕方に感じる、気圧の変化で頭が痛いなど
介護の影響	できることまで手伝われて、どこまでしたのか、できたかどうかわからなくなる
生活歴の影響	慣れていない方法で実施されてとまどう、子どものように頭をなでられ情けなく感じる

資料：介護福祉士養成講座編集委員会編『最新　介護福祉士養成講座⑬認知症の理解（第2版）』中央法規出版、2022年、138頁

一問一答 ▶ P.362

3 認知症に伴う生活への影響と認知症ケア

認知症のある人の生活をアセスメントする方法や、認知症のある人との適切なコミュニケーション、認知症ケアの技法について丁寧に学習しておこう。

■ 認知症に伴う生活への影響

75 ▶ 認知症のある人への**アセスメント**では、生活全体をとらえること、個別的にとらえること、主観的情報と客観的情報を合わせてとらえること、共感的に理解することが大切である。

 34—77

76 ▶ 認知症ケアにおける**ひもときシート**とは、言動の背景要因を分析して認知症の人を理解するためのツールである。

 34—77

77 ▶ ひもときシートでは、最初に評価的理解を行い、介護者の視点でとらえた課題を評価する。次に分析的理解を行い、根本的な課題解決に向けて、多面的な事実の確認や情報を整理する。最後に共感的理解を行い、認知症のある人本人の視点から課題の解決を考えられるように思考展開を行う。

 34—77

78 ▶ 分析的理解では、潜在的なニーズを重視して、**表16**の8つの要因で言動を分析する。

表16 ▶ 8つの要因

①病気の影響や、飲んでいる薬の副作用による影響
②身体的痛み、便秘・不眠・空腹などの不調による影響
③悲しみ・怒り・さびしさなどの精神的苦痛や性格等の心理的背景による影響
④音・光・味・におい・寒暖等の五感への刺激や、苦痛を与えていそうな環境の影響
⑤家族や援助者など、周囲の人のかかわり方や態度による影響
⑥住まい・器具・物品等の物的環境により生じる居心地の悪さやその影響
⑦要望・障害程度・能力の発揮と、アクティビティ（活動）とのズレによる影響
⑧生活歴・習慣・なじみのある暮らし方と、現状とのズレによる影響

■ 認知症ケアの実際

79▶ **本人主体のケア**とは、本人の意思に基づいた日常生活や社会生活、人生に向けたケアのことである。

80▶ **意思決定支援**とは、認知症の人が自らの意思に基づいた日常生活や社会生活を送ることができるように、本人が意思を「形成すること」、「表明すること」、「実現すること」を支援することである。

81▶ 認知症が進行して意思表示がうまくできないときは、行動や表情の変化も意思表示として読み取ることが必要である。

82▶ 認知症の人とのコミュニケーションは、**表17**のことに留意する。

 35—77(コミ)

表17▶ 認知症の人とのコミュニケーション

> ・短い文章を用いる。
> ・1つの文章では1つのメッセージを伝えるようにする。
> ・はっきりと明確に、わかりやすい表現を用いる。
> ・「それ」「あの」などの指示語を多用しない。
> ・指示語に替わり、具体的なわかりやすい表現を用いる。
> ・その人の生活歴に即した表現を用いる（トイレ→厠、便所）。
> ・言語的表現のみならず、視覚情報（写真・道具などの具体的な物）などを補いながらコミュニケーションをとる。
> ・言語的コミュニケーションのみならず、非言語的コミュニケーションも用いる。

資料：介護福祉士養成講座編集委員会編『最新 介護福祉士養成講座⑬認知症の理解（第2版）』中央法規出版、2022年、193～194頁

83▶ 認知症高齢者の自尊心を大切にして、その人の主観的な世界をそのまま受け入れようとする受容的態度は安心感を与える（**表18**参照）。介護者や周囲の人と信頼できる関係を形成することは、BPSDを軽減させる効果がある。

 34—83
34—84

84▶ 叱責★、否定、説得、無視などの対応は、BPSDの改善に役立たないばかりか、かえって混乱・興奮を招いて攻撃行動や暴言を引き起こしたり、自尊心を傷つけて閉じこもらせてしまったりなど、逆効果になることもある。

 34—83
34—84

★叱責
他人の失敗などを叱りとがめること。

85▶ 認知症の人への生活支援ではその人の生活背景にそった支援を行うことが大切である。そのために、発症前の本人のことを家族に教えてもらうことが重要になる。

認知症の理解

表18 ▶ 認知症高齢者に安心を与える対応

自尊心を大切にする	・否定的な言葉や子ども扱いは避ける ・恥をかかせないように配慮する ・失敗したことやできなくなったことを責めない ・保たれている能力を活用できるように支援する ・経験を活かした役割をもたせて有用感を高める
主観的な世界を受容する	・現実の世界と異なっていてもすぐに否定しない ・言っていることに耳を傾ける ・その人の言動の背景を考える ・病前のその人の生活史を把握する

86 認知症の人が自分のもっている能力を最大限発揮して生活するためには、**表19**のような支援が必要である。

表19 ▶ 自分でできることを増やすための支援

・記憶を補うために、写真や動画で視覚的な補助を行う、メモに書く、予定を掲示する
・わかりやすくするために、衣服や生活用品にマークをつける、トイレなどに表示をつける
・説明しなくても使い方がわかるように、なじみのある道具や家具を使う
・行動の予測ができるように、毎日同じことを繰り返してパターン化する
・失敗体験や間違い体験をしないように、シンプルな方法を工夫する
・失語をフォローするために、実物を見せたり、ジェスチャーで示す
・最初の行動が出やすいように、介護福祉職が目の前で一緒に行ってモデルを示す、ガイドとなる

87 認知症の人にとって**環境**は重要な要素である。環境のあり方次第で症状を落ち着かせて、その人の自立を高めることが可能であるが、環境のあり方を誤れば、BPSDを誘発することもある。

88 **自宅での環境づくり**では、その人にとっての生活の全体像を把握・理解して、その人の暮らしの形を尊重することが求められる。

34—85

89 **施設での環境づくり**では、家庭的で親しみやすい環境、認知症の人にとってわかりやすい環境、五感に訴えかける環境であることを心がける。

34—85

90 認知症の人に配慮した**施設の生活環境**として、日中は1人で過ごすことがないように、いつも安心感をもってもらえるように接することが大切である。

認知症のある人へのかかわり

91 ユマニチュードは、見る、話す、触れる、立つの４つの要素を柱とした認知症ケアの技法である（**表20**参照）。この柱を同時に複数組み合わせて介護することを**マルチモーダル・ケア**と呼ぶ。

 35―44

表20 ▶ ユマニチュードの４つの柱

見る	同じ目の高さで、近くから、正面から相手を見る
話す	低いトーンで、大きすぎない声で、前向きな言葉を選んで話しかける
触れる	広い面積で相手に触れる、相手をつかまないようにする、ゆっくりと手を動かす、下から支える
立つ	立位をとる機会をつくる

92 バリデーションは、アルツハイマー型認知症の高齢者とのコミュニケーション法である。バリデーションでは、認知症の人の感情表出を受け入れ、その感情を共有する共感を通して、その人の心の現実に合わせていく。バリデーションには、**表21**のような技法がある。

 34―82
36―46

表21 ▶ 代表的なバリデーションの基本テクニック

・リフレージング（キーワードを反復する） ・カリブレーション（感情を一致させる） ・「誰、何、どこ、いつ、どのように」の質問をする ・反対のことを想像する ・極端な表現 ・レミニシング（昔話をする） ・行動と欲求を結びつける	・ミラーリング★ ・タッチング ・音楽を使う ・好きな感覚を使う ・センタリング ・アイコンタクト

★ミラーリング
真正面に向き合い、動作や感情を鏡うつしのように真似する技法。

資料：N. ファイル・V. デクラーク・ルビン、稲谷ふみ枝監訳『バリデーション ファイル・メソッド』全国コミュニティライフサポートセンター、p. 115～131、2016年より作成
資料：介護福祉士養成講座編集委員会編『最新 介護福祉士養成講座⑬認知症の理解（第２版）』中央法規出版、2022年、230頁

93 リアリティ・オリエンテーションとは、現実見当識練習のことである。日々の会話や日課のなかに個人情報（本人の名前や年齢、家族など）、地誌的見当識の情報（居場所など）、時間の見当識の情報（季節、年月日など）を入れて、現実見当識を高めるようにはたらきかける。

 34―82

94 回想法は、**過去の記憶を手がかり**に、**精神的安定や豊かな情動**をもたらすことが期待できる。

 33―117（総合）

認知症の理解

95 音楽療法は、音楽を媒介としたアプローチであり、生活意欲の向上や心理的安定によるBPSDの低減効果が期待できる。

一問一答 ▶ P.363

4 連携と協働

地域包括支援センターや認知症疾患医療センターの役割や、2018（平成30）年度から全市町村で実施されている認知症初期集中支援チームについて学習しておこう。

■ 地域におけるサポート体制

96 国や自治体が示す**地域を基盤としたサポート体制**に関しては、日常の暮らしを支えるために、①早期診断・発見・専門医療、②地域の見守り・支援等、③相談など、④介護サービスが、一体的に地域のなかに構築されることが望まれる。厚生労働省では、これらに関連する認知症の総合的な対策を進めている（**図2**参照）。

97 **地域包括支援センター**は、**包括的支援事業**として、①**第1号介護予防支援事業**、②**総合相談支援業務**、③**権利擁護業務★**、④**包括的・継続的ケアマネジメント支援業務**などの事業を行う（上巻「介護の基本」 **159** （**表18**）参照）。その他、指定介護予防支援として介護予防サービス計画★（介護予防ケアプラン）の作成などを行う。

98 **認知症疾患医療センター**は、地域の認知症に関する医療提供体制の中核として、認知症の速やかな鑑別診断と診断後のフォロー、かかりつけ医や地域包括支援センターと連携する役割を担う（**図3**参照）。

99 **認知症初期集中支援チーム**とは、医療・介護の専門職が家族の相談等により、認知症が疑われる人や認知症の人およびその家族を訪問し、観察・評価を行い、必要な医療や介護の導入・調整や家族支援等の初期の支援を包括的・集中的に行い、自立生活のサポートを行うチームのことである（**図3**参照）。

★**権利擁護業務**
特に認知症の事例では、成年後見制度の活用促進や困難事例への対応（専門職に対する支援）などを行う。

★**介護予防サービス計画**
要支援者が介護予防サービスを適切に利用できるように、地域包括支援センター等によって作成されるもの。

33—80
34—86

図2 ▶ 認知症の総合的な対策

・認知症疾患医療センター
・専門医療機関

認知症介護研究・研修センター

全国的見地からの支援

連携

都道府県

認知症地域医療
支援事業

認知症サポーター
キャラバン

認知症介護実践者等
養成事業

サポート医

・かかりつけ医への助言
・地域包括支援センター
　との連携
・かかりつけ医研修の企
　画立案

医療現場

かかりつけ医

キャラバンメイト

・サポーター養成講座
　（地域、職域）

認知症サポーター

地域・職域

（関係者）
弁護士等
警察・消防
家族の会
NPO
社会福祉協議会
民生委員

認知症介護指導者

・介護実践者の研修の企画
　立案

介護現場

認知症介護実践者

・グループホーム
・認知症対応型通所介護
・小規模多機能型居宅介護
・その他の居宅サービス
・介護保険施設

早期診断・発見
・専門医療

住み慣れた地域

地域の見守り・支援等

地域包括支援センター
○第1号介護予防支援事業
○総合相談支援業務
○権利擁護業務
○包括的・継続的ケアマネジメント支援業務
○在宅医療・介護連携推進事業
○認知症総合支援事業
○生活支援体制整備事業
○地域ケア会議推進事業

主任介護支援専門員　保健師　社会福祉士

介護サービス

住み慣れた地域

相談など

認知症の本人・家族等

資料：厚生労働省資料を一部改変

認知症の理解

100 ▶ 認知症初期集中支援チームの**チーム員**は、保健師、看護師、作業療法士などの医療系専門職や、精神保健福祉士、社会福祉士、介護福祉士などの介護系専門職2名以上と、認知症サポート医★などの資格を満たす医師1名で編成する。

 34—86

★認知症サポート
医
認知症にかかわる地域医療体制構築の中核を担う医師。

101 ▶ 認知症初期集中支援チームの**チーム員の要件**には、国が定める認知症初期集中支援チーム員研修を受講していることが定められている。研修では、早期診断・早期対応に向けた支援体制を構築するための知識と技術などを修得する。

102 ▶ **認知症地域支援推進員**は、市町村ごとに、地域包括支援センター、認知症疾患医療センター等に配置され、地域の支援機関の間の連携づくりや、認知症ケアパスの作成・活用の促進、認知症カフェを活用した取り組みの実施、地域支援体制づくり、認知症の人やその家族を支援する相談業務等を行う（**図3**参照）。

図3 ▶ 地域の認知症に関する医療提供体制

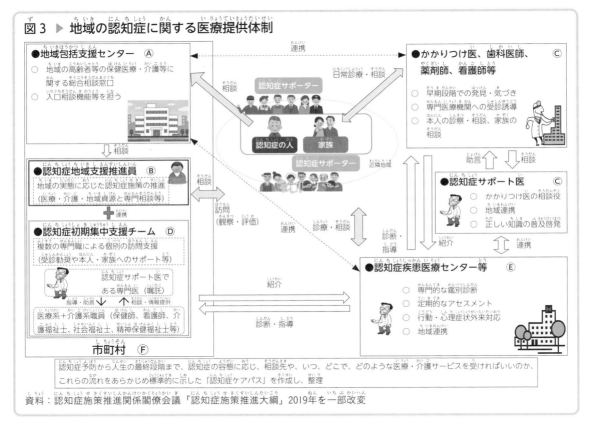

資料：認知症施策推進関係閣僚会議「認知症施策推進大綱」2019年を一部改変

103 ▶ **認知症サポーター**とは、認知症に対する正しい知識をもって、地域や職域で認知症の人や家族を手助けする人のことである。都道府県および市町村等自治体、全国的な職域組織、企業等の団体で実施されている認知症サポーター養成講座の受講が必要である。

104 ▶ 認知症サポーターは、運用が始まった2005（平成17）年度に100万人の養成を目標にしていたが、2024（令和6）年3月31日時点で1530万人を超えている。

105 **チームオレンジ**★は、近隣の認知症サポーターがチームを組み、認知症の人や家族に対する生活面の早期からの支援等を行う取り組みのことである。チームオレンジのチームメンバーは、**ステップアップ研修**を受講することが必要である。

35—45

+α
ぷらすあるふぁ
2019（令和元）年度よりチームオレンジが開始された。

■ 多職種連携と協働

106 **認知症ケアパス**とは、認知症の人の状態に応じた適切なサービス提供の流れをまとめたものである。各市町村で、認知症の人やその家族が「いつ」「どこで」「どのような」医療や介護サービスが受けられるのか、認知症の様態に応じたサービス提供の流れを地域ごとにまとめた認知症ケアパスを作成している（**図4**参照）。

35—46

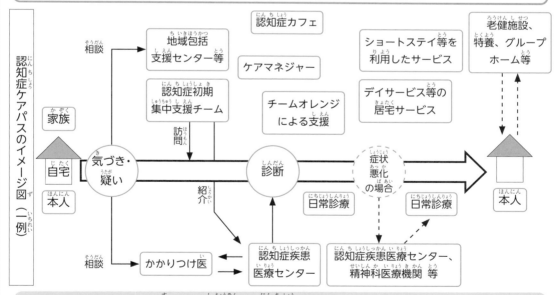

図4 ▶ 認知症ケアパス

認知症ケアパスとは「認知症の人の状態に応じた適切なサービス提供の流れ」をまとめたものです。
認知症の人やその家族が「いつ」「どこで」「どのような」医療や介護サービスが受けられるのか、認知症の様態に応じたサービス提供の流れを地域ごとにまとめた「認知症ケアパス」を各市町村で作成しています。

お住まいの市町村の「認知症ケアパス」については、
高齢者福祉担当部局、地域包括支援センター等にお問い合わせください。

出典：厚生労働省資料を一部改変
資料：介護福祉士養成講座編集委員会編『最新　介護福祉士養成講座⑬認知症の理解（第2版）』中央法規出版、2022年、301頁

認知症の理解

359

107 認知症ライフサポートモデルとは、認知症の人への医療・介護を含む統合的な生活支援のことである。医療も介護も生活支援の一部であることを十分に認識し、医療と介護の専門職が相互の役割・機能を理解しながら、統合的な支援に結びつけていくことを目指そうとする認知症のケアモデルである。

108 認知症ライフサポートモデルにおける3つの視点とは、①認知症の人本人の自己決定を支える、②住み慣れた地域で継続性のある暮らしを支える、③認知症の人の自らの力を最大限に使って暮らすことを支える、である。

一問一答 ▶ P.364

5 家族への支援

　家族へのかかわり方については、『人間関係とコミュニケーション』や『コミュニケーション技術』の科目でも学習する内容である。家族との関係づくりや、家族とのコミュニケーションを効果的に行うための受容的・共感的態度や言葉かけ・対応について理解を深めておこう。

■ 家族への支援

109 家族への支援では、家族が抱える苦しみに理解を示すことが大切である（**表22**参照）。

表22 ▶ 家族が抱える苦しみ

> ①24時間気の休まるときのない介護で、心身ともに疲労に陥っていること
> ②家庭生活が混乱していること
> ③先行きに大きな不安があること
> ④苦労が周りの人にわかってもらえず孤立無援の思いでいること

110 家族への対応の基本は、まずは家族の思いを傾聴し、家族が行ってきた介護方法を尊重することである。家族が行っている介護方法は、特別な理由がある場合も多い。

111 家族の介護負担につながる症状や状況を改善するための**アセスメント**を行い、本人の状態に合った介護方法を見出して助言することが、家族の**介護負担**や**ストレス**の軽減につながる。

 32—84
34—84

112 **家族に助言**するときは、理想論だけでなく、**具体的**で**実用的**な実際にやってみることができる助言を心がける。

 34—84

113 家族が一時的に休息する時間がとれるように支援していくことが必要であり、これを**レスパイトケア**と呼ぶ。**居宅サービス**（訪問介護（ホームヘルプサービス）や通所介護（デイサービス））、**短期入所生活介護（ショートステイ）**の利用などがある。

 35—46
36—48

114 認知症について正しい知識をもち、上手な介護の仕方を学ぶ場として各地で**介護教室**が開かれ、誰もが手軽に情報を得る機会が増えている。家族を対象として**介護教室**を開催する場合は、家族の気持ちを考えながら実施し、家族同士の交流が図れるよう配慮する。

115 **認知症カフェ**は、認知症の人と家族が、地域住民や専門職と相互に情報を共有し、お互いを理解し合う場である。

116 **認知症の人の家族会**は、全国各地で実施され、地域における重要な社会資源の１つである。地域包括支援センター・社会福祉協議会・市町村保健センターなどが主催・開催するものや、施設・サービス事業所で利用者家族を対象に開催するもの、家族介護者同士が集まって開催するものなどさまざまな形で開かれている。

117 **ピア・カウンセリング**では、家族介護者同士がカウンセリングを行う。**ピア**とは「**仲間**」という意味であり、同じ悩みをもつ者同士が集まって、悩みを打ち明けたり、励まし合ったり、問題を乗り越えた体験を話し合ったりする。

118 **若年性認知症**の場合、働き盛りで一家の生計を支えている人が多いため、家族の心理的負担や経済的負担が**大きく**なりやすい。本人とその家族への支援が重要であり、在職中に若年性認知症になった場合には、**雇用保険制度**や**障害福祉サービス**などを組み合わせて利用できるように支援する。

一問一答 ▶ P.364

※解答の ▶ は重要項目（P.334〜361）の番号です。

1 認知症を取り巻く状況

問1 「認知症施策推進総合戦略（新オレンジプラン）」では、2025（令和7）年の認知症高齢者数は約460万人と推計している。　▶× → 7

問2 「認知症施策推進大綱」は、認知症の発症を遅らせ、認知症になっても希望をもって日常生活を過ごせる社会を目指している。　▶○ → 9

2 認知症の医学的・心理的側面の基礎的理解

問3 ミニ・メンタル・ステイト検査（MMSE）は、認知症の診断スケールで、日付や計算、図形模写等から構成されている。　▶○ → 18 （表5）

問4 FAST（Functional Assessment Staging）は、血管性認知症の症状ステージを示したものである。　▶× → 18 （表5）

問5 記憶障害では、まず、古い記憶から障害される。　▶× → 19 （表6）

問6 見当識障害とは、時間、場所、人物等の日常生活に必要な情報を理解する能力が失われることである。　▶○ → 19 （表6）

問7 遂行機能障害とは、計画を立て実行することができなくなる状態である。　▶○ → 19 （表6）

問8 進行しないもの忘れは、認知症によるもの忘れである。　▶× → 20 （表7）

問9 軽度認知障害（MCI）は、ADL（日常生活動作）に支障がある。　▶× → 22

問10 うつ病は、認知症と間違えられやすい。　▶○ → 23

問11 認知症の場合、発症後すぐに失禁が起こる。　▶× → 26 （表9）

問12 アルツハイマー型認知症の発症は、急激である。　▶× → 35

問13 アルツハイマー型認知症では、軽度な状態から徘徊がみられる。　▶× → 35 （表10）

問14 前頭側頭型認知症は、パーキンソン症状がみられる。　▶× → 44

問15 レビー小体型認知症では、小刻み歩行がみられる。　　　　　▶ ○ → 44

問16 クロイツフェルト・ヤコブ病は、急速に進行し、初発症状から6～12か月で死に至る認知症の原因疾患である。　　　　　▶ ○ → 49

問17 頭部打撲の履歴があり認知症の症状がみられた場合には、正常圧水頭症を疑う。　　　　　▶ × → 51 52

問18 認知障害、歩行障害、尿失禁を主な症状とするのは、正常圧水頭症である。　　　　　▶ ○ → 53

問19 若年性認知症の進行は、ゆっくりである。　　　　　▶ × → 57 (表12)

問20 若年性認知症の場合、子どもが介護者となる場合がある。　　　　　▶ ○ → 57 (表12)

問21 認知症の行動・心理症状（BPSD）は、認知症の進行により必ず生じる。　　　　　▶ × → 70 (表14)

問22 アパシーは、認知症の中核症状である。　　　　　▶ × → 70 (表14), 19 (表6)

問23 アルツハイマー型認知症の妄想は、健忘に起因するもの盗られ妄想が主体である。　　　　　▶ ○ → 70 (表14)

問24 レビー小体型認知症では、現実感のある幻視が特徴である。　　　　　▶ ○ → 70 (表14)

③ 認知症に伴う生活への影響と認知症ケア

問25 認知症ケアにおける「ひもときシート」とは、言動の背景要因を分析して認知症の人を理解するためのツールである。　　　　　▶ ○ → 76

問26 「ひもときシート」における分析的理解では、顕在的なニーズを重視する。　　　　　▶ × → 78

問27 認知症の人が自らの意思に基づいた日常生活や社会生活を送ることができるように、本人が意思を形成・表明・実現することを支援することを意思決定支援という。　　　　　▶ ○ → 80

問28 叱責、否定、説得、無視などの対応は、BPSDの改善に役立つ。 ▶ × → **84**

問29 認知症の人にも使い方がわかるように、なじみのある道具や家具を使う。 ▶ ○ → **86** (表19)

問30 認知症ケアの技法であるユマニチュードの「見る」とは、離れた位置からさりげなく見守ることである。 ▶ × → **91** (表20)

問31 バリデーションでは、認知症の人と感情を一致させる技法をレミニシングという。 ▶ × → **92** (表21)

問32 リアリティ・オリエンテーションとは、現実見当識練習のことである。 ▶ ○ → **93**

4 連携と協働

問33 認知症疾患医療センターは、地域の認知症に関する医療提供体制の中核としての役割を担う。 ▶ ○ → **98**

問34 認知症初期集中支援チームのチーム員には、国が定める認知症初期集中支援チーム員研修を受講していることが定められている。 ▶ ○ → **101**

問35 認知症サポーターとは、認知症の人の主治医のことである。 ▶ × → **103**

問36 認知症ケアパスとは、認知症の人の状態に応じた適切なサービス提供の流れをまとめたもののことをいう。 ▶ ○ → **106**

5 家族への支援

問37 家族への対応の基本は、まずは家族の思いを傾聴し、家族が行ってきた介護方法を尊重することである。 ▶ ○ → **110**

問38 家族に助言するときは、具体的で実用的な実際にやってみることができる助言を心がける。 ▶ ○ → **112**

問39 認知症カフェとは、認知症の人と家族が、地域住民や専門職と相互に情報を共有し、お互いを理解し合う場所である。　　▶ ○ → 115

問40 若年性認知症の場合、家族の心理的負担や経済的負担が小さい。　　▶ × → 118

受験勉強ワンポイント

試験当日が近づいてきたら

　試験当日が近づいてくると、「この科目の勉強が足りていないのでは」「今までしてきた勉強で大丈夫なのだろうか」と不安になって、つい新しい参考書や問題集に手を出してしまいそうになりますが、それはお勧めできません。新しい参考書や問題集の学習が、中途半端に終わってしまうことが多いからです。

　試験当日が近づいてきたら、今まで解いてきた『過去問解説集』や『模擬問題集』をできる限り解き直し、覚えた知識がどれだけアウトプットできるかという練習に重点をおきましょう。そのなかで「この項目は覚えていなかった」「このキーワードがわからなかった」というものがあれば、『ワークブック』や教科書に戻って、わからなかった項目の意味や、制度のしくみ等を確認します。

　不安や焦りを感じても、今までの自分の努力を信じ、試験当日まで、地道に復習を続けていきましょう。

参考文献

最新 介護福祉士養成講座①人間の理解〈第2版〉

最新 介護福祉士養成講座②社会の理解〈第2版〉

最新 介護福祉士養成講座③介護の基本Ⅰ〈第2版〉

最新 介護福祉士養成講座④介護の基本Ⅱ〈第2版〉

最新 介護福祉士養成講座⑤コミュニケーション技術〈第2版〉

最新 介護福祉士養成講座⑥生活支援技術Ⅰ〈第2版〉

最新 介護福祉士養成講座⑦生活支援技術Ⅱ〈第2版〉

最新 介護福祉士養成講座⑧生活支援技術Ⅲ〈第2版〉

最新 介護福祉士養成講座⑨介護過程〈第2版〉

最新 介護福祉士養成講座⑩介護総合演習・介護実習〈第2版〉

最新 介護福祉士養成講座⑪こころとからだのしくみ〈第2版〉

最新 介護福祉士養成講座⑫発達と老化の理解〈第2版〉

最新 介護福祉士養成講座⑬認知症の理解〈第2版〉

最新 介護福祉士養成講座⑭障害の理解〈第2版〉

最新 介護福祉士養成講座⑮医療的ケア〈第2版〉

介護福祉士国家試験過去問解説集2023

介護福祉士国家試験過去問解説集2024

介護福祉士国家試験過去問解説集2025

（以上、中央法規出版）

■ **本書に関する訂正情報等について**

弊社ホームページ（下記URL）にて随時お知らせいたします。
https://www.chuohoki.co.jp/foruser/care/

■ **本書へのご質問について**

下記のURLから「お問い合わせフォーム」にご入力ください。
https://www.chuohoki.co.jp/contact/

介護福祉士国家試験受験ワークブック2025 上

2024年6月10日　発行

編　集　　中央法規介護福祉士受験対策研究会
発行者　　荘村明彦
発行所　　中央法規出版株式会社
　　　　　〒110-0016　東京都台東区台東3-29-1　中央法規ビル
　　　　　TEL 03-6387-3196
　　　　　https://www.chuohoki.co.jp/

印刷・製本　　　長野印刷商工株式会社
本文デザイン　　トシキ・ファーブル合同会社
本文イラスト　　株式会社ブルーフイールド
巻頭カラー・装幀デザイン　　二ノ宮匡（ニクスインク）
装幀キャラクター　　坂木浩子

定価はカバーに表示してあります。
ISBN 978-4-8243-0032-4

ここからはじめる！介護福祉士国家試験スタートブック 2025

全部ふりがな付き

- ●2024年4月刊行　●中央法規介護福祉士受験対策研究会＝編集
- ●定価　本体1,600円（税別）／ A5判／ ISBN978-4-8243-0025-6

試験勉強の最初の1冊に最適！試験の基本情報や厳選された重要項目を、キャラクターたちが解説。

介護福祉士国家試験 過去問解説集 2025
第34回－第36回全問完全解説

解説は全部ふりがな付き

- ●2024年5月刊行　●中央法規介護福祉士受験対策研究会＝編集
- ●定価　本体3,200円（税別）／ B5判／ ISBN978-4-8243-0029-4

過去3年分の国家試験全問題を収載！解答および解答を導く考え方、学習のポイントを丁寧に解説。

書いて覚える！ 介護福祉士国家試験 合格ドリル 2025

全部ふりがな付き

- ●2024年5月刊行　●中央法規介護福祉士受験対策研究会＝編集
- ●定価　本体2,000円（税別）／ B5判／ ISBN978-4-8243-0026-3

過去問から導き出した重要項目を、穴埋め形式などで掲載する「書き込みタイプ」の受験対策書。

わかる！受かる！ 介護福祉士国家試験 合格テキスト 2025

- ●2024年5月刊行　●中央法規介護福祉士受験対策研究会＝編集
- ●定価　本体2,800円（税別）／ A5判／ ISBN978-4-8243-0027-0

合格のための基礎知識をわかりやすくまとめたテキスト。ムリなく、ムダなく合格までをサポート。

介護福祉士国家試験 模擬問題集 2025

全部ふりがな付き

- ●2024年6月刊行　●中央法規介護福祉士受験対策研究会＝編集
- ●定価　本体3,200円（税別）／ B5判／ ISBN978-4-8243-0039-3

最新の動向や過去の出題傾向を徹底分析して作問した模擬問題全375問を収載。わかりやすい解説付き。

介護福祉士国家試験 受験ワークブック 2025 ［上］［下］

全部ふりがな付き

- ●2024年6月刊行　●中央法規介護福祉士受験対策研究会＝編集
- ●定価　本体各3,100円（税別）／ B5判／【上】ISBN978-4-8243-0032-4 ／【下】ISBN978-4-8243-0033-1

受験対策書の決定版！「傾向と対策」「重要項目」「一問一答」で合格に必要な知識を徹底解説。

らくらく暗記マスター 介護福祉士国家試験 2025

- ●2024年6月刊行　●中央法規介護福祉士受験対策研究会＝編集
- ●定価　本体1,600円（税別）／新書判／ ISBN978-4-8243-0037-9

試験のよく出る項目を図表や暗記術を使ってらくらくマスター！ 直前対策にも最適、ハンディな一冊。

介護福祉士国家試験 2025 一問一答ポケットブック

全部ふりがな付き

- ●2024年7月刊行　●中央法規介護福祉士受験対策研究会＝編集
- ●定価　本体1,600円（税別）／新書判／ ISBN978-4-8243-0046-1

「〇×方式」のコンパクトな問題集。持ち歩きにも便利で、スキマ時間に効率的に学習できる一冊。

介護福祉士国家試験 よくでる問題 総まとめ 2025

- ●2024年7月刊行　●中央法規介護福祉士受験対策研究会＝編集
- ●定価　本体2,000円（税別）／ A5判／ ISBN978-4-8243-0047-8

特によく出題されるテーマに的を絞り、総整理。落としてはいけない問題を確実なものにする一冊。

見て覚える！ 介護福祉士国試ナビ 2025

- ●2024年8月刊行　●いとう総研資格取得支援センター＝編集
- ●定価　本体2,600円（税別）／ AB判／ ISBN978-4-8243-0042-3

出題範囲をスッキリ整理！イラストや図表で全体像を押さえ、記憶に残る効果的な学習法を指南。